不能遗忘的战场

——海权视域下的中国海军抗战

马骏杰 著

北京出版集团
文津出版社

图书在版编目（CIP）数据

不能遗忘的战场：海权视域下的中国海军抗战 / 马骏杰著． -- 北京：文津出版社，2025.10. -- ISBN 978-7-80554-977-4

Ⅰ．K265.06

中国国家版本馆CIP数据核字第2025M79Q06号

不能遗忘的战场
——海权视域下的中国海军抗战
BU NENG YIWANG DE ZHANCHANG

马骏杰　著

出　　版	北京出版集团
	文津出版社
地　　址	北京北三环中路6号
邮　　编	100120
网　　址	www.bph.com.cn
总 发 行	北京伦洋图书出版有限公司
印　　刷	河北鑫玉鸿程印刷有限公司
开　　本	787毫米×1092毫米　1/16
印　　张	30.75
彩　　插	4幅
字　　数	394千字
版　　次	2025年10月第1版
印　　次	2025年10月第1次印刷
书　　号	ISBN 978-7-80554-977-4
定　　价	99.00元

如有印装质量问题，由本社负责调换
质量监督电话　010-58572393

中山舰博物馆陈列的"中山"舰

2016年8月18日，本书作者（右）在青岛采访曾经参加长江抗战的海军老兵张大发（纪向民摄）

"中山"舰尾舵舵轮盘（图片来源：《名舰遗珍》）

1997年1月28日，"中山"舰被整体打捞出水（图片来源：《中山舰博物馆展陈图说》）

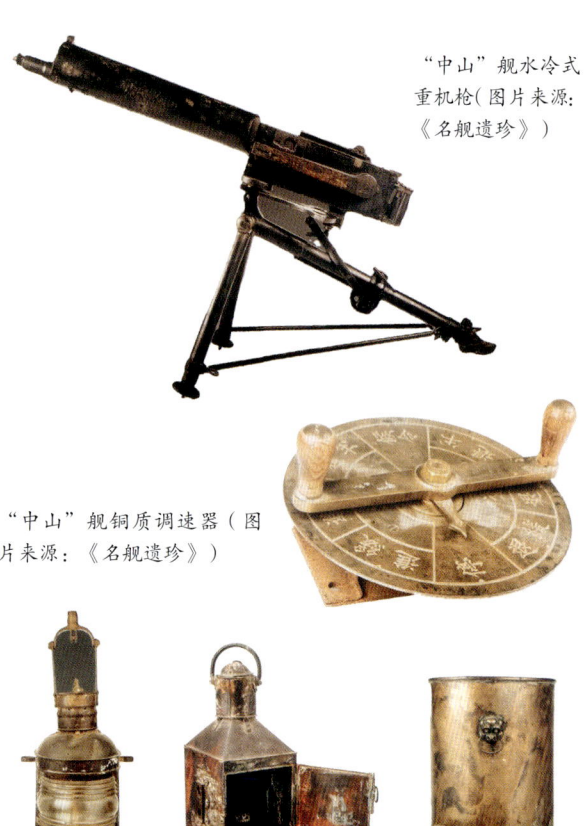

"中山"舰水冷式重机枪（图片来源：《名舰遗珍》）

"中山"舰铜质调速器（图片来源：《名舰遗珍》）

"中山"舰铜挂灯（图片来源：《名舰遗珍》）

"中山"舰甲种舷灯（图片来源：《名舰遗珍》）

"中山"舰双耳铜茶桶（图片来源：《名舰遗珍》）

"中山"圆铜牌（图片来源：《名舰遗珍》）　　　　　　"中山军舰"铜牌（图片来源：《名舰遗珍》）

"中山"舰铜质证章（图片来源：《名舰遗珍》）　　　"宿"字鱼雷艇铜质证章（图片来源：《名舰遗珍》）

"海筹"舰搪瓷缸（图片来源：《名舰遗珍》）　　　　"平海"舰搪瓷脸盆（图片来源：《名舰遗珍》）

"海军中山军舰"木质印章（图片来源：《名舰遗珍》）　"萨师俊印"石印章（图片来源：《名舰遗珍》）

江阴要塞旧址(照片由纪向民先生提供)

马当要塞旧址(照片由纪向民先生提供)

石牌要塞遗址(照片由纪向民先生提供)

前 言

数十年前，在汗牛充栋的抗战史研究成果中，涉及海军抗战者寥寥无几。特别在论述抗日战场时，无论是正面战场还是敌后战场都难觅海军的踪影。这不免让人产生疑惑：中国海军在民族危难之际没有投入抗战？在中国根本就不存在海军抗日战场？作为海军史研究者，为了找到问题的答案，笔者进行了20余年的探寻。

事实上，问题的提出由来已久，可追溯到全面抗战爆发之初。当时，面对日本发动的侵华战争，中国人民奋起抵抗，全民族都投入了这场生死之战。军队是抗击侵略的主要力量，军人付出了巨大牺牲。可是，人们很快就发现，中国的陆军拼战于正面和敌后战场，空军出没于交战空域，唯独不见海军驰骋大洋。这不能不让人回想起1932年一·二八事变时发生的那一幕。当蔡廷锴、蒋光鼐率领的第十九路军在上海打响著名的淞沪抗战时，空军随即发出了抗战到底的声明。可是，海军却迟迟没有奋起抗敌的态度和表现。后来查清的事实表明，中国海军不仅没有积极参与抗战，而且还同日本海军达成协议，商定双方均不参与战事，并且当第十九路军提出借用抗战物资时，海军还表示了拒绝。中国海军的表现随即引发了国民政府内外针对海军的谴责风潮。全面抗战爆发后，大敌当前，难道中国海军要故技重演？于是，在震耳欲聋的抗日声浪中，民众发出了义愤的声音。有化名"吴淞口小百姓"者，1937年9月写信给爱国报人邹韬奋，提出严厉质问："中国的海军在哪里？""海军部不是等于虚设吗？"建议将海军部取消，把节省下来的钱用于购买飞机。邹韬奋是上海《抗战》三日刊的主办者，他对写信者提出的问题深有同感，为引起社会关注，他将信件刊登于《抗战》。数日后，邹韬奋又接到一封署名"无患"的读者来信，提出了与上一封信相同的问题，而且语言更加犀利。邹韬奋将这封信以《横行太平洋的日本三个舰队》为题刊登于《抗战》。这封信一开头就写道："想起了东方海盗的任意横行掠夺的舰队，不禁马上会使我们联想到全部被它们封锁着的我海岸，不禁使我们联想到我无数业渔的同胞被击杀了。而我们的海军呢？却不知他们到哪里去了！国家到了这样危难的关头，谁不应该为国一死，何况分属军人？回想过去内战时的那种叱咤风云的状态真又不禁使我们有无穷之感慨了！我们不知道国家练海军到底为了什么？而海军将士养尊处优的受人民豢养，又到底为了什么？"

连续两封读者来信，通过《抗战》的刊载在社会上引起轩然大波，"中国的海军在哪里"的话题迅速发酵，中国海军被推到风口浪尖。

面对如此"舆情"，海军当局并未做出回应，反而有海军基层人员无法忍受这带有侮辱性的质问，以个人名义发声了。1937年11月上旬，邹韬奋收到第三封读者来信，标题是《关于我们的海军》，寄自马尾海军学校，署名"突击读书会同人"，显然是一位与海军密切相关的人士。该信首先对社会的质疑给予明确辩白："我们对本国海军的实力要有相当的估计。试问我国今日的海军能够担任的，是海防区是江防区的工作？

下列各点应该能引起注意：（一）阻止敌舰横行南北联系的长江，以及保卫首都及沿江各大都市不受敌舰肆虐最力者属谁？（二）为什么敌机在江防第一线——江阴——屡以'深水炸弹'，实行轰炸？（三）海军是以怎样沉痛的方法来全力死守江阴的？我们不说旁的，单就这几点来看，已尽对得住全国同胞，我们要对得住已经殉国的海军官兵们。"很明确，这封信是向社会宣布，海军正在抗战，而且付出了巨大牺牲。

12月下旬，邹韬奋收到第四封有关海军抗战的读者来信，该信依然来自马尾，署名"张柏年"。信中针对"吴淞口小百姓"的质问做了有力答复，说他"对于事实的真相完全不明白！未免辜负了我们海军官佐及士兵英勇抗战的牺牲精神"。"自全面抗战以来，海军就准备着牺牲全军以换取敌人更大的牺牲，我们最大的军舰不过相当于敌人三等巡洋舰，不能采取在海洋上与敌人相颉颃的战争，这是稍有常识的人都明白的。于是奉命全军调集于××，以阻敌舰突破长江口防御而进袭首都，全军数十舰，除老旧的几艘用以封锁长江外，其余连最新式的两海都在××防守，敌人当然也是忌恨我们这点海军势力的，敌机五十余架来袭××就是专门为了对付我们的海军，我们的海军虽没有在海上与敌舰相见，却在江上与敌机相见了。海军官佐士兵沉着勇敢地与敌机搏斗，尤以最近才由海军学校毕业不久的两班青年军官，他们多施放高射炮，因之他们殉国的也就特别多些！搏斗到最后，舰上军火接济不来了，舰尾六寸大炮也用来打敌机，但因大炮仰角过大，倒了回来打伤自己人不少！司令受伤，舰长殉国，军官士兵殉国者更不知多少！当然在这次争生存的战争里，我们稚小的海军是牺牲了，但是敌人至少也付出了廿多架的飞机啊！难道这些还不足以说明海军在抗战吗？""张柏年"在信的末尾指出，之所以希望刊出这封信，"这不但关于整个抗战海军的名誉，使国人知道今日的海军究竟不是虚有其名的，同时也可使国人知道我国仅有的稚小海军从敌人那里取得廿余架敌机的代价后慷慨就义了！最后让我说吧：'我们的海军是抗战的。'"。为保密起见，作者将海军抗战地点以"××"加以隐藏。

这场发生于全面抗战初期的争论，随着战局的不断发展而逐渐暗淡下来。直到1943年7月，即全面抗战爆发6年以后，海军总司令陈绍宽在公开通报海军战绩时，第一次就海军抗战问题回答了社会的关切。他说："我记得在抗战刚刚开始时，有人问：'海军到哪里去了？'我并没有用口头或是文字去答复过一次，辩白过一次，我现在就是用上述事实做对这句含有多量侮辱话的答案。""中华民国的海军常在其应当在的地方，现在还在那里奋斗。"

从海军是否抗战的争论到陈绍宽激动的表态，呈现了海军抗战问题的复杂性。历史上究竟发生了什么？在经过了数年探寻之后，笔者的拙作《中国海军长江抗战纪实》和《中国海军沿海抗战纪实》相继面世。这些小论虽尚粗浅，但它们毕竟是国内为数不多的关于海军抗战问题的专论，其价值还是存在的。然而，笔者对这两部书并不满意。一是随着史料挖掘不断深入，有些问题需要进一步澄清；二是随着海权理论与海军历史的交融，中国海军抗战问题应纳入海权的大视域下考察，于是就有了《不能遗忘的战场——海权视域下的中国海军抗战》一书的创意。在经过了两年多笔耕之后，书稿终于完成。

在本书中，笔者解答了全面抗战初期人们提出的"海军到哪里去了"的追问，说明了一个基本事实：由于中国和日本的海权实力相差悬殊，中国海军不得不从海面撤离，进入内河、港汊，做依岸抵抗；不得不用战舰的钢铁之躯，沉塞敌军的必经之路，阻挡敌人前进的步伐；不得不将舰载武器悉数卸下，组成奇异的海军炮队，做陆上进击；不得不穿着各式各样的服装，在纵横交错的水系间神出鬼没地展开独创的布雷游击战……正因为这些行动的"奇特"和"隐秘"，使中国海军"隐身"于抗战的硝烟之中，令人们视而不见。事实上，中国海军始终在战斗。本书说明了中国的海权思想和实践在漫长的古代即已产生与发展，直到明代才开始衰落；中国人的近代海权意识觉醒经历了一个曲折而不完全的演变历程，从晚清名士姚锡光以海权推动海军复兴的呼吁到孙中山发出"伤心问东亚海权"的悲叹，中国人始终没有建立起对海权的科学认知，致使中国海军难以迈出复兴的步伐，也就不可能建树于巩固海疆的事业中，海军的抗战也只能以上述形态展开。抗战中，中日海军的状态并非偶发情形，而是第一次中日战争，即中日甲午战争，导致的必然后果。在这场改变东亚乃至世界秩序的战争中，日本以其明确的国家战略和不断扩充的军事力量，打败了大清帝国，消灭了北洋舰队，建立起在亚洲的霸主地位，其海权一统东亚。而第二次中日战争，正是日本在海权理论的指导下，企图利用"大海军"主导世界的一次冒险，日本海军必然占据战争舞台的重要位置。海权是一个历史的范畴，自马汉创立海权理论后，海权的内涵不断丰富和发展，但其核心要义没有改变，依然是对海洋的利用和控制。中国是拥有海权思想和实践达数千年的国家，曾一

度走上海洋强国之路，明代中后期海权开始衰落，遂在近代西方列强的强大海权的冲击中一次次遭遇失败，改变了社会发展轨迹，留下了深刻的历史教训。中国新时代的海权是建设海洋强国的主要内容，是实现中华民族伟大复兴的重要基础。本书不仅呈现了一个人们曾经忘却或忽略的海军抗日战场和海权视域，为书写一部完整的中华民族抗战史提供了必要的补充，而且呈现了一段人们普遍难以认清的中国海权发展历程，为构建一个中国语境下的海权理论提供了必要的借鉴。

2025年是中国人民抗日战争胜利暨世界反法西斯战争胜利80周年，在这样一个具有历史意义的时刻出版《不能遗忘的战场——海权视域下的中国海军抗战》，读之一定会有不同的感受。

最后，向在抗日战争中付出巨大牺牲的中国海军表示崇高敬意！

马骏杰
乙巳于山东威海

目 录

第一章 日本两次发动侵华战争的因与果 / 1
    第一节 丰臣秀吉的野心 / 2
    第二节 日本开港与侵台事件 / 5
    第三节 从甲午战争到全面抗战 / 18

第二章 全面抗战前的中日海军 / 35
    第一节 日本海军实力及对华作战方针 / 36
    第二节 中国海军实力及抗日作战方针 / 40

第三章 长江下游袭击战和对空战 / 47
    第一节 中国海军激战淞沪 / 48
    第二节 太湖、乍浦一带的战斗 / 63
    第三节 江阴阻塞线上的对空战 / 68

第四章 长江中游要塞战和布雷战 / 117
    第一节 长江中游的抗战筹划与部署 / 118
    第二节 马当要塞战 / 125
    第三节 湖口要塞战 / 131
    第四节 田家镇要塞战 / 142
    第五节 葛店要塞防守战 / 152
    第六节 "中山"舰金口喋血 / 156
    第七节 洞庭区防守战 / 168
    第八节 荆江防守战 / 187
    第九节 川江要塞战 / 192

第五章　长江中下游布雷游击战 / 211
　　第一节　军事委员会的游击战方针 / 212
　　第二节　布雷游击队的建立 / 214
　　第三节　水雷的制造与供应 / 222
　　第四节　艰苦的布雷作战 / 234

第六章　山东沿海防守战 / 241
　　第一节　中日谋划青岛战事 / 242
　　第二节　海军炮队的转战 / 254
　　第三节　阻塞港口和炸毁纺织工场 / 255
　　第四节　撤离青岛 / 258
　　第五节　海军陆战队的作战 / 261

第七章　浙江沿海防守战 / 267
　　第一节　国民政府筹划浙江防御 / 268
　　第二节　布雷封锁河道 / 273
　　第三节　炮台防御作战 / 282

第八章　福建沿海防守战 / 287
　　第一节　国民政府防御福建计划及海军兵力部署 / 288
　　第二节　厦门防守战 / 293
　　第三节　闽江口防守战 / 299
　　第四节　收复福州作战 / 318

第九章 广东、广西沿海防守战 / 329

第一节 日军攻略广东计划 / 332
第二节 国民政府防御广东和广西计划 / 338
第三节 广东省江防司令部的防御部署 / 341
第四节 广州作战 / 345
第五节 粤桂之战 / 356

第十章 中国海军受降与收复海疆 / 377

第一节 中国海军的受降与接收 / 378
第二节 南海诸岛的沦陷与收复 / 388
第三节 接收日本赔偿舰艇 / 411

第十一章 中国海权之路及其启示 / 417

第一节 海权内涵的演变及海权理论的影响 / 419
第二节 中国古代海权的兴盛及思想总结 / 439
第三节 中国古代海权的衰落及近代海权意识的觉醒 / 456
第四节 当代海权与建设海洋强国战略 / 472

后记 / 479

第一章
日本两次发动侵华战争的因与果

在近现代历史上，日本曾经两次侵略中国，引发了中日甲午战争（又称第一次中日战争）和抗日战争（又称第二次中日战争）。这两次战争虽然相隔30多年，但有着密切的关联性。早在甲午战争发生前300多年，日本的丰臣秀吉就试图侵占朝鲜半岛，谋图中国，但遭到失败。在封闭了200多年以后，日本在西方殖民浪潮的冲击下，被迫敞开国门。日本意识到眼前的世界正处于前所未有的"变局"中，此时正是实现其强国梦想的千载难逢的历史契机，遂经过了改革阵痛，启动了战争机器。经20余年的精心准备，日本发动了针对朝鲜和大清帝国的甲午战争。这场战争是世界"变局"的重要组成部分，为日本带来了丰厚的"收益"，不仅使其改变了贫弱状态，正式跻身世界列强行列，而且进一步促使其汇入和制造更大的"变局"。1905年，日本打败俄国，巩固了它在亚洲的霸主地位。随后，为完成从亚洲霸主到世界霸主的升级，日本精心准备了近30年，发动了第二次侵华战争，继而挑起了太平洋战争，使世界处于更大的动荡之中。然而，它被军国主义的"胜利"冲昏了头脑，毫不理会中国那句"国虽大，好战必亡"的古训，在世界人民的反法西斯声浪中，在中国人民全民族的浴血抗战中，遭到彻底失败，尝尽了由盛而衰的苦痛。这是人类社会演进的必然结果。两次中日战争的因与果既为续造世界风云的西方大国提供了鉴戒、敲响了警钟，也为我们正确应对世界变局提供了宝贵的经验和教训。

第一节 丰臣秀吉的野心

日本侵占朝鲜、图谋中国的野心早在1000多年前就已出现,最严重的一次侵略尝试发生在甲午战争爆发前300多年,那是丰臣秀吉主政的时代,正处于日本的战国时期,相当于中国的明朝中期。当时的日本,因以水稻种植为主的农业发展要求土地连成一片,在政治上实行一元统治体制成为一种需要,而手工业的发展又促使商品流通领域进一步扩大,土地领主制的建立就成为一种必然。在这样的社会状态下,割据分立的大名群雄并起,斋藤义龙、今川义元、武田晴信、上杉辉虎、毛利元就、六角义贤、细川胜元、织田信长等势力相继崛起,展开了连年不断的掠地夺城之战,这为丰臣秀吉施展其军事才能提供了舞台。丰臣秀吉出兵朝鲜进而征服明朝的动议大致产生于1577年,当时织田信长命他前往播磨作战,他表露了上述心迹。1585年,丰臣秀吉奉命担任关白,他声称不仅要统一日本,而且要征服明朝。次年,他在大阪城会见耶稣会的加斯帕·科艾洛(Gaspar Coelho)时谈到,完成日本统一后将出兵朝鲜和明朝,让科艾洛帮助购买两艘兵船。随后,丰臣秀吉制订了一个征服明朝,并使琉球、菲律宾臣服的计划,将朝鲜作为踏上明朝土地的跳板,要求家臣做好渡海攻取朝鲜的准备。丰臣秀吉之所以要制订这样的计划,与他个人的野心和征服欲是分不开的,同时也是他巩固自己的地位、扩张领土、夺取利益的需要。1589年,丰臣秀吉开始寻找进攻朝鲜的机会。丰臣秀吉派宗义智前往朝鲜,要求朝鲜派信使前往日本祝贺他出任日本国王。1590年,朝鲜派黄允吉为正使、金诚一为副使前往日本京都,丰臣秀吉提出一系列无理要求,宣称上天赋予自己统一天下的使命,要求朝鲜担任"征明向导",和日本共同征伐明朝,同时朝鲜要成为日本的附属国,向日本纳贡。1591年,他在给印度总督的信中狂妄地写道:"一有欲治大明之志,不日泛楼船到中华者,如指掌矣!"丰臣秀吉的无理要求激起了朝鲜使节的抗议,他们认为朝鲜国王接受的是明朝的册封,不可向日本臣服,故拒绝了丰臣秀吉的要求。丰臣秀吉决定发动对朝战争。

丰臣秀吉

图1-1 丰臣秀吉画像

丰臣秀吉(图1-1),1537年出生于日本尾张国爱智郡中村,1554年入大名织田信长门下,称木下藤吉郎。1560年,在协助织田信长作战中得到信任,被提拔为织田家的家臣。1573年,因作战有功,他获封北近江三郡领地。1573年,他改名为羽柴秀吉,成为织田信长的勇将。随后他战胜其他势力而掌握了实权,成为织田信长的实际继承人。1585年,丰臣秀吉修建了大阪城,使日本进入一个新的历史时期,并采取经济和军事手段统一了日本。此后,丰臣秀吉着手对外扩张,企图占领朝鲜半岛,进而侵占中国,然而在中朝联军的共同抗击下以失败告终。1598年,丰臣秀吉病殁,被认定为由朝鲜半岛向中国大陆扩张的始作俑者。

1592年3月,丰臣秀吉调动了33万人的军队,其中10万驻守名古屋,3万驻守京都,20万进攻朝鲜。4月,小西行长率日军在朝鲜釜山登陆,拉开了战争序幕。这场战争被称为"万历朝鲜战争",亦称"壬辰战争"。

战争初期，朝鲜因承平太久，兵不习战，在准备充分的日军面前不断败退，釜山、王京先后陷落，庆尚、忠清、全罗、京畿等诸道相继失守，平壤最终沦陷，国王李昖逃至义州，不得不向明朝求援。万历皇帝为防备日后疆域之患，决定派兵。6月，明将史儒、戴朝弁以及辽东副总兵祖承训奉命率军援朝，但由于轻敌，初战失败。12月，兵部右侍郎宋应昌、提督大将军李如松率4.3万人赴朝增援。由于这次准备充分，明军不久即收复平壤，令官兵士气大振，又收复开城，连续攻下黄海、平安、京畿、江源诸道。日军丢盔弃甲，退守王京。1593年4月，宋应昌率军攻入王京，日军损失惨重，迫使丰臣秀吉提出议和。然而，丰臣秀吉的议和条件十分苛刻，声称：要纳明朝公主为日本后妃；中日两国恢复贸易，准许官船、商船来往；中日两国永远通好，交换誓词；割朝鲜四道与日本；朝鲜以王子、大臣各一人作为人质留在日本；遣返朝鲜二王子；朝鲜大臣宣誓永远不背叛日本。这些无理条件如果如数呈递给万历皇帝，他断难接受。然而，明朝使节沈惟敬没有将这些条件报告给皇帝，只声称日本要求议和，万历皇帝在不知情的情况下同意停战，并册封丰臣秀吉为"日本国王"，条件是只可封丰臣秀吉为日本国王，不许日本与中国通贡，日本的一兵一卒都不得留驻釜山，日本永远不得再侵犯朝鲜。丰臣秀吉本以为日本提出议和是让步，没想到明朝皇帝居高临下，反而以更严苛的条件要求他，故非常恼怒，声称我想称王则称王，何须明朝册封，"吾为王，天朝奈吾何"，于是议和破裂。

1596年9月，丰臣秀吉下达命令，调集12.1万人的军队，分左路军、右路军、水军3部分，于次年2月再次出兵朝鲜，重燃战火。明朝政府以兵部尚书邢玠为蓟辽总督、都察院右佥都御史杨镐为经略朝鲜军务，统率陆军、水军共10万大军前往朝鲜，联合朝鲜军队做好防御准备。1597年7月，日军发动全面进攻。开战之初，日军连陷闲山、河南原，气焰大涨，直逼王京，朝鲜王室纷纷撤离。杨镐率军从平壤赶往王京，以2000精兵阻挡于稷山，日军以第三军主力发起进攻，杨镐佯装败退，将日军诱至水源地区，以事先埋伏的明军予以毁灭性打击，取得稷山大捷。与此同时，李舜臣的水军也在海上夺取了制海权。随后，中朝水军又取得了鸣梁海战、古今岛海战和露梁海战的胜利，给予丰臣秀吉以重大打击。1598年8月，丰臣秀吉在极度忧郁中病死。丰臣秀吉死后，日本出现动荡，日政府不得不再次提出议和，结束了这场战争。

万历朝鲜战争给朝鲜带来了巨大伤害，朝政受到冲击，军队大量减员，农田大片荒芜，农民流离失所。日本挑起这场战争没有达到目的，反而丧失了大量人力和物力。据推算，日军有10余万官兵在战争中死亡，占出兵朝鲜人数的1/3，使国内劳动力严重短缺，造成土地荒芜、经济萧条。然而，这场战争成为日本对外侵略扩张的"大陆政策"的思想根源，此后日本国内的侵略奉行者和追随者层出不穷，"征韩"和"侵华"成为他们的梦想和追求。万历朝鲜战争之后，日本已无力对外挑起战争，更不可能撼动中国，故偃旗息鼓，闭关自守，封闭国门达200余年，直到西方列强的炮声重新将其惊醒，使它进入了一个新的时代。

第二节　日本开港与侵台事件

19世纪50年代，在日本流传着一个寓言故事：从前，有个人带着拖网来到海边，准备将网撒向大海，海里的鱼顿时惊慌失措，它们赶紧召开大会讨论对策。有的说这样逃跑，有的说那样逃跑，唯独有一个蛤蜊不慌不忙地说，它什么都不怕，只要闭紧甲壳就行了。结果拖网撒下来了，鱼儿们四处奔逃，蛤蜊却稳稳当当地躺着不动。一片嘈杂之后，蛤蜊小心翼翼地探出头，忽然它看到对面的墙上写着"此蛤蜊二分钱"。这时它才如梦方醒，自己已经被出售了。这则寓言能广泛流传，说明日本人担心做闭壳的蛤蜊。

日本人的担心是有道理的。19世纪中叶，西方国家展开全球性贸易竞争，包括中国、日本在内的东方市场是它们竞争最激烈的地区之一，其中美国和英国占据主导地位。英国早已开辟了从大西洋到印度洋再到太平洋的航线，美国船只起初也走这条航线，到达东方要走比从英国出发更遥远的航程，在竞争中始终处于下风。但美国吞并了加利福尼亚之后情况发生了根本性变化，广阔的太平洋呈现在眼前，美国人无须再越过大西洋辗转来到东亚，可以直接横渡太平洋到达目的地。然而，新的问题出现了，蒸汽机携煤量有限，要到达中国必须中途加煤，美国人选中了日本为加煤点，同时看中了日本商品市场的潜力。可是，美国人十分清楚，要在闭关锁国200多年的日本建立燃煤供应点，进而开辟贸易市场，必须首先打开日本国门。于是，一支由4艘美国军舰组成的小型舰队在马休·卡尔布莱斯·佩里（Matthew Calbraith Perry）（图1-2）的率领下于1853年开到日本。这支舰队从香港出发，经广州、上海于当年7月8日驶入日本江户湾入口处的浦贺港。由于4艘美国军舰都为黑色，故被时人称为"黑船"。"黑船"的到来在日本引起轩然大波。寺院里报警的钟声长鸣不断，战斗警报响

图1-2 佩里

彻日本中部。江户城里一片混乱，妇女、儿童的哭声和武士的叫喊声响成一片。武士们不愿坐以待毙，便冒险突袭"黑船"，他们驾驶小木船从海岸出发，驶向美国军舰。他们将"黑船"团团围住，有些人抓住军舰的缆绳和锚链向上攀登，试图登上"黑船"。美国水兵用力摇晃缆绳、震动锚链，甚至用刺刀猛刺，将日本武士赶下大海。当天晚上，浦贺地方官员登上美国军舰与佩里谈判。佩里拿出美国总统菲尔莫尔写的国书，要求日本开放口岸与美国通商。浦贺官员不敢擅自做主，表示要向幕府请示。几天后，幕府同意在岸上接受美国国书，日期定于1853年7月14日。这一天，密密麻麻的日本步兵和骑兵整齐排列，摆出威武的阵势。佩里怕发生意外，挑选了300名能战的水兵上岸，并让炮舰做好射击准备。会谈时，日本代表表情冷漠，高声宣读了政府的回文，表示接受美国国书，同时要求佩里立即离开日本海域，但对于是否同意开港通商却只字不提。佩里见开港的目的并未达到，有些恼怒，当即又递上一封他致幕府的信，信中说："我认为此封国书涉及许多问题，贵方显然要用一定的时间来审议并做出决定。考虑到这一点，我期待在明年春天返回江户湾的时候得到贵方的答复。那时，美日双方应该能够缔结友好的令人满意的条约。我怀着这样的信念期待着……"几天后，佩里率舰队离开日本海域，"黑船"列队进行了武装示威。

美国舰队离开后，日本被悲愤和恐惧所笼罩，当时有一首颇为流行的歌曲唱出了日本人的心态："名茶上喜撰，只消喝四碗，惊醒太平梦，彻夜不能眠。""上喜撰"是当时日本的名茶之一，其发音与"蒸汽船"相同，歌中指代美国"黑船"。因经受不住打击，60岁的幕府将军德川家庆忧虑而死，幕府实权由首席老中、性格懦弱的阿部正弘掌管。然而，没等到第二年春天，美国"黑船"再次出现在日本海域。1854年2月13日，佩里率领由7艘"黑船"组成的舰队驶入江户湾，并直接开炮示威。阿部正弘被炮声吓得瑟瑟发抖，决定接受佩里提出的条件。3月2日，日本派出代表与佩里谈判，经过讨价还价，双方签订了《日美亲善条约》（亦称《神奈川条约》）及其附属条约，规定日本开放下田、函馆两个港口作为给美国船只补给燃煤、淡水、食品等物资的基地，同时给予美国最惠国待遇。下田位于本州岛，可以作为美国太平洋贸易的中转站；函馆位于北海道，可以作为美国在北太平洋的捕鲸船的避风港和补给基地。由此，美国正式开通了太平洋航线。事后佩里高兴地说：条约"虽然是初步的，但对于今后将与日本政府建立的通商协定，却是最重要的一步进展"。

《日美亲善条约》及其附属条约是日本同外国签订的第一个不平等条约，从此结束了日本200多年的锁国体制，并逐步将日本纳入世界资本主义市场体系。自此以后，英国、俄国、荷兰等西方列强接踵而至，都与日本签订了内容类似的条约，日本面临前所未有的民族危机。

民族危机导致了日本的社会危机，一部分下级武士联合豪农、豪商、志士，在"尊王攘夷"的口号下发动了反对幕府的政治运动。他们刺杀与西方势力相勾结的幕府当权者，袭击在日本的西方商人和外交官，进攻西方列强的船只等。然而，他们的行动在幕府军队和西方列强的联合绞杀下失败了。他们很快意识到，要想改变日本现状，必须推翻幕府的统治。于是，他们把"尊王攘夷"运动演变为"倒幕运动"。1865年初，高杉晋作毅然举兵发动内战，用武力夺取了长州藩政权，"倒幕运动"开始。木户孝允、大久保利通、西乡隆盛等纷纷加入，他们以打倒幕府为首要目标，以西南部诸藩为倒幕基地，建立了反幕统一战线。1866年6月，幕府出动10余万人的兵力进攻长州藩，被倒幕军队击败。1867年，孝明天皇病死，太子睦仁亲王即位，是为明治天皇。末代将军德川庆喜不得已而"奉还大政"，试图以退为进。1868年1月，天皇发布《王政复古大号令》，废除幕府，令德川庆喜"辞官纳地"，德川庆喜在大阪宣布《王政复古大号令》为非法。1月27日，以萨摩、长州两藩军队为主力的天皇军5000人，在京都附近与幕府军1.5万人爆发鸟羽、伏见之战，"戊辰战争"由此开始，德川庆喜败走江户。天皇军大举东征，迫使德川庆喜于1868年5月交出江户城，德川幕府由此终结。1869年春，天皇军出征北海道，于6月攻下幕府残余势力盘踞的最后据点——五棱郭，"戊辰战争"结束。至此，日本全境统一。

进入19世纪70年代，明治政府实行了一系列资产阶级性质的改革，包括：废除封建领主制，建立中央集权的统一国家；改革封建身份等级制，宣布"四民平等"；改革封建军制，建立近代常备军；改革土地制度，实行新地税法；引进西方先进技术，扶植近代工业；学习欧美资本主义文明，提倡"文明开化"；修改不平等条约，收复国权；等等。这些措施使日本走上了资本主义的道路，逐渐实现了富国强兵的目标。然而，明治维新在政治、经济和文化领域也保留了较多的封建残余。随着日本开始向帝国主义过渡，列强的侵略扩张本性和日本武士阶级的崇尚武力结合起来，把日本推上了军国主义道路，给亚洲乃至世界人民带来了巨大灾难，也为数十年后日本再次陷入民族危机埋下了伏笔。

明治政府成立不久，政府内便出现了"征韩"的论调，这种论调并没有新奇之处，它是丰臣秀吉征伐朝鲜主张的延续，即试图通过占领朝鲜，进而征服中国，建立起以日本为中心的"国际秩序"。板垣退助是发动明治维新的功臣之一，他视朝鲜半岛为日本国家独立、安全保障的"外廓"，他对任何窥视半岛的势力，哪怕只是"蹲踞沿岸的要港，试图占领泊舰地，获得海上权力"的行为都认为是"威胁我帝国的生存"。外务权大丞柳原前光说得更加明确："朝鲜国为北连满洲，西连鞑清之地，使之绥服，实为保全皇国之基础，将来经略进取万国之本。"为了逐步控制朝鲜，日本于1869年1月向朝鲜提出所谓"修复邦交"的要求，遭到朝鲜拒绝。在此后两年多时间里，日本政府又做出"修复邦交"的多种努力，但依然不见效果。于是，日本政府内部的"征韩"派开始活跃起来，他们强烈要求征讨朝鲜。"倒幕运动"的领导人、明治政府参议木户孝允是"征韩论"的倡导者，他明确指出："完成明治中兴大业，奠定皇国之基础，除了征韩，别无他策。"改革派武上佐田素一郎也向日本政府建议"征韩"，他的主张得到了日本官员森山茂、大村益次郎等人的赞同。1873年2月，陆军元帅西乡隆盛也提出了"征韩"问题，他说："举我兵士日夜四乱之心，移之于外，一掷而成兴国之远谋矣。"他还主张攻占中国台湾，夺取此地，归日本所有，"以便永镇皇国之南门"。

可是，刚刚实现了明治维新的日本，国内封建势力还没有完全清除，政府财力还难以支撑大规模战争，"征韩"时机并不成熟。因此，"征韩论"遭到维新元老岩仓具视、大久保利通等人的坚决反对。他们认为，当前的日本应搞好国内改革，积蓄力量，等条件成熟后再考虑征讨朝鲜问题。很显然，征讨朝鲜必然引发大规模战争，其后果对刚刚建立的明治政府来说是难以预料的。然而，如西乡隆盛所说，先对台湾用兵，对清政府实施小规模的挑衅，后果是完全可以把握的。于是，日本政府把侵略台湾提上了议事日程。

日本在明治维新以前的海上武装力量是锁国体制下的古代水师，它与晚清水师一样，长期维持着与沿海国家的地理位置不相称的战斗力。在那个时代，日本并没有一种紧迫感，没有感觉到要永久保持强大的海军力量的绝对必要。直到1853年美国东印度舰队驶进日本江户湾，日本战船在美国"黑船"面前不堪一击时，德川幕府才在惊恐中真正认识到闭关锁国给海防建设带来的严重制约，但为时已晚，其海防屏障被打破了。开放之初,日本试图依靠荷兰创建欧式海军。1854年8月,幕府邀请荷兰"森宾"蒸汽舰舰长费比尤斯中校为武士子弟讲授海军知识,迈出了建设近代海军的第一步。1855年,日本向荷兰订购了两艘炮舰,同时接收荷兰"森宾"赠舰,改名"观光丸",成为日本近代海军的第一艘军舰。随后,幕府在长崎开办了海军传习所,培养海军人才,以"观光丸"为训练舰;在筑地开办了军舰教授所(后改为海军操练所),用于培养海军人才。1857年9月,从荷兰订购的第一艘军舰"咸临丸"驶抵长崎。次年,第二艘"朝阳丸"也抵达长崎。两艘军舰均作为练习舰使用,表明幕府此时注重海军基础性建设。在培养人才的基础上,幕府依靠本国力量,从1863年开始自造军舰,1866年在石川岛建成日本第一艘蒸汽舰"千代田"(图1-3)。几乎与此同时,幕府创建了长崎造船所和横滨制铁所,聘请法国工程师讲授造船技术。由上观之,日本在开放后的十几年中,不仅迈出了建设近代海军的第一步,而且取

图1-3 日本第一艘蒸汽舰"千代田"

得了"拥有洋式军舰45艘"的成绩。当然,日本海军的真正发展是在明治维新以后。明治政权建立之初,天皇下达了"海军建设为当今第一急务,应该从速奠定基础"的谕令,在继承了幕府海军的设施和装备的基础上建立起统一的海军。首先,在明治政府体制中将陆海军分开,设立了海军局、筑造司、兵船司等海军专门机构。1872年2月,废除兵部省,设置陆军省和海军省,使陆海军完全独立。其次,继续兴办海军学校,培养海军人才。最后,提升造船能力,于1871年将横须贺制铁所改造为横须贺造船所,又更名为"横须贺工厂",并将其建成日本海军造船中心。此外,日本恢复了幕府时期的海军操练所,先后开办了炮兵学校、水雷学校、通信学校、航海学校、工程学校等,加强海军人才的自主培养,还派出学生登上英、美、德等国的军舰学习海军技术。

明治政府的海军部队组建于1868年3月,最初的军舰是从萨摩、长门、筑前、久留米、安艺、肥前、土佐藩等征调的老式战船,后来又将幕府的部分军舰并入,还从国外购买了几艘新式军舰。这样,到19世纪70年代初,日本海军经淘汰老舰,共剩余各种舰船20余艘,但并不能满足"耀皇威于四海"的需要。从1870年起,日本军事当局不断推出建造军舰计划。5月,兵部省拟订了一个建造200艘军舰的庞大海军建设计划,但因财政拮据而未被政府采纳。1873年,海军卿胜海舟提出一个18年造舰计划,准备建造26艘铁甲舰、14艘大型军舰、32艘中型军舰、16艘小型军舰、16艘运输舰,共计104艘,但内阁会议未予理睬。

日本发展海军的真正动因是明治政府向海外扩张的野心。当时,日本政府参议西乡隆盛主张对朝鲜和中国进行殖民扩张,积极推行"征韩论",而考察欧洲回国的岩仓具视、木户孝允、大久保利通等人则认为侵略朝鲜的时机尚不成熟,应该"以治内为急务"。这样,两派之间就发生了激烈冲突，在政府内部酿成了政治危机。此时的明治政府对于究竟向何处去显然难以决策，为了缓解当前矛盾，转移民众视线，政府决定进行一次海外用兵，目标指向台湾。然而，要入侵台湾，海军力量不可缺少，而此时日本海军的力量还不够强大，出兵台湾无疑带有极大的冒险性。因此，明治政府在动手之前对清政府的态度进行了一番试探，于1872年强迫原是清朝藩属国的琉球与日本建立了宗藩关系，这样做既可以为吞并琉球做准备，又可以试探清政府的反应。次年，日本又派外务卿副岛种臣前往北京，探询清政府对琉球船民在台湾被杀的态度。对于上述两件事，清政府的态度显得软弱，这就让日本政府对发动侵台的军事行动有了信心。

　　1874年2月6日，日本政府召开内阁会议，做出武装侵略台湾的决定。4月4日，在长崎成立侵台机构"蕃地事务局"，以参议大藏卿大隈重信为局长，次日又任命西乡隆盛之弟、陆军中将西乡从道为征台事务都督，调动"日进""孟长""有功"等军舰和"三邦"运输船以及军队3600人在长崎待发。在筹划出兵的过程中，日本得到了美国人李仙得和卡赛尔的支持，二人充当日军顾问，另有美国轮船受雇于日军，帮助运送军队。美国新任驻日公使宾格姆警告日本，不要雇用美国人而影响中美关系，英国政府也表示"中立"。大久保利通等人希望获得美英等国对日本侵台的援助，但见这些国家已转变态度，便督促内阁改变决定。日本政府遂通知西乡从道停止侵台行动。西乡从道拒不执行政府指令，继续按原计划行动，和大隈重信一起连夜起航，指挥日军于5月7日在台湾南部琅峤湾登陆，6月初分3路向纵深推进。高山族人民面对日军的进犯，在沿途进行了英勇阻击，双方在多地展开激战。6月中旬，西乡从道调集大队人马增援，攻占牡丹社，疯狂屠杀居民。7月初，西乡从道率军退至大埔角、琅峤、龟山等处，在龟山建立"都督府"，企图长期占领。

对于日军在台登陆一事，清廷开始并不知晓，消息灵通的李鸿章几天后才从英、德、美等国翻译和领事人员处获悉这一消息，但他不敢确定，将其视为"谣言"和"传闻"。不过他很警觉，断定日本不敢轻举妄动，于是在1874年5月10日致信总理衙门，提醒应该调集陆军兵力数千人，以轮船载运至台湾凤山、琅峤附近，扼要屯扎，以达到先发制人的目的。他还建议总理衙门会晤美国公使，要求美国"遵照公法"，不要帮助日本侵台。15日，李鸿章又致信福建船政大臣沈葆桢说，虽然日本兴兵台湾是传言，但应该立刻行动起来，抢占先机。总理衙门收到李鸿章的信函后，于17日向朝廷奏报，请求派沈葆桢带领轮船和弁兵前往台湾察看情形，妥筹办理，获得朝廷同意。与此同时，总理衙门还照会美国驻华副使，要求美方查明有无帮助日本侵台之事。29日，清廷下达密谕，任命沈葆桢为钦差办理台湾等处海防兼理各国事务大臣，所有福建镇道等官员均归其节制，准其调遣江苏、广东沿海各口轮船。沈葆桢接旨后，于6月14日与福建布政司潘霨、台湾道夏献纶、船政监督日意格、帮办斯恭塞格分乘"安澜""伏波""飞云"3艘兵船，从马尾起航前往台湾，17日抵达安平。到台后，沈葆桢将闽局各船进行了分派："扬武""飞云""安澜""靖远""振威""伏波"6艘兵船常驻澎湖，随之练习合操阵式；"福星"驻台北，"万年清"驻厦门，"济安"驻福州，以固门户。另外，兵船不敷调遣，沈葆桢又派出"永葆""琛航""大雅"3艘商船，用于往来装运淮军炮械等军火，还将从上海派往福建的"测海"兵船用于两地之间传递消息。这是中国近代自制兵船第一次参与反侵略军事行动。

事实上，洋务运动发起后，清朝水师的建设几乎与日本海军同步进行，到1874年日本发起侵台行动时，清朝水师的舰船虽然在数量上多于日本，但实力并未与日本拉开差距，对此沈葆桢十分清楚。他在完成兵船布置后，立刻向清政府请派陆军部队前往台湾，以弥补水师力量的不足。他请求由北洋调拨久经训练的洋枪队3000人、南洋2000人驰赴台湾。清廷接到沈葆桢的奏请，谕令李鸿章和两江总督李宗羲迅速调派。李鸿章鉴于直隶大枝防军正在大沽海口以内修造新城，添筑炮台，工程未竣，碍难分调，南洋枪队无多，分驻金陵、苏州、扬州、上海等处，防务吃紧，亦难酌拨，建议派记名提督唐定奎统领驻徐州的淮军——武毅铭字军13营共6500人由徐州拨赴瓜洲口，分批航海赴台，听候沈葆桢调遣，朝廷同意了这一建议。

唐定奎统领的武毅铭字军13营于1874年10月陆续抵台。此时，清政府在台的陆海军兵员数量超过了日本，后勤保障也较日本有利，所以是有总体优势的，加上台湾居民也是抗敌力量，双方一旦开战，清军并非没有胜算。然而，清政府对中日在台实力并没有准确评估，更没有做好对日作战准备。李鸿章从一开始就对中日战和问题有所考量：一方面，他采信赫德、日意格等洋人的说法，认为福建清军缺少洋枪队，难敌日本陆军，清军水师的兵船不足以抵抗日军的铁甲船，在处理日本侵台问题上主张"谕以情理""示以兵威"，也就是以说理与威慑为主，万不得已不谈开战。另一方面，他又时刻提醒各方，要做好开战准备，他多次在私人信件中谈到这一点。1874年8月，当李鸿章听说日本已在国内备兵6万，打算在中日决裂时纷扰金陵和津沽，而唐定奎的铭字军因轮船难找还未抵台时，他的想法也就更加坚定了。这样，李鸿章就为处理日本侵台事件定下了基调。沈葆桢与李鸿章的态度基本一致，所以在后来的中日交涉中，中方的主要目标是讲和。

李鸿章是在1874年5月29日获得日本侵略台湾的确实信息的，他当时的态度是希望沈葆桢抵台后能"据理阻止，息此兵端"，不希望把事态扩大，最好能"片言却敌"。6月19日，沈葆桢赴台后派出潘霨、夏献纶、日意格和斯恭塞格前往琅峤，于22—25日3次会晤西乡从道，交涉退兵，西乡从道均"情词极为闪烁"，使交涉毫无结果。事实上，西乡从道的"情词闪烁"并非想要将战事进行到底，因为他明白，就日军实力来说，要与清军全面开战，并无获胜把握，他的迟疑和拖延是想获得更多的谈判筹码。沈葆桢不得不按照李鸿章"示以兵威"的办法，声称要为清军水师装备铁甲船，对西乡从道施以震慑。然而，对沈葆桢的威慑，西乡从道不为所动，军事行动照样进行。

在沈葆桢主持台湾会晤的同时，李鸿章和总理衙门的人也在天津和北京与日方展开交涉，他们分别会晤日本公使柳原前光，要求日本从台湾撤兵，但同样没有结果。8月30日，日本内务卿大久保利通以全权大臣身份来华，先抵大沽，再经天津前往北京，直接与总理衙门展开谈判。对于大久保利通来华谈判的目的，美国副领事毕德格推测，"不给兵费必不退兵，且将决裂，扰乱中国各口"，对此，李鸿章希望各国出面调停。9月14日—10月23日，总理衙门与大久保利通共进行了8次会谈，在赔偿军费和台湾"番地"归属问题上展开激烈争论。大久保利通索要200万两白银的兵费赔偿，遭到总理衙门"严词拒斥"，李鸿章也感到其"荒谬无耻，令人喷饭"。10月24日和25日，大久保利通和柳原前光以离华回国相要挟，英使出面调停，经过一番交涉，将赔偿兵费数额压至50万两白银。总理衙门同意了这个数额，但同时又顾及大清国的颜面，把50万两银子的来历做了说明，说这50万两银子大部分不是兵费赔偿，而是对日军留在台湾的物品的作价。既然是给足50万两银子，至于以何种名目，大久保利通不再追究。至于台湾"番地"归属问题，大久保利通承认了归属中国的事实。就这样，在英美等国调停下，双方初步达成协议。10月31日，清政府与日本政府签订了《北京专条》，其中规定"日本国此次所办，原为保民义举起见，中国不指以为不是"，"前次所有遇害难民之家，中国定给抚恤银两，日本所有在该处修道、建房等件，中国愿留自用，先行议定筹补银两，别有议办之据"等。在所附《会议凭单》中规定了银两的数额和日本撤兵日期。日本侵台事件的处理至此落下帷幕。

《北京专条》将日本对台湾的侵略定性为"保民义举"，严重歪曲了事实。同时《北京专条》使本是受害者的清政府付出了50万两白银，践踏了公理。日本此次出兵，共动用了5艘军舰、13艘运输船、3568名官兵，总支出日币771万元，获赔50万两白银，合日币78万元，约占其支出的1/10。对于上述两条件，总理衙门竟能接受，连李鸿章也感到不解和无奈。更为严重的是《北京专条》没有提及日本出兵台湾的借口，等于默认了日本对琉球的吞并。造成这一结果的原因，一方面是日本发动大规模侵略战争的恫吓与威逼，另一方面是清政府对战争的惧怕与退让。这些都为日后更加复杂的中日交涉留下了阴影。

日本侵台是中国近代史上的重要事件，它不仅助长了日本对外扩张的野心，而且使西方各国对日本的态度发生了悄然变化。同时，也给清政府的海防建设敲响了警钟。然而，慈禧太后等人对赔偿日本50万两白银并不认为是耻辱，而是集中精力操办慈禧40岁生日庆典。此举令李鸿章十分郁闷，他在给其兄李翰章的私信中表达了对政局的担心："近日热闹，万寿排日筵宴，恬嬉歌舞，皆幸倭事速了，意乃不以为耻辱。窃料奏议即多，仍是空话。"

第三节 从甲午战争到全面抗战

清政府在日本侵台事件交涉中的失败,不仅使日本摸清了清政府的底牌,而且大大助长了日本侵略中国的野心,进一步刺激了其发展海军的决心。然而,日本政府十分清楚,在海军实力方面,清朝海军在日本之上,要在后续的侵略行动中获胜,必须加强海军力量。于是,在1875年5月,日本政府向英国订购了3艘军舰,于1878年竣工,次年开到日本,这就是"扶桑""金刚""比睿",其中"扶桑"是一艘排水量3700多吨的铁甲舰(图1-4)。与此同时,日本也开始自造军舰,1875年"天城"舰动工,1877年"磐城"舰动工。但日本海军当局并不满足,1881年12月,海军卿川村纯义提出从1882年起每年造新舰3

图1-4 日本海军"扶桑"铁甲舰

艘、20年建造60艘的建议，但未被采纳。

1882年7月，朝鲜发生"壬午兵变"，清政府为帮助朝鲜平定局势，派出两艘刚刚购进的北洋海军新舰"超勇"和"扬威"赶赴朝鲜，驻泊仁川，随后李鸿章又抽调淮军精锐部队4500人开赴汉城，迅速平定了政变。然而，"壬午兵变"为日本插手朝鲜问题提供了机会，日本政府派出了4艘军舰和800名官兵开赴仁川，后来增加到1500人，并进入汉城。虽然日军因实力不济而未敢向清军挑衅，但它打着"修好"的旗号，迫使朝鲜签订了《济物浦条约》，获得了在朝鲜京城的驻兵权。1884年12月，在日本政府和朝鲜开化党共同谋划下，朝鲜又发生了"甲申政变"，日本驻朝鲜公使竹添进一郎率日军300余人冲入王宫，挟持朝鲜国王李熙。清朝负责朝鲜军务的袁世凯率1500名清军在朝鲜军队配合下攻打王宫，将日军驱逐，平息了事变。但与前次一样，日本迫使朝鲜政府签订了不平等的《汉城条约》。

两次介入朝鲜内政，日本虽通过条约获得了在朝利益，但并未实现完全控制朝鲜的目的。于是，进一步加快军队建设步伐成为日本政府上下的共识。1887年3月，天皇下达谕令，决定从内库中提取30万日元，用于补充海军经费。日本的华族在天皇谕令的感召下，竞相为海防捐款，在短短两个多月的时间里捐出100多万日元用于海军军备。1888年，西乡从道提出一个"五年造舰计划"，计划建造46艘舰艇，但未获通过。1890年11月，新上任的海军大臣桦山资纪继续推行该计划，并提出设立镇守府。内阁在讨论此案时，压缩了议案的规模，决定以1891年以后的5年为第一期，建造包括2艘巡洋舰在内的5艘军舰，总排水量6819吨，获得通过，因此订购和建造了"吉野"舰和"须磨"舰，其中"吉野"是从英国订购的，排水量4200吨，最高航速22.5节，是当时世界上最快的军舰（图1-5）。1893年2月，天皇再次谕示，在之

图1-5 日本海军"吉野"巡洋舰

后6年间,每年从内库中拨出30万日元,并要求国务大臣、枢密顾问官和贵众两院议长每月从薪俸中拿出1/10作为造船经费。30万日元超过皇室年经费的1/10。据此,日本海军增添了"富士""八岛""明石""宫古"4艘军舰。就这样,日本经紧锣密鼓地追赶,在中日甲午战争爆发前拥有了31艘军舰、24艘鱼雷艇,总排水量61373吨,在建6艘大中型军舰、2艘鱼雷艇,总排水量33495吨。与此同时,镇守府和司令部等机构也相继建立,编成了常备舰队。至此,日本对朝发动战争,进而侵略中国的条件已经成熟,只待寻找战争借口了。

在朝鲜南部盛传一种叫作"东学"的宗教,即"东学教",其组织被称为"东学道"或"东学党",是一个以宗教作为掩护的农民革命组织,1894年2月在首领全琫准领导下发动起义,声势浩大,有席卷全朝鲜之势,朝鲜政府向清政府乞援。在"东学道"起义爆发之初,驻汉城的日本驻华公使兼驻朝公使大鸟圭介就已经意识到朝鲜局势的危险性,认为如果农民起义进一步加剧,清政府有可能出兵吞并朝鲜。他向日本政府建议,日本应协同中国改革朝鲜内政,以防止中国出兵和吞并朝鲜。

5月，大鸟圭介赶回国内，直接向日本政府汇报情况，建议日本做好出兵准备。日代理驻朝公使杉村濬则向日本政府报告了朝鲜请求清政府出兵的消息，日本召开内阁会议，决定向朝鲜派兵。

日本的这次出兵决定与以往不同，从一开始就没有想用和平的方式解决朝鲜问题，而是直接把发动战争作为最终手段。参谋本部次长川上操六在与日本外相陆奥宗光讨论出兵方案时直截了当地指出，预计中国向朝鲜派兵5000人，日本应派出一支拥有8000兵员的能够完全压倒中国的战时编制的混成旅团。川上操六估计，如果混成旅团在汉城附近取得胜利，中国就必将求和；如果中国不投降，就再派一个师团在平壤打败清军，然后从中国东北南下，这样中国肯定就会讲和了。陆奥宗光完全接受这一观点。外务次长林董在评价此观点时说，当时会议所讨论的已不是如何用和平方式解决问题，而是如何发动战争，如何取得胜利。

在"东学道"发动起义的当天，日本使馆就派出翻译郑永邦会见袁世凯，极力劝诱中国出兵，从而为日本出兵制造借口。6月3日，杉村濬拜会袁世凯，敦促中国出兵。袁世凯不知是计，向李鸿章报告请求出兵，并说明日本无其他意图。6日，李鸿章从天津芦台等地调集淮军以及天津武备学堂见习军官共910人，由山西太原镇总兵聂士成率领，在北洋海军"超勇"舰护卫下，乘轮船前往朝鲜牙山。两天后，直隶提督叶志超统率正定练军等部1555人也开赴朝鲜。

就在中国出兵的前一天，日本成立了战时最高指挥机构——大本营，加快了发动战争的步伐。获悉中国出兵朝鲜后，日本政府授予大鸟圭介临时处断之全权，命第五师团派出一个混成旅团，由大岛义昌少将率领赴朝鲜。在数日之内，仁川、汉城等战略要地已有日军7000余人，国内还有大批日军等候调遣。为适应战争需要，大本营于1894年7月10日对海军舰队进行了第一次改编，在原有常备舰队的基础上增设了警备舰队。19日,大本营对海军舰队又进行了第二次改编,将警备舰队改称西海舰队,并将常备舰队和西海舰队合编成联合舰队,任命海军中将伊东祐亨为司令长官。25日,日本联合舰队的"吉野""浪速""秋津洲"3艘军舰在朝鲜丰岛海面突袭了北洋海军"济远"和"广乙"两舰,挑起了丰岛海战。31日,日本联合舰队进行了第三次改编,将3个编队调整为4个编队。8月1日,中日双方宣战,甲午战争正式爆发。16日,日本联合舰队进行了第四次改编,增加了部分军舰,准备与北洋海军争夺黄海制海权。

甲午战争分为6个战场:陆上3个战场,海上3个战场。陆上战场分为朝鲜半岛、辽东半岛和山东半岛;海上战场分为丰岛海域、黄海海域和威海湾海域。1894年7月25日,丰岛海战爆发,北洋海军"济远"舰在交战中受伤撤离,"广乙"舰重伤自毁,炮舰"操江"被俘,运兵船"高升"被击沉,870多名清军牺牲。在丰岛海战进行的同时,日本陆军向驻朝清军发动进攻,双方战于成欢,叶志超和聂士成率军败退平壤。9月15日,日军占领平壤,清军退过鸭绿江,朝鲜半岛全部失陷。17日,中日海军在黄海大东沟海域相遇,爆发了著名的黄海海战,北洋舰队或沉或毁5艘军舰,日本获得海战胜利,夺取了黄海制海权。黄海海战后,日本兵分两路进攻辽东半岛,先后占领大连、旅顺等地,并改变计划发动了消灭北洋海军的山东半岛战役。1895年1月,威海卫保卫战打响,日本陆军在山东半岛荣成湾登陆,进攻威海卫后路,先后占领威海湾南岸炮台、威海卫城以及威海湾北岸炮台,与日本联合舰队形成对威海湾内北洋海军的合围。由于经过了丰岛、黄海海战,北洋海军的抵抗能力严重减弱,又因陆上清军作战不利,后路失陷,援军无望,刘公岛最终陷落,清政府苦心经营20多年的北洋海军全军覆没。1895年4月17日,中日在日本马关签订了《马关条约》,甲午战争结束。

甲午战争后，日本获得了军事上的自信，国内出现了一种舆论，认为日本已经瓦解了"华夷秩序"，今后应该成为称霸亚洲的"海洋帝国"。在军事上，应增加军费开支，扩充军备，特别以扩充海军为重点，建成海上军事力量强大的国家。在经济上，应大力发展海运，整备海上交通运输网，提高海上运输能力，向外扩大贸易圈。为此，应拥有太平洋经济圈的绝对控制权。"海洋帝国"思想实际上是将日本的海上军事力量和海上贸易能力定位成两大支撑。在同一时期，日本近代启蒙思想家福泽谕吉则阐发了他的"海洋国家"思想，认为"海洋国家"可以概括为"强兵"和"富国"两部分，通过军备强大、贸易繁荣而达到称霸亚洲的目的。在"强兵"方面，他主张大力发展海军，参与世界海军军备扩张竞争。1895年5月，他为《时事新报》撰文称："为了守护甲午战争中攫取的利益，日本应以军备扩张为第一要务，而当务之急是建造军舰，应以海军为主进行军备扩张。"在"富国"方面，福泽谕吉主张"工业立国"和"贸易立国"相辅相成，相互助推，共同创造和增加社会财富。他特别指出，日本是一个被海洋包围的国家，应该主动远航到外国港口进行贸易，不能被动等待外国商船的到来。总之，福泽谕吉的"海洋国家"思想既强调海外贸易，又强调海上安全，隐含着清晰的海权思维。"海洋帝国"和"海洋国家"思想都对明治政府产生了重大影响。在中日甲午战争后，日本政府利用战争赔款开始了大规模的军备扩张，海军方面提出以"六六舰队计划"为主要内容的"海军发展十年规划"，大规模扩充海军。

推动日本加速发展海军的另一个原因是甲午战争后俄、法、德对日本占领辽东半岛的干涉，即"三国干涉还辽"。当时日本刚刚经历了8个多月的战争，还无力同时对抗3个西方国家，只得以获取清政府支付的3000万两白银的"赎辽费"形式将辽东半岛"让"给俄国，俄国于

1896年迫使清政府缔结了《中俄密约》，并据此在1898年实现了长期"租借"旅顺和大连的愿望。随后，俄国又乘势获得了西伯利亚铁路在东北北部的通过权和东清铁路的建设权，从而巩固了俄国在中国东北的势力。1900年，义和团运动爆发，7月，俄国趁八国联军进攻北京之机，出动军队17万人，从满洲里、黑河、伯力、珲春和旅大分5路进攻东北，于10月占领中国东北三省。此时，俄国在中国东北的兵力是10万人。为了对抗俄国在远东的军事威胁，日本和英国于1902年1月缔结了日英同盟。1903年8月，日本正式向俄国提出交涉，要求俄国承认日本在朝鲜和中国东北的"利益"，日本只承认俄国"于满洲铁路有特殊利益"。俄国则要求日本承认中国东北和沿海地带均在日本"利益"范围之外，朝鲜领土的任何部分都不得用于战略上的目的，并不得在朝鲜沿海设置可能妨碍自由航行的军事设施。两国谈判未获结果。随后，两国加速进行战争准备。俄国将太平洋舰队的60余艘军舰全部集结于旅顺，陆军也在向辽阳、海城一带移动。日本则在国内调兵遣将，尤其加强海军整备，于1903年12月任命东乡平八郎为联合舰队司令官。与此同时，参谋本部制订了对俄作战计划。1904年2月，日本照会俄国终止谈判，并断绝外交关系。2月8日，日本联合舰队在东乡平八郎的指挥下，未经宣战就突然袭击俄国驻中国旅顺和朝鲜仁川的舰队。9日，俄国向日本宣战。10日，日本向俄国宣战，日俄战争爆发。

从军事战略上看，日俄战争与甲午战争一样是陆海协同作战。陆军方面，俄国在远东共拥有约12万人。日本全国拥有步兵、骑兵、野战炮兵等陆军约40万人。海军方面，俄国在远东的舰队是太平洋舰队，共拥有60余艘舰艇，分散布置于中国旅顺、朝鲜仁川以及海参崴。俄国驻仁川的舰队有巡洋舰和炮舰各1艘；驻旅顺有13艘巡洋舰、3艘炮舰、1艘运输舰、15艘驱逐舰，以及数艘小型水雷舰；驻海参崴有

4艘巡洋舰、1艘运输舰及数艘水雷舰。日本联合舰队拥有大型战舰、巡洋舰、海防舰、炮舰、通报舰、驱逐舰、水雷母舰、水雷艇等共计152艘,其中有106艘是新舰艇,分别机动于黄海和日本海。由此观之,无论是陆军还是海军,日本均占有优势。

战争开始后,仁川方面,日军采取陆海协同战术,海军6艘舰艇掩护陆军第十二师团在仁川登陆,向平壤发起进攻。俄军一路败退,日军先后占领汉城、平壤。这时,又有日本陆军近卫师团和第二师团在朝鲜镇南浦登陆,3个师团的10万余人组成第一军,强行渡过鸭绿江,占领中国境内的九连城、安东等地。在海上,日本联合舰队第二舰队的第四战队从仁川港正面向港内2艘俄舰发起进攻。俄舰寡不敌众,受伤逃离港口,日舰进入仁川港。

旅顺方面,日军依然采取陆海协同战术,先由海军舰队夺取制海权,然后陆军在辽东半岛与海军形成对旅顺的合围。东乡平八郎下令向旅顺港(图1-6)外的俄舰发动突袭,俄舰撤入港内。在此后3个多月的时间里,双方展开封锁与反封锁战,俄军始终处于被动,舰艇损失较大。

图1-6 日俄战争爆发前的旅顺港

在海军进攻的同时，日本陆军第一军先后占领普兰店、金州、大连。6月下旬，双方投入主力进行辽阳会战，经过2个多月的厮杀，日军于9月4日占领辽阳。在辽阳会战期间的8月中旬，日军调动5万余人向旅顺逼近，俄国舰队感到危机，有20余艘舰艇向港外突围，遭到日本联合舰队伏击，双方展开黄海大战。有9艘俄舰突围成功，其余的退回旅顺港。8月19日，日本陆军向旅顺发起总攻击，俄军顽强抵抗，在经过5个月的激战后，俄军在日军陆海合围下于1905年1月1日投降，旅顺被日军占领。2月下旬，日军第一军进攻奉天，3月夺取奉天。

就在双方激战于旅顺之时，俄国于1904年8月对海军舰队进行了整备，把波罗的海舰队的30艘舰船组成第二太平洋舰队，波罗的海舰队剩余的破旧舰船组成第三太平洋舰队，实施远东增援，而把远东的太平洋舰队改为第一太平洋舰队。10月，第二、第三太平洋舰队相继启程，于1905年5月在越南金兰湾以北会合，组成了一支有48艘舰船的大舰队。日本海军对俄国海军的动向早有察觉，便采取诱敌战术，将俄国这支大舰队引入对马海峡，出动联合舰队的16艘主力战舰与俄国舰队展开决战。5月27日，海战爆发，经过近一昼夜激战，俄国舰队有19艘舰艇被击沉，7艘被俘虏。俄国舰队投降。由于对马海战的惨败及国内革命的爆发，俄国已无获胜的希望，最终在美国调停下，于8月10日在美国朴次茅斯与日本举行和谈，9月5日双方签订《朴次茅斯条约》，日俄战争结束。《朴次茅斯条约》规定：俄国承认朝鲜为日本的"保护国"，肯定了日本以"指导""保护""监理"的名义拥有对朝鲜任意处置的权力；承认将从中国攫取的辽东半岛，即旅大"租借地"及其附属的一切权益转给日本；承认将从中国夺取的长春至旅顺间的铁路、其一切支线及它所附属的一切特权和财产，包括煤矿在内，都转给日本；将库页岛南半部割让给日本；等等。这是继《马关条约》之后又一个使日本获得巨大利益的条约，所不同的是这个条约的败方是俄国，损害的却是中国的利益。

日俄战争虽然是一场陆海协同的战争，但双方采取的战略基本上是"海主陆从"，彰显了在大舰巨炮时代利用强大海权夺取制海权的重要性。也正因为如此，日本在战后更加重视海军的发展，步入了对外侵略扩张的高速车道。1907年4月，日本制定了"帝国国防方针"，明确规定"根据帝国国防方针，海军为使主要假想敌国在远东不敢发动战争，平时必须拥有一支最精锐的舰队"，该舰队至少要有8艘战列舰、8艘装甲巡洋舰，以及若干艘巡洋舰和驱逐舰，这个计划就是著名的"八八舰队"计划。然而，这个计划需要庞大的经费开支，遭内阁否决。不过这并没有影响日本发展战列舰的速度，1913年建成排水量29330吨的"金刚"战列舰，1914年建成排水量19500吨的"比睿"战列舰。1914年，第一次世界大战爆发，日本作为协约国的一员参加了战争。战争期间，日本一面观察日德兰海战这样百年一遇的大海战，参与对德国的海上战争，一面加紧建造战舰，1915年连续建成"金刚"级战列舰"雾岛""榛名""扶桑"，1917年建成"山城"和"伊势"战列舰。当年，日本议会正式通过了"八八舰队"预算，1918年又建成"日向"战列舰。到第一次世界大战结束时，日本已拥有8艘战列舰，实现了"八八舰队"中的第一个"八"。1919年，日本建成排水量3230吨的"天龙"和"龙田"舰。1920—1921年，日本建成排水量32720吨的"长门"和"陆奥"战列舰，以及排水量5100吨的"球磨""多摩""北上""大井""木曾"二等巡洋舰。至此，日本已完全跻身世界海军强国前列。

在日本加速发展海军的同时，英美两国为维持与日本海军的平衡，也进入疯狂造舰状态，形成了第一次世界大战后以日、英、美为核心的列强造舰竞赛，各国军费开支大幅度增长，一些国家的财政已经不堪重负。为限制海军军备快速发展，美国向日、英、法、意发出召开裁军会议的倡议。1921年11月—1922年2月，在美国华盛顿召开了由世界9个主要国家参加的国际会议（图1-7）。在这次会议上，美、英、日、法、意就限制以战列舰为特征的主力舰的单舰排水量、总吨位、火炮口径等达成共识，按照总吨位日本3、英美各5、法意各1.75的比例建造。就日本而言，总吨位不能超过31.5万吨。但对包括巡洋舰、驱逐舰、潜艇、航空母舰及其他水面舰艇在内的辅助舰的限制未能达成一致，这就为接下来辅助舰的造舰竞赛埋下了伏笔。

华盛顿会议签订了《五国海军条约》，以条约的形式确认了日本海

图1-7 华盛顿会议会场

军世界第三的地位，从而使远东地区的海权格局得以重构。英国在远东的海权进一步削弱，美日随之加强；美日两国彼此将对方视为战略对手，在太平洋地区展开海权竞争；英国海权虽远离太平洋地区，但依然在该区域保有大量经济与战略利益，有"重返太平洋"的趋势，是美日潜在的战略竞争对手。于是，英、美、日形成了彼此制衡的关系，它们的战略互动以国际裁军谈判和军备竞赛为主线，成为两次世界大战间国际关系及海权演变的重要特征。在英、美、日竞争的过程中，它们都深刻认识到海军建设与发展并不是单纯的军事问题，而是国家战略与国家利益的总体性问题，无论是裁军会议还是海军军备竞赛，实现本国海军发展和海权扩张都是国家战略的重要组成部分。

华盛顿会议后，各国不出意料地展开了建造辅助舰的竞赛，裁军的目的并未完全实现（图1-8）。1927年2月，美国再次召集华盛顿会议

图1-8　1924年4月，停泊在汉口江面的日本海军第二舰队第二水雷战队

缔约的 5 国，在日内瓦召开了第二次裁军会议，试图就限制辅助舰的建造达成协议。可法意两国未出席会议，形成了日、美、英开会的局面。又因美英发生对立，造成无限期休会的结果。1930 年 11 月，在美英的推动下，日、美、英、法、意在伦敦召开了新的裁军会议。这次会议以限制建造辅助舰为重点，经过反复讨论，签订了条约。伦敦条约规定：将主力舰停建期限延长 5 年；按照英美各拥有 15 艘主力舰、日本拥有 9 艘主力舰的原则，废弃多余的舰只；将《五国海军条约》中未包括在内的吨位在 1 万吨以下的航空母舰纳入限制的范围内；等等。另外规定，伦敦条约有效期到 1936 年 12 月 31 日为止，1935 年召开缔约国会议缔结新的条约。1935 年 12 月，第二次伦敦会议如期召开。事实上，在会议召开前的 1934 年 5 月，英国外交大臣西蒙斯以个人名义向《五国海军条约》的 5 个缔约国提议，在伦敦召开预备会议，以讨论废除《五国海军条约》和修改伦敦条约的必要性，结果各国意见分歧很大，谈判暂时停止。正式会议开始后，各国的分歧依然很大，在经过了休会、复会之后协议还是没达成。日本代表在征得日本政府许可后，首先宣布退出裁军会议，这就意味着《五国海军条约》和伦敦条约失效后，从 1937 年 1 月 1 日开始，世界海军强国进入无条约时代，新的世界大战的种子自此播下。第二次伦敦会议失败时，日、美、英的舰艇吨位分别是日本约 70 万吨、美国约 80 万吨、英国约 100 万吨。

限制军备条约的失效使日本挣脱了建设"大海军"的枷锁，可以无限制扩充军备了。自此开始到第二次世界大战结束，被称为"军备的飞跃扩充"时期，日本制订了一系列大规模扩充海军的计划，如 1937 年的"0 三计划"、1939 年的"0 四计划"、1940 年的"0 临计划"、1941 年的"0 急计划"和"0 追计划"、1942 年的"0 五计划"和"0 改计划"、1943—1944 年的"0 战计划"等。其中 1937 年的"0 三计划"

包括建造67艘战列舰、航空母舰等舰艇，总排水量28万余吨。鉴于在军舰数量上难以与美国相抗衡，日本决定采取加强单舰威力的对策，建造巨型战列舰，有2艘纳入了"0三计划"，这就是著名的"大和"（图1-9）和"武藏"战列舰。该级舰被称为"集中了海军特别是技术界的全部智慧"，"在综合战斗力方面堪称世界最优秀的战列舰"，其标准排水量为64000吨，装备有9门460毫米主炮，是世界上吨位最大、火力最强的战舰。（外山三郎著：《日本海军史》）"大和"于1937年11月开工建造，1940年8月下水，1941年10月试航完毕，随后参加了太平洋战争。"武藏"于1938年3月开工建造，1940年11月下水，1942年8月竣工，服役后参加了太平洋战争。与此同时，日本海军还大力建造潜艇，至1941年12月太平洋战争爆发，日本海军共拥有65艘潜艇，排水量97900吨。

日本持续推进海军建设、大力强化海权，根本目的在于实现其侵略扩张的国家政策。自日俄战争重创俄国在远东的势力后，日本就已暴露

图1-9 日本海军"大和"战列舰

出独占中国的企图，它利用英、美、法、德等列强在远东的矛盾，逐渐积蓄力量，全方位向中国渗透。在第一次世界大战中，日本出兵参战，迅速取代了德国，在中国山东建立了势力范围，并以此为基础，采用政治、经济等手段，加大渗透中国的力度。1915年5月，日本迫使袁世凯政府接受了"二十一条"，后又给予黎元洪、段祺瑞政权大量贷款，使其成为日本的傀儡；加紧扶植张作霖，试图控制东北的军政、财经大权。到第一次世界大战结束时，日本对华资本输出总量已居列强前列，迈出了独占中国的第一步。

日本在华势力的急剧扩张，使列强在远东和太平洋地区的利益争夺更加激烈，于是引发了一轮又一轮海军军备竞赛。恰在此时，日本国内爆发了长达3年的经济危机，造船、钢铁、纺织等行业生产大幅度下降，西方列强乘虚而入，其势力纷纷向中国渗透。为了摆脱危机，日本田中内阁于1927年制定了吞并"满蒙"的政策和实施计划，进一步向世人表明其入侵朝鲜半岛、中国东北地区，进而占领全中国的战略目标。也就是在这一年，日本陷入了严重的金融危机，失业人数剧增，国内矛盾空前激化，4届内阁都不能扭转局面。在这种情况下，日本决定用战争手段"断然"摆脱危机，便于1931年发动了九一八事变，挑起了第二次侵华战争。在日本的攻势面前，其他列强采取了"绥靖"政策，助长了日本的侵略气焰。然而，日本并不满足于占领东北三省，而是逐渐把侵略触手伸向中国其他地区，先是于1932年在上海挑起一·二八事变，继而于1935年策动"华北自治"，最终于1937年发动了卢沟桥事变，挑起了大规模侵华战争。

总之，自明治维新后，日本在政治、经济、文化的综合作用推动下，走上了一条愈来愈急迫的对外侵略扩张道路，它从战争和冲突中获得了大量利益，使它的实力逐渐跻身世界列强的前列，造成其军国主义的极度膨胀。在这一过程中，侵略和独占中国，进而称霸亚洲，与其他列强争夺世界霸权成为日本明确的战略目标，而建立"大海军"，建设世界领先的海权，是实现其战略目标的前提和基础。明确了这一点，才能真正理解中国海军抗战的艰难和意义。

第二章
全面抗战前的中日海军

甲午一战，日本海军打败了北洋海军，一跃而成为亚洲最强海军；甲辰一战，日本海军打败了俄国海军，跻身于世界强国海军之列。也就是在此前后，诞生于美国的"海权论"传入日本，推动日本加速实现"大海军"梦想。第一次世界大战后，欧美列强元气大伤，发展海军的步伐放缓，日本作为战胜国却得到了进一步发展海军的机会，大大缩小了与欧美强国之间的差距，其实力仅次于美英，美英不得不联合其他国家，以条约的方式限制海军军备扩张。1935 年，日本退出条约，海军发展解除了限制，其实力继续增强。与日本海军相比，中国海军自甲午战败后一蹶不振，清政府虽有复兴海军的努力，但效果甚微。此时，"海权论"也曾进入中国人的视野，但并未触动其迟钝的神经。辛亥革命后，中国政局动荡，内战频繁，始终没有形成发展海军的客观条件。至国民政府时期，中国海军也仅能用于防守海口和缉私拿盗，根本无力与大国海军相抗衡。抗日战争就是在中日海军如此悬殊的实力对比下爆发了。然而，面对强敌，中国海军并没有坐以待毙，而是将仅有的舰船以不同于往日的战争形态投入到抗战中，书写了可歌可泣的悲壮篇章。

第一节 日本海军实力及对华作战方针

日俄战争后，日本提出发展"大海军"计划，经过30多年的努力，其海军实力排在美国和英国之后，位列世界第三。日本防卫厅公布的数据显示，1937年6月，日本海军舰艇总吨位115.3万吨，其中不包括大量炮艇、登陆艇和辅助船只以及正在建造的舰艇。日本海军航空兵拥有182架舰载飞机、629架陆基飞机。1937年初，日本海军总人数12.6万。至1937年发动大规模侵华战争前夕，日本联合舰队的编制为：第一舰队下辖第一战队、第三战队、第八战队、第一水雷战队、第一潜水战队和第一航空战队；第二舰队下辖第四战队、第五战队、第二水雷战队、第二潜水战队、第二航空战队和第十二战队；第三舰队下辖第十战队、第十一战队和第五水雷战队；练习舰队。

卢沟桥事变爆发以前，日本海军常驻中国的是第三舰队，分散驻泊于自北而南的整个中国沿海海域。其中所辖第十一战队主要在长江流域活动，第十战队和第五水雷战队则频繁出没于中国近海。另外，其他舰队的舰艇也时常从日本本土开到中国，从事各种活动。卢沟桥事变爆发以后，日本派往中国的海军力量大增，为第三舰队补充了第一潜水战队，第一联合航空队，第一、第二航空战队，第二十一、第二十二、第二十三航空队。增派了第二舰队，下辖第四、第五、第十二战队，第二水雷战队，第二潜水战队，第二联合航空队。从其他舰队抽调兵力，于1937年10月20日编成第四舰队，下辖第九、第十四战队和第四、第五水雷战队。1938年，又新编第五舰队，从事华南方面的作战任务。上述兵力构成了日本的中国方面舰队。

由此可见，全面抗战爆发初期，日本派往中国的海军部队是其海军的绝对主力。

日军之所以将其主力部队投入中国战场是为了实现其既定的作战目标，而日本的作战目标清晰地体现在它的作战方针中。1936年8月，日本政府确定了《国策基准》，日军根据这一文件，制订了1937年度《作战计划》，其中有关海军部分的规定是："海军要击灭中国舰队，压制中国沿海及长江流域，与陆军协力占领要地。"1936年11月，日本政府又制定了《陆海军军事协定》，对大规模侵华以后陆海军协同问题，以及作战地区、主攻方向等问题都做了详细的规定。

卢沟桥事变爆发后，日本积极进行扩大战争规模的准备。1937年7月8日，日本海军下令将在台湾演习的第三舰队撤回原防地，日本国内则准备好机动兵力，以备对华紧急出兵。11日，参谋本部发表了《关于向华北派兵的政府声明》，同时参谋总长下达了派兵的命令。同一天，海军军令部确定了用兵方针，其中指出："此次事件的处理方针当然是极力避免事态扩大，按平津地方局部事件迅速解决。但鉴于中国经常出现局部事件波及全中国的情况，海军应对波及中国各地有所准备，第三舰队及旅顺、马公两要港部之舰船现均分泊于各主要地方担当警戒。"同时，日本海军与陆军协商制定了《陆海军关于在华北作战的协定》，明确的"作战指导方针"是"陆海军要协同作战"。该协定中还指出：在华中、华南方面，以海军为主担任警戒，海军增派兵力，华北方面为第五战队，华中、华南方面为第八战队。对青岛、上海方面的兵力输送依靠海路，海上护卫由第四战队、第二水雷战队、第二航空战队、第二联合航空队以及第三舰队之一部担任间接护卫，必要时应直接护卫。后又发表了《陆海军关于华北作战的航空协定》，规定："在华中、华南方面消灭敌空军力量主要由海军担任，陆军为自卫而进行航空作战"；"海军飞机应陆军运输船队的需要，针对空、陆之敌，担任海上护卫和到达登陆地前后的掩护";"在陆军登陆时及陆军航空飞行准备完了前陆军的空中勤务,必要时由海军航空兵担任之";"在同一方面陆海军飞机任务的分配、协同要领等细则,由出征部队相互自行协定"。

卢沟桥事变

1937年7月7日,驻卢沟桥附近的日军在未通知中国地方当局的情况下,在中国驻军阵地附近举行所谓军事演习,并诡称一名士兵"失踪",要求进入宛平县城搜查,遭拒绝后,日军向宛平城和卢沟桥发起攻击,挑起了卢沟桥事变。中国驻军第二十九军军长宋哲元下令抵抗,日军进攻受挫。26日,日本华北驻屯军向第二十九军发出最后通牒,要求中国守军撤出平津地区。宋哲元严词拒绝,通电坚决守土抗战。28日,日军调集一万多人,向驻守北平四郊的中国军队发起进攻,中国驻军奋起抵抗,与日军展开浴血搏杀,第二十九军副军长佟麟阁、第一三二师师长赵登禹壮烈殉国,官兵死伤无数。29日,北平陷落。30日,天津失守。卢沟桥事变拉开了中国全民族抗战的序幕,中共中央在事变的次日即通电全国,号召中国军民团结起来,共同抵抗日本侵略者,得到全国各族人民的热烈响应,随后在全国掀起了空前高涨的抗日救亡运动。

1937年7月12日,日本海军军令部下达了《关于对华作战用兵秘密指示》,明确的作战方针是:(1)以执行自卫权的名义进行作战,不公开宣战。但当对方提出宣战或因战争形势的变化则公开宣战,称之正规战。(2)只要是以讨伐中国第二十九军为目的,战局即限于平津地区。根据情况采取局部战、空战、封锁战,在最短期间内达到保护侨民及惩罚中国之目的。(3)陆海军要协同作战。规定的用兵方针是:(1)按时局限制在局部的方针,当前以陆军兵力进入平津地区,达到迅速惩罚第二十九军的目的。海军除运送和护卫陆军并在天津方面协助陆军外，要准备全力对华作战（第一阶段作战）。（2）战局扩大时大致按下列方针作战（第二阶段作战）。第一，要确保上海及青岛使其成为作战基地，同时在现地保护侨民。其他地区的侨民迁至上述两地。第二，华中作战要调遣确保上海所必要的海军、陆军部队，并主要以海军航空兵扫荡华中敌空军力量。第三，华北作战陆、海军共同努力确保青岛，其他地区由陆军控制。第四，陆军兵力的使用，对平津方面由关东军及朝鲜军增援，并由国内派出3个师团。此外，计划对上海、青岛方面再派2个师团，其分配办法按情况决定，但海军认为有必要派3个师团，已向陆军方面提出要求。第五，封锁线在扬子江下游、浙江沿岸及其他我兵力所在地附近，实行局部地区的平时封锁，要以中国船只为对象。第六，对中国海军发出警告，使其大致保持严格的中立态度及原地不动，否则坚决予以攻击。第七，初期第三舰队担任对全中国的作战，第二舰队专门担任运输和护卫陆军。第八，到出兵青岛方面时，第二舰队担任华北作战，华中、华南作战由第三舰队担任之，两舰队的作战境界为海州湾、陇海线（包括华北作战）。第九，华南方面作战要以很强的指挥官和部队充当之，第三舰队司令部要为专心从事华中作战进行编制。

1937年7月28日，日本海军军令部下达了准备进攻上海的命令。8月4日，日本侵华海军最高指挥官、第三舰队司令长官长谷川清（图2-1）根据海军军令部的指示，制订了《关于上海登陆作战计划》，并于同一天要求秘密地陆续向上海派遣特别陆战队。8日，他向部队正式下

图2-1 长谷川清

达了作战部署。9日,日本海军特别陆战队西部派遣队队长、海军中尉大山勇夫和司机驾驶一辆汽车,并携带武器,冲进上海虹桥机场,肆意挑衅,制造发动战争的借口,被守卫机场的中国卫兵开枪击毙。事件发生后,长谷川清立即命令在日本佐世保待命的海军部队赶赴上海,准备发动进攻。截至12日,云集上海附近的日本海军有军舰30余艘、海军航空兵一部、海军陆战队近5000人。13日凌晨,日军在重炮的掩护下,突然发动对闸北、虹口、江湾等地中国驻军的进攻,淞沪战役打响。至此,日本已彻底放弃"不扩大方针",誓将战火引向全中国,并发出了"三个月灭亡中国"的狂妄叫嚣。

第二节 中国海军实力及抗日作战方针

与日本海军不同,甲午战争后中国海军的发展可谓困难重重。晚清政府曾做过复兴海军的努力,但收效甚微。在辛亥革命中,中国海军出现分裂,一部分参加革命,一部分留在旧政府,使本来就弱不禁风的海军更加不堪任战。北洋政府成立后,曾有购买大型海军装备的措施,但由于政局动荡、军阀混战,海军舰船奔波于各派军阀之间,毫无作为。1928年12月,张学良在东北易帜,蒋介石实现了形式上的全国"统一"。然而,此时各派新军阀依然拥兵自重,各霸一方,海军也自然沿袭了封闭式的宗派形式,依附于各派新军阀,维持着四分五裂的局面。为尽快统一军事,1929年1月,国军编遣委员会会议在南京开幕,对全国军队进行了统一编成(图2-2)。海军编为第一、第二、第三、第

图 2-2 国军编遣委员会大会闭幕摄影

四舰队。第一、第二舰队由原中央海军的第一、第二舰队编成，第三舰队由原东北海军编成，第四舰队由原广东海军编成。从表面上看，这次编遣会议是对全国军队的重新理顺，但实际上，各军阀各怀私心，使会议变成了新军阀重新认定与分配军事权力的竞技场。涉及海军的问题更加复杂。代表海军总司令杨树庄出席编遣委员会会议的海军第一舰队司令陈季良和第二舰队司令陈绍宽因为所提海军建设议案未获通过而愤然离京回沪，电请辞职，后在蒋介石劝留下才打消辞职念头。

1929年6月，国民政府海军部正式成立，直接隶属于行政院，掌理全国海军行政事宜。然而，海军并没有真正统一起来。第一、第二舰队和练习舰队属中央海军，由闽系军阀掌控，调动指挥权归政府；第三舰队脱胎于东北海军，故归东北军阀掌控；第四舰队是在广东海军基础上成立的，所以归广东军阀调遣。电雷学校等部门也各有所属。至全面抗战爆发前夕,中国海军部所属各舰队和海军部门的实力包括:第一舰队拥有巡洋舰、轻巡洋舰、炮舰、驱逐舰、运输舰共计13艘,排水量约2万吨,舰队司令陈季良;第二舰队拥有炮舰、浅水炮舰、鱼雷艇共计19艘,排水量约0.94万吨,舰队司令曾以鼎;第三舰队拥有巡洋舰、练习舰、炮舰、驱逐舰、运输舰共计9艘,排水量约1.46万吨,舰队司令谢刚哲;广东省江防司令部(由第四舰队演变而来)拥有巡洋舰、浅水炮舰、鱼雷快艇、运输舰共计35艘,排水量约1.23万吨,司令冯焯勋;练习舰队拥有练习舰2艘,排水量约0.44万吨,舰队司令王寿廷;巡防队拥有炮艇14艘,排水量约0.42万吨;测量队拥有测量舰、测量艇共计5艘,排水量约0.27万吨;电雷学校拥有快艇14艘,排水量约0.2万吨。另外还有未编入序列的炮舰、鱼雷艇、运输舰共计4艘,排水量约0.43万吨。全军拥有各类舰艇共计115艘,排水量约7.39万吨。

图2-3 陈绍宽

这便是参加抗日战争的中国海军的全部实力。从排水量看,似乎尚可一战,但舰艇种类繁多,归属复杂,战斗力难以保证。无怪乎日军轻蔑地说:中国海军"各舰艇都是旧式的,威力很小,仅能在沿岸或江河一带,协助陆上战斗,或只能担任警备而已"。海军部部长(后为海军总司令)陈绍宽(图2-3)也多次叹息:"就海军物质而论,敌强我弱,敌多我寡,无可讳言。""如与敌为大规模之海战,力量固属不逮。""我国海军力量微弱,以经费言,不及敌寇五百分之一;以实力论,不及敌寇二十五分之一。"

陈绍宽

陈绍宽，福建闽县人，生于1889年10月，17岁入江南水师学堂学习驾驶，从此加入海军。1908年毕业，被派往"通济"练习舰见习，后任"联鲸"舰二副兼教习。1912年，中华民国海军部成立，陈绍宽出任"镜清"练习舰上尉粮饷大副兼驾驶大副。1914年，陈绍宽调任海军总司令部练习舰队司令处少校副官。1915年12月，因功提升为"肇和"舰上校代理舰长。1916年1月，卸任代理"海容"舰舰长，被派赴美国调查海军。12月，奉命转赴欧洲观战，途中顺便访问了日本和美国。1917年5月，陈绍宽东渡大西洋，随同英国海军参加第一次世界大战的格罗林战役，并获英国女王在战后颁发的"欧战纪念勋章"。1918年8月，陈绍宽出任驻英海军武官，继续考察英国海军。第一次世界大战结束后，陈绍宽被委任为巴黎和会中国代表团海军专门委员、伦敦万国海路会议中国海军代表、中国海军留欧学生监督，10月卸任回国。1920年，陈绍宽任"通济"舰中校舰长，1922年调任海军总司令部上校参谋长，1923年调任"应瑞"舰舰长，同时晋升为海军少将，1926年9月接任海军第二舰队司令，1927年3月归附国民革命军。1927年4月，南京国民政府成立，陈绍宽依然担任第二舰队司令，不久被委任为军事委员会委员。1928年1月，国民政府设立海军署，陈绍宽任署长，晋升为海军中将。1929年6月，国民政府海军部成立，陈绍宽任政务次长，兼第二舰队司令、江南造船所所长，在部长杨树庄兼任福建省政府主席公出期间，代理部务。1932年1月，陈绍宽就任海军部部长，1935年9月被授予一级海军上将军衔。1937年7月，全面抗战爆发，陈绍宽率领海军舰队投入抗战，南京失守后，率部撤往武汉。1938年1月，海军部改组为海军总司令部，直隶军事委员会，陈绍宽被任命为海军总司令。1945年5月，陈绍宽以第一次联合国大会中国代表团顾问身份赴美国参加联合国大会。8月15日，日本宣布无条件投降，陈绍宽以海军总司令身份任受降官，代表中国海军在东京湾美舰"密苏里"上出席盟军对日受降仪式。9月，又以中国海军代表身份随何应钦在南京出席中国战区对日受降仪式。12月，蒋介石下令撤销海军总司令部，免去陈绍宽海军总司令职务。1949年，

> 福州解放前夕，陈绍宽拒绝赴台。新中国成立后，陈绍宽出任华东军政委员会委员，当选第一、第二、第三届全国人大代表，并先后出任福建省副省长、福建省政协副主席等职。1969年7月30日，陈绍宽病逝于福州。

九一八事变后，在全国人民的抗日声浪中，国民政府开始进行抗战准备。1933年夏天，国民政府制订了《国防作战计划》，鉴于"沿海方面，我海军实力薄弱，不能保有制海权，故海岸各要地有处处被敌登陆之虑，而尤以山东半岛与海州及上海等地为敌人上陆之要点"，规定在这些要点配备海岸警备部队，而海军的"作战要领"是："除广东驻在舰队维持广东海岸之交通及珠江口之防务外，其余一、二、三各舰队集结于长江内，任肃清长江内敌舰之责。"

1934年，国民政府又一次制订《国防计划》，其中规定的"海军基础政策"是：以某一国海军为目标，对于该国海军之自中国海侵入者，海军力在防御的攻势之下，须能于中国海海上与之对抗而歼灭之，以谋获得中国之制海权。在最近十年之间，最低限度，海军力须能一举歼灭某一国海军之驻于吾沿海沿江者及其临时增遣者之联合力，以谋于太平洋海战未决之期间，能完全管制中国海之交通。"海军一般政策"是：（1）力谋与英国或美国或英、美两国之海军提携，列为外交政策之一。（2）一面刷新现有人才，振作现有海军；一面建设相当新海军，用以达成管制中国海及与英、美海军成掎（吾掎其后）角（英、美角其前）之目的。（3）暂置主力不建，取小舰主义，而侧重潜水舰及水上飞机，以弥无主力舰之缺陷。（4）当决定海军诸势力之时，以能胜海上战斗者为主，而以夺得中国海海上之交通为第一，以保护沿海交通为第二。该计划还把中国之沿海地区划分为4个"海军区"：第一海军区"自胶州湾至鸭

九一八事变

第一次世界大战后,英美等列强加强了在远东的力量,遏制了日本的对外扩张。1926年5月,中国国内爆发了国共合作的北伐战争,削弱了日本在华利益。1928年12月,东北军阀张学良在其父张作霖被日军炸死后放弃与日本合作,宣布东北易帜。在这样的背景下,日本调整对华政策,加快了吞并中国东北地区的步伐。1931年9月18日,日本驻中国东北地区的关东军突然袭击奉天,挑起了九一八事变。随后,日军攻占了奉天、四平、营口、凤凰城、安东、长春、齐齐哈尔等城镇。在日本进攻过程中,张学良采取不抵抗政策,连续撤出锦州等地,只有少数部队进行了英勇抗击。1932年2月,日军占领哈尔滨,东北三省全部沦陷。九一八事变是中国抗日战争的起点,从此,中国人民开始了长达14年的艰苦抗战。

绿江口。设警备司令部于胶州湾内,掌管该区内警备事项。并在胶州湾内设潜水舰根据地"。第二海军区"自胶州湾南方至沙埕港。设军港于象山,设潜水舰根据地于定海。并设象山军港司令部,以掌管该区内之警备事项"。第三海军区"自沙埕港至厦门。设军港及潜水舰根据地于三都澳。并设三都澳军港司令部,以掌管该区内之警备事项(厦门要港司令部及马尾要港司令部酌量裁并)"。第四海军区"自汕头至东兴。设军港及潜水舰根据地于大鹏湾。并设大鹏湾军港司令部,以掌管该区内之警备事宜"。

1936年底,国民政府军事委员会参谋总长程潜奉命拟订了《民国廿六年度国防作战计划》,于1937年3月修订完成。这是距离全面抗战爆发时间最近的一份国防作战计划,故比之前的计划更详细、具体和符合实际。该计划分"甲案""乙案"。"甲案"关于海军的作战"要领"是:"应避免与敌海军在沿海各地决战,保持我之实力,全力集中长江，协力陆空军之作战。""行动概要"是："第一、二舰队，于宣战时，借机敏之行动，迅速集中长江。在宣战同时，与我空军及要塞协力，扫荡江内之敌舰，尔后与要塞担任长江下游之警备，协力陆军之作战。""乙案"与"甲案"内容基本一致，但规定的海军任务稍有不同："海军于开战初期，以全部迅速集中于长江，协同陆、空军及要塞扫荡扑灭敌在我长江之舰队，尔后则封锁长江各要口并杭州湾、胶州湾、温州湾，阻止敌之登陆。"

  从总体上看，国民政府自九一八事变后制订的一系列作战计划，以持久战和消耗战为前提，具有一定的合理性。特别是为海军制定的抗战指导方针，建立在中国海军无力与日本海军争夺中国沿海制海权的基础之上，开辟了以长江为中心、辐射沿海港汊的海军抗日战场，符合中国海军的实际情况，也是中国长期忽视海权建设的无奈选择。然而，国民政府的作战计划又是不完备的战略计划，缺乏全局性和长远性。全面抗战刚刚开始时，国民政府就违背了持久战和消耗战方针，与日军展开了速决战。在淞沪战役中，国民政府海陆军与日军寸土必争，牺牲惨重。海军除了在江阴从容建立阻塞线外，长江中游的马当、湖口、葛店等阻塞线都是仓促建立的。第三战区前敌总司令陈诚曾评价说："这现象显示我们似有决策，似无决策，足以引起人心的猜疑。"

第三章
长江下游袭击战和对空战

  1937年8月13日，日军向上海的中国守军发动全线进攻，淞沪战役爆发。这就意味着日本放弃了先前不扩大战争规模的方针，决定把侵略战争引向全中国。面对日军的疯狂进攻，中国军民奋起抵抗。海军作为国防力量之一，协同陆军进行港汊作战，以沉船阻塞航道、布雷封锁水域、投放水雷攻击、快艇实施突袭等各种手段，展开对日军的打击。这些战斗虽没有海上争夺制海权那样猛烈，也没有整建制出兵那样恢宏，但依然展现了中国海军英勇不屈、誓死抗敌的精神。中国海军的淞沪抗战及江阴阻塞线上的战斗，给予中国陆军有力支援，为打乱日军速战速决的战略计划和迟滞日军的作战行动做出了重要贡献。

第一节 中国海军激战淞沪

一、构筑黄浦江阻塞线

上海位于长江下游三角洲，境内地势平坦，河渠纵横交错，工商业发达，是中国最大的经济、金融中心和贸易港口（图3-1）。黄浦江和吴淞江汇合处下游的吴淞要塞是长江的门户。

图3-1 全面抗战爆发前夕的上海滩

日本挑起卢沟桥事变后，为了夺取在华北的战略主动权，牵制华中地区的中国兵力，决定开辟华东战场。而开辟华东战场，上海是首先选择的夺占目标，如果夺取了上海，既能摧毁中国的经济中心，进而控制江浙地区，又能直捣南京，使中国尽快丧失抵抗力，实现其速战速决的战略目的。为此，日本内阁会议决定向上海方面派遣陆军部队。同时，日本海军第三舰队制订了航空作战计划,将攻击目标选在南昌、南京、句容、蚌埠、广德、杭州等中国空军集结的重点地区,特别是第一、第二航空战队以上海周围的中国机场为目标。为实现这一战略目标,日本频繁调动军队,使在沪的海军陆战队达到5000人、舰艇达12艘,可随时登陆的水兵约3000人,而且有更多的军队向上海方向集结。

自一·二八事变后,受《中日上海停战及日方撤军协定》的限制,上海周围不准中国政府驻军和设防,故守备薄弱。但国民政府十分清楚,上海在经济、政治和军事上都具有重要战略地位,必须对日军再次攻取淞沪、谋取华中做好防备。于是,在不违背《中日上海停战及日方撤军协定》的前提下,国民政府不断制订防御淞沪的计划,并付诸实施。从1935年冬天开始,京沪警备司令张治中主持修筑了吴江到福山、无锡到江阴、乍浦到嘉兴3道国防工事,到卢沟桥事变爆发前已经完工。

1937年8月13日,日本海军陆战队向中国守军发动全线进攻,泊于黄浦江的日舰同时炮击上海市中心区,中国守军奋起抵抗,打响了淞沪抗战。战役之初,为消灭敌人有生力量,国民政府决定采取攻势作战,以张治中所部攻击虹口和杨树浦,以张发奎所部强袭浦东,警备杭州湾北岸,防止日军由上海登陆。中国空军也投入战斗,猛烈轰炸虹口的日海军陆战队司令部及汇山码头等日军阵地,炸伤日第三舰队"出云"旗舰,击落多架敌机。

中国海军在淞沪战役中的主要任务是配合陆军消灭在沪日军。为此,战争爆发后,中国海军依据自身的能力和条件,利用3种方式与敌作战:通过阻塞狭窄航道阻止日军舰艇进入黄浦江及其他港汊,运送陆战队登陆包抄日军;主动出击,运用水雷攻击日海陆军的重要目标;派兵参加陆上作战。为此,海军部部长陈绍宽在淞沪战役打响之前,命令驻沪海军练习舰队司令王寿廷分饬所属做好战争准备。战役打响后,陈绍宽下令在黄浦江建立阻塞线。8月14日，已经闲置多年的"普安"大型运输舰被重新启用，沉塞于董家渡航道（图3-2），建立了黄浦江上的第一道阻塞线。8月12日—10月3日，上海市警察局水巡

图3-2 被沉船封锁的黄浦江董家渡航道

总队先后征用了三北轮埠公司的"富阳"、中兴轮船公司的"中兴"、远兴轮船公司的"福兴"和"三江"、新长安轮船公司的"新华安"、直东轮船公司的"平济"、利平轮船公司的"利平"、华通轮船公司的"中和"、兴华渔船局的"中华渔"、鸿安商轮公司的"寿昌"10艘商船及民生实业公司的"民生二号""民生六号""民生八号""民生九号"4艘铁壳驳船，14艘船舶的总排水量约18000吨，陆续沉塞于上海十六铺航道，在黄浦江上建立了第二道阻塞线。8月17日，中国海军又将扣押的6艘日本货船"洛阳丸""瑞阳丸""长阳丸""南阳丸""襄阳丸""嵩山丸"沉塞于烂泥渡附近，建立了第三道阻塞线。

3道阻塞线的建立，虽可阻止日军向上海腹地的运动，但却挡不住日军在吴淞口的出入。鉴于此，国民政府指示海军在吴淞口建立第四道阻塞线，试图将黄浦江内日舰彻底封入江中，限制其机动能力。然而，此时的中国海军已无能力对口宽、水深、流急的吴淞口实施封锁，建立第四道阻塞线的计划最终落空。

8月20日，日军出动大批飞机开始对上海的中国海军机关进行轰炸，海军司令部、江南造船所、海军军械处、海军制造飞机处、海军无线电台、海军上海医院、海军警卫营驻所、吴淞海岸巡防处等均被炸毁。陈

绍宽清楚地意识到，仅用沉船封锁只是被动防御，中国守军必须采取攻势作战，而发动攻势作战的主要武器是水雷，海军必须想方设法制造水雷，加固阻塞线，并广泛布置于各港汊。于是，他指示海军新舰监造室担负制造水雷的艰巨任务。1937年9月1日，对制造水雷素有研究的海军新舰监造室监造官曾国晟奉命主持召开水雷设计会议，会上他决定以上海南市各庙宇为制雷场所，昼夜不停地研制水雷。在曾国晟等人的努力下，第一批水雷很快制造完成，海军将其敷设于黄浦江的3条阻塞线以及各港汊水域中。

曾国晟

曾国晟，福建长乐人，1899年出生于海军世家，其父辈及同辈有多人考入海军学堂，毕业后在清末民初海军中服役。曾国晟于1916年考入烟台海军学校学习驾驶，1921年转入吴淞海军学校学习，旋即毕业。1927年，他出任国民政府海军第二舰队"楚有"炮舰副长，参加了讨伐唐生智和李宗仁的作战。1929年，任新舰建造处舰装设计监造官，曾负责"逸仙""平海"两艘巡洋舰的监造工作。1930年，调任福州海军学校舰课班主任，次年调返舰队任职，先后担任"逸仙"巡洋舰副长、"海筹"巡洋舰副长等。1936年，出任"江鲲"炮舰舰长。1937年9月，抗战事急，曾国晟奉调海军新舰监造室担任监造官，负责研制水雷，成绩颇佳。1938年11月，海军成立布雷队，下辖7个分队，曾国晟任队长。1939年4月，海军总司令部下令裁撤海军新舰监造室，成立海军水雷制造所，曾国晟出任所长。1940年，海军划定布雷游击区，在长江浔鄂区增置布雷游击队，曾国晟奉命督率。1944年3月，海军水雷制造所改编为海军第二工厂，隶属于海军工厂管理委员会，曾国晟出任海军工厂管理委员会主任。抗日战争胜利后，曾国晟反对蒋介石的内战政策，与上海海军基地司令方莹、海军练营营长叶可钰等海军军官在上海秘密开展进步活动。1948年6月，经共产党员郭寿生介绍，曾国晟与上海的党组织取得联系，被派往福州从事秘密活动。1949年4月23日，中国人民解放军华东军区海军在江苏泰州白马庙成立，曾国晟是加入人民海军的第一批原国民党海军人员。为加强海军建设，华东军区海军于6月3日在上海成立了原国民党海军人员登记办事处，招募海军人才，曾国晟担任副处长。1950年，曾国晟被任命为华东军区海军后勤部副司令员兼技术部部长。是年，长江扫雷工作启动，华东军区海军成立扫雷大队，他率队出海，圆满完成扫雷任务。1965年，曾国晟退休回闽，1979年病逝于福州。

二、袭击"出云"舰

"出云"舰（图3-3）是日本于1900年向英国阿姆斯特朗公司订造、日俄战争中作为主力战舰使用的装甲巡洋舰，其长121.92米，宽20.93米，排水量9180吨，最高航速20.75节，装备有口径200毫米炮4门、150毫米炮14门、80毫米炮5门。日俄战争后，"出云"舰退出第一线后改为海防舰，侵华战争开始后来华担任第三舰队旗舰，是日军在淞沪战场的指挥中心，如果能将其击沉，必将对日军攻势产生重要影响。因此，淞沪战役爆发后，"出云"舰成为中国海空军打击的目标。

图3-3 日本海军"出云"舰（右）

从1937年8月14日开始，中国空军连日出动战机对"出云"舰实施轰炸，但效果不佳，仅将其炸伤，没有将其击沉（图3-4）。继而中

图 3-4 中国空军轰炸"出云"舰

国海军对"出云"舰展开打击,首先出击的是电雷学校快艇大队。

1937 年 7 月 24 日,国民政府军政部任命电雷学校教育长欧阳格(图 3-5)为江阴区江防司令,欧阳格上任后为支援淞沪地区作战而将电雷学校快艇大队的"岳飞""史可法""文天祥"3 个中队进行了重新编组,并随即将部分快艇开赴上海投入作战。

1937 年 8 月 14 日,欧阳格派快艇大队副大队长安其邦中校率"史可法"中队

图 3-5 欧阳格

的"史 102"艇(艇长胡敬端)和"文天祥"中队的"文 171"艇(艇长刘功棣),伪装成民船,沿内河潜赴上海龙华,袭击日本海军第三舰

电雷学校

民国时期的中国海军存在派系之争,闽系长期居于主导地位。蒋介石"统一"全国军政后,虽然也统一了海军部队的编制和番号,但东北海军和广东海军均不直接听命于蒋介石。而国民政府直辖的中央海军也因属闽系控制,而不能成为蒋介石的嫡系。鉴于此,蒋介石决定建立嫡系海军。九一八事变爆发前,赴英国考察海军的江西人欧阳格回国,受到闽系冷遇,被排斥在中央海军之外。他遂向蒋介石提议成立一所新海军学校,培养属于蒋介石的海军势力,得到蒋介石认同。为避免引起各派海军不满,蒋介石为学校取名时避开"海军"二字,称为"电雷学校",并在编制上直接隶属于参谋本部(后改隶军政部)。1932年,欧阳格在镇江西门的北五省会馆旧址和北固山甘露寺选定校址,开始筹建学校。次年初夏,招收第一期学生50名,另招学兵300名,欧阳格出任电雷学校校长。1935年1月,第一期学生和学兵同时毕业,被派往舰上实习,主要是开展布雷和扫雷练习。随后,由南京考试院招收第二期学生50名、学兵300名。在办学的同时,蒋介石还为学校配备了舰艇部队,他将参谋本部的江阴电雷大队划归该校,并由浙江外海警局拨来"海静"巡逻艇一艘,另购置"镇海"驳船及"零一"汽艇各一艘,经改装后供学生、学兵练习布雷之用。后又接收江南造船所制造的"同心"(图3-6)、"同德"两艘浅水炮舰作为布雷舰,还向英德两国购买了水雷。1933—1937年,国民政府陆续从英德两国订购了15艘鱼雷艇(图3-7、图3-8)拨归电雷学校,编为"岳飞""史可法""文天祥""颜杲卿"4个中队。1937年1月,又将一艘商船改装为练习舰,命名为"自由中国号"。至此,电雷学校已独立拥有20余艘舰艇,形成了海军中的"电雷系"。全面抗战爆发后,电雷学校在欧阳格指挥下投入抗战。江阴要塞即将陷落之时,欧阳格奉命将电雷学校及鱼雷艇大队一部陆续后撤,上驶湖口、九江一带,将"文天祥"中队留下参加南京保卫战。1938年6月,欧阳格因贪污罪被枪决,电雷学校奉军事委员会之令停办,校属鱼雷快艇移交海军总司令部,各鱼雷艇分别奉命开赴九江附近与日军作战,做出了极大牺牲。

图3-6 1937年7月28日,"同心"舰载电雷学校学生赶赴江阴

图3-7 从德国订购的一艘鱼雷艇出厂试航

队"出云"舰。当时,"出云"舰泊于浦东公和祥码头前第二号浮筒,周围护有驳船,夜晚有探照灯四射,洋泾港附近还有日浅水炮舰警戒,江面上不时有日舰船穿梭,防守十分

图3-8 从英国订购的一艘鱼雷艇

严密。14日夜,安其邦率两艇从江阴黄泥港出发,昼伏夜行,经太湖、松江,急奔上海龙华。与此同时,欧阳格乘汽车前往龙华担负指挥之责。两艇航行途中,"文171"艇因故耽搁,"史102"艇率先到达龙华。欧阳格决定派"史102"艇出击。

1937年8月16日晚,"史102"艇驶出十六铺附近的阻塞线。为减少噪声,艇长胡敬端只开动副机,驶过南京路外滩后才开动两部主机,但还是被日舰发现。"史102"艇冒着炮火全速冲向下游。由于江面各国舰船灯光耀眼,驶至外滩陆家嘴附近江面时仍看不清"出云"舰位置,胡敬端下令向预定方位发射两枚鱼雷。在剧烈爆炸中,鱼雷艇被震伤,不得不冲驶而搁浅在九江路英租界外滩码头外档。艇员将机枪等装备卸弃江中后泅水隐藏于码头下面，至夜深时上岸。此后他们辗转月余返回江阴。射出的两枚鱼雷没有直接命中"出云"舰，而是触岸和触雷网爆炸，其弹片造成了"出云"舰尾部损伤。尽管如此，此次袭击是全面抗战爆发以来中国海军首次主动出击，作战英勇（图3-9、图3-10、图3-11、图3-12）。

袭击"出云"舰行动是中国海军史上的光彩一页，日本历史学家濑名尧彦将这一行动写入作品《扬子江上的战斗》，称之为"中国海军的唯一的一次积极攻击手段"。袭击发生后第二天，日海军第三舰队司令长官长谷川清就下令："停泊在苏州河口15号浮标间之舰船，哨戒各地附近，尤其对中国高速鱼雷艇用机雷奇袭，更

图3-9 袭击"出云"舰的"史102"鱼雷艇，艇后部的两条鱼雷滑轨清晰可见

图3-10 "史102"艇出击"出云"舰后受伤搁浅时的情形，背景是上海外滩九江路附近

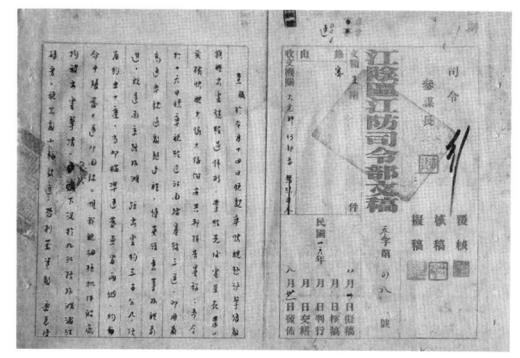

图3-11 "史102"艇袭击"出云"舰经过1（图片来源：《海军抗战期间作战经过汇编》）

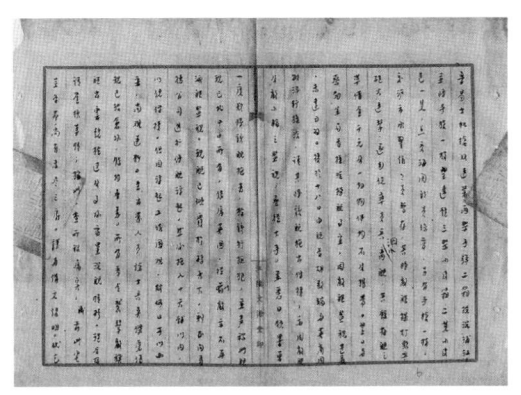

图 3-12 "史 102"艇袭击"出云"舰经过 2（图片来源：《海军抗战期间作战经过汇编》）

要严密警戒。"第三天，日本军令部电令长谷川清："中国海军用鱼雷发射等行为，充满敌意，希速考虑击灭上海方向敌人之海军为要。"足见这次行动给日本海军带来的震动和恐慌。

在"史 102"艇行动之后，中国海军并没有因未达目的而放弃，而是继续谋划发挥鱼雷艇的作用，计划趁着夜间涨潮之际，由陆家嘴突入，从洋泾港冲出，对"出云"舰实施偷袭，但日军防备甚严，始终没有找到合适机会。上海陷落的第二天，电雷学校总训练官马步祥率领"史 181"艇从江阴乘夜沿江下驶，前往吴淞口，其任务是袭击日本舰艇。1937 年 10 月 13 日凌晨，马步祥在金鸡港江面发现日舰，遂下令施放鱼雷，但鱼雷被暗滩所阻未能命中。日军发现后立即用舰炮射击，"史 181"艇当即中弹，仍坚持

"史 102"艇

"史 102"艇是 1935 年从英国订购、1936 年来华的海岸鱼雷快艇，木质艇壳，长 16.8 米、宽 3.4 米、吃水 1.1 米，排水量 14 吨。装有 2 部汽油发动机，功率 950 匹马力（698.72 千瓦），最高航速 40.3 节。装备有 18 英寸（457.2 毫米）鱼雷发射装置 2 具、机枪 2 挺、深水炸弹 2 枚，艇员 5 人。它的鱼雷发射方式较为落后，没有发射管，2 枚鱼雷放置于艇尾滑槽中，发射时由鱼雷手松开固定夹，让鱼雷滑入艇尾水中自行前进，然后快艇加速转向，由鱼雷前方离去。这种发射方法精度不高，要击中目标有一定难度。

前冲,迫使2艘日舰相撞受伤,1艘搁浅。此时3架日机临空参战,弹如雨下,"史181"艇因负伤难以规避,中弹起火,马步祥及轮机兵叶永祥壮烈牺牲,艇长杨雄智等泅水返回。

袭击"出云"舰的行动极大地鼓舞了海军官兵的斗志,坚定了他们的信心。随后,他们改用水雷袭击方式打击日舰,即以士兵携带水雷,泅水放置于适当地方,然后引爆以炸毁日舰。1937年9月28日夜,中国海军特务队水兵王宜升、陈兰藩等将3枚"海丙"式水雷运至浦东,从瑞镕船厂水槽推放下水。29日拂晓,由潜水人员沿江边向"出云"舰推进水雷。可在接近"出云"舰时被日军发现,日哨兵遂用步枪射击,潜水人员不得不退回。等敌人停止射击后,潜水人员再次推进水雷,然而又被日军发现。这样往返数次,接近天亮。潜水人员怕天亮后功亏一篑,便触发水雷。由于水雷距离"出云"舰稍远,未能命中,但水雷爆炸的冲击波使"出云"舰震摇。据史料记载,"出云"舰左右的防御物均被毁损,舰体受到一定程度的损伤(图3-13)。当时日海陆军及外

图3-13 水雷袭击"出云"舰,炸毁了几艘驳船和部分堤岸

交界头目刚从岸上开完军事会议回舰，感到了剧烈的震动。此后，中国海军又开展了两次行动：一次在11月4日夜间，海军人员将水雷由公和祥码头顺流推送，被日军发觉，遭步枪射击而未成功；另一次在11月5日夜间，采取了同样行动，遭日军机枪密集扫射，往返数次，也未成功，并导致2名潜水人员失踪。这些行动虽然都以失败而告终，但中国海军官兵的英勇令人赞叹。

三、袭击日军码头

除了舰艇，停泊日舰的码头也是中国海军打击的对象，位于浦东的新三井码头是打击的首选目标。浦东新三井码头共有4座，是日舰装煤及日军登陆的要地，在军事上至关重要。中国海军为阻绝日军在这里的交通运输，决定将其炸毁。1937年9月3日，中国海军与淞沪警备司令部协商决定，派轮机兵王宜升、陈兰藩将4枚"海甲"式水雷秘密运至浦东新三井码头附近一所民房内藏匿，然后观察码头情况，等待时机。当时，新三井码头附近白天有日军侦察机出没，夜间有探照灯照明，一有风吹草动，日军会立即用机枪扫射，防守十分严密。两名轮机兵在蹲守了几昼夜之后，摸准了日军的规律，遂利用间隙将4枚水雷陆续运送至新三井码头后方数十米的地方，埋存在煤灰堆里。7日夜，两名轮机兵将水雷取出，本想将4枚水雷安放于4座码头之下，但安放至第3枚时被日军哨兵发现，顿时灯光闪烁，枪声大作。两名轮机兵怕继续安放水雷而错过引爆时机，便立即放弃安放，将已经安放完毕的两枚水雷引爆。水雷威力巨大，轰隆一声，火光冲天，一座码头全毁，另一座码头半沉，日军所贮军用品及燃料也顷刻间化为灰烬，焚烧时间达两个多小时。附近的两艘日军汽艇也同时被炸毁翻覆。次日，日军在半沉的码头上进行抢救及抽水工作，江中浮出的救生马甲及防御工具甚多。王宜升和陈兰藩施放水雷后安全撤离。9日,上海各大媒体报道了这次袭击行动,《新闻报》报道:"我用极大炸力之武器,将新三井码头炸毁,当以时值深夜,轰然巨声,响彻全市,即公共租界之市房,亦为之震撼。据目击者谈,当码头炸毁时,江水几溅达数丈之高……"

新三井码头被炸毁后,日军只好绕道抢装存煤,戒备愈加严密。但中国海军斗志不减,继续对新三井码头剩余部分实施攻击。1937年10月2日夜,海军派出轮机兵王宜升、陈兰藩、陈俊策、任善元4人将2枚水雷从浦东公和祥码头边推送下水,由水路潜运至新三井码头内藏匿。3日晚,海军加派雷匠一人,前往新三井码头安装电线,然后触发,当即炸沉码头浮船一艘,炸伤铁码头船一艘,该船不久也沉没。日军闻声后用排炮轰击,轮机兵和雷匠将残线和机件收起,冒着日军炮火,安全返回驻地。1939年5月11日,军事委员会颁令奖励海军作战有功人员,王宜升和陈兰藩获颁陆海空军乙种二等奖章,此时他们已调海军第二舰队司令部任职。

中国海军在淞沪抗战中除了采取上述手段外,还派人与陆军部队秘密联络,将存于上海仓库中的高射炮借给浦东陆军部队,组设炮队,扼守要隘。随着上海局势的日益严峻,海军派警卫营加入当地军警作战,并始终坚守岗位。直到1937年11月11日高昌庙失陷,海军各机关均被日军所占,海军警卫营才随陆军第五十五师撤离。另外,海军还担任破坏桥梁、布设水雷、供给陆军地雷等工作,为中国军队撤出淞沪提供了必要的掩护。

四、布设水雷

在全面抗战打响以前,国民政府在筹划长江防务时就已提出在阻塞线布设水雷的计划,其中特别强调"水雷敷设和演习"问题。当时,国民政府考虑到电雷学校的性质，决定将敷设水雷的任务交给电雷学校来完成。电雷学校教育长欧阳格奉命后，曾经积极考虑过布雷问题，他主持草拟了江阴和镇江的布雷计划。可惜的是由于种种原因，战前一直没有做好布雷封江准备。直到八一三淞沪抗战打响，海军的布雷工作才正式被提上议事日程。

全面抗战爆发前，中国海军所使用的水雷主要依赖进口，而且这些水雷主要用于学习和训练。全面抗战爆发后，在海口被封锁、国际航线受到威胁的情况下，进口水雷已不现实，况且外国水雷价格昂贵，少量外购无法支持持久抗战。鉴于此，海军当局只能把目光放在自制水雷上。中国的水雷制造最早可追溯到晚清时期，到全面抗战爆发时已有60余年历史。1874年，出于海防需要，位于上海的江南制造局专设水雷厂自制水雷，从建厂到1894年中日甲午战争爆发，共制造563枚水雷。甲午战争后，该厂被取消，改为江南船坞的库房。全面抗战爆发后，由江南制造局发展而来的海军江南造船所被迫停工，无法研制水雷。然而，该所的技术人员还在，海军自制水雷依然是可能的，故国民政府将制造和敷设水雷的任务交给电雷学校。

电雷学校成立时，国民政府将长期隶属于江阴炮台的江阴电雷大队划归电雷学校管辖，试图使电雷学校在拥有一支鱼雷快艇部队的同时，还拥有一支水雷部队。但当时电雷学校通过洋行向英德所采购的水雷每枚需耗费4000元法币，在战时资金短缺的情况下，不可能长期维持，故欧阳格没有将有限资金用于外购水雷，导致电雷大队没有进口水雷的储备，始终停留在以原有的数枚老旧视发水雷进行教学的水平上。同时，电雷学校尽管担负培养水雷人才的任务，但要批量制造水雷有不少困难。直到1938年6月，电雷学校才完成了300枚水雷的制造任务，用于田家镇要塞的防守。

在这种情况下，海军部于1937年9月指令新舰监造室监造官曾国晟负责组织海军江南造船所的部分技术人员研究、设计、试制水雷，是为海军制造水雷的初始。曾国晟等人将临时办公地点设于上海市重庆南路原海军联欢社内，试制水雷的工场设于南市庙宇内。在制雷初期，日机白天轮番轰炸南市，制雷员工只能在夜晚工作。后为方便起见，曾国晟等人将工场迁至上海枫林桥海军海道测量局内。制雷工作伊始，首先试制的是少量触发水雷，以配合陆军破坏沪西徐家汇的桥梁。这些水雷分两种，均属大型水雷，取名"海甲"式和"海乙"式（图3-14）。又试制了一种大型视发水雷，取名"海丙"式，用于轰炸停泊于上海码头的日海军舰艇，谋炸日海军"出云"舰所使用的就是"海丙"式水雷（图3-15）。枫林桥工场设备十分简陋，没有蒸汽溶药锅溶化TNT炸药，只能用特大号铝锅代替，放在电炉上直接溶化，危险性极大，稍有不慎就可能引发爆炸。但为了不误戎机，制雷人员还是冒着

图3-14 "海乙"式300磅（136.08千克）触发水雷

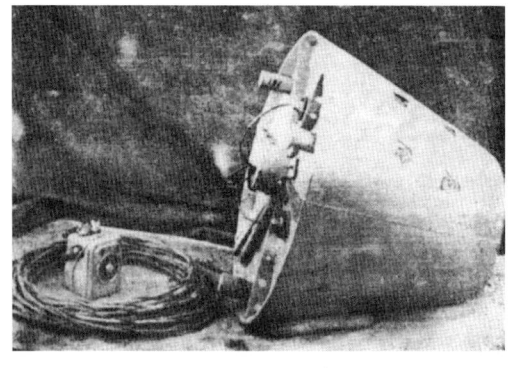

图3-15 袭击"出云"舰的"海丙"式视发水雷

风险生产。就这样,经过反复试验,终于成批量生产出了水雷。这些水雷不仅用于海军作战,而且也用于支援陆军作战部队。当时有人评价说:"八一三战起,我海军当局不得不退思其次,牺牲二十几艘的商轮,和多艘军舰,用沉船阻塞江阴水道。然而就从这时起,海军当局又在极端困难的环境下,抓住奋斗事机,居然在不声不响中,完成了自己制雷的试验工作,以填补此水上防御武力的缺陷。沪战后半期,上海南市水面,已经有大批的国产水雷出现,使敌人没法向南市进攻,尤其是袭击'出云舰'的那一个水雷,在打击敌人的作战精神,和摧毁敌舰蠢动的勇气上,收到了莫大战果。"

上海局势吃紧时,制雷工场一度迁往无锡,制造了在江阴阻塞线以及镇江乌龙江方面所布设的水雷,作用颇大。然而,遗憾的是无锡陷落后中国陆军撤退时,没有预先通知海军,致使部分制雷设备及产品来不及抢运,被迫自行破坏。无锡沦陷后,曾国晟等人携带部分制造水雷的仪器、原料辗转撤往南京,可此时南京国民政府各机关已经全部撤往武汉,他们又赶往武汉,将制雷工场设于武昌,继续进行制雷工作。

第二节 太湖、乍浦一带的战斗

在淞沪战役激烈进行之时,中国海军为防止日军利用太湖抄袭上海后路,也在谋划太湖、乍浦一带的防御。太湖横跨江浙两省,面积宽广,湖水与长江相连,日军浅水炮舰一旦进入将威胁淞沪中国守军后方。1937年9月16日,海军派出"平明""捷胜"两艘轮船,在"威胜"

舰舰长王夏鼐率领下，装配武装，赴太湖一带巡弋。然而，仅以小型船只进行防御显然力量不足，海军决定拨出部分口径较小的舰炮组成炮队，防守太湖、乍浦一带各要点。

随着海军江上阻塞线的建立，各舰队的陈旧舰船大量沉塞于阻塞线，为充分发挥这些舰船上的武器装备的作用，陈绍宽下令在舰船沉江之前须将大小舰炮悉数卸下，组成炮队和作为炮台的火炮之用。只有"海圻"舰上的由英国阿姆斯特朗公司生产的2门8英寸（203.2毫米）炮，因炮弹只存一枚，无大作用而未拆卸。王国章是参与"海容"舰（图3-16）舰炮拆卸的人员之一，他在回忆录中谈到日本飞机轰炸江阴阻塞线后拆卸舰炮的情况时说，兵工署交给他一项紧急任务，令他立刻赶到江阴，从海军军舰上把大口径舰炮拆下来。他带着3名技工，并邀请城塞局的德国顾问齐梅曼及其译员高国淦一同前往。首先拆卸的是"海容"舰舰炮，舰上左右舷的75毫米炮都已由舰上的官兵拆卸完毕，只剩下舰首和舰尾的主炮未拆，这2门炮都是150毫米的克虏伯舰炮，它们重量大，拆卸颇有难度。王国章等人经商量决定，在军舰主桅顶上安装滑车，穿过一根钢丝绳，利用甲板上的起锚机绞盘，将炮件吊起来，然后由停靠在舰旁的运输舰用吊杆横向拉拽，一点一点把最重的炮件移到运输舰上。这个方案果然奏效，舰首主炮被顺利拆卸并放到运输舰上。正当他们准备继续拆卸尾炮时，"海容"舰接到命令，即刻起航开赴江阴下游待命，拆炮工作只能暂时告一段落。

王国章所讲述的情况是海军舰炮拆卸和利用的一个缩影，在整个抗战期间海军炮队的装备都由此而来。

几乎是在加固江阴阻塞线的同时，海军下令将拆卸下来的舰炮连同炮弹移装到驳船上，驶往南京下关聚齐，并令自沉军舰上的正、副枪炮官率领若干名枪炮士兵到海军部报到，候令出发。失去舰船的海军官兵

图 3-16 "海容"舰

虽然情绪有些低落,但抗战的决心并未削弱。他们搭乘火车或轮船,由各驻地星夜赶到海军部报到。

1937年10月,经海军部拟订计划,呈奉军事委员会核准,海军首先成立太湖区炮队,任命"楚泰"舰舰长罗致通为队长,"建康"舰舰长齐粹英为副队长,队员有林家禧、魏应麟、刘崇端、潘功宏、杜功治、江家驹、谢为森、罗榕荫、陈孔凯、蒋亨森等,全队共210人,分设5个分队。各分队长的任命如下:练习舰队司令部参谋戴熙经为第一分队长,"威胜"舰舰长王夏箫为第二分队长,"德胜"舰舰长郑体慈为第三分队长,"建康"舰舰长齐粹英为第四分队长,"海筹"舰副长郑翊汉为第五分队长。其中,第一、第四分队配属江阴,第五分队配属浦东,第三分队配属太湖,队部留驻苏州。在成立太湖区炮队的同时,海军部派人前往镇江整理炮件,并与要塞司令接洽,商定部署,于11月9日成立了镇江区炮队,由"海筹"舰舰长林镜寰出任队长,炮位设于大梁、岘凉两山以及镇江下游的合适位置。各炮队在前往防区进行作战时并不顺利，遇到了各种各样的麻烦。例如，由魏应麟率领派往常熟福山的炮队，因无器材建造炮座而逗留一个多月，后无功而返。再如，由第二分队长王夏鼐率领的派往金山卫的炮队虽然拥有20余门大小舰炮、60余人，弹药也比较充足，但当他们经嘉兴、平湖抵达金山卫附近时发现那里既没有敌人也没有友军，只能按令返回嘉兴。可当他们到达嘉兴时，驻守该处的中国陆军正忙于撤退，并不愿意接受海军炮队的支援，他们又只好趁着夜色冒险穿过已有日军出没的太湖，经无锡、镇江前往南京。此时的南京局势也十分紧张，王夏鼐又率领炮队搭乘运输舰开赴湖南城陵矶，防守洞庭湖口。在那里，炮队改编为海军洞庭湖炮队。

早在太湖区炮队成立之前，海军已经在乍浦建成了炮台。乍浦位于杭州湾北岸，既是杭嘉的门户，也是登陆的要点。如果日军在此登陆，夺得沪杭铁路，那么北可进逼上海，西可迫近杭州，实为军事要区。所以，海军在1937年9月拨2门舰炮建立炮台，配备炮队用于防守。11月5日，日军突破金山卫，中国陆军遏阻无效，随即后撤，战局为之改观，炮队不得不将舰炮毁坏后撤退。

派往江阴的太湖区炮队第一、第四分队于1937年11月7日到达防区，经海军第二舰队司令曾以鼎设计、组织，并与城塞组商定，于长山、巫山六助港等处修筑阵地，安装舰炮抗敌。另添调海军官兵赴澄工作，根据情况的变化，改变原太湖区炮队第一、第四分队编制，重新设置第一、第二队，由"逸仙"舰舰长陈秉清和"永健"舰舰长邓则勋分别担任队长。按原计划，各处炮队应迅速装配炮台，分区作战。但由于沪锡军情突变，配属各区的炮队奉令转移，只有巫山炮台安装有从舰上卸下的射程为8000米的4门120毫米大炮，由于位置重要，且值无锡、常州失守，日军进围江阴，日舰又连日进逼，必须坚守。曾以鼎亲临炮台督导演习及训话，勉励官兵保卫江防，杀敌报国，以尽海军官兵之责。11月30日8时30分，5艘日舰先后上驶，向六助港进逼，队长陈秉清下令开炮，连续发射4弹，击中1艘日舰，舰体冒出黑烟。日舰立即还击，炮弹密如连珠，巫山第三炮被击毁，第一炮的炮座也被击伤。战至11时，2艘日舰先退出战斗，其余3艘继续梭巡，炮台趁机开炮，使1艘日舰中弹重伤，炮台官兵远远望去，只见该舰人员登上小艇逃逸，其他2舰开炮掩护，并分左右靠拢受伤军舰以挟其退却。12月1日，日军进抵江阴县城，巫山下日军便衣队与中国驻澄防军激战。22时30分，江阴总司令部下令所属移往南京待命，要塞部也准备炸毁炮台、炮位，陈秉清遵令毁掉炮台、炮件，于2日2时率队撤离江阴。

除海军炮队作战外，太湖内的船只也频繁抗击敌人。就在"平明""捷胜"两艘轮船被派入太湖活动的同时，海军将太湖警备指挥部所属"宁泰"艇配以两门舰炮和一批海军官兵，在太湖与日军作战。无锡陷落后，"平明""捷胜"两船奉命撤出太湖，转入长江中游，担任其他任务。而"宁泰"艇则继续留在湖内从事游击战，转战 年多，战绩突出。在1938年5月以后的11个月里，"宁泰"艇在招关坝与日军汽艇进行大小战斗20多次，取得不俗战绩。1939年5月，"宁泰"艇协助中国军队克复何家塘。7月，海军将"宁泰"艇上一门舰炮移装于"平湖"艇，从此这两艘小艇并肩作战，神出鬼没，在邵伯湖转战3个月，直到10月1日日军在招关坝增兵，并以多艘舰艇围攻两艇，"平湖"被击沉，"宁泰"退守逻湾。10月2日晨，日陆军由高邮包抄而来，"宁泰"艇因后退不及，被迫自沉。

第三节 江阴阻塞线上的对空战

全面抗战爆发前,国民政府出于战略考虑为海军确立了防守重点,即江阴阻塞线,这里不仅关乎南京的安全,更关乎整个长江中上游的安全。日军在夺取上海的同时,也做着进攻南京的准备。日军视江阴阻塞线为进攻南京时必须逾越的障碍,先派侦察机侦察阻塞线及防守舰队的情况,然后以空中轰炸的形式不断冲击阻塞线,以试探中国海军的抗击能力。中国海军不仅主导了江阴阻塞线的建立,而且将其视为屏障加以固守,投入了第一、第二舰队的全部主力,与日军展开水空对决。

一、建立江阴阻塞线

中国海军抗战准备的重点在长江流域。1937年7月,全面抗战爆发,在华东战场上,日军以强大的海上力量为支撑,企图实现沿长江水陆并进深入我国腹地,与南下日军会合的战略意图。因此,长江航线便成为日军实现其目的的一条战略动脉。中国海军退守长江的方针既已决定,面对拥有强大海权的日军,封锁长江就成为唯一的选择。那么,如何将水流湍急的长江截断,阻挡日军溯江而上?国民政府采取的方法是在江面较窄、水流稍缓的江段,用沉船和水雷实施阻塞。7月底,国民政府按照原先制订的作战计划,下令将海军主力撤入长江。海军部随即命令各舰艇做好作战准备,令"楚泰"炮舰及"正宁""肃宁""抚宁"炮艇等4艘舰艇协同闽江口要塞扼守闽江,"公胜"测量艇协防珠江,"诚胜"测量艇警戒山东。同时,一面令"普安"运输舰留在上海,听候调遣,一面令在厂修理的"永健"炮舰加速修理,修好后留在高昌庙,协同驻沪海军警卫营保护海军在沪各机关及海军江南造船所。其余舰艇包括"平海""宁海""海容""海筹""逸仙""自强"巡洋舰,"建康"驱逐舰,"大同""永绩""中山""楚同""楚有""楚谦""楚观""永绥""江元""江贞""民权""民生""咸宁""德胜""威胜""武胜""江犀""江鲲"炮舰,"应瑞""通济"练习舰,"甘露""皦日""青天"测量舰,"定安""克安"运输舰,"江宁""海宁""绥宁""威宁""崇宁""义宁""长宁""顺胜""义胜""仁胜""勇胜"炮艇,"湖鹰""湖隼""湖鹏""湖鹗""辰字""宿字"鱼雷艇等,共计49艘,总排水量46778吨,均开入长江以内,集中力量,拱卫京畿。

1937年8月6日,在南京召开国防委员会会议,各地军政要员悉数参加,会议做出了封锁长江、保卫京畿的决定,将封锁的位置确定在江面比较狭窄的江阴江段(图3-17)。

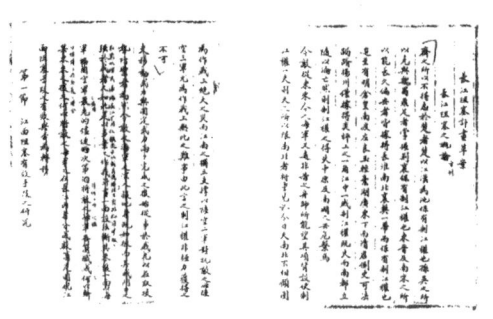

图3-17 1937年国民政府军事委员会拟订的《长江阻塞计划草案》

这一决定不仅能阻挡日舰主力进入长江,打乱日军沿长江水陆并进的战略计划,而且更重要的是能将散布于长江各口的数十艘日军舰艇、部分日本海军陆战队全部封在江内。会议刚刚结束,陈绍宽便做出部署,开始调动军舰。然而,封锁长江的行动却没有立刻实施。就在国民政府召开国防委员会会议的第二天,长江两岸的大批日侨似乎是在同一时间接到命令,分别在日本海军第三舰队第十一战队舰艇的掩护下匆忙撤出长江。据日方资料记载,长谷川清8月6日收到军令部指示,制订第三舰队作战计划案。8日23时,他发布了兵力部署命令,其中有"长江流域各地之侨民应全部继续撤向上海及日本"的要求,由"继续"二字推

> **国防委员会**
>
> 国防委员会是国民党决策国防事项的最高军事机关，全面抗战前的演变过程是：在国民党中央执行委员会第五届第一次全体会议以前，中央政治会议之下设有国防委员会的组织，会议以后，中央政治会议改为中央政治委员会，原有的国防委员会废止。1936年7月12日，国民党中央执行委员会第五届第二次全体会议决定成立国防会议，隶属于中央执行委员会，负责处理有关国防的重大事项，并通过了《国防会议条例》，确定了国防会议的组成。1937年3月4日，国民党中央执行委员会第五届第三次全体会议决定恢复中央政治委员会之下的国防委员会，并制定了《国防委员会条例》，确定了机构组成。1937年8月11日，国民党中央执行委员会政治委员会第五十一次会议决定设立国防最高会议，国防会议和国防委员会同时撤销。

断，此前还应发布过撤侨的命令。

日舰和日侨突然撤出长江，使中国军队措手不及，他们没有接到上峰命令，只能眼睁睁地看着大批日舰顺流而下。截至8月9日，侨居长江沿岸的29230名日侨全部撤往上海，没有一艘日本军舰被截留在长江以内，只有"岳阳丸"（图3-18）和"大贞丸"两艘日本商船被中国军队俘获。这样，将日本海军舰艇封堵于长江的意图完全落空了。蒋介石闻讯十分震怒，他怀疑有人泄露了国防委员会会议内容，立刻指示空军出动战机，追击逃走的日舰，同时下令调查可能的泄密案。

负责调查泄密案的是南京警备司令部司令谷正伦，他奉命后立刻展开工作。初步调查结果显示，国防委员会会议机密确实被人泄露。国防委员会会议是国民党最高层级的军事会议，参加的都是军政要员，如阎锡山、冯玉祥、程潜、朱培德、唐生智、孔祥熙、何应钦、陈绍宽、白崇禧、李宗仁等，如果他们中有人泄密，问题将十分严重。然而，在排

图 3-18 "岳阳丸"商船

查中,上述人员均无嫌疑。然而,在他们之外的一个人进入了调查人员的视线,他就是行政院机要秘书黄浚(图 3-19)。黄浚是福建侯官(今福州)人,毕业于京师大学堂译学馆,留学于日本早稻田大学,归国后在北洋政府陆军、交通、财政部等任职。此人擅长诗文,其诗作被孙雄选入《四朝诗史》,因名列汪国垣《光宣诗坛点将录》而名声大振,与当时的权贵显要、社会名流多有往来。1931 年,林森担任国民政府主席,欣赏黄浚的才华,将他调升行政院主任秘书。1932 年初,汪精卫出任国民党中央政治会议主席,在外交上亲近日本,便重用精通日语与日本事务的黄浚,让其兼任机要秘书,从而使他具备了参加国民党最高级别军事会议的条件,他也是 1937 年 8 月 6 日召开的国防委员会会议的参加者之一。然而,令人意想不到的是黄浚是被日本间谍机关收买的汉奸。他贪图享乐,崇尚金钱,在留学日本期间结交了一些日

图 3-19 黄浚

本上层人士，在与他们打交道的过程中被日本间谍机关重金收买，充当了间谍。全面抗战爆发前，他先后纠集、收买了国民政府内部一些亲日的失意高级军政人员，组成了间谍组织，利用职务之便，多次为日军提供情报，甚至将自己在国民政府外交部供职的 26 岁的儿子黄晟也拉下了水。当国民政府国防委员会会议做出阻塞长江的决定时，黄浚迅速将这一情报通过潜伏在南京汤山温泉俱乐部的日本间谍南造云子交给了日方，从而造成日本海军舰船及侨民匆忙撤出长江的严重事件。1937 年 8 月下旬，黄浚父子被捕，几天后被南京警备司令部和警察厅以卖国罪枪决于南京雨花台刑场。

黄浚泄密案是全面抗战以来国民政府军事当局遭受的一次沉重打击，它使"击灭在吴淞口内之敌舰"的意图未能达成，对长江抗战产生了重大影响，无疑是一个沉痛教训。为防止再次节外生枝，海军部部长陈绍宽于 1937 年 8 月 11 日下令在江阴建立阻塞线，同时下令破除江阴下游的航路标志。日军发现中国海军破除航标的行动后，立即派出飞机轰炸执行任务的中国舰艇。8 月 27 日，执行破除航标的"瞰日"测量舰被炸沉而成为江阴阻塞线建立以来损失的第一艘中国军舰（图 3-20、图 3-21）。随后，"青天"测量舰也在执行任务中被炸毁（图 3-22）。

"瞰日"测量舰

"瞰日"原名"联鲸"，是由上海江南制造局建造的炮舰，1911 年完工。该舰长 52.73 米，宽 7.62 米，舱深 3.84 米，吃水 3 米，排水量 500 吨，最高航速 13 节，有军官 18 人、士兵 76 人。该舰为铁质船壳，装备 2 门 37 毫米英制机炮、2 挺国产 7.9 毫米机枪。该舰建成后，首任管带为许建华。由于该舰造型优美，建造完成后不久即被清政府指定为海军大臣座舰，民国初年仍然担任北洋政府高官检阅时的座舰。1930年，该舰编入测量队，改为测量舰，更名为"瞰日"，除舰员外，还编配测量员6人。"瞰日"舰常年活动于长江口江阴至港口一带，按时探测该处水道流沙的变化情况，以保证航行安全。1937年8月27日，该舰被日本飞机炸沉，时任舰长是谢为良。

图 3-20　"瞰日"测量舰

图 3-21 "瞰日"测量舰作战报告（图片来源：《海军抗战期间作战经过汇编》）

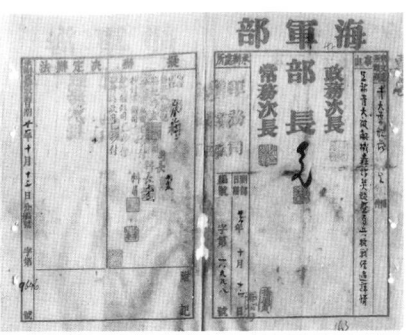

图 3-22 "青天"测量舰作战报告（图片来源：《海军抗战期间作战经过汇编》）

江阴位于南京下游200多千米，距长江口约100千米，素有"长江咽喉"之称。当时确定阻塞的具体位置在江阴江面福姜沙上游6千米，在南岸长山和北岸罗家港桥之间。这里江面较窄，江水深度不大，便于堵塞。南岸长山一带设有炮台，可以控制下游水道，陆军江阴江防司令部和电雷学校都设在长山山麓。1937年8月11日，陈绍宽给海军舰队下达了向江阴集中的命令，用于建立阻塞线的舰船以及担任掩护的海军主力舰艇陆续由各处开往江阴。陈绍宽也乘"平海"巡洋舰于11日晚由南京下关启程，前往江阴。第二舰队司令曾以鼎作为阻塞现场指挥官，将司令部设于"通济"练习舰（图3-23）。

图3-23 "通济"练习舰

此次建立江阴阻塞线需要自沉的海军舰艇有8艘，包括"通济"、"自强"（图3-24）、"大同"（图3-25）、"德胜"、"威胜"、"武胜"、"辰字"和"宿字"，总吨位6780吨；民

图3-24 自沉于江阴阻塞线的"自强"舰，该舰原名"建威"

图 3-25 自沉于江阴阻塞线的"大同"舰，该舰原名"建安"

用船只 20 艘，包括国营招商局"嘉禾""新铭""同华""遇顺""广利""泰顺"轮船、惠海轮船公司"回安"轮船、天津航业公司"通利"轮船、宁绍商轮公司"宁静"轮船、肇兴轮船公司"鲲兴"轮船、通裕商号"新平安"轮船、茂利轮船局"茂利二号"轮船、中威轮船公司"源长"轮船、三北轮船公司"醒狮"轮船、中国合众码头仓库公司"母佑"轮船、华胜轮船公司"华富"轮船、中兴煤矿公司"大贲"轮船、和丰新记轮船公司"通和"轮船、夺康轮船公司"瑞康"轮船和华新公司"华新"轮船，总吨位 37969 吨。这些轮船都是由国民政府交通部会同军政部以租用名义向国营招商局和各轮船公司征集来的。

8 月 12 日中午，陈绍宽下达封锁命令，海军舰艇按计划各自在指定位置打开舱门自沉。民船在"通济"舰舰长严寿华和参谋陈绍基指挥下执行阻塞任务（图 3-26）。仅用了 20 多分钟，近 30 艘舰船就完

图 3-26 自沉于江阴阻塞线的大量民船

成了自沉。舰船是官兵和船员的家，目睹自己的家缓缓沉入水中，他们无不悲痛万分。国家海权弱小，大敌当前做出如此牺牲，既是无奈之举，又是必要的行动。按照海军规定，军舰上的器材、文件及私人衣物因时间紧急一律不准带走，全部随舰沉没。各舰官兵奉令在南京鱼雷营集合待命，半个月后，海军部将他们按照原职原薪分派到其他舰艇服役。民船员工则被遣送上岸，他们自江阴至无锡，再乘火车前往上海，由各轮船公司负责遣散或安置。就这样，一道在中国历史上绝无仅有的江阴沉船阻塞线初步建成了，它将在中国的海权背景下，以特别的方式履行抗敌职责。

　　长江被阻塞以后，日军并没有立刻展开打通航道的行动，反而是江水日益湍急，持续冲击阻塞线，导致部分沉船出现位移，形成多个可以通过舰船的较大缝隙。为解决这一问题，陈绍宽赶往南京继续筹措和调动船舶，加固阻塞线。他征用了国营招商局的"公平"、丁耀东私人的"万宰"和大振航业公司的"泳吉"等轮船，总吨位5817吨，沉塞填补缝隙。蒋介石也于1937年8月24日手令军事委员会第一部部长黄绍竑，将汉口、九江、芜湖、南京、镇江、武穴等地的8艘日本趸船交给海军部处理，陈绍宽将这些趸船也沉于阻塞线。与此同时，海军部还从江苏、浙江、安徽、湖北等地征用185艘民船以及运来大量石子，陆续沉于阻塞线，并在空隙中敷布了水雷。尽管阻塞线得到了加固，但蒋介石仍不放心。就在阻塞线保卫战打响后的9月20日，他给陈绍宽下达手令，凡是舰龄在40年以上的大型舰艇，包括"海圻"（图3-27）、"海容"、"海筹"（图3-28）、"海琛"（图3-29）等巡洋舰，都须将舰炮卸下，以便准备自沉。蒋介石说，这样做的目的是表示"我海军牺牲之精神"。9月25日，陈绍宽将"海圻"等4舰沉入阻塞线之后，构筑了一条辅助阻塞线。至此，在江阴阻塞线上沉塞军舰、商船、趸船、

图 3-27 "海圻"巡洋舰

民船等共计 228 艘，总吨位 6 万余吨，另沉入大量沙石。阻塞任务调用千余人、舰艇 10 多艘，费时一个多月。这条阻塞线被时人称为"固若金汤，在国防上深具价值，在历史上空前闻名之江阴伟大阻塞线"（图 3-30）。陈绍宽称它为国防上的"坚强之封锁线"。这条阻塞线既代表着中国海军的付出，也展示了长江两岸人民的

图 3-28 演放鱼雷的"海筹"巡洋舰

图 3-29 "海琛"巡洋舰

图 3-30 建成后的江阴阻塞线

图 3-31 日军占领江阴后拍摄的江阴阻塞线

巨大牺牲,寄希望它能在抗战中发挥应有的作用(图3-31)。

二、巩固江阴要塞

在长江江阴段还有一处重要关口——江阴要塞,它位于阻塞线上游,是长江的狭窄之处,自古以来就是南北交通要道,也是兵家必争之地,素有"江海门户""锁航要塞"之称。从地形上看,要塞南岸有黄山,包括席帽、马鞍、龙头等诸峰,绵延30余千米,西衔鹅鼻山、君山,东接萧山、长山、巫山,与北岸靖江的孤山隔江相望,形成"枕山负水""水环峦拱"的天堑之势。从清朝康熙年间开始,清政府就在要塞区域修筑炮台,形成要塞炮台群,但抗战时早已废弃。最关键的是这里与下游的阻塞线遥相呼应,是阻塞线的后方屏障。要塞固守将对阻塞线的坚守提供极大支持。因此,国民政府在筹划阻塞长江的同时,也对江阴要塞进行了部署。1937年,参谋本部将江阴至无锡一线确定为国防第二线,成立了江防总司令部,总司令由资深的加上将衔的陆军中将刘兴担任,副总司令由海军第二舰队司令曾以鼎海军少将兼任,下辖陆军第五十七军、江阴要塞司令部、镇江要塞司令部、江阴区江防司令部、以及海军第一舰队和第二舰队等。从这一组织体系可见，国民政府的目的是想在防守阻塞线的过程中实现陆海之间的有效协同。

早在1933年的《国防计划纲要草案》中，国民政府就规定：长江内之敌舰，由沿长江各地警备部队协同要塞部队及海空军击灭之，并于沿江各险要处配置游动炮兵施行腰击。1936年的《江南作战计划纲要》也规定，把江阴东之长山—长泾镇—安镇—梅村—新安镇—太湖之线作为"第二阵地线"，其中自然包括扼守长江的江阴要塞。在《苏杭方面防御方案》中更是把右翼倚托乍浦要塞，左翼受江阴要塞的支援。特别是在1936年制订的《民国二十六年度国防作战计划》"甲案"中明确规定，南通—江阴—江宁各区要塞受各该区野战军之指挥，于宣战同时，出敌不意，与海空军协力，断然袭击敌舰而扑灭之，尔后对敌舰封锁江面，并为野战军阵地之依托，而支援野战军之作战。

鉴于此，国民政府规定了防守江阴航道的部队为陆军第一〇三师和第一一二师，以及江防军、海军、要塞守备队（包括炮兵、通信兵、工兵）等。整个作战区分江北、江南、江阴要塞3部分，设江防总司令部，统一指挥各部战斗。江阴要塞司令部设于龙岗，以许康为主管，下设萧山、东山、黄山、西山、鹅山炮台和第一、第二守备营，全要塞共有117名军官和1783名士兵。另外，在长山南麓配置了重型榴弹炮，利用隐蔽地形打击日军舰艇。在长山与萧山之间设观察所，预先标定航线距离，指示炮兵进行精确射击。长江两岸还配置监视哨和野战部队，待日军登陆时用电话及无线电联络，袭击敌背。夜间采用手提探照灯，以一灯不断变动位置，监视江面，其余各灯配属于炮兵，射击时开灯探照。并在江中航线施放水雷，阻止日舰入侵。

然而，江阴要塞的建设并不令人满意。在八一三抗战打响之前，各炮台的装备是比较简陋的，国民政府按照作战计划，试图加强江阴要塞的装备建设。例如，军政部兵工署将8门德制88毫米高平两用半自动火炮配备于东山和萧山，该炮射高6000米，射程9000米，平射时最大射程14500米。又将4门150毫米加农炮安装于西山，该炮配备穿甲和爆炸两种弹药，最大射程22000米。但是，在增强江阴要塞防御力量的时候，也存在很多弊端：江阴要塞的筹划和建设是在战争爆发后仓促进行的，难免存在缺陷；陆海军在协同防守江阴阻塞线时，职责、权限划分不明确，难以形成江阴要塞与江阴阻塞线的密切配合。正是由于这些原因，使得江阴要塞在抗战中并未发挥应有作用，阻止日军溯江西进的重大责任实际上主要由江阴阻塞线承担。

江阴阻塞线上的战斗以中国海军第一、第二舰队参战为界，划分为两个阶段。

第一阶段战斗主要指中国海军第一舰队舰艇的对空作战。阻塞线建成后的第二天上午，淞沪战役打响。此时，海军第一舰队主力舰艇除"平海"旗舰外，大多布置于阻塞线的最前沿，"海容""海筹""应瑞""逸仙"等舰也于当天下午由南京赶到江阴。1937年8月13日20时，第一舰队司令陈季良乘"平海"舰到澄，指挥阻塞线的防卫。

江阴阻塞线的建立，迫使长江口的日本舰队将活动范围压缩于崇明岛、杨林口、白茅口和黄浦江一带，要想突破这道阻塞线，只能使用空中兵力打击防守阻塞线的中国舰队，除此之外别无他法。为此，日军在淞沪战役打响后，便展开针对江阴阻塞线的行动。开始是日机飞临阻塞线上空实施侦察，之后便是轰炸。随着战局的发展，日军急于打通阻塞线，惨烈的战斗也就逐渐拉开了帷幕。

1937年8月16日，江面风浪很大。11时，"宁海"舰瞭望台电话报告，阻塞线外发现7架日机，舰长陈宏泰立即发出紧急警报，并令高射炮兵各就各位，实施射击。日机畏惧高射炮射击，不敢迫近舰队，仅在阻塞线外匆忙扔下 2 枚炸弹后遁去，炸弹均落入水中。

8 月 19 日 7 时 30 分，一架日军侦察机在舰队上空飞行，各舰高射炮随即射击，日机向北遁去。11 时，黄山炮台悬起警报旗号，各舰高射炮立即做好射击准备。11 架日机在黄山炮台上空盘旋，炮台开炮轰击，各舰高射炮也集中炮火向日机猛烈射击。战斗持续 15 分钟，日机慑于炮火，匆忙投下 2 枚炸弹后逃走，炸弹均落入黄山山麓。

8 月 20 日，天气风和日丽。8 时，防空警报突然响起，7 架日机由下游飞来，逐渐接近舰队。各舰高射炮立即射击，日机见中国舰队早有准备，便掉头向下游飞去。

8 月 22 日是值得纪念的一天，中国军队首次在江阴阻塞线上空击落日军飞机。16 时，要塞炮台发出空袭警报，5 分钟后又发出紧急警报。不久，舰队发现有 12 架日机分两路袭来，随后又有 3 架接踵而至，它们是日军第二航空战队轰炸中国陆海军的专派飞机。陈季良命令各舰用高射炮迎击。与此同时，电雷学校、要塞炮台的防空武器也相继开火。顿时阻塞线上空炮声隆隆，烟雾弥漫。激战中，一架日机中弹起火，旋即拖着长长的浓烟坠落。此次击落日机极大鼓舞了中国官兵的斗志，他们愈战愈勇，持续对其他日机实施猛烈打击，又有 2 架日机中弹受伤。日机在密集的炮火中扔下几枚炸弹后向南遁去，有 2 枚炸弹在靠近"平海"舰左舷处爆炸，但未造成损伤。

8 月 26 日 6 时 30 分，"平海"舰无线电房收到"矙日"舰由通州发来的急电报告，称 2 艘日本巡洋舰自狼山上驶。陈季良立即发出旗令，要求舰队备战，各舰下令主炮炮兵各就各位，一旦陆上炮台发出日舰迫近旗号，立即投入战斗。全体官兵自淞沪战役爆发以来一直与日军飞机周旋，未见日舰踪影，此时官兵精神振奋，愤慨异常，誓与日舰决一雌雄。11 时 25 分，得到炮台通知，3 艘日舰驶至通州江面，开炮将天生港码头击毁后转向下驶，未敢接近阻塞线。14时许，2架日本水上侦察机又在舰队上空盘旋侦察。各舰立即开炮驱逐，日机旋即飞走。15时30分，4架日机自东方飞来，分两队袭击中国舰队，各舰立即以汽笛发出紧急警报，高射炮猛烈射击，炮台也开炮轰击。日机的轰鸣声与舰炮的射击声夹杂在一起，响彻天空。日机投弹5枚，均落在"平海"舰舰尾附近，水柱冲天，但"平海"舰未受损伤。日机见不能得逞，便向下游飞去，在阻塞线之外对担任警戒的"绥宁"艇实施轰炸，连续投弹8枚，均落入水中，未对"绥宁"艇造成损害。"绥宁"艇官兵临危不惧，奋勇抵抗，连续发射炮弹80余枚，迫使日机相继逃遁。

随着日军在淞沪战场上步步推进，愈发迫切需要打通江阴阻塞线。第三舰队司令长官长谷川清认为，驻守江阴阻塞线的中国舰队不仅妨碍日军空袭南京的作战，而且对其水面舰艇在长江下游的活动也构成威胁，决定在空袭南京的同时击灭中国防守舰队。为此，长谷川清命令第二空袭部队（第二航空战队、"加贺"航空母舰）和第五空袭部队纠集飞机100余架协同作战，企图集中力量在短时间内彻底消灭中国舰队，打通阻塞线。此后，日军一面对南京实施空前规模的轰炸，一面加紧对江阴阻塞线的空袭。1937年9月19日，日海军出动大批飞机开始对南京实施大规模轰炸。8时15分，中国舰队汽笛响起紧急警报，各舰瞭望台纷纷报告，下游发现大批日机向上游飞去。不久即发现33架日机蔽空而来，飞往南京。9时20分，该队飞机三五错落地沿江飞回，经过中国舰队上空时遭到各舰及炮台炮火的截击，仓皇飞往下游。14时30分，又有20余架日机轰炸南京，回航时未沿江飞行。

9月20日7时12分，日机从下游飞来。7时15分，2架日机飞临中国舰队上空盘旋，各舰立即开炮，射击持续半小时，日机见无隙可乘乃仓皇投弹四五枚后窜入高空，炸弹落入"平海"与"宁海"两舰之间，在水中爆炸，声如闷雷，水柱冲天。8时05分，日机相继遁去。15时30分，陈绍宽乘"中山"舰到前线视察，勉励各舰官兵奋勇杀敌，各舰官兵士气高涨。22时，江面上突然响起紧急警报，各舰立即准备进行夜战。当天晚上，月色如银，无风，日机由远至近，出现于舰队上空。各舰防空火力齐开，一时间，江面上高射炮及机枪声大作，闪烁的火光照亮了江面。日机见中国舰队已有准备，不敢低飞，乃在"海容""海筹"两舰上游处投下一弹，又在"应瑞"舰舰尾附近投下一弹，然后转向遁去，炸弹均落入水中。

8月16日—9月20日，在一个多月的时间里，中国舰队与日军飞机进行了六七次较量，从日军出动飞机的规模来看，日军是在进行试探性和骚扰性轰炸，对中国舰队并未构成严重威胁，舰艇未受致命伤害，阻塞线依然坚固如初，日军损失了一架飞机。随着淞沪战役的进展，日军开始为下一步进攻南京做准备，其行动更加疯狂。日军一方面直接对南京展开狂轰滥炸，另一方面对阻碍其水陆合围南京的江阴阻塞线实施突击。于是，一场真正的舰机大战打响了。

日军原定从9月21日开始发动对中国舰队的大规模袭击，因天气不佳而延迟到次日。从22日开始，日军第二空袭部队和第五空袭部队联合实施了6波次攻击。

9月22日，天气阴沉，全天日军共发动3次攻击。第一次攻击发生在午前，日军12架92式舰攻机、6架95式舰战机冒着江阴炮台及舰艇的对空炮火，两次水平轰炸"平海"舰（图3-32）和"宁海"舰。在日军来袭前，中国守军的陆上炮台悬起空袭警报旗号，各舰如同以往那样立刻做好战斗准备。当舰队发现15架日机由下游向舰队接近时，各舰立即对空射击。日机以小队集团水平轰炸方式发起攻击，顿时炸弹呼啸而下，有20余枚炸弹在主力舰群中爆炸。其中有几枚炸弹击中"平

图 3-32 "平海"巡洋舰

海"舰舰首,击毁了该舰的系艇杆,前部米舱也贯破进水,并有多枚炸弹在舰中、舰尾爆炸,官兵伤亡颇多。舰长高宪申正指挥全舰作战,腰部猛然中弹,伤势甚重。"平海"舰官兵冒着弹雨,用高射炮和高射机枪向空中猛烈射击。第一高射炮指挥少尉、见习生孟汉霖(图3-33)正在装弹御敌,突然被弹片击中头部,当场阵亡。第二高射炮指挥少尉、见习生高昌衢及枪炮上士陈得贵、二等兵郑礼湘均在激烈战

图 3-33 孟汉霖

斗中被炸身亡。一等炮兵周绍发虽被弹片击穿右胁,横贯左臂,仍死守炮位,忍痛力战,一直坚持到补充兵加入后才倒地,最终壮烈牺牲。"平海"舰舰尾机枪因发射过多而发生故障,上士张玉成冒险修理,被日机扫射击中负重伤。中士严祖冠在弹雨中奋勇奔向枪位,被击中而牺牲。尽管敌弹横飞,死伤枕藉,但"平海"舰的忠勇官兵前仆后继,与敌做殊死战斗,各炮及机枪火力犹能驱散日机(图3-34)。第一舰队司令陈季良坐镇"平海"舰,临危不惧,屹立甲板之上,指挥各舰抗敌,极

大地鼓舞了"平海"舰官兵（图3-35、图3-36）。

"宁海"舰也遭日机小队集团水平轰炸，弹片纷纷落于该舰舰首及左右两舷近旁，有两名士兵受伤。"应瑞"舰在战斗中用高射炮、机枪猛烈射击，有3名士兵受伤，中炉舱底被炸漏水，弹片洞穿左鱼雷发射管。

接近中午，警报再次响起，6架日机飞临舰队上空，投下3批炸弹后仓皇而遁。第一批炸弹落于"平海"舰舰首附近，第二批炸弹落于"宁海"舰左右两舷附近水中，致使该舰4名士兵受伤，而船皮以及舱面钢板被击穿10余孔。

第二次攻击发生在下午。16时30分，日军第二空袭部队9架舰攻机自东南方向飞来，直逼"平

图3-34 江阴上游巴世洲北岸的"平海"舰

图3-35 "平海"巡洋舰作战报告1（图片来源：《海军抗战期间作战经过汇编》）

图3-36 "平海"巡洋舰作战报告2（图片来源：《海军抗战期间作战经过汇编》）

高宪申

高宪申(图3-37),福建省长乐县人,1903年考入广东黄埔水师学堂,为该学堂第十期驾驶科学生。毕业后,历任"海琛"舰中尉枪炮副,"江贞"舰中尉航海副,"应瑞"舰上尉航海正和少校副长,海军总司令公署中校副官、上校参谋、上校副官长,"永绩"舰中校舰长,"靖安"舰中校舰长,"通济"舰中校舰长,"海容"舰上校舰长,"宁海"舰上校舰长,海军引水传习所上校所长,"平海"舰上校舰长等职。江阴抗战中任海军厦门要港司令部少将司令、海军总司令部少将候补员、海军学校少将校长、海军总司令部第二署少将署长、海军总司令部法制委员会委员等职。1931年4月,奉授六等宝鼎勋章;1935年,奉授二等一级国花奖章;1937年9月,奉颁华胄荣誉奖章;1948年1月,奉颁四等宝鼎勋章。1948年6月病逝,享年60岁。

图3-37 高宪申

海""宁海"两舰。舰、岸高射炮由远至近跟踪射击,将日机队形打散。日机不敢靠近,向"海筹"舰附近及江阴城投弹10余枚后飞走。

在9月22日的对空作战中,中国海军累计作战时间达6小时之久,各舰共发射高射炮炮弹400余枚、高射机枪子弹8000余枚,击伤5架敌机。舰队也付出了巨大代价。"平海"舰左右舷钢板被击碎,炸穿数十处,窗、门玻璃破碎颇多,舰长高宪申以下官兵伤亡24人。"应瑞"舰左右鱼雷发射管被各炸穿一孔,前桅及左舷钢板被炸多处,军官伤2

人。"宁海"舰士兵伤6人。

当晚,陈季良利用战斗间隙召开舰长会议,表达了鏖战到底的决心。他说,"平海"舰绝不能为避免日机重点轰炸而降下桅顶司令旗,各舰也不能为躲避牺牲而驶向上游。会后,各舰趁夜维修舰船,整顿部署,做好继续作战的准备。

1937年9月23日,天气依然阴沉,微风习习,在江阴阻塞线上爆发了空前规模的对空作战。5时许,舰队得到报告,有10艘日舰驶过南通,逼近江阴,下游监视哨不断将日舰的动态通报给舰队,陈季良下

陈季良

陈季良(图3-38),原名陈世英,福建闽侯人。1897年,考入江南水师学堂,毕业后先后担任"建安"驱逐舰粮饷副、"海容"巡洋舰鱼雷大副及枪炮副等。辛亥革命中,随"海容"舰归附革命,后出任北洋政府第二舰队"江亨"舰舰长。1917年,俄国爆发十月革命,苏维埃政府决定将沙俄侵占的黑龙江航权归还中国。为控制黑龙江,北洋政府海军部决定建立吉黑江防舰队,调拨第二舰队"江亨""利捷""利绥"3艘炮舰和"利川"武装拖船组成北上舰队前往支援,陈季良率"江亨"舰北上庙街,并担负舰队指挥职责。在驻庙街期间,苏维埃红军游击队遭日军袭击,陈季良出借炮械支援,引发"庙街事件"。1920年秋,陈季良率北上舰队抵达哈尔滨,获"文虎"勋章。1922年1月,陈季良出任"楚观"炮舰舰长。8

图3-38 陈季良

> 月，升任"海筹"巡洋舰舰长。1923年1月，晋升海军上校。1924年5月，晋升海军少将。1925年2月，升任海军第一舰队司令兼闽厦海军警备司令。1928年，南京国民政府成立，陈季良依然任海军第一舰队司令。1929年4月，南京政府海军部成立，陈季良担任常务次长兼海军第一舰队司令。全面抗战爆发后，上海、南京相继失陷，国民政府迁至武汉。为适应新形势，1938年1月，国民政府撤销海军部，改设战时海军总司令部，并重新编组第一、第二舰队，陈季良担任第一舰队司令。1944年，任海军总司令部参谋长兼第一舰队司令。1945年4月，陈季良病逝，时年63岁。5月25日，国民政府追赠陈季良海军上将军衔。

令各舰做好战斗准备。10时30分，舰队上空出现2架日机，远距离盘旋后转向飞走，这是日军侦察机。各舰预料必有一场恶战，故比往常提前开午饭，准备决战。13时55分，舰队上空响起空袭警报。14时05分，再响紧急警报。14时10分，"宁海"舰观察哨发现12架日机自右后方袭来，同时左舷正面亦发现12架日机，左后方则陆续有20余架日机飞来，而舰尾方向则有9架日机直趋该舰上空。这些飞机是来自日本海军第二空袭部队的92式舰攻机、94式舰轰机和95式舰战机，它们的攻击目标是中国海军第一舰队的"平海""宁海"（图3-39）等主力战舰。

当日机进入射程范围时，中国军队的防空武器先后开火。日机首先攻击的是"宁海"舰，它们在该舰上空以急降方式投弹。"宁海"舰官兵以密集火力猛烈迎击，当场击落2架日机。"宁海"舰也遭到了巨大损伤。炸弹纷纷落于舰首以及瞭望台左右舷旁的水中，水柱冲天。舰上弹片横飞，前段左右舷被洞穿多处，锚链舱首先进水，米舱、帆缆舱、弹药舱也相继进水，舰长陈宏泰下令堵塞。在舰体剧烈的震动中，航海

图 3-39 "宁海"巡洋舰

仪器被震得粉碎，电报房的无线电机件及各种仪器均被震坏。中尉航海员林人骥（图 3-40）在瞭望台被弹片击中头部牺牲。14 时 40 分，陈季良下令各舰起锚，"宁海"舰因起锚机受损而行动稍缓，遂引来日机更加疯狂的攻击。来自四面八方的日机不断投弹，舰上高射炮、机枪分头迎击，又有 2 架日机中弹起火落入水中。日机投下的近百枚炸弹虽然没有直接命中，但炸弹爆炸的弹片使水线上下的舰体伤痕累累。凉机舱被击穿了一个直径达 30 多厘米的大洞，造成该舱进水。全舰电话全部中断。受伤的船舱有的被水淹没，有的燃起大火。舱面上的高射炮兵伤亡甚重。15 时 30 分，"宁海"舰情势危急。陈宏泰遂下令斩断锚链，轮机下士江铿惠冒着横飞的弹片，以敏捷的动作将锚链斩断。然而，由于舰体前段进水甚多，舰首下沉，机器运转不灵，航速锐减，勉

图 3-40 林人骥

强行驶。10余架日机趁机跟踪投弹,舰上高射炮、机枪依然猛烈射击。大约过了20分钟,数枚炸弹落于前桅右后方,导致水柜和4只舢板全毁,下望台、海图房一角、部分烟囱以及右鱼雷发射管被炸毁,炉舱、后机舱被水淹没。高射炮兵死伤过半,炮弹告罄。枪炮副军士长陈耕炳(图3-41)正指挥开炮,突然中弹阵亡。枪炮上士陈永相的面部受重伤,仍然死守炮位,大呼杀敌不止。陈宏泰在驾驶台指挥作战时,左舷近旁落下弹群,弹片飞溅,其左腿被击中受重伤,但依然裹伤立于驾驶台,给士兵以极大鼓舞。战斗中,枪炮员刘崇端、枪炮军士长林树椿沉着指挥,奋勇作战。帆缆中士陈秉香在万分危急时仍能从容不迫,镇静操舵。然而,陈宏泰的伤势十分严重,力不能支,在副长甘礼经的苦劝之下离开驾驶台。见习生孔繁均和一等兵施典和将陈宏泰扶送至救护室,甘礼经接替他指挥。此时,日机的攻击并未减弱,为减少伤亡、保全舰体,甘礼经下令将"宁海"舰开入八圩港。16时30分,"宁海"舰驶往长江北岸浅滩搁浅。此时,3架日机仍然在空中用机枪扫射,二等兵叶民南奋勇打出最后一炮,日机遁去,这场惨烈的战斗结束了。

"宁海"舰搁浅(图3-42)后,"咸宁"舰驶靠其左舷救护,陈宏泰奉令率轻重伤员移驻"咸宁"舰,开往南京,军舰善后事宜由甘礼经负责。这天的战斗中"宁海"舰发射高射炮炮弹700余枚、高射机枪子弹15000余枚,击落4架日机,官兵伤亡62人(图3-43、图3-44)。

"平海"舰作为第一舰队旗舰,同样是日军进攻的重点,但它用仅有的3门高射炮、360枚高射炮炮弹和几挺高射机枪

图3-41 陈耕炳

与来自四面八方的日机展开激战。14时许,六七十架日机分批向各舰进攻,"平海"舰受到猛烈攻击。舰长高宪申因前一天受重伤,难以担当指挥重任,副长叶可钰率领枪炮副刘馥、汪炳炎、曾光荣、张国华、郑春香等各据自己的炮位,英勇战斗。当时,刘馥所处的位置是军舰的后望台,也是军舰后部的"心脏",他负责指挥1门高射炮和4挺高射机枪,还有测远镜、搜索镜、探视镜等设备操作人员。他看到第一批日机有50架以上,听到轰轰的声音在四面八方响起,舰上的高射武器迅速开火,激烈的对空作战再度展开。持续的射击使本来就匮乏的炮弹迅速告罄,战士们取出照明弹继续发射。日机虽然进行了数十次的俯冲轰炸,

图3-42 搁浅的"宁海"舰

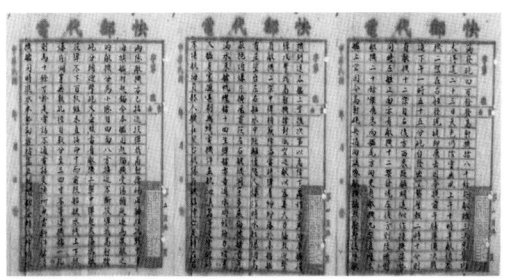

图3-43 "宁海"巡洋舰作战报告1(图片来源:《海军抗战期间作战经过汇编》)

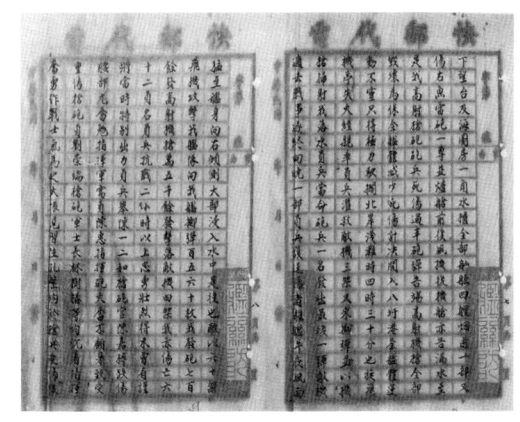

图3-44 "宁海"巡洋舰作战报告2(图片来源:《海军抗战期间作战经过汇编》)

陈宏泰

陈宏泰（图3-45），福建省闽县人，生于1888年9月，1908年1月于广东黄埔水师学堂第十届驾驶班毕业。毕业后奉派"通济"舰见习，旋任候补员、教练官等职。1911年，参加辛亥海军易帜。1912年，中华民国临时政府成立后，任"江鲲"炮艇航海副，次年4月授海军中尉，任"江鲲"炮艇副艇长。1915年春，奉派赴美深造，学习海军飞潜技术，11月晋升海军中尉。1916年10月，学成归国后派充福州船政局海军学校航海教官。1917年1月，调任海军第二舰队炮舰大副。1919年1月，升任副舰长。1920年4月，任接收德奥舰船专员。1923年初，再次奉派赴美，学习潜艇技术。1924年7月回国，8月任"海容"巡洋舰副舰长。1925年8月，出任海军第一舰队中校参谋，晋升海军少校军衔。1926年7月，调任"江贞"炮舰舰长。1927年8月，晋升海军中校。1928年7月，任"永健"炮舰舰长。1930年5月，兼理"建安"舰监修。1931年6月，调任"逸仙"巡洋舰代理舰长，7月升任舰长。1934年2月，调任"海筹"巡洋舰舰长，被叙为海军上校，5月被正式授予上校军衔。1937年7月，任"宁海"巡洋舰舰长。江阴抗战爆发后，陈

图3-45　陈宏泰

但始终未能给"平海"舰造成致命打击。相反，有4架日机被摧毁，其中2架爆炸后的碎片在"平海"舰后望台上空散落。另有若干架日机被击伤。在长时间相持中，日军见不能使"平海"舰屈服，便不断增援飞机。当"平海"舰的1挺机枪被炸弹炸断枪架纵轴，而另外3挺机枪因炮位影响了射界时，有9架日机趁机向右舷投弹，刘馥不得不放弃枪架，手握炽热滚烫的枪管向空

> 宏泰督率"宁海"舰协同"平海"舰等与日军展开激烈水空战，身负重伤，经入院治疗痊愈后立即投入抗战，调任海军总司令部舰械处处长。1940年2月，任洞庭湖警备副司令。1941年9月，兼任海军布雷总队队长，在湖南长沙领导布雷工作。1942年10月，调任海军第一布雷总队队长。1943年3月，晋升海军少将。1945年8月，任海军第一舰队代理司令，9月任海军接收南京区专员。1946年6月，任海防舰队司令，8月称病辞职，后又调至重庆山洞海军总司令部任司长。抗战胜利时，随何应钦赴南京受降，并接收伪海军，后出任海军第一舰队司令。1949年8月，福州解放，陈宏泰拒绝赴台。1955年4月，当选中国人民政治协商会议福建省委员会第一届常务委员，被聘为文史馆馆员。1976年3月，病逝于福州，终年88岁。

中射击，等他松开紧握枪管的手时发现手掌已被粘下一层皮，他不得不用冷水冷却枪管，裹伤继续战斗。作战中，几挺高射机枪因发射子弹过多而无法射击，刘馥只能且战且修，上士欧阳顺冒着危险极力相助。

战斗持续了4个多小时，"平海"舰的锚链被斩断，缓慢向上游驶去，暂时摆脱了日机的纠缠，官兵们趁机稍事休息。他们已经相当疲惫，脸上残留着由血、汗水和烟灰混合形成的"油彩"，上身打着赤膊，有的已经瘫坐在甲板上，有的依然保持着瞄准的姿势，他们的意志依然是坚定的。不久，又有2架日机绕到"平海"舰上空，官兵们立即紧张起来，对空射击的炮声又密集地响起。这时有士兵发现弹药舱进水了，弹药舱一旦被水淹没将极大影响作战。运弹员任庆銮、高景钰等冒险将所有弹药运至舱面备战，枪炮官命令将空炸榴弹、穿甲弹和照明弹混合使用，以发挥各种弹药的效用。此时，又有9架排列整齐的日军大型轰炸机及驱逐机飞来，先后两次俯冲投弹，尽管炸弹没有直接命中"平海"舰舰体，但巨大的冲击使"平海"舰受伤甚重，水向舱中直涌。"平海"舰官兵一面堵漏、抽水实施抢救，一面继续向前行驶，但终因进水过多，舰尾下沉，舰体倾斜超过20°。叶可钰督率士兵将炮械及重要舰件卸下，运往他处。当天午夜，陈绍宽来到"平海"舰指挥，他见"平海"舰伤势过重，决定弃舰。9月25日凌晨，"平海"舰坐底于长江中，陈季良率司令部人员迁驻"逸仙"舰。这天的战斗中，"平海"舰击落日机4架、击伤5架，官兵阵亡5人、负伤18人。

1937年9月23日在江阴阻塞线发生的对空战斗史称"九二三"之役，陈绍宽在《纪念伟大的"九二三"》中说："江阴的战役在一般的意义上可以代表我海军反击敌空军的整个历程，而在江阴许多战役中，'九二三'那一天又是最激烈的一次。所以'九二三'在中国海军抗战史上实是最值得纪念的一页。"

"九二三"战斗后，日军并没有停止进攻，9月25日又出动92式舰攻机和95式舰战机发动了一次攻击。9时，中国海军发现16架日机

"宁海"和"平海"巡洋舰

1930年，国民政府为加强海军装备建设，决定从日本播磨造船厂订造两艘2600吨级的新型轻巡洋舰，双方商定，两舰的图纸由日方负责设计，一艘在日本施工，一艘在中国施工，日方派技术人员进行指导，并供应武器装备。这两艘舰被国民政府命名为"宁海"和"平海"。

"宁海"舰（图3-46）在日本施工，造价432万元，以东北大豆折价，分期交付，于1931年2月21日安放龙骨，10月10日下水。该舰长109.7米，宽11.9米，舱深6.7米，吃水4米，排水量2498吨。舰上安装4部锅炉，3部往复式主机3轴推进，最高航速23.2节。舰上装备有140毫米主炮、3英寸（76.2毫米）炮、21英寸（533.4毫米）鱼雷发射管、机枪等武器。舰

上还搭载2架水上侦察机，一架为日本爱知厂制造的"宁海一号"，另一架为中国江南厂制造的"宁海二号"。舰员361人。1932年8月25日，"宁海"舰来华驶入吴淞港，9月1日成军，编入国民政府海军第一舰队，首任舰长高宪申。

"平海"舰在中国江南造船厂施工，由"宁海"舰的造船主任神保总南担任工程师负责监造，预算造价458.8万元，1931年6月28日安放龙骨，原定1933年10月10日下水，不料九一八事变和一·二八事变爆发，中日关系紧张，影响了日本零部件的供应和技术支援，直到1935年9月28日才下水。该舰长109.8米，宽11.9米，吃水4米，排水量2555吨，最高航速21节。舰上安装有5部锅炉，2部往复式主机双轴推进。舰上装备有140毫米主炮、3英寸高射炮、57毫米高射炮、21英寸鱼雷发射管等武器。舰员361人。1936年6月，"平海"舰驶往日本相生港进行武器装配，此时日本国内侵华叫嚣猖獗，日方拒绝装配高射炮和高速机枪，中国方面只好通过洋行改购德国枪炮代替，也没有装备水上侦察机。装配完成后，"平海"舰被编入第一舰队，首任舰长是"宁海"舰原舰长高宪申，陈宏泰接任"宁海"舰舰长。在江阴阻塞线对空作战中，"宁海"和"平海"两舰英勇战斗，先后被日军飞机炸伤后坐底。江阴抗战后，日军将"宁海""平海"舰打捞出水，拖往日本。1938年7月1日，日军将两舰改为海防舰兼海军学校的练习舰，舰名也进行了更改，"宁海"改为"御藏"，"平海"改为"见岛"，并准备对舰上的装备进行改造。太平洋战争爆发后，由于造船厂工期繁忙，改造工程不得不拖延，两舰分别泊在相生港和佐世保港，充当港区浮动宿舍。1944年，日军在太平洋战场连遭失败，舰艇损失惨重，"御藏"舰和"见岛"舰同时被启用，并且由海防舰改为二等巡洋舰，舰名再次更改，"御藏"改为"五百岛"，"见岛"改为"八十岛"，舰上主炮也由140毫米炮改为127毫米高平两用炮，并装备三联装25毫米机炮。此后，两舰分别于1944年6月28日和9月25日开赴前线。9月19日，"五百岛"舰在御前崎南方八丈岛附近被美国"沙德"潜艇击沉。"八十岛"舰则成为第一运输战队旗舰参加了雷伊泰海战，率领由驱逐舰组成的运输队支援、补给日军驻守的岛屿，11月25日在吕宋岛附近被美国海军飞机炸沉。

图 3-46 "宁海"巡洋舰（图片来源：《海军抗战期间作战经过汇编》）

来袭，由于"平海""宁海"两舰均已经坐底、搁浅，担任旗舰的"逸仙"舰便成为日机轰炸的重点。日机先后投弹 20 余枚，均落在"逸仙"舰左右舷近旁，弹片纷飞，江水翻腾。"逸仙"舰官兵毫无惧色，沉着应战。舰长陈秉清指挥高射炮官兵英勇反击。但由于前两天的激烈战斗，"逸仙"舰弹药消耗量巨大，此时面临告罄，只好改变战术，用舰首大炮突然对空射击，发射了 2 枚炮弹，击落了 2 架日机。"逸仙"舰受伤也很严重，机舱左旋转轴机柱被炸断，行李舱进水，舰体向左倾斜，陈季良命令将该舰驶往目鱼沙外港，堵漏并拆卸炮械，但日机尾追而来，连续投弹，终将其炸沉。战斗中，"逸仙"舰有 3 人阵亡、2 人重伤、6 人轻伤。

在"逸仙"舰遭受日机攻击之时，海军部命令第二舰队司令曾以鼎

"逸仙"巡洋舰

20 世纪 30 年代初，国民政府加大对海军的投入，在江南造船厂建造了一艘轻型巡洋舰，造价 156.4 万银元。为纪念孙中山先生，国民政府将这艘军舰命名为"逸仙"。"逸仙"舰（图 3-47）于 1930 年 4 月 10 日举行开工典礼并安放龙骨，于孙中山诞辰纪念日（11 月 12 日）举行下水典礼。该舰长 82.4 米，宽 10.4 米，吃水 3.54 米，排水量 1550 吨，最高航速 19 节。舰首、舰尾分别装有 150 毫米和 140 毫米炮各 1 门，另装备有高射炮、机

枪等武器。舰员182人。建成后于1931年底服役，被编入国民政府海军第一舰队，首任舰长陈宏泰。1937年9月25日，日军飞机轰炸江阴阻塞线的中国防守军舰，"逸仙"舰被炸沉（图3-48、图3-49、图3-50）。江阴抗战后，"逸仙"舰被日军捞起后拖往日本，进厂修理，并改名为"阿多田"，作为潜水艇学校练习舰，舰上重新安装了4.7英寸（119.4毫米）炮、40毫米炮、25毫米炮和7.7毫米机枪。抗日战争结束后，"逸仙"舰被盟军接管，1946年归还中国，8月9日自日本吴港驶回上海，并恢复"逸仙"舰名。1947年，人民解放军发起胶东战役，解放了大片国土，占据烟台的国民党军已处在解放军的包围之中。10月10日，海军总司令桂永清率海军临时混合舰队开往烟台，负责陆军的撤运，"逸仙"舰是混合舰队主力。新中国成立后，"逸仙"舰多次巡弋东南沿海。1958年6月，该舰因舰龄太老而退出现役。1959年5月19日被售给船商拆解。

图3-47 "逸仙"巡洋舰

率"楚有"舰赶赴江阴接防，同时令"建康""青天""江元""仁胜""崇宁"等舰艇驰援"逸仙"舰。"建康"等舰途经龙稍港时遭数十架日机轰炸，"建康"舰（图3-51）官兵用高射机枪及步枪猛烈射击，日机

图 3-48 "逸仙"舰侧翻于江中

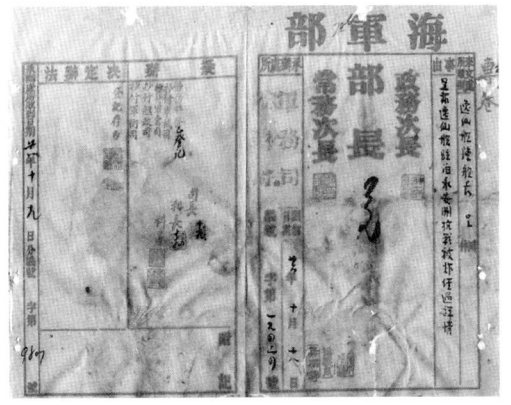

图 3-49 "逸仙"巡洋舰作战报告 1（图片来源：《海军抗战期间作战经过汇编》）

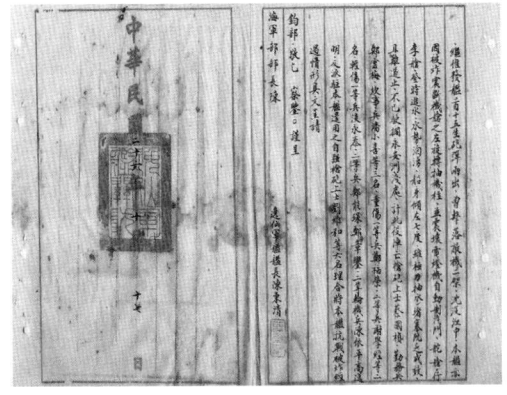

图 3-50 "逸仙"巡洋舰作战报告 2（图片来源：《海军抗战期间作战经过汇编》）

分前、后队夹击，"建康"舰被命中 8 弹，舰长齐粹英、副长严又彬、航海员孟维洸在望台上被炸伤，阵亡 7 人，受伤 27 人。该舰各部损伤严重，各舱同时进水，遂倾斜下沉（图 3-52、图 3-53）。"建康"舰是一艘德制驱逐舰，由载洵和萨镇冰于 1909 年订造，造价 63000 德国马克。该舰长 63.4 米，宽 6.6 米，吃水 2.7 米，排水量 390 吨，最高航速 32 节，舰员 81 人。舰上装备有 2 门 3 英寸主炮，4 门 47 毫米炮，2 座 18 英寸鱼雷发射管。该舰于 1912 年完工，1913 年交付中国，1927 年归附南京政府，被编入海军第一舰队。

"逸仙"舰沉没后，陈季良再率司令部人员迁驻"定安"运输舰，继续坚持战斗。至此，第一舰

图 3-51 "建康"舰

图 3-52 "建康"舰被日机炸沉于龙梢港

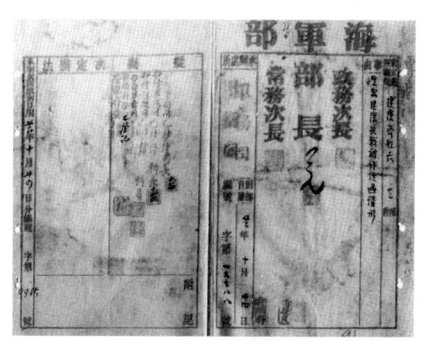

图 3-53 "建康"驱逐舰作战报告（图片来源：《海军抗战期间作战经过汇编》）

队各主力舰损失殆尽，海军部决定在镇江附近再构筑第二道阻塞线，后因上海战局突变，日军进占迅速，未能构筑。

1937年8月16日—9月25日的一系列战斗中，中国海军舰队共击落日机10余架、击伤30余架。在敌我实力悬殊的情况下，中国海军能取得如此战果实属难得。1937年9月26日，蒋介石发出训令，高度评价战斗在江阴阻塞线上的海军官兵："此次暴日肆意侵略，犯我领土，各地遍受荼毒。我海军将士同仇敌忾，该部部长及次长督率官兵，不惜牺牲一切为国奋斗，此来苦心焦思，筹划江防，拱卫京城，并且愿拆除舰炮，巩固江岸防务，此种破釜沉舟之决心，殊为可贵。"

第二阶段战斗包括中国海军第二舰队展开的对空作战,以及岸上海军炮台与日军舰艇的战斗。第一舰队遭到重大损失之后,江阴阻塞线防守薄弱,南京面临重大威胁。国民政府一面部署南京城的防御,一面要求海军继续捍卫这条已为之付出巨大牺牲的生命线。1937年9月25日,海军部在奉命自沉"海圻""海容""海筹""海琛"4舰建立辅助阻塞线的同时,命令第二舰队司令曾以鼎率"楚有"舰赶赴江阴阻塞线正式接防。10月15日,第三战区副司令长官顾祝同就巩固江防及重新调整部署,要求"扬子江两岸江防部队,应严密江阴附近之封锁,并担任江岸之守备"。可此时海军的作战能力已大不如前,无法组织起有效的对空反击,日机的攻击更加肆无忌惮。

在击沉了中国海军第一舰队多艘主力舰艇之后,日机继续对阻塞线附近以及上游搜索轰炸,不放过任何水上目标。显然,在已经没有大型舰艇的江面上,如第二舰队"楚有"旗舰这样的小型炮舰就成为日军打击的主要目标。1937年9月25日,"楚有"舰奉曾以鼎之命,由南京下驶,于当夜到达江阴。26日晨,12架日机在"楚有"舰上空盘旋侦察,"楚有"舰高射炮随即对空射击,日机仓皇逃走。28日8时许,4架日机分批来袭,"楚有"舰舰长郑耀恭下令实施对空射击,舰上炮手利用仅有的一门高射炮展开对空防御,其他舰员则拿起步枪、机枪等轻武器对空射击。但如此微弱的抵抗难以抵挡日机的疯狂攻击,日机如入无人之境,连续低飞投弹,有2枚炸弹在"楚有"舰舰首附近爆炸,其中1枚炸弹的弹片将舰首左舷击穿3个大洞;1枚炸弹击中后望台左舷,上桅中节支索被炸断,无线电长短波机件及收报机均被震坏,左舷水线下铁板也被贯穿数洞。旋又有2弹落下,落在舰舷旁,水柱高逾桅顶,舰身受到猛烈震荡,帆缆舱、火药舱相继进水,右主机总截气门接头被震得漏气,后烟囱被击穿一洞,情势万分危急。该舰官兵一面用机枪、步枪竭力抵御，一面尽量抽水、堵漏。日机仍不罢休，又投4弹，并俯冲用机枪扫射。各舱受伤加剧，进水越来越多。相持至10时30分，日机才离去。郑耀恭察看军舰损失，发现舰体已伤痕累累，毁损严重，人员损失也很大，有16人受伤。军舰已失去战斗能力。当天晚上，曾以鼎下令将"楚有"舰（图3-54）的76毫米、65毫米炮，以及机枪、步枪和各种弹药物资拆卸，交由江防司令部使用。29日凌晨，6架日机分两队再次飞临"楚有"舰上空，继续实施轰炸、扫射，5枚炸弹从天而降，此时的"楚有"舰已彻底丧失防御能力，只能任凭日机肆虐。舰左舷铁板又被击穿一个大洞，舰首甲板也被炸毁，小舢板被炸裂，机锅舱、煤炭舱、官员舱、士兵舱全部进水，舰身向左倾斜达14°。当天晚上，郑耀恭指挥官兵再将剩余的120毫米炮、40毫米高射炮等拆卸运走。30日，"楚有"舰舰身向左倾斜越来越严重，日机又空袭江阴5次。10月2日，"楚有"舰终于倒卧江中（图3-55）。

"楚有"舰被击沉后，中国海军的其他舰艇并未退却，日军也因此

"楚有"舰

　　"楚有"舰是一艘由日本神户川崎造船厂建造的浅水炮舰，甲午战争后，湖广总督张之洞为加强长江防务订造了该舰，还有"楚泰""楚同""楚谦""楚豫""楚观"5艘同级舰。"楚有"舰于1906年2月6日开工，7月31日下水，10月22日完工，1937年全面抗战爆发时，舰龄已有31年。该级舰长60.96米，宽8.99米，吃水2.43米，排水量745吨，最高航速13节，舰员117人。装备有2门120毫米速射炮、2门76毫米炮、2门四联装机炮以及其他轻武器。后来，"楚有"舰又加装了3门65毫米速射炮，淘汰了一些老式舰炮，安装了2门37毫米机炮，使得其火力超过了其他"楚"字舰，故成为第二舰队旗舰。

图 3-54 "楚有"炮舰

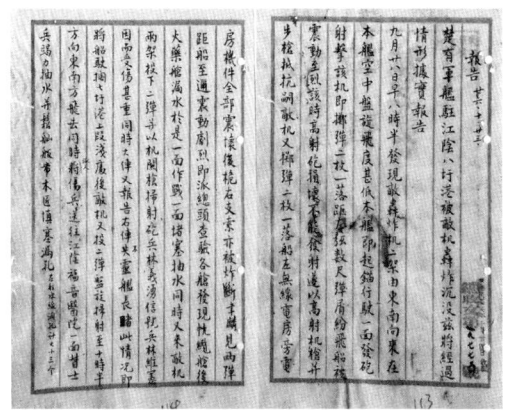

图 3-55 "楚有"炮舰作战报告（图片来源：《海军抗战期间作战经过汇编》）

未停止搜索轰炸。1937年10月2日，"湖鹏"鱼雷艇（图3-56）艇员奉命拆卸"建康"舰的武器等，停泊于龙梢港。7时30分，该艇正准备起锚，2架日机突然来袭，向该艇投弹。该艇艇员用步枪及小炮奋勇抵御，日机越飞越低，连续投弹4枚，分别落于艇的前方及左方，但未造成损伤。少顷，又有4架日机飞来，在高空盘旋，旋即离去。11时许，4架日机又向该艇发动空袭，投弹4枚，落于艇的前方，均未命中。14时30分，该艇奉命驰赴江阴，正准备开航时，突来3架日机，低飞投弹。该艇艇尾被炸进水，鱼雷上士张依法当即阵亡，多名艇员受伤。日机并未放弃，继续投弹多枚，并用机枪扫射，致使该艇首尾均被炸毁，迅速下沉，无法挽救，艇长梁序昭只得率兵离艇

图3-56 "湖鹏"鱼雷艇

（图3-57）。

10月5日，"江宁"炮艇（图3-58）驻泊炮子洲内港大沙江边，9时左右，突来一架日军侦察机，盘旋于该艇上空，该艇用机枪密集射击，日机遁去。9时15分许，日机又来攻击，该艇继续用机枪迎击，迫使日机不敢低飞。随后，又有一架日机飞来，盘旋不肯离去，投下2枚炸弹，落于艇首右侧，入水爆炸，有零星弹片飞入艇中。不多时，该机又投一弹落在艇首附近，入水未炸。该

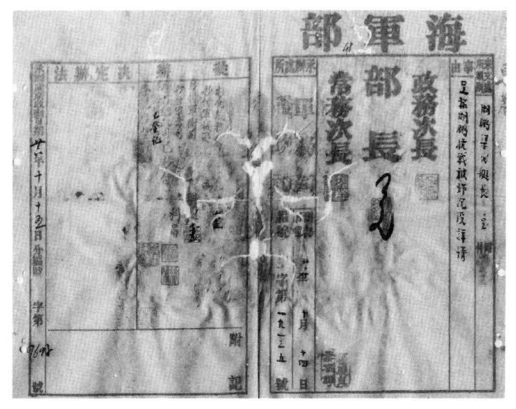

图3-57 "湖鹏"鱼雷艇作战报告（图片来源：《海军抗战期间作战经过汇编》）

图3-58 "江宁"炮艇下水情形

艇官兵义愤填膺，中士陈世惠、高射机枪手陈义震等坚守前、后望台，瞄射准确，开火敏捷。就在这架日机第3次投弹时被高射机枪击中，顿时冒着黑烟向东北方向斜飞而去。此次战斗中发射高射炮炮弹47枚、高射机枪子弹700余枚，取得击落日机一架的战果。艇长郭鸿久料定敌人不会善罢甘休，必会卷土重来，下令所属官兵严加戒备，并于17时起锚下驶，继续防守江阴防线。次日3时30分，3架日轰炸机低飞，直奔"江宁"艇而来。郭鸿久立即下令炮兵密集射击，日机仓皇升入高空，在高射炮射程之外投下2枚重磅炸弹，在艇的左侧入水爆炸，响声震天。"江宁"艇艇身受到猛烈震荡，向左倾斜。日机又投一弹，落于艇的右侧，艇身由左而右倾斜，横飞的弹片将该艇的机舱门窗玻璃及铁盖击坏，锅炉汽管也被震断，蒸汽往上直升。舢板也震成碎片，顺流而下。日机趁机加强攻势，又连续投弹12枚，并用机枪反复扫射6次，致使"江宁"艇水线上下被炸穿、射穿大小洞孔无数，密如蜂窝。有多人受伤，一枚子弹从艇长耳边飞过，险些命中。日机停止轰炸后，郭鸿久下令拆卸机枪，搬运枪支弹药，并令轮机副军士长打开平安汽塞门，释放余汽。正在紧张工作之时，6架日机再次飞来，投弹后匆忙离去，幸无损失。7日凌晨，2架日机继续对该艇实施攻击，该艇终因受伤过重而沉没（图3-59）。

10月3日11时，"湖鹗"鱼雷艇（图3-60）奉命由南京开往江阴，19时到达，奉派在夜间及浓雾时在江面巡逻，凌晨开赴

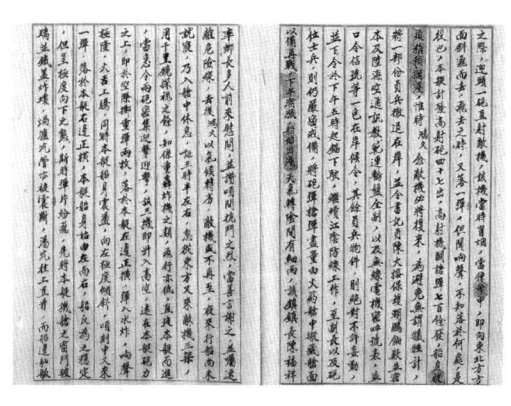

图3-59 "江宁"炮艇作战报告（图片来源：《海军抗战期间作战经过汇编》）

图 3-60 "湖鹗"鱼雷艇

六圩港停泊。5 日 18 时许，4 架日机飞向该艇，用机枪低空扫射。该艇机舱面顿时被洞穿多处，弹痕累累。该艇奉命驶向上游，寻觅"江宁"艇踪迹。7 日 8 时左右，2 架日机来袭，该艇官兵用机枪猛烈射击，将日机逼退。8 日 13 时许，2 架日侦察机在该艇上空盘旋，17 时又有 6 架日机分 3 队夹击该艇，先用机枪扫射，后投弹轰炸，半数炸弹落于艇首近侧，造成该艇前段及水线铁板被洞穿 10 余孔，士兵舱、前炉舱进水，无法堵漏。有一枚炸弹在离艇的左舷 30 多厘米处爆炸，艇身受到猛烈震荡，烟囱、舢板被洞穿多处。当日机离去后，该艇士兵迅速拆卸、搬运枪械等物资。至当晚 20 时江水涨潮时，该艇各舱全部进水，最终沉没。此次战斗中该艇有 4 人受伤（图 3-61）。

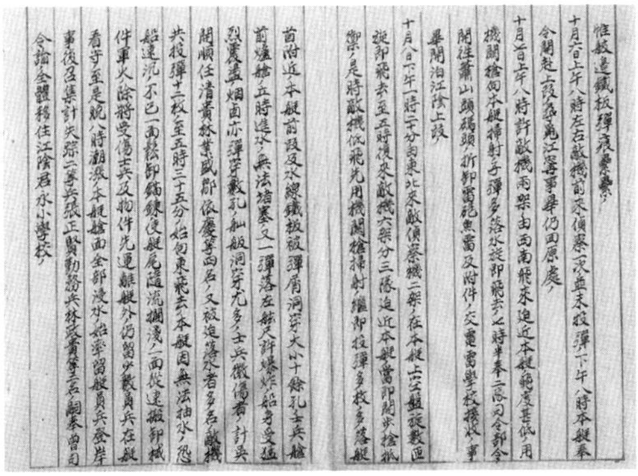

为了减少不必要的牺牲，电雷学校的防御力极弱的鱼雷快艇于 9 月底分散停泊于江阴上下各港汊，"文天祥"中队的"文 88"艇奉命移泊江北四墩子小港，单独驻守。在转

图 3-61 "湖鹗"鱼雷艇作战报告（图片来源：《海军抗战期间作战经过汇编》）

移过程中,"史可法"中队的"史34"艇被4架日机追踪,受到轮番轰炸,最后着火燃烧,沉入夏港江中,包括艇长姜翔翱在内的全艇官兵无一生还。与此同时,"史181"艇攻击一艘上驶的日舰时被日舰炮火击伤。上海失陷后,各快艇中队陆续上驶,有些参加了南京保卫战。

在被炸沉没的舰艇中,牺牲最悲壮的当数"应瑞"舰。该舰在第二舰队接防后,海军部命其驻防大通。1937年10月10日,该舰开至南京采石矶拆卸炮械,用于巩固岸上炮台。23日9时20分,空袭警报突然响起,"应瑞"舰立即做好战斗准备。9时30分,7架日机逼近并投下10枚炸弹,但由于"应瑞"舰上高射机枪的猛烈射击,炸弹全部落入水中。日机不甘心,折返俯冲投弹并扫射,"应瑞"舰左前煤舱先中一弹,前望台右侧油渣柜也被炸起火,正当舰员奋力扑救之时,保身台前向及其左侧又中两弹,炸透下舱,弹片横飞,火焰冲天,锚机、传钟并舵齿轮同时被震坏,电灯机及总保险线也被震断,右前段随即进水。"应瑞"舰官兵奋不顾身,一面继续抵抗,一面堵塞漏水的地方,但情势越发危急,前望台左侧及右前段又各中一弹,总水管破裂,救火遭遇困难,导致火势越来越大,虽用手摇水龙抢救,并由"甘露"舰派舰员前来支援,大火依然无法扑灭,逐渐向前弹药舱蔓延。此时,3架日机仍然在上空盘旋,伺机攻击。战至下午,火势逐渐减弱,而舰舱进水加剧,舰身开始向右倾斜。17时30分左右,"应瑞"舰沉没。此次作战中"应瑞"舰全体将士英勇抗敌,损失惨重,有17人阵亡(图3-62、图3-63、图3-64)、59人受伤。

图3-62 牺牲的"应瑞"舰枪炮官赵秉献

1937年10月13日,"绥宁"炮艇在十二

图 3-63 牺牲的"应瑞"舰鱼雷官许仁镐

图 3-64 牺牲的"应瑞"舰帆缆军士长谢如藻

"应瑞"舰

1909 年,海军大臣载洵和萨镇冰赴欧洲考察海军,在英国威克斯造船厂订造了两艘巡洋舰,命名为"应瑞"和"肇和"。"应瑞"舰(图 3-65)造价 20.4 万英镑,"肇和"舰造价 21 万英镑,1911 年两舰完工,1913 年驶来中国,被编入北洋政府海军的练习舰队。"应瑞"舰长 100.6 米,宽 12.8 米,吃水 4.6 米,排水量 2460 吨,最高航速 20 节。舰上装备有 6 英寸(152.4 毫米)主炮、4 英寸(101.6 毫米)炮、3 英寸炮、47 毫米炮、40 毫米高射炮、37 毫米炮、18 英寸鱼雷发射管等武器,舰员 274 人。1917 年,孙中山发起护法运动,"应瑞"舰曾奉海军总司令程璧光之命护送孙中山南下广东。随后,"应瑞"舰作为北洋政府海军主力舰参加了直奉战争和直皖战争,舰长先后由杨树庄、陈绍宽等担任。1928 年 12 月,"应瑞"舰被编入国民政府海军练习舰队,直到全面抗战爆发。"应瑞"舰在江阴阻塞线对空作战第二阶段中表现英勇,最终被炸沉没,为抗战付出巨大牺牲(图 3-66)。"应瑞"舰沉没后,经日方打捞成为日军战利品。

圩驻防(图 3-67)。10 时,3 架日军水上飞机来袭,该艇开炮迎击,日机冒着炮火连投数弹,继而又用机枪扫射,旋即离去。当时,有一枚炸弹击中该艇,穿过左舷板进入机舱天窗盖爆炸,舵机、主力机、抽水机、电机及各部汽管均被炸毁。还有一枚炸弹落于艇首锚链附近爆炸,

图 3-65 "应瑞"舰

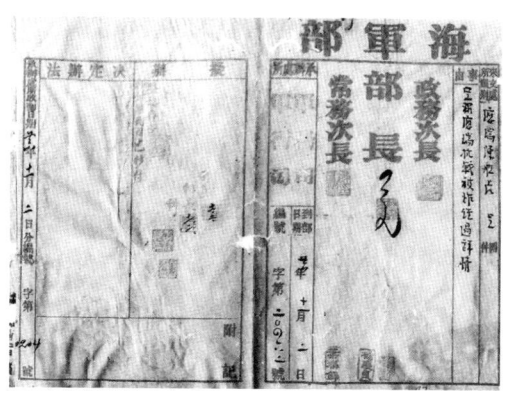

图 3-66 "应瑞"舰作战报告（图片来源：《海军抗战期间作战经过汇编》）

图 3-67 "绥宁"炮艇

击穿两舷多处，穿过士兵舱、帆缆舱、料件舱、行李舱引起燃烧，火势凶猛，水龙又被炸坏而无法救火。虽然该艇官兵急用桶装水从士兵舱及舱面的火药舱风袋口灌入，但杯水车薪，难以奏效。适逢"平海"舰舰员携带家具来艇，加入抢救，使弹药免于全部爆炸。但舱内的步枪、五金料件以及官兵物件等化为灰烬。13时，大火刚扑灭，12架日机又袭来，其中2架日机各投1弹于艇首近侧，造成该艇首段甲板驾驶房、无线电房着火，首炮亦遭焚毁。艇员极力抢救，用细沙掩扑，均无效，只能设法防范舱口，避免殃及后段。最终经反复浇水，始将大火扑灭，使艇免于沉没。此次作战中勤务兵郑新民阵亡，轮机下士赵日灿等 10 余人受伤（图 3-68）。该艇经拖往武汉修理后复航。

就在江阴阻塞线面临着巨大压力之时，国民政府决定在镇江要塞再建一条阻塞线。可是，由于战情变化，这条阻塞线最终未能建成。海军舰艇部队实力的不断削弱以及建立镇江阻塞线的失败，越发凸显出江阴要塞的重要作用。可是，南京防卫告急，炮台需要加强，江防总司令刘兴决定将要塞部分海军炮调往南京，除留下 4 门 120 毫米炮装设于巫山炮台外，其余 1 门 150 毫米炮、4 门 120 毫米炮、11 门小口径炮均由曾以鼎派军舰运抵镇江，由镇江运至南京，以供防卫使用。这样就使江阴要塞（图 3-69、图 3-70）的火力进一步削弱。

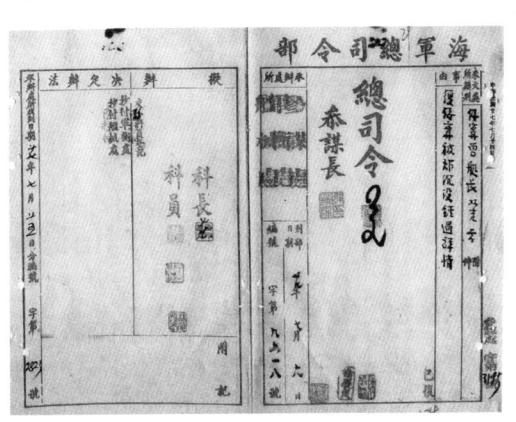

图 3-68 "绥宁"炮艇作战报告（图片来源：《海军抗战期间作战经过汇编》）

1937 年 11 月 26 日，中国陆军放弃锡澄线，江阴要塞陷入孤立，此时长江南岸的中国守军有第一〇三师、第一一二师及要塞守备队等，其周围山地为天然坚固阵地。但限

图 3-69 江阴要塞旧址 1（照片由纪向民先生提供）

第三章 长江下游袭击战和对空战 109

图3-70 江阴要塞旧址2（照片由纪向民先生提供）

于兵力，守军只使用前进阵地，主阵地则选在要塞及城厢附近。刘兴下达命令，要求江防军以主力固守江阴要塞，以一部警备江岸，施行持久抵抗，以保长江门户。要塞部队要严整备战，构成江上火力阻塞线，制压敌舰的动作，尤须对陆正面准备火力，支援陆军作战。江防部队须以鱼雷快艇袭击敌舰，妨害敌舰活动，掩护地区。28日，日军先头部队由青阳镇方向对南闸镇、花山等外围前进阵地发起攻击，遭到中国守军的阻击而败退。29日、30日，日军继续猛攻并夺下外围阵地，随后又向本阵地发起攻击。12月1日，日军冲破本阵地。为保存实力，中国守军决定放弃要塞。当夜，刘兴奉命放弃江阴要塞，向镇江方向转移，中国海军支持至3日22时许，在所有部队安全离澄后也随即后撤，转移防地。

江阴区江防司令欧阳格率部撤出防地后，仍留下部分士兵看守阻塞线上的水雷，事后据欧阳格转述留守士兵归队后的报告称：12月2日午后，4艘日舰上驶，触发水雷，只有1艘返回；5日午后，1艘日舰触雷未返；8日午前，1艘日军汽艇触雷沉没，午后又有7艘铁驳船满载日军士兵到达布雷位置，留守中国士兵立即激发两排水雷（12枚），似有炸毁日军船只模样，日船仓皇退返。这说明电雷学校所布水雷在阻塞线上持续发挥了作用。

在江阴要塞即将陷落之时，欧阳格奉命将电雷学校及鱼雷艇大队一部陆续后撤，上驶湖口、九江一带，一部分开至鄱阳湖畔星子县，同时将"文天祥"中队留下参加南京保卫战。欧阳格与参谋长徐师丹、参谋杨维智及司令部警卫等10余人从江阴突围过江，步行到达南京，在下关中国银行内设立了司令部。"文天祥"中队各艇则从各港口返回黄山港集中，继而连夜开赴南京。

"文天祥"中队拥有4艘英制鱼雷快艇，编号分别为"文171""文42""文93""文88"，中队长由刘功棣兼任。每艘鱼雷快艇配有2枚直径450毫米鱼雷（尾槽发射式）、2枚深水炸弹、4挺高射机枪。它们到达南京后，停泊于草鞋峡三台洞附近江边，用树枝、芦苇隐蔽伪装，防止汉奸引导日军轰炸破坏。

另外，从江阴要塞转移到南京的海军舰炮中有4门安装于划子口、2门安装于小金庄，它们都发挥了重要作用。12月12日，划子口海军舰炮及乌龙山一带备炮向4艘日舰射击，其中1艘日舰的前桅及望台被毁，其余亦均受伤。13日，9艘日舰遭划子口海军舰炮射击，当即击伤2艘、击沉1艘（或被水雷炸沉），3门海军舰炮被击毁（图3-71、图3-72、图3-73）。

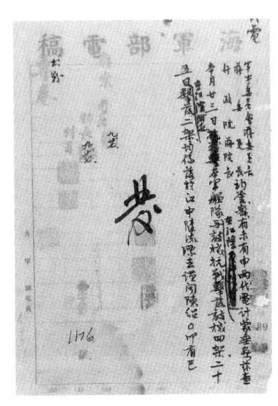

图3-71 海军部江阴作战报告1（图片来源：《海军抗战期间作战经过汇编》）

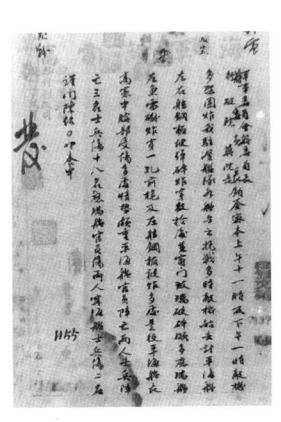

图3-72 海军部江阴作战报告2（图片来源：《海军抗战期间作战经过汇编》）

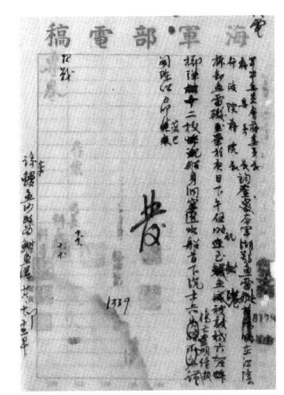

图3-73 海军部江阴作战报告3（图片来源：《海军抗战期间作战经过汇编》）

三、日军打通江阴阻塞线

江阴阻塞线阻挡了日军舰队进攻南京的水路，日军在占领江阴之前就做好了打通阻塞线的准备。为适应内河作战需要，1937年11月上旬，日本海军与陆军协同破坏长江障碍物，再攻江阴，其目的是占领南京。11月20日，长谷川清下令将海军江上舰艇进行重新配备：第一警戒部队（第十一战队、"严岛"舰）配置于黄浦江，第二警戒部队（第三水雷战队、第十一水雷队、第十一扫雷队）配置于七了口上游，第三警戒部队（第十二战队）配置于七了口下游，第四警戒部队（特设炮艇队、"小鹰"舰）配置于太湖方面的内河。随着陆军作战的进展，日本海军突破江阴阻塞线，打通水路，与陆军协同攻略南京的心情更加迫切。25日，长谷川清迫不及待地再次下达命令，派出第二警戒部队全部，第十一战队2艘驱逐舰、1艘炮舰，第一港务部4艘拖船，以及"出云"舰扫雷员等，做好打通江阴航路的准备。29日，长谷川清第三次下达命令，让第二警戒部队打通江阴附近航路。接到命令后，"莲"舰舰长指挥的扫雷艇队于29日午后略扫古柏交叉口部分航道。30日，当第一水雷队司令指挥的上游警戒队正在以第一水雷队"莲""梅"两舰以及4艘扫雷拖船打通交叉口上游航路时，受到来自巫山、萧山炮台的炮击。交战约1小时，日舰发射炮弹100多枚，巫山炮台虽已失去作用，但萧山中国守军的火炮射程远大于日军，迫使日军暂时退避。此时，日军已经能从舰上望见江阴阻塞线了。

12月1日，日军为夺取江阴城，在城东要塞与中国军队展开激战。根据作战形势，长谷川清对日本海军部队序列及负责地域再次进行调整：加强了第一警戒部队的力量，将第十一战队、第二扫雷队、第三扫雷队、第二十四驱逐队等全部归其指挥，负责吴淞口上游长江江段；第二警戒部队负责吴淞口下游及华中沿海。同时，任命第三水雷战队司令官近藤英次郎少将为第十一战队司令官，并指挥第一警戒部队，以"安宅"舰为旗舰。近藤英次郎上任当日就接到"中国方面舰队应与陆军协力攻略南京"的大海令，立即指挥部队开始行动。日本海军陆战队则在江阴江岸登陆，担任警戒。

由于此时巫山炮台等还在中国军队手中，12月2日和3日，日军派出军舰和扫雷船小心翼翼地接近阻塞线，进行试探性扫雷，直到4日确定江阴要塞被占领后，日海军"保津"舰才载着陆战队于10时55分临时泊于巫山东北约1海里处，陆战队在此登陆，向巫山炮台靠近，一面处置控制水雷用的电缆，一面和陆军取得联系。与此同时，"栗""栂""莲"等舰到达巫山以北2海里附近，与"保津"舰协同掩护陆战队登陆。

日陆战队登陆后，在"保津"舰舰长上田光治率领下，扫雷队实施了对福姜沙港水路的清扫，并设置了航路标志。为了进一步试探航路，上田光治亲自乘坐小艇于12时15分自江阴阻塞线南端和陆岸之间穿过，首次突破阻塞线，进入阻塞线以内，发现了搁浅的中国"宁海"舰，上田光治命令士兵登上该舰残体，不料遭到岸上中国守军阵地机枪的射击，一名日军当即中弹受伤，上田光治胆战心惊，不顾伤兵在"宁海"舰上挣扎，仓皇逃过阻塞线，回到"保津"舰上。15点20分，上田光治指挥"保津"舰再次越过阻塞线，一面炮击八圩港中国阵地，一面将"宁海"舰后桅杆上的日军伤兵接回，随后匆忙驶回巫山锚地。

12月5日，日军第一警戒部队命警戒队集结于交叉口附近，取掩护疏浚作业态势，以小艇略扫北段水路，以第二十四驱逐队4艘舰艇于11时30分至18时30分进行扫雷，给7个已发现的水雷附上浮标。6日，日军继续扫雷，并派陆战队登陆搜索。

12月7日，日陆军先头部队已进逼至距南京20千米，急需打通长江水路以获得海军支援，近藤英次郎调整了第一警戒部队的序列：前路警戒队与第二扫雷队协力处置水雷及扫清前进道路；"保津"舰、"势多"舰、特别扫雷队在上田光治指挥下清扫阻塞线至江阴之间水路南侧一带；"比良""鸟羽"舰进出江阴附近，清扫江阴下游；第一扫雷队从吴淞赶往江阴阻塞线下游与主队会合。近藤英次郎则亲率"安宅"舰开赴江阴，大有不打通阻塞线誓不罢休之势。

12月8日9时22分，长谷川清命令近藤英次郎："第一警戒部队应迅速打通到达南京的水路。"近藤英次郎遂令第二扫雷队自古柏沙洲向西方扫雷，又循北水道南方水路扫雷，并清扫了巫山、孤山连接线以东福姜沙北岸的水路。第一扫雷队则奉命首先突破闸门，继而清扫其上游附近的主队泊地。闸门江底有很多障碍物，扫雷索被切断4次，勉强将闸门上游至入口处扫完。14时15分，第一扫雷队又奉命与"江风""比良""势多"等舰一起打通了由江阴到三江营的水路。

12月9日，随着日陆军部队迫近镇江和南京，第一警戒部队决定向南京警戒前进。近藤英次郎率领"安宅"舰进出三江营，前路警戒部队由第二十四驱逐队的"山风""海风"两舰担任，向导警戒由"保津"舰及第一扫雷队第三小队担任，扫雷部队与"坚田"舰协力清扫北水道，并负责打通由该水路至阻塞线闸门的水路，其余各舰继续执行昨日的作业。在作业过程中，第二扫雷队的"间宫丸""天盐丸""雄基丸"3舰继续对北方水面实施扫雷，不料"雄基丸"舰在距巫山约4200米处触雷沉没。在该舰附近，依然有浮流水雷，日军不得不暂停扫雷行动。

从12月11日开始，第一警戒部队暂时放弃在江阴阻塞线的扫雷行动，溯江驶往上游，以配合日军进攻南京。13日，南京陷落。此后，日本海军展开了对江阴阻塞线的长时间清理。日军动用1000多名潜水、打捞人员昼夜不停地清扫水雷和水底障碍物，清除阻塞线上的沉船（图3-74、图3-75）。直到1938年2月，日军才打开一个较大缺口，勉强通过吃水较深的舰船。而清理、打捞行动又持续了很长时间，日军为此也付出了沉重代价。3月22日，桂林《救亡日报》报道了日军在破坏阻塞线过程中遭遇水雷爆炸的消息："敌舰两艘，九日到天生港强拉民夫百余名，开至江阴企图将该处封锁线破坏，正工作时，因触发水雷，轰

图 3-74 日军清除沉于阻塞线的船只

图 3-75 日军拆除阻塞线上的沉船

然爆炸，敌舰艇全覆，敌水手及民夫炸死六十余名，所有尸身，十一日打捞运回天生港火葬，破坏工作亦告停顿。"即便如此，要想使江阴阻塞线江面畅通如初也已是梦想。

江阴阻塞线从建立到失守，倾注了中国海军难以估量的心血与代价，最终依然未能挡住日本海军溯江西上的步伐。然而，江阴阻塞线的建立是中国海军在当时薄弱的海权思维环境中，中日海军存在巨大实力差距的前提下，能够协同陆军实现作战意图的最好方法，尽管无奈，却是必需的举措。

新中国成立后清理江阴阻塞线沉船情况

　　出于长江航道安全的考虑，1951年3月，江阴要塞司令部率领上海吴淞和江阴的打捞工人对江阴阻塞线沉船进行了一个多月的打捞，捞获、拆卸铁板等物品80余吨。1953年冬，中国人民打捞公司奉命前往阻塞线，拉开了江阴沉船打捞和清航工作的序幕，成功捞起150吨"吉安"铁质趸船和"华富"货轮的船体，使航道扩展了400米。1956年冬，又打捞出沉于靖江罗家桥港的"万宰"货轮。1958—1960年，上海打捞工程局成立江阴沉船打捞指挥部，集中大批人力、物力和主要打捞工程船舶前往江阴进行清航打捞，先后捞起货轮、客轮、趸船以及轻巡洋舰、炮舰等28艘。1964年夏，为开辟长江石油运输航线，交通部北方区海运管理局下达了对江阴地区残余沉船、沉舰进行测量和打捞的任务，要求该地区航道水深在最低潮位时达到12米，凡不足12米（如有沉船或其他障碍物）的，均应在1965年4月前清除完毕。1964年9月初，上海打捞工程局赴江阴进行扫测，共扫测河床76万平方米，测得沉船的各种数据，各船最高点离水面距离为8.28~13.01米。上海打捞工程局派出由4艘工程船和1艘拖轮、1艘交通艇、2艘辅助船组成的作业船队，于10月中旬分3批抵达江阴工地。另外，增调"潜水技术训练班"的132名教职员、学员充实到施工队伍，还抽调31名机关干部由局领导带领赴现场支援。经两个多月的连续施工，先后捞起趸船、货轮、军舰共6艘，基本结束了早期对江阴阻塞线沉船、沉舰的清航打捞工作。除此之外，在江阴对空作战中沉没的军舰也分别在20世纪五六十年代由上海打捞工程局打捞出水。

第四章
长江中游要塞战和布雷战

  江阴阻塞线的建立不仅扰乱了日军水陆协同进攻南京的计划,而且迟滞了日军西进的行动,造成日军仅在淞沪会战和南京战役中就耗费了4个月的时间,使其"三个月灭亡中国"的狂妄梦想破灭。1937年12月,中国军队撤出南京,中国海军也沿长江西撤。此后,以保卫武汉为目的的阻塞战、要塞战、布雷战拉开了帷幕,长江抗战进入第二阶段。这一阶段,日本陆海军试图水陆并进溯江而上,一举占领武汉,与沿京汉线南下的日军会合。中国海军为打乱日军作战计划,重整旗鼓,积极筹划后续作战,以配合陆军实现国民政府的消耗日军、阻断其长江航线、保卫武汉的战略意图。中国海军的具体战术指导原则和作战任务是:发挥要塞炮队威力,配合布雷作战,阻遏日舰西犯,争取时间,保卫武汉。于是,在近800千米的战线上,中国海军节节抵抗,与日军展开了殊死搏斗。

第一节 长江中游的抗战筹划与部署

南京失守，国民政府迁至汉口（图4-1）。日军占领南京后，决定以攻略汉口为目标，将第三、第六、第十、第十三、第十六师团配置于江北，将第九、第二十七、第一〇一、第一〇六师团配置于江南，将"波田支队"（原为参加上海作战的"重藤支队"，1937年底赴台湾附近集结待命。1938年2月22日，奉命归属华中派遣军，指挥官是波田重一）配置在长江正面，使其与海军协力，从江上或江南岸溯江进击。日本海军的任务十分明确，即控制长江，以确保军队和军需品的运输及完成对汉口的攻略。

国民政府对日军夺取武汉的战略意图早已知晓。1937年12月，军

图4-1 1938年的汉口

事委员会拟订了第三期作战计划，明确规定要增强湖口以西、武汉以东各要塞的防御力量，由江防总司令统一指挥。1938年初，国民政府在武汉召开了第一届国民参政会，通过了《抗战建国纲领》，准备持久作战。6月8日，军事委员会军令部制订了《保卫武汉作战计划》，规定了各陆军部队的作战"方针""指导要领"等，蒋介石对这一计划并不满意，他特别指出计划中对海军舰艇的应用没有给予充分注意，指示要特加补正。他要求必须将中国现有大小舰艇与各地方之水巡队、电雷学校、军政部所属各大小船舶计算在内，切实统计，做完整之计划。他还指示白崇禧负责办理陆军与海军协同事宜。6月，军事委员会对正面战场的部队进行了重新部署，成立了第九战区，任命陈诚为司令长官兼武汉卫戍总司令，担任保卫武汉的任务。空军集中于汉口和南昌担负防空任务，海军各部队则部署于长江中游，配合陆军担负水面及要塞防务。7月，蒋介石召集保卫武汉的各部队将领训话，强调保卫武汉的重要性，要求死守武汉。9月，陈诚拟定了武汉会战的方针和策略指导，认为总的作战指导方针依然是持久战与消耗战。军事上要阻止日军利用舰艇及快速部队溯江西上，直接威胁武汉。要求第五、第九战区的沿江部队必须绝对固守阵地，其部队配置及江防阻塞要步步为营、节节抵抗，以短小空间换取长大时间。

长江中游的抗战筹划，尽管没有像长江下游的筹划那样耗费心思，但也早已被纳入国民政府的考虑之中，主要体现在要塞规划和建设方面。1933年2月，国民政府明令：长江沿岸各要塞，如马当、田家镇、武穴等处，必须构筑防御工事。1936年以后，鉴于中日战争不可避免，长江各要塞的作用更加突出，国民政府要求编写工事建设计划。全面抗战爆发后，长江沿岸的要塞建设更成为国民政府关注的重大问题，不仅要求构筑工事，而且要求阻塞江面。蒋介石给军事委员会第一部部长黄绍竑下达手令，要求镇江、采石、马当、田家镇各处江防与阻塞应从速着手，并限期完成。1938年3月，他在给军令部部长徐永昌的手令中进一步强调，马当、湖口、九江、田家镇防务特别重要，其工事与炮位以及部队防务应由军令部特别督促布置勿误。

在国民政府关照下，海军总司令部紧紧围绕固守长江要塞展开筹划和实施。陈绍宽将要塞区划分为4个，即马当区、湖口区、田家镇区和葛店区，同时把下一期作战任务确定为保卫荆河、川江和洞庭湖。在4个要塞区中，海军配设了若干要塞阵地，安装了若干门120毫米舰炮，射程可达14500米。自大通至汉口266海里长的水道中布设了143个水雷区，每一个水雷区划成数道敷设线。平均每海里有2道水雷敷设线，每道水雷敷设线平均设置10枚水雷。另在马当江面构成一道沉船阻塞线。战事发生后，海军各布雷队又冒着日军的炮火，百余次抢布水雷。

海军在川江建立的要塞区安装有舰炮和其他要塞炮。荆江为川江前卫，川江系重庆门户，故自荆江至宜昌江面设置了60个水雷区，有200多道水雷敷设线、5000余枚水雷。

对于中国守军的沿江部署，日军心有余悸，因为在长江下游日军已经尝到阻塞线的苦头，故事先制订了预案。日本海军认为，虽然中国海军舰船几乎被日本海军破坏殆尽，长江和中国沿海的制江、制海权都掌握在日本海军手中，但根据过去溯江进攻南京的教训，以及根据对南京上游的侦察及谍报判断，这次溯江到汉口的作战将极其困难。首先，中国守军可能继续利用沉船等办法堵塞长江航路，而且在阻塞线上将设置锚雷、沉底雷、漂雷等各种水雷；其次，中国守军可能利用长江两岸险要的地形设置坚固的要塞和无数炮台封锁长江。为此，日本海军须动用各种军舰，预先疏浚水路，摧毁要塞炮台，支援陆军或陆战队溯江而上及登陆，即实施对攻略部队的输送、护卫和扫荡进路，侦察前进，掩护射击，防空及支援后方等。同时，为了保护陆军大兵团的兵站，对无数往返的军用船只实施护卫、防空、扫荡进路等。

从上述日军溯江作战的预先准备可以预测，未来中国海军的长江抗战将是异常艰难的。

为了打好更加艰苦的抗战，国民政府调兵遣将，对陆、海、空军不断进行重新调整与规划。1937年8月20日，国民政府军事委员会颁布全军战斗序列，任命陈绍宽为海军总司令。1938年1月，海军部裁撤，成立海军总司令部，下辖参谋、军衡、舰械、军需处，以及秘书、副官办公室等机构，陈绍宽任总司令，陈训泳（图4-2）任参谋长，陈季良任第一舰队司令，曾以鼎任第二舰队司令兼江防总司令部副总司令。与此同时，鉴于在第一阶段抗战中海军第一舰队、第二舰队、练习舰队及海军海岸巡防处、海军海道测量局等所属各舰艇大部分已经沉毁，海军于1938年1月决定将海军练习舰队司令部、海军海岸巡防处、海军海道测量局等暂行裁撤，将其余各舰艇分别另行编队："中山""永绩""江元""江贞""楚观""楚谦""楚同""楚泰""甘露""克安""定安""义宁""正宁""长宁""威宁""肃宁""崇宁"

图4-2 陈训泳

等舰艇编入海军第一舰队；"永绥""民生""民权""咸宁""江鲲""江犀""公胜""诚胜""顺胜""义胜""勇胜""仁胜""海宁""抚宁""绥宁""湖鹰""湖隼"等舰艇编入海军第二舰队。

电雷学校的鱼雷快艇大队自最后一批快艇从南京撤离后，陆续上驶至鄱阳湖星子县的姑塘集结待命。一个月后，又奉命撤至武昌的鲇鱼套集结，准备重整再战。

在长江下游作战中成立的太湖、镇江等区的海军炮队西上后进行了整编。1938年1月1日，太湖炮队改组为洞庭炮队，在临湘矶、百螺矶、道人矶、洪家洲等地设立炮台，安装25门舰炮。江阴炮队于江阴失守后集合南京待命，转赴湖口，成立赣鄂区炮队，于马当、湖口、田家镇、葛店成立临时要塞，由海军第二舰队司令曾以鼎兼任赣鄂区炮队总队长，指挥海军各炮队。1938年1月1日，马当炮队成立，安装8门舰炮，以狼山、牛山、鸡公嘴为阵地。1月10日，湖口炮队成立，安装8门舰炮，以太平山、竹鸡山为阵地。上述两炮队于4月移归马当要塞司令部指挥。3月15日，武汉区炮队成立，安装10门舰炮，以黄家矶、白浒山为阵地。5月15日，田家镇炮队成立，安装8门舰炮，以宅山、象山为阵地，后移归田家镇要塞司令部指挥。葛店炮队则移归黄鄂区要塞司令部指挥。武汉失守后，海军又在宜巴区和巴万区组织炮队，设立炮台。

各区炮队所配备的炮台情况大致如下：马当炮台总台长为陈永钦，下辖第一、二、三炮台，装备150毫米和120毫米舰炮。湖口炮台设于太平山、竹鸡山，总台长为邱世忠，下辖第一、二炮台，各装备4门3英寸大炮。田家镇炮台设于长江南北两岸，南岸设有第一、二炮台，总台长为张凤仁，北岸设有第三、四炮台，总台长先为林镜寰，后为彭瀛，再改为陈永钦（原马当炮台总台长）。葛店炮台设有两个总台：第一总台台长为方莹，下辖3个分台；第二总台台长为程嵋贤，下辖2个分台。

武汉失守后，国民政府为全力保卫重庆，在宜巴区和巴万区设立了川江炮台。宜巴区设第一、二总台，第一总台台长为方莹，下辖第一、二炮台及第一至第五分台，第二总台台长为曾冠瀛，下辖第三、四炮台及第六至第九分台。巴万区设第三、四总台，第三总台台长为蒋斌，下辖第五至第七炮台，第四总台台长为张日章，下辖第八至第十炮台。

在抗战中沉没或沉塞各航道舰艇的官兵，除拨归各炮队服务外，另组成特务队。海军特务队是抗战期间成立的海军临时部队，在长江抗战中也发挥了一定作用。1937年8月以后，海军各舰艇先后沉塞江阴阻塞线，官兵在抗战中付出巨大牺牲，除阵亡者外，有千余人离开了自己的舰艇，他们由前线经南京、大通前往岳阳，暂住岳州中学等待重新编队。1938年2月1日，海军总司令部组织这批官兵成立了海军特务队，任命"中山"舰舰长萨师俊兼任队长，原"平海"舰枪炮官姚玙任副队长。队伍成立后，加紧训练，以供战时补充之用。5月，海军特务队由岳阳移驻湘潭，所有伤残官兵分批送至马尾海军抗战士兵休养所疗养，其留队训练的官兵则陆续派补各舰艇及各区炮队缺额，队务遂暂告结束。10月，田家镇、武汉、洞庭等区炮队，田家镇区补充队，水雷视发队，以及被日机炸沉的"永绩""中山""咸宁""海宁"等舰艇官兵，共计843人，先后撤至四川木洞镇，海军总司令部命令驻该镇的海军修械所所长林元铨以上述人员为基础重新筹备编练海军特务队。12月，海军特务队成立，在修械所内附设总队部，任命林元铨兼任总队长，邓则勋兼任副总队长，下辖5个分队，田家镇区补充队及水雷视发队官兵改编为特务第一队，田家镇区炮队官兵改编为特务第二队，"永绩"舰官兵改编为特务第三队，"中山"舰、洞庭区炮队、"海宁"艇官兵改编为特务第四队，武汉区炮队、"咸宁"舰官兵改编为特务第五队，每队各派队长负责管理，分别训练。1939年2月，林元铨辞职，邓则勋暂代队务。3月，邓则勋调充宜万区第一副总台长，任光海兼代特务队总队长。此时，海军特务队官兵分赴各地，担任抗战任务。5月，海军总司令部厘定海军特务队编制，编为8个分队，每分队设1名少校队长,按照各地抗战情况,调派各分队官兵前往执行任务。

海军还组建了防守要塞的守备队。守备队源于驻守山东青岛的海军第三舰队。全面抗战爆发后,国民政府军事委员会编成第五战区,李宗仁任司令长官,韩复榘任副司令长官兼所辖第三集团军总司令,驻青岛等地的海军第三舰队归属该集团军战斗序列,由第三集团军副总司令、青岛市长沈鸿烈指挥。为防止日军从青岛登陆,沈鸿烈与第三舰队司令谢刚哲奉命于1937年12月12日将"同安""永翔""镇海""定海""楚豫"等舰艇上的装备卸下,连同征用的1艘商船一起沉于青岛港和山东威海的刘公岛航道。第三舰队官兵配备舰炮,编成舰炮总队,以海军教导总队队长张楚才兼任总队长,下辖3个大队,分驻薛家岛和大港两炮台,以及市区前海岸山上炮台。此时,防御青岛的海军部队还有海军陆战队2个大队和海军教导总队2个大队。

12月18日,日军发起对山东的总攻。29日,国民政府军事委员会电令第三舰队及其他海军部队撤出青岛。31日,青岛守军全部撤完。随后海军部队分为两部分:一部分是海军陆战队第一大队,在沈鸿烈率领下撤往山东内地,改编为特种兵总队,后属庞炳勋的第三军团指挥,1938年3月以后又划归张自忠的第五十九军指挥;一部分为舰炮总队、海军教导总队和海军陆战队第二大队,在谢刚哲率领下前往武汉,改编为长江江防要塞守备司令部,设在汉口,直属军政部,作战归第九战区指挥。该司令部由原第三舰队司令谢刚哲任司令,原"江利"舰舰长孟宪愚任参谋长,原"同安"舰舰长马崇贤任副官长,原薛家岛炮台台长曹仲周等任参谋,下设3个江防要塞守备总队。第一总队由原"海圻""海琛"两舰官兵编成,总队长由原"海圻"舰舰长唐静海担任,驻防于田家镇和葛店之间;第二总队由原教导总队编成,总队长由原青岛市公安局督察长鲍长义担任,驻防马当;第三总队由原舰炮总队编成,总队长由原"镇海"舰副长、大港炮台台长康肇祥担任，驻防湖口。另外，海军陆战队第二大队随第二总队驻防马当。江防要塞守备总队的任务是配合陆军江防部队、海军炮队防守各要塞。

除第三舰队所属陆战队一部分参加长江抗战外，中央海军所属陆战队也有一部分调往长江进行抗战。中央海军所属陆战队有2个独立旅，每个旅各编制2个团。全面抗战爆发前，第一独立旅已被调往江西，第二独立旅留驻福建。全面抗战爆发后，第一独立旅被调往浔湖一带，扼要防堵。1937年9月，该旅曾派部队保护九江船舶分所。1938年1月，该旅第一团调驻马当，掩护阻塞线及防备日军登陆。2月，旅部及第二团开往彭泽布防，第二团团长何志兴率领队伍担任柘矶要塞试炮警卫。旅长林秉周将该旅列在前线，作战设备益臻周密，特组成两排通信兵，以利于通信。第二独立旅第三团于1937年11月由福建长乐入浙，先后驻扎衢州、金华，担任各项任务。当马当一带防务吃紧时，第三团又奉命转赴江西华阳扼守。湖口防务吃紧时，第一独立旅与第二独立旅第三团一起被调往湖口警备。1938年4月，日军轰炸粤汉铁路，海军总司令部奉令调陆战队第一独立旅及第二独立旅第三团进入湘鄂，接替陆军第一九七师担任粤汉铁路的护路工作，将马当、湖口各处防务交由陆军第五十三师接防。

第二节 马当要塞战

江西省彭泽县马当镇地处长江中游，属长江要隘。长江马当段流沙甚多，冲积成沙洲，将江流一分为二，其左水道为别江，早已淤塞不通，右水道在马当山下，为长江航运孔道，是为马当水道，该处江面狭窄，宽度不足 500 米，水流湍急，地势险要，历来被兵家视为长江天堑、军事要地。1933 年，国民政府在此设立了马当要塞，筑有江防工事（图 4-3）。马当要塞位于长江南岸，东为香河，香山与河西的藏山对峙。香河入长江之口为香口，隔江对岸为华阳。香口镇在香河东岸，位于香山之麓，香湖公路自香口镇过桥西行可通马当。香河以东为山岳地带。香河北通长江，南接太白湖。1937 年 12 月，国民政府军事委

图 4-3 马当要塞旧址

员会为确保武汉安全，决定加固马当要塞，在此建立沉船阻塞线，并布设水雷封锁要道，派出舰艇协同防御。为此，国民政府成立了长江阻塞委员会，专门负责马当要塞阻塞工程的设计与施工。另外，江西省政府成立了江防委员会，协助开展阻塞工程的后勤工作。

马当阻塞线设在距马当镇 4 千米的马当水道，这里距彭泽县 15 千米，距九江 40 千米。刘嘉曾任江西省财政厅会计专员兼江防委员会财务组总干事，他对马当阻塞线的建立十分熟悉，他回忆说："长江阻塞委员会设在汉口，为了马当阻塞线的工程施工，在马当工地设临时工程处，由黄河水利委员会工程处处长刘秉忠主持，设工程师 3 人，技术员 20 人，其他官佐 70 余人，技工 200 余人和民工 600 余人，负工程的设计和施工责任。"施工中为了避免日机的轰炸和扫射，操作一般都在夜间进行。每当红日西沉、暮色来临的时候，江上灯火齐明，映照周围超过 5 千米。

工程任务紧急，工人投入战斗，紧张繁忙，倍感辛劳。""此工程是在江心里横贯两岸构筑一拦河坝式的阻塞线。为了水上交通不致中断，在南岸留下一仅可通过一只船的缺口，使船在航标的指引下，能照常航行。到了战况紧急时，再加以堵塞。阻塞线两岸山峰险要处设有碉堡和炮台，水陆两相配合，形成了一个巩固的防御阵地。"刘嘉还说，阻塞线的工程经过两次施工才完成。第一次施工分上、中、下3层，用铅丝构成大网，内铺柳枝和乱石，拌水泥凝固，逐段投入江中，然后绕以铅丝缆和苎麻靿，使之紧密连接，并在上游处用铁锚拉住，在下游处用大木桩打入江底，以期不被水流冲击所撼动。同时，用大型铁锚和大块乱石放置在大帆船和铁驳里，用水泥凝固，以铁锚齿和大石块峰尖作为暗礁，上面布有水雷。第二次施工是在第一次施工基础上加筑乱石层，向三北公司等征购几艘大铁驳轮，内装乱石拌水泥凝固，然后凿穿，沉在水底，船面装设暗礁，并布设水雷。1937年12月25日，马当封锁工事完成。阻塞线建成之后，海军在其下游敷设了3个水雷区。1938年6月4日，海军开始在马当江面布雷，先后共布设了800余枚水雷，使阻塞线更加坚固。同时，海军派出"宁"字、"胜"字炮艇轮流在阻塞线附近梭巡，陈绍宽则随时亲赴前方，指示一切机宜。

如前所述，驻防马当的海军部队主要是江防要塞守备司令部第二总队，该总队辖3个大队，部署在长山阵地实施防御，该阵地联结8个重机枪钢筋水泥掩体。海军陆战队第二大队装备8门日造38式75毫米炮，有一个基数的弹药，以4轮汽车载运，火炮安装于长山南面洼地的遮蔽阵地。另外，第三总队第一大队部署在香口江边一带，以47毫米海军舰炮控制江面，与海军陆战队第二大队一起统归第二总队指挥。

当中国守军构筑马当阻塞线的时候，日军展开了以攻占汉口为目的的溯江作战。1938年初，日军飞机对马当阻塞线附近的中国海军舰艇实施了轰炸。1938年3月27日,海军"义胜"炮艇在奉派巡弋马当阻塞线时突遭3架日机追袭,望台中弹起火,造成了舰艇和人员受损。4月,日舰开始出现在大通、贵池一带,窥探马当要塞(图4-4)。中国海军派人在巷口、羊山矶等地布放定雷、漂雷,于4月14日炸沉2艘日舰。与此同时,日机再次空袭马当要塞,海军炮队第一分台的炮台和人员受损。

6月4日,为加强防御,中国海军又在马当阻塞线前后加布600余枚水雷。此时,日军已表现出急于西上的意图,筹划清除中国军队在长江布设水雷的作战,决定由"八重山"

图4-4 从江面协同攻击马当要塞的日军舰艇

舰充当扫雷母舰,动员各扫雷艇投入作战。9日,日海军派出第十一水雷队及特别陆战队突入大通水道,破坏中国的布雷艇并扫除水雷。当日,第十一水雷队司令率"鹊""鸿""势多""利华""利贸"等舰船和4艘小艇,以及特别陆战队第三中队(欠一个小队),冒着中国守军的炮火,攻击了水雷区、建筑物以及中国舰艇。15日,日海军舰艇开始在东流、马当附近侦察。17日、18日,日海军第二十一水雷队在东流下游布雷区扫雷,并开炮压制两岸的中国守军。在海军的配合下,日陆军越安庆、陷贵池,其铁蹄渐渐迫近马当地区。

6月21日,江面日舰窥探马当防线,因中国海军严加戒备,未敢轻举妄动。岸上日军开始向马当外围阵地逼近。22日,天降大雨,江面10余艘日军汽艇在舰炮掩护下向马当炮台进攻,各台官兵沉着应战,待敌迫近时突发子母弹猛轰,当即击沉3艘日艇,其余日艇仓皇下驶。

岸上日军趁黄昏大雨之际，偷袭南岸香山阵地，中国守军毫无防备，激战一夜，200余名守军几乎全部牺牲。当夜，日军除包围香山守军外，还沿香山阵地、马当公路向长山阵地渗透，与江防守备队第二总队接战，因守备队奋起作战而未得逞。此日，载有日特别陆战队的"利华"舰在茅林洲下游对岸触雷沉没。

6月23日，江面日舰艇载运并掩护"波田支队"自安徽东流进至马当要塞窥察，被中国守军击退，旋又至，对岸上实施炮击。岸上日军变更部署，以小股排为单位，向防守阵地多面进攻，由局部战斗蔓延为全县战斗。同时，日军于拂晓以后派出飞机不断向中国防守阵地轰炸、扫射，日舰也溯江向两岸的中国阵地猛轰，日炮兵则占领香山阵地，掩护其步兵攻击，因而战斗极其激烈。战至中午，双方进入白刃格斗的惨烈阶段，中国守军终将日军打退。午后，日舰炮火越来越猛烈，但遭到炮台火炮的打击而后撤。入夜后，日军大炮还在不断轰击，摧毁了中国守军的部分营舍及工事。

6月24日，江面上9架日机飞抵马当附近，向巡防该处的"威宁"炮艇（图4-5）投弹40余枚，"威宁"艇艇身多处被炸漏水，头目舱着火，艇长李孟元、轮机长傅宗祺均受伤，士兵阵亡3人、伤14人。岸上"波田支队"左翼队乘夜在宗佛山下登陆，拂晓便发起猛攻，攻陷宗佛山、香山后到达香口，致使战斗激烈起来。此时因制空、制江权完全被日军掌握，中国守军仅凭借残缺不全的工事及同仇敌忾的士气与

图4-5 "威宁"炮艇

敌拼战，损失惨重。战至中午，中国守军奉命撤出战斗。

6月25日，江面多艘日驱逐舰在巡洋舰的引导下迫近马当，要塞各炮台向日舰展开猛烈轰击。岸上战斗依然激烈，日军全力发起进攻，与娘娘庙炮台的中国守军激战，日机低空扫射，使中国守军处于敌海、陆、空三面火力包围之中，陷入极端艰苦的境地。正当情况极其危急之际，9架中国空军飞机出现于战场上空，一面迎击日机，一面配合炮台轰击日军水上目标。日机先遁，日舰也中弹受伤，掉头下驶，日军地面部队也受阻。顷刻间，日军攻势大受挫折，中国守军阵地转危为安。由于援兵迟迟不到，中国守军伤亡过大，弹药消耗殆尽，既疲乏又饥饿，战斗力锐减。22时许，日军利用小股部队乘机对指挥部实施偷袭，幸好被中国守军及时发现而予以歼灭。华阳镇方面中国守军因隔江被日军遮断，失去联络，已于当夜先撤退了，马当守军陷入孤军作战的境地。

6月26日，天刚刚亮，日军就向马当大举进攻，陆、海、空协力攻击，声势凶猛，日旗漫山遍野，冲杀之声此起彼伏，是马当防守战打响以来战斗最激烈、死伤最惨重的一天。第二总队队长鲍长义27日给江防要塞守备司令谢刚哲的电报中说："职队已牺牲四分之三，昨晨因敌屡攻屡败，伤亡在二千以上，致羞恼成怒，不顾国际公法，竟施放毒气，我方中毒者极多，敌即乘机以千余人向我包围，致我牺牲极大，各种队长、队副大部均作壮烈牺牲，指挥所亦被包围。斯时，各山遍插日旗，各中队电话均不通，援兵不到。职不得已，率同残余官兵冲围而出。"驻守湖口的第三总队两个大队在总队长康肇祥带领下前来增援，投入激战。第三总队副队长崔重华给谢刚哲的电报中称："第三大队已牺牲三分之二，炮毁四门，合计第一、三两大队共有炮十四门，现仅余七门。……此间给养极端困难，有线电及长途电话均炸断不通。"28日，情况越来越危急，康肇祥发电报称："马当区自与敌接触后，我守备各队苦战三昼夜，弹尽粮绝伤亡惨重，援兵不到，今上午全线不支后退，本军大受影响。"无奈之下，康肇祥率余部撤出马当区。

战至6月30日，坚守马当要塞的中国海军官兵已腹背受敌，处境极其危险。此时，负责指挥马当防守战的马当要塞司令王锡焘见再坚持下去已无意义，便打电话命令海军炮台官兵撤出战斗，官兵们掩埋炮闩后奋勇突围。至此，马当要塞陷落。

马当要塞失陷后，中国军队退守青山坝，继又退守彭泽。日军则在娘娘庙登陆，青山坝日军也沿公路推进。1938年7月1日，中国军队被迫退出彭泽。当日，日海军"三高速"舰在马当附近触雷沉没。2日，中国援军到达，曾一度收复马当的部分阵地，但日舰以猛烈炮火实施轰击，守军无法固守。同时，日军一面巩固已占领的马当、彭泽一线阵地，一面沿公路越过凉亭、徐家渡向湖口进犯。

第三节 湖口要塞战

湖口位于江西省北部，东邻彭泽，南接都昌，北与安徽宿松隔长江相望，因长江与鄱阳湖在此交汇而得名。在军事上，它因地处湖北、安徽、江西三省交界，素有"江湖锁钥，三省通衢"之称，属战略要地。又因它是江西水上北大门，一般也被视为长江中游和下游的分界点。1938年初，国民政府即在此进行防御部署，是继马当之后的第二道封锁线。但由于此处没有沉船阻塞，而水雷封锁又不能过早，所以只能加强炮台建设。湖口炮台的总台辖第一、二台，分设于太平山和竹鸡山，配备4门大炮,炮队有140人,由江防守备队第三总队协防,由海军第二舰队司令曾以鼎坐镇指挥。1938年6月17日,中国海军派舰艇开始在湖口布雷,在短短5天之内布下900余枚水雷,不久又加布了300余枚,使封锁线更加巩固。本来日本海军与陆军"波田支队"订立了作战协定,从水路攻占湖口,然后攻略九江。但由于中国海军雷区的建立并不断加固,日军疏浚航路作业困难,加上中国空军的频繁空袭,迫使"波田支队"放弃由江上进攻,于6月24日改在香口登陆,开始沿江南陆路向湖口进攻,于7月3日到达湖口东马影桥,中国军队抵抗失利,陆续后撤。7月4日,日军进至湖口,中国陆军奉命继续后撤。此时,日军急速前进,逼近炮台,其先头部队虽已进入炮台大炮的射程之内,但江面日舰却始终没有出现。由于炮台所装舰炮系固定炮座,无法转向岸上打击日陆军,造成炮台在陆战中无法发挥作用,情势异常严重。海军炮队急中生智,利用特务兵据守山头,与敌展开山地战。随着日军源源不断地到来,海军的抵抗显得微不足道,虽奋力抗击,但损失严重,炮兵江爱春牺牲,担任指挥作战的陆军总台长赵黼丞失踪,海军陆战队和炮队孤立无援,陷入重围,山头也无法扼守。与此同时,日军出动飞机对炮台实施轰炸,各炮炮位多被炸毁,无力再战。当晚,海军炮台各部拆卸炮闩,突出重围,湖口随之陷落。

湖口失陷,海军有责任,但主要是由于陆军作战不力。湖口失陷后,中国军队并没有放弃在该地区的作战,海军部队充分利用鱼雷快艇的有限战力,不断在湖口一带袭扰日军。1938年6月28日,电雷学校校长欧阳格被治以贪污罪,该校奉军事委员会之令停办,校属鱼雷快艇则移交海军总司令部,海军将12艘鱼雷快艇组建快艇大队部,下辖3个中队:第一中队辖"文42""文88""文93""文171"4艇;第二中队辖"岳22""岳253""岳371"3艇(图4-6);第三中队辖"颜53""颜

图 4-6 "岳"字号鱼雷艇

161""颜 92""颜 164"4 艇;"史 223"艇直属大队部。快艇大队根据地设于湖北蕲春。同时,海军对部分鱼雷快艇进行了紧急修理,以图尽快用于江上作战。7 月 15 日,移交程序全部进行完毕。

新的鱼雷快艇大队编成后,各鱼雷艇分别奉命开赴九江附近与日军作战。1938 年 7 月 9 日,海军发现湖口江面有多艘日中型舰艇。9 月 14 日,海军总司令部密令"文 93"艇向驻泊湖口江面的日舰实施偷袭,该艇冒着日军炮火发射鱼雷,击中日"鸥"炮舰。该舰标准排水量 450 吨,曾在日军攻陷马当、湖口战斗中发挥过重要作用。据日方史料记载,"鸥"舰被击中后当即炸成两截,机舱人员全部毙命。剧烈的爆炸将前后锚链扯断,舰体迅速下沉搁浅。"文 93"艇在炮火中以高速摆脱追射,带伤返航。

7 月 17 日,海军总司令部又派"史 223"和"岳 253"两艇再度夜袭湖口日舰,但中途因陆军辅助工程处所布阻塞网从原位流出,"史 223"艇被缠绞,导致沉没,"岳 253"艇也因此受轻伤。

中国鱼雷快艇的连续出击使日军大感威胁,决定实施报复。1938

年7月21日，日军空袭蕲春附近的鱼雷艇驻泊地，尽管炸弹未直接命中，但巨大的冲击使"文42"和"文88"两艇受损。

1938年8月1日，中国海军获悉数艘日舰已越过九江，企图破坏武穴雷区，海军调派"岳22"和"颜161"两艘鱼雷快艇准备出击两次。正准备出发时，日机突然出现，猛烈轰炸两艇，"岳22"艇被炸沉，"颜161"艇受伤。

以鱼雷快艇袭击的方式在长江中与日舰作战，尽管能够给日军造成威胁，但难以影响战局。因此，军事委员会决定将鱼雷快艇大队改为他用。1938年8月25日，海军总司令部奉令将鱼雷快艇移交第四战区副司令长官余汉谋接收，配属于广东江防司令部。9月初，全部鱼雷艇和鱼雷工厂的设备由火车载运前往广州。9月中旬，海军人员也乘专车自武汉出发，沿平汉路南下广州。广州失陷后，鱼雷艇队随广东江防司令部撤往肇庆，再转往梧州。

在日军进攻湖口的同时，日军的触角也伸向了九江。九江封锁线建立于1937年12月16日，由中国陆海军协同完成。此后，九江的防御部署逐渐形成：第九战区以第一兵团守备九江及鄱阳湖西岸地区，以第二兵团守备九江以西地区并沿长江拒敌。

1938年6月14日，日本海军中国方面舰队司令长官发布攻略九江的作战命令。18日，日本大本营命令海陆军协同伺机占领九江，得手后适时压制其上游。随后，日军便展开行动，开始频繁袭击九江附近目标（图4-7）。

7月1日5时许，中国海军"咸宁"炮舰（图4-8）奉第二舰队司令曾以鼎之命，在九江北港开始布设水雷，布设完成后返回田家镇。当航行至徐家湾时，与"长宁"炮艇同行。8时45分，两舰艇经过火焰山时突遭7架日机空袭，日机俯冲投弹40余枚。"咸宁"舰一边奋力抗击,一边继续上驶。舰长薛家声指挥官兵用高射炮猛烈射击,击落2架日机,但该舰舰首士兵舱中段、机舱左舷被洞穿,头目舱及士兵舱均着火,火势甚猛,蔓延至弹药舱和煤舱,官兵伤亡枕藉。9时10分,日机遁去,该舰驶抵武穴,暂靠日清码头救火、堵漏,并将伤员送往当地普爱医院救护。11时30分,16架日机又来轰炸,投弹60余枚,中国官兵再次付出了巨大牺牲。

图4-7 日舰溯江作战情形

图4-8 "咸宁"炮舰

"咸宁"舰终因舰体中弹太多,与码头船同时沉没。此次战斗中舰长薛家声、副长陈嘉柈均受伤,其余官兵伤亡达60人(图4-9、图4-10)。就在"咸宁"舰遭袭的同时,"长宁"艇也遭攻击。艇上官兵极力抵抗,但艇体中弹漏水,官兵堵塞营救,并继续上驶。到达武穴后,因"咸宁"舰弹药舱起火,该艇暂靠利济码头,分派官兵协助"咸宁"舰抢救。当16架日机继续攻击时,该艇发射炮弹50余枚,但艇

图4-9 牺牲的"咸宁"舰帆缆副军士长郑玉草

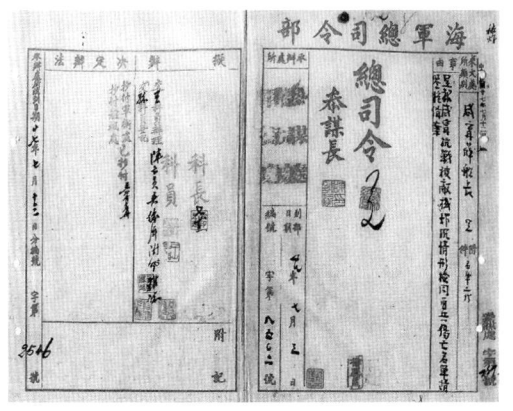

图4-10 "咸宁"炮舰作战报告(图片来源:《海军抗战期间作战经过汇编》)

身左舷遭弹片击伤多处,火药舱、机锅舱、官员舱均进水甚猛,锅炉汽管也受损漏气,抽水机失效,艇长林良缪命令雇轮托搁浅滩,将械弹及无线电机件等尽量拆卸运至岸上,19时50分沉没,艇上官兵伤亡10余人。

从1938年7月中旬开始,日机猛烈轰炸长江沿岸,扫荡鄱阳湖的布雷舰船。7月23日,日军加紧对九江的包抄,"波田支队"突破中国守军阵地,在江西湖口以西的姑塘登陆。25日,日舰猛烈炮击九江(图4-11),继续掩

图4-11 抗战时期的九江

护陆军进攻,另有28艘日舰炮击九江对岸的小池口中国守军阵地,并以70余架飞机掩护海军陆战队4次登陆,均被中国守军击退。次日,日军发动陆、海、空联合进攻,形势更加严峻,中国守军遂转移阵地,退至沙河的既设阵地,九江、小池口先后失陷(图4-12)。

九江的防卫任务主要由陆军担负,对于其失陷的原因,第九战区第二兵团总司令张发奎总结认为:交通线破坏过早,阵地未能预先完成;运输不良,兵站设施欠缺;军纪不良,民众逃亡;联络不确,未能协同;

警戒疏忽；高级将领缺乏自信心，中下级干部多无力掌握部下；等等。

湖口是通往鄱阳湖的咽喉要地，湖口的失陷打开了日军通往鄱阳湖的一扇大门。鄱阳湖位于赣北，它水道纵横密布，赣水、修水、武阳水、昌河、乐安河、饶河及其他小河流均汇合于此。它北至都昌、星子湖口，西至新建、永修，东至浮梁、乐平，南至余干、余江、鹰潭等地，是通往江西重镇南昌乃至

图 4-12 1938年7月26日，日军"波田支队"占领九江

江西腹地的水上交通要道。要防止日军由水路逼近南昌，必须加强鄱阳湖的有效防御。战前，海军调派数艘"宁"字号炮艇装设轨道，改为布雷艇，日夜不停地在马当、湖口、鄱阳湖一带布雷，另调派多艘配有武装的小火轮担任鄱阳湖的湖防。

从1938年6月开始，中国海军陆续在鄱阳湖的兔子山、鲸鱼山、姑塘等处布雷，防止日舰自鄱阳湖西渡匡庐，直取南昌。6月25日14时，天气炎热，"义宁"炮艇（图4-13）于大孤山对岸附近的白浒塘装煤，被日机发现，"义宁"艇立即停止工作，移动锚位。15分钟以后，艇长严传经（图4-14）考虑到当天夜里就要前往马当布雷，遂又命令靠岸继续装煤。工作还未完成时即听见空中飞机声由远而近。严传经立

图 4-13 "义宁"炮艇

图 4-14 严传经

即下令停止装煤,发动汽机,用前、后高射炮做好迎击准备。其他各艇也均准备战斗。不一会儿,9架日机分3队向中国海军舰艇袭来,采取俯冲投弹方式轮番轰炸。"义宁"艇官兵一面对空射击,一面起锚左右旋转。日机先后投弹数十枚,始终没有直接命中。不料,一枚炸弹在"义宁"艇艇尾左舷附近爆炸,弹片飞溅至后段甲板,此时,严传经正在后段指挥作战,不幸中弹阵亡,艇上燃起大火。轮机副军士长汪景瀚正准备救火,也在机舱口中弹牺牲。随后,轮机兵陈在枢以及奋勇搬运炮弹的勤务兵任礼海、杨依雅等先后阵亡。战至17时30分,日机向东方飞去。此次战斗中,"义宁"艇阵亡艇长等官兵7人、负伤8人,艇身被炸弹击穿百余孔,机件损坏严重,不得不拖至汉口修理。

6月29日,"崇宁"(图4-15)、"长宁"两炮艇在鄱阳湖内巡弋时也被日机炸伤。随后,两艇简单修理后即奉命开赴浔田一带,担任防务（图4-16、图4-17）。至于鄱阳湖的防务，海军则调派"海宁"炮艇（图4-18）驰往接替。7月9日，湖口江面出现日2艘小型舰艇，图谋向鄱阳湖入口的姑塘进逼，"海宁"艇闻讯开往吴城附近的丁家山截击，日舰知道中国海军已有防备便旋即离开。14日，日军改为以飞机攻击"海宁"艇。当日晨，"海宁"艇派出官兵会同水警队勘测吴城河道，5时开往警区梭巡，事毕回泊丁家山。9时，2架日机在"海宁"艇上空侦察，随后12架日机赶到，向该艇投弹。该艇发射炮弹13枚、机枪子弹百余枚，迫使日机不敢低飞，炸弹多落在该艇附近。此时，该艇前炮撞针突然折断，不能继续射击，日机趁机疯狂投弹，致使该艇右舷中

图4-15 "崇宁"炮艇

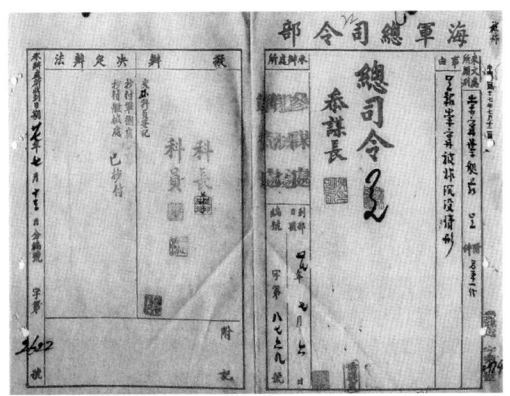

图4-16 "崇宁"炮艇作战报告（图片来源：《海军抗战期间作战经过汇编》）

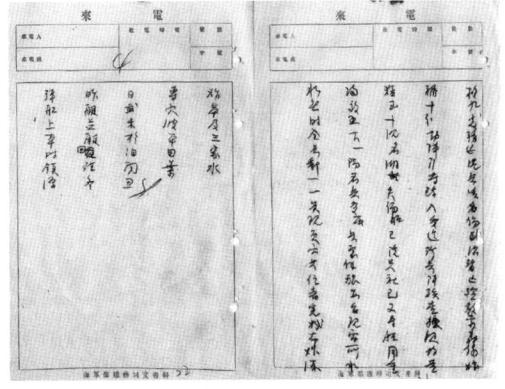

图4-17 "长宁"炮艇作战报告（图片来源：《海军抗战期间作战经过汇编》）

图 4-18 "海宁"炮艇

段水线铁板被炸漏水,主机损坏而不能开动。日机并未停止攻击,又投弹 20 余枚后离去。13 时 30 分,正当"海宁"艇官兵紧张地进行抽水、堵漏,并检查各部机件时,17 架日机又分 3 队轮番向该艇投弹。该艇前望台中弹起火,前段两挺机枪及前炮均被炸毁,各舱迅速进水。此后,日机又投下 50 余枚炸弹后离去。经日机猛烈攻击之后,"海宁"艇搁浅,艇身未完全下沉,向右倾斜超过 10°,经用大号钢绳钳撑岸上才免于翻覆。经查该艇前、后炮炮管及油鼓开放机、瞄准器均被炸坏,前炮炮座上下铁板有无数炸孔,左前水线中一弹,弹孔直径 30 多厘米;前望台中一弹,炸弹落在驾驶房,贯通士兵舱至火药舱口,无线电舱遭焚毁,机锅舱进水。15 日,"海宁"艇奉鄱阳湖警备司令命令,继续对该艇进行堵漏,结果因艇上炸孔太多,施救无效,决定放弃。官兵除将所余 11 枚炮弹、后段损坏的 1 挺机枪运回鄱阳湖警备司令部缴存外,其余军械物件全部付之一炬。此次战斗中,"海宁"艇阵亡 3 人、负伤 5 人(图 4-19)。海军总司令部命令该艇艇长何乃诚以幸存官兵组成布雷队,在鄱阳湖内继续抗战,担任布雷工作,于 9 月间在吴城方面布雷数十枚,以阻止日舰侵入。

7 月 23 日,10 余艘日舰掩护陆军"波田支队"由湖口驶入鄱阳湖鞋山附近，分两路向西岸姑塘以北地区强行登陆，攻陷姑塘。26日，日军攻占九江之后，其海军决定与陆军协力攻略星子城。星子位于鄱阳湖入口处，是鄱阳湖沿岸仅次于湖口的要冲，是实施鄱阳湖作战的主要基地。31日，日本陆、海军签订协定，规定了长江的溯江作战和鄱阳湖上的作战，计划在攻占汉口之前或之后，以陆军一部攻占南昌，为此，除依靠陆路外，还要与海军配合，利用鄱阳湖进攻，航空部队则确保控制鄱阳湖水域（图4-20、图4-21）。8月3日，日海军下达了进攻星子的作战命令。5日，进攻开始。日海军以

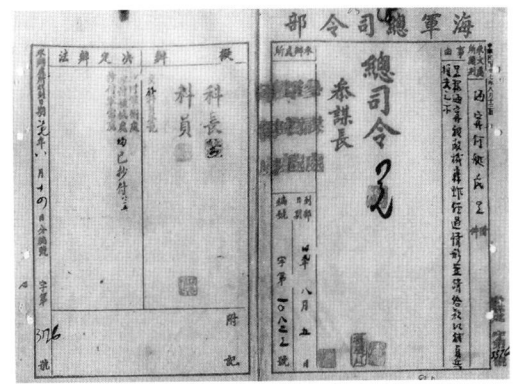

图4-19 "海宁"炮艇作战报告（图片来源：《海军抗战期间作战经过汇编》）

图4-20 日本海军"神威"水上飞机母舰航行在鄱阳湖上

图4-21 日本海军"能登吕"水上飞机母舰航行在鄱阳湖上

疏浚和确保水路为主要任务，在中国守军阵地前强行测量水路和扫雷。日陆军部队从8月20日开始进攻，以步兵2个半大队、炮兵4个中队为基干的"佐藤支队"到达星子郊外，与当晚登陆的海军陆战队一起于21日晨占领星子，从而打开了进入鄱阳湖的通道。

第四节 田家镇要塞战

湖口、九江等地的陷落把田家镇要塞（图4-22）和黄鄂区要塞推到了防御的最前沿。田家镇要塞位于九江上游60千米处的长江北岸，与对岸的半壁山和富池口的永久炮台相依，是鄂东门户、江防要地。这里地处险要，以山锁江，湖泊连接，东北是黄泥湖，西边是沼泽水泊，中间有宽1.5~2千米的丘陵高地，连接要塞腹地，形成天然屏障，是长江上继马当之后的第三道阻塞封锁线。如果日军从正面进攻要塞，即使有精良装备，亦会遭受重大损失。为此，日军占领九江后积极做进攻田家镇的准备（图4-23）。

1938年6月初，军事委员会军令部在《保卫武汉作战计划》中规定了确保田家镇要塞的方针，部署于田家镇要塞外围的是第九战区第

图4-22 田家镇要塞

图 4-23 日本海军第十一水雷队"鸿"水雷艇在长江上

二十九军团,该军团集结于黄梅、广济附近向南作战,直接配置于黄梅、广济南侧湖沼地以及其北侧山地缘线,构筑数道工事,任务是防止日军突进。当日军少量部队登陆时,务必将其歼灭于湖沼地区,并与田家镇要塞部队密切联络,协同作战,不使敌人迂回至要塞背后。第十一集团军第八十四军在浠水附近集结训练,抽出军官指挥民夫在蕲春、巴河市间的江岸各要点及巴河西岸(罗田以南)构筑工事。内线是由第十一军团第二军所辖第九师和第五十七师为主体,第八十六军所辖两个师及第五战区第二军团第二十六军所辖两个师协助之。田家镇要塞司令是蒋必。

负责田家镇对岸的半壁山(图 4-24)守备的是第九战区第三十一集团军第九十八军,其第一九三师布防于东起富池河,西至半壁山以西 5 千米的网湖地区及大冶所属石灰窑,第八十二师布防于半壁山以西的长江南岸。第一九三师第三八五旅(加强旅)以王博丞团的一个营专门监视富池河东岸之敌,阻止其偷渡富池河。由富池口到半壁山有一道堤与网湖相接,堤长不到 3.5 千米,堤宽不到 100 米,以步兵 2 个连构成散兵坑式班防御阵地。因江堤平坦,地面与工事等齐,难免受日

图 4-24 半壁山阵地

军炮弹与炸弹轰击，因而被派遣的部队白天只好潜伏于网湖之中，遇敌舰艇载兵强行登陆时，则出来歼灭之。半壁山对面派步兵2个连阻止日舰破坏水雷线及日陆战队登陆。王博丞团第三营作为预备队。重炮布置于沿半壁山以西的长江南岸，利用半壁山的峭壁用4门火炮纵射敌舰，用2门火炮向田家镇直射。高射机枪2个连散置于重炮阵地，对付日机低空攻击，并由徐佛观团派步兵1个营布防江边，掩护重炮阵地安全。距江岸约600米处有大、小熊山，由徐佛观团派2个营构筑第三道防御阵地，作为纵深配备。高射炮则布置于大、小熊山后。杨昆源团以步兵第五连分布于网湖西岸至间桥之线，以步兵第七连做预备队。第八十二师的部署要点在于严密监视长江北岸日军的行动，临时配备4门山炮、4挺高射机枪。

海军炮台分南北两岸配备，与长江其他要塞明显不同，这是田家镇炮台的一大优点。南岸炮台（称田一总台）位于富池口东的沿岸山地，地势最适宜，目标隐蔽，舰炮炮火或空中轰炸均受死角阻碍，不易遭到攻击。北岸炮台（称田二总台）筑于富池口对面的盘塘沿岸小山上，地势不如南岸险峻，但也不差。盘塘位于武穴上游约10千米，田家镇市集在盘塘上游4千米处。两岸每个总台设两个分台，每个分台配备4门德式155毫米炮，有效射程达7000米，两岸大炮合计16门，官兵197名，实力不弱。此外，海军还有江防要塞守备第一总队驻防富池口，部分海军舰艇也参与防御。

马当失守后，田家镇的地位更加重要，军事委员会明确指示各部队，田家镇要塞乃我大别山脉及赣北主阵地之锁钥，第五、第九战区会战之枢轴，亦武汉最后之屏障，必须严密防守。因此，陆海军都十分重视此地的防御。

为了加强要塞防御，不使日军从水上威胁陆上中国守军的背后，

1938年6月29日，海军开始在田家镇南岸航道敷设水雷。7月13日，中国海军将田家镇、半壁山之间，蕲春、岚头矶之间，黄石港、石灰窑之间，黄冈、鄂城之间划为4个布雷区，各区附近分别划补多个辅助雷区，加紧布设水雷。经过3个月的努力，共布放水雷1500余枚，建成4道水雷封锁线（图4-25）。

鉴于日舰多在二套口、新洲一带活动，尽管九江水域遍布水雷，但海军总司令部依然认为专布固定水雷尚属消极方法，因此决定利用长江水流实行更有效的积极战略，即布放漂雷，对日舰展开游击战，

图4-25 半壁山江面中国海军布设的水雷

以争取主动。8月底，中国海军组建布雷别动队，郑天杰任队长，周仲山任副队长，其任务是布放漂雷。

在布雷过程中，海军各舰艇冒着敌人炮火积极工作。1938年7月2日8时，中国海军"崇宁"炮艇在田家镇执行布雷任务时，2架日机接连向该艇投弹4枚，该艇立即开炮还击。不久，该艇艇首左舷遭弹片击伤进水，官兵立即抽水、堵漏，同时艇首炮及无线电机均被炸坏。14时，又有6架日机连续向该艇投弹12枚，使该艇左右舷水线上下被弹片击伤多处，破洞处大量进水。艇长叶水源命令搁浅，继续堵漏。3日9时，5架日机投燃烧弹10余枚，该艇机舱、艇首均中弹起火，主机亦被炸坏。正在抢救之时，3架日机接续投弹数枚，一弹击中该艇锅炉舱，引起大火。官兵一面继续营救，一面尽量抢运枪械、弹药及无线电收报机零件等。4日5时10分，该艇沉没。此次战斗中，艇长叶水源等14名官兵负伤、

4名士兵牺牲。

7月13日,曾在十二圩受伤后修竣重上前线担任布雷任务的"绥宁"炮艇由薛家声驾驶,拖带雷驳赴田家镇,1时过蕲春寄锚,将雷驳散泊蕲春南岸山脚后驶离蕲春,7时抵达黄石港,泊近铁矿码头。10时许,7架日机向该艇投弹10余枚,无线电收发灯泡、电瓷板及各电表均被震碎,右舷被炸穿10余处,煤舱、机舱均进水。此前该艇艇首炮已被炸坏,2挺机枪亦在修械所修理过程中,因而只能用艇尾炮顽强抵抗。日机离去后,该艇官兵立即进行抽水、堵漏,无奈弹片已伤及锅炉面的平面汽塞,导致锅炉全部泄气,不能工作。正在修理时,5架日机又来,所投炸弹均落于该艇水线上下,炸穿艇体数十处,漏水加剧,艇身渐倾。15时20分,20架日机分两批投弹数十枚,将该艇左右舷炸毁,无法挽救,旋即沉没。艇上除双筒望远镜、单筒望远镜各一架及关防一枚被抢出外,其余所有械弹、料件,以及密电本、无线电密呼号活动盘、密码通用表、服装和铺盖等均随艇沉没。至此,海军舰艇因投入布雷行动而几乎全部损失。但前方急需布雷舰艇,海军在万分困难之中积极谋求对炮舰、小火轮等船只进行改造,装配布雷设施,赶赴前方布雷。仅7—9月,在蕲春、田家镇、新洲、苇源口、李家洲、余家洲、石灰窑、道士袱等地相继被日军炸沉的布雷船有"金大""平明""永平""远东""三星""达通""万利""楚吉""临昌""新春""新福兴""楚发""同福""飞鸢""鸿泰"等15艘,牺牲布雷人员数十人,储雷炮船、雷驳被炸也不少。8月9日,"湖鹰"鱼雷艇奉紧急命令驶往前方,在兰溪附近两度遭敌围攻,重伤沉没。海军的牺牲尽管很大,但换来了水上防御的日益坚固。随着要塞防守战的日益迫近,海军继续执行繁重的布雷任务,一面抽调辅助舰船,征用民用船只,一面选派官兵,招募水手、民工继续开展布雷工作。

日军溯江西犯武汉的路线有3条：1条是由九江经瑞昌、阳新趋通山、咸宁；1条是由黄梅趋广济、浠水；1条是正面突破田家镇要塞，侧击两岸中国守军。从这3条路线看，第3条最能有效利用海空兵力优势，发挥立体战的作用，所以，日军不断从正面试探性地对中国海军舰艇和雷区实施袭击。然而，田家镇两岸海军炮台的存在和天然地形优势，使日军对依靠海军力量从正面突破中国军队防守阵地产生顾虑，不得不选择两岸夹进战略，即南岸攻击瑞昌，北岸攻击广济，正面则伺隙实施突破。同时，日军企图夺取马头镇，威胁武穴一带雷区。为此，8月初，日军对其长江的海军力量进行了加强，海军航空队以芜湖为根据地，将"能登吕"水上飞机母舰调回，另调"神威"水上飞机母舰进入长江，载有45架水上飞机（包括9架轰炸机）及海军航空人员。日军另有战斗机队和攻击机队。日本海军舰队包括242艘舰艇，其中较大的26艘战舰调往华南，从日本国内运来360艘汽艇，其中派往长江上游的有180艘。但是，由于中国守军戒备严密，日军始终无隙可乘。

8月4日，日军第十一军第六师团攻占黄梅后，第三十六旅团牛岛满少将指挥步兵第二十三联队、第二十五联队、野炮第六联队及独立山炮第二联队第二大队沿黄梅、广济大道向田家镇要塞中国守军逼近，中国陆军节节抵抗，与日军打持久战与消耗战。随着日军源源不断增援，中日双方展开拉锯战，相持月余，日军终于攻陷瑞昌，迫近阳新。北岸广济、武穴也于9月9日失守，日军分兵趋浠水，攻蕲春，企图包围田家镇。

9月11日，日军在30余艘舰艇的配合下在武穴登陆，中国守军奋起抵抗，正式拉开了田家镇要塞防守战的帷幕。此时担任要塞内围防守的中国军队是陆军第五十七师，所辖第一六九旅的第三三七团和第三三九团防守武穴外围阵地，第一七一旅的第三四〇团、第三四一团和第三四二团据守要塞核心阵地。师部前方指挥所设在田家镇。当日军在武穴登陆时,防守武穴外围阵地的一个连进行了顽强抵抗,终因寡不敌众,且战且退,最终全连官兵均壮烈牺牲。日军遂向整个防御阵地展开全面进攻,极其惨烈的田家镇要塞后路战斗随即打响。

在半壁山一带阵地上,日舰的炮弹与日机的炸弹密如雨注(图4-26),中国陆军重炮为隐蔽目标而不还击,高射炮无法抵御日军重磅炸弹,也只好暂时不开炮。海军炮台守军遥望武穴江面日舰,摩拳擦掌,只因日舰在一万米之外,超出大炮最大射程,故不能开炮。入夜后日舰灯号彻夜不灭,中国守军置之不理。9月12日,日舰徐徐上驶,以20余艘汽艇为先导,进行扫雷工作,在距离炮台9000米处停止不前,用舰炮漫无目的地进行射击,日机也接连不断地实施轰炸。炮台守军沉着冷静,不予还击。当日舰于16日进入7000米的有效射程之内时,炮台总台长下达命令,各炮一齐开火,江面上的日舰艇顿时出现慌乱,其汽艇相互碰撞,慌忙下驶。当它们退到有效射程之外时,炮台为节省弹药而停止射击。

9月15日,中国陆军放弃马头镇,武穴雷区失去控制,江防因此吃紧。18日,2艘日舰驶至哂山附近,中国海军炮台突然

图4-26 日军舰艇向半壁山中国守军阵地射击

向日舰开炮，日舰猝不及防，一舰中弹负伤，其余舰只仓皇逃走。19日，天气转晴，日机又开始猛烈轰炸。20余艘日舰艇乘着雨雾迷蒙再度上驶。此为日舰遭中国海军痛击后第一次出现于武穴上游（图4-27），只不过一直与炮台相距9000米左右的距离，依然在炮台大炮的有效射程之外。然而，自清晨至黄昏，日舰舰炮的射击几乎没有间断。日机的轰炸也没有停止。在海空掩护之下，10余艘日艇离封锁线越来越近，直至仅有数百米，企图破坏布雷区。要塞司令部明确表示，如遇数艘日艇进逼封锁线则可射击。20日，6艘日舰、11艘掩护汽艇接近封锁线，遭到海军炮台火炮轰击。不久，又有日巡洋舰、驱逐舰各2艘对炮台实施炮击，均被中国炮台击退，有2艘日艇沉没。下午，日军500余人在日舰炮火掩护下企图在武穴上游、炮台下游约7000米处的北岸堤岸登陆，威胁中国陆军的侧翼，如果炮台不立即以火力阻止，则陆军难挡日军进攻。在千钧一发之际，从要塞司令部传来准备向登陆之敌猛烈轰击的命令。受地形限制，有些大炮不能直接射击，只能用间接瞄准射击法。北岸第四分台第一炮可以射击，第二炮受山形阻碍而不能射击，第三、四炮均可射击。南岸炮台情况类似。于是，炮台大炮再次开炮，日军猝不及防，死伤惨重，中国守军阵地暂时得以稳定。

图4-27 武穴上游江面

9月21日，14艘日汽艇上驶扫雷，炮台突发子母弹击沉8艘，其余6艘仓皇下驶。随后，战事重心移向南岸，多艘日舰艇沿南岸活动，舰炮也多集中向富池口射击，中国陆军阵地渐有动摇之势。入夜后中国增援部队到达，但数量有限。22日，日浅水炮舰率10余艘汽艇接近雷区，海军炮台沉着应战，有一枚炮弹在4艘日汽艇中间爆炸，致其全部沉没，创造了开战以来一炮炸沉4艇的纪录，其余日艇狼狈逃跑。与此同时，南岸战局突然逆转，日军越过南面背膀山，有直取富池口之势。驻守南岸的江防守备第一总队队长唐静海请求要塞司令杨宗鼎准许如果海军炮台发现日军在背膀山山顶时开炮轰击。果然，不久日军就出现在背膀山山顶，北岸第四分台立即射击，以平均弹药消耗暂挫敌势。日军见中国炮台威胁巨大，便派出飞机轰炸，向第二炮猛烈投弹，炮台顿时烟尘四起，炸弹落在第二炮周围，但未造成损失。黄昏，南岸炮台火炮突然开炮轰击江面日舰艇，但距离超出有效射程，没有战果。当夜，日军占领富池口，南岸第一总台官兵被迫毁掉大炮，向北岸转移，改为步兵守卫马口一带。

9月23日，南岸中国守军退守半壁山。富池口失陷后，田家镇要塞已不完整，且南岸山高，日军居高临下，对中国守军不利。除了上游的蕲春、马口阵地还在中国守军手中外，其他阵地已相继落入日军之手，日军已对田家镇要塞形成四面包围之势。当晚，从要塞司令部传来命令，限令中国守军再坚守3~5日。然而，中国守军的生活情况十分艰难，10余日仅清早、黄昏进食稀饭，其余时间用炒米、饼干等充饥。晚间的稀饭中掺杂沙土，但仍供不应求，官兵们饥不择食。但他们士气不减，依然抱定与炮台共存亡的决心。24日清晨，海军官兵忽见南岸炮火闪烁，炮弹随即落到北岸炮台附近。原来日军已在背膀山架设了大炮，对北岸中国阵地实施侧击，日汽艇则装运陆军在富池口源源不断登陆，并向崔家山迂回。25日，日军的进攻更加猛烈，江面上日舰舰炮的射击和日机的轰炸也较前几日更猛烈，其中海军炮台是其攻击的主要目标。26日，日军继续猛攻，马口湖失守，田家镇炮台愈显孤立，中国守军防御圈逐渐缩小，第三分台有一门炮被敌弹摧毁，炮台防御力量越来越弱。连日来，日舰惧怕炮台火力，白天不敢对封锁线实施破坏，夜间利用中国守军无探照灯的弱点，沿南岸其占领区上驶，破坏封锁线，并打开一条通道，供日舰艇通过。27日，日军在要塞正面推进至距离炮台仅有2000米处，企图从左翼侧袭田家镇市集与炮台之间的冯家山，如果这一企图得逞，日军将形成对炮台的合围。此时，在日机轰炸下，第四分台的一门炮也被摧毁，可谓雪上加霜，但炮台官兵依然坚守阵地，开炮轰击，使日军的迂回战术难以实现。午夜时分，夜色朦胧，炮台官兵担心日军乘机突破封锁线，便不间断地向封锁线附近江面射击。3时许，10余艘日艇突由富池口向炮台江面冲驶，有强行登陆意图，炮台官兵早有准备，立即用机枪向敌人扫射。日军看到中国守军有防备，便匆忙奔逃。28日清晨，炮台官兵发现江上有10余个草堆状物体从上游顺流而下。俯视之，以为是日军的橡皮艇，用望远镜观察，又像草堆。炮台守军遂用机枪扫射，也未见还击。不久，要塞司令部来电话说，在马口附近有日军水陆两用坦克向岸上射击，希望严加防范。这时炮台官兵才反应过来，这些"草堆"原来是日军的水陆两用坦克，但射击机会已经错过，只能望而兴叹。此日，日军继续紧逼，20余艘汽艇满载部队在陆、海、空兵力掩护下在盘塘附近登陆，并占领盘塘，与炮台仅有山上与山下之隔，但日军始终不敢直接冲击炮台，依然采取进攻冯家山阵地，实施迂回包围的战术。在这种情况下，中国官兵依然据守沿江堑壕拼力堵截，以机枪、步枪顽强抵抗，将日军压制在距江边1000米的地方。日军见状便动用70余架飞机、百余门大炮不断轰击，陆军阵地全毁，官兵伤亡殆尽，海军第三、四分台又各有一门炮被击毁，第四分台指挥台一角也被炸塌。坚持到约19时，陆军决定撤出阵地，炮台官兵便携带数十箱手榴弹以及所有枪械等撤出阵地。当日，田家镇要塞陷入敌手。

田家镇一役，中国守军在这一弹丸之地与日军血战12天，付出了巨大牺牲，但意义重大。首先，田家镇保卫战极大地消耗了日军的实力。据统计，1938年9月17—28日，中国海军共击沉日舰艇21艘、击伤2艘，日军出动了陆、海、空兵力，动用了各种舰艇、飞机、坦克，平均每天对炮台发射炮弹500余枚，日机投弹也在千枚以上，田家镇要塞内无论海军工事还是炮兵阵地均被毁。其次，田家镇保卫战阻挡了日军进攻武汉的步伐，为中国军队筹划保卫武汉赢得了时间。由于中国军队的顽强抵抗，日军推进极其困难，付出了相当大的代价。中国海军布雷数量多、区域广，田家镇要塞陷落10天以后，两岸守军早已撤退完毕，日军依然未敢沿江深入，只是梭巡于田家镇附近，频以舰炮盲目射击，日陆军还是采取老办法，向葛店实施迂回包围，直取武汉。这一切都说明，中国海军在田家镇要塞防守战中的顽强作战和英勇牺牲为保卫武汉做出了重要贡献。

第五节　葛店要塞防守战

　　葛店位于武汉下游长江南岸，是黄鄂要塞的核心部分，也是通往武汉的最后一道江上屏障。该要塞司令部成立于1938年底，设于武昌，后迁至葛店西杨家苑村牛家祠堂，要塞司令是刘翼峰少将，参谋长是周保华上校。葛店设有海军炮台，该炮台设2个总台，第一总台设于黄家矶，总台长方莹，下设3个分台，第一分台有3英寸炮2门，第二分台有4.7英寸炮2门，第三分台有3英寸炮2门。第二总台设于白浒山，总台长程嵋贤,下设2个分台,第一分台有4.7英寸炮2门,第二分台有3英寸炮2门。海军炮台官兵共205人。此外,在白浒山上还设有一座高射炮炮台,装有4门德制高射炮,称甲五台,台长柏园。在葛店西北25千米的青山、葛店东25千米的北岸团风、葛店西北10千米的北岸阳逻均设有野炮阵地,战时可临时排列野炮。参与防守葛店要塞的部队还有要塞司令部直属部队——守备队步兵1营、工兵1连、卫生队1队,以及田家镇防守战后撤下来的江防要塞守备第一总队等。另外,在葛店江面构成了视发水雷区,以加强封锁线。离炮台1000米外系平原,陆军设置了5道防线:第一道是战壕,宽5米,深6米,10余万工人日夜挖掘20余日才完成;第二道是迫击炮阵地,有30余门迫击炮;第三道是机枪阵地,有30挺机枪;第四道是陆军炮兵阵地,有过山炮30余门;第五道是散兵坑,设有铁丝网等。以上各道防线在1938年9月中旬基本布置完成。在与日军接触之前,日军不时派出飞机到中国防区内侦察,并派汉奸到防区附近窥探军情,有时在雷区附近切断水雷通往观察所的电线,幸好中国海军官兵早有准备,电线一断,电表停止摆动,他们对断电处做出判断后立即派人修复。

　　田家镇要塞失守后,日军决定向葛店发起进攻,以打通通往武汉的最后一道屏障。由于日本海军不敢毫无顾忌地沿江直逼葛店,给其陆军以有力配合,日军推进速度迟缓,直到田家镇要塞陷落一个月以后才对葛店形成了三面包围之势。

　　日军进攻葛店的战斗是在1938年10月16日正式打响的,日机轰炸了黄家矶和白浒山炮台,自9时至16时有数十架日机轮流投弹,由于炮台防空壕建筑坚固,高射炮猛烈射击干扰了日机投弹的准确性,故炮台损失甚微。10月17日、18日,3艘日舰驶至谌家矶下,距离雷区5000米,距离炮台万米有余,开炮轰击炮台,两天发射炮弹数百枚,炮弹均落入江中或山后，无一命中。日机也常来侦察和袭击，投弹百余枚。因海军官兵早已将炮台做好伪装，空中看不出炮位，炸弹均落在炮台前面的江边爆炸。19日，多艘日舰驶近封锁线，并派出数十艘汽艇在江面活动，但距炮台很远，尚在炮台大炮最大射程以外，故中国海军官兵按兵不动，日军知道中国守军已有戒备，不敢迫近。20日，日陆军炮兵部队迫近葛店，40余架日机大肆投弹，白浒山阵地指挥所与各炮位之间的通信设备均被炸毁，总台长程嵋贤命令指挥所官兵到各炮位采取单炮指挥以应对不利局面。此时，江面上日舰也驶进炮台大炮的最大射程以内，各炮立即开始对敌射击。同时，日舰也向炮台发射数十弹，旋即退去。21日，葛店村3000余户居民扶老携幼渡到江北躲避战火，从黄家矶阵地望去，撤走乡民的葛店村一片寂静。此时，日军升起气球指示方向，其野炮在气球的指引下向黄家矶炮台发射炮弹百余枚，但无一命中。日军又向葛店村射击，顿时村内房屋倒塌，浓烟滚滚。22日，日舰由三江口溯江而上，触发中国海军所布设的浮雷，有2艘被炸沉没。陆上日军则向黄家矶阵地前面的5道防线进逼。中国陆军在日军炮击防线前数小时已向西撤退，5道防线均未发挥应有的作用便轻易被日军突破。因此，日军就对黄家矶炮台形成包围之势。不久，日军接近炮台，当进入机枪射程之内时，中国海军官兵用机枪等步兵武器向日军反击，打死、打伤日军数十人，迫使日军向后撤退。下午，4艘日舰又徐徐驶近封锁线，被白浒山阵地瞭望兵及时发现，炮台迅速以密集火力展开射击，造成一艘日舰中弹起火，其他日舰不敢前进，仅用舰炮向葛店阵地射击，双方展开持续炮战。23日早晨，黄家矶第一总台后路即将被完全切断，方莹命令将各炮炮闩拆下埋入土中，官兵向白浒山方向撤退，自己和郑翊汉、江家驹等军官以及部分炮兵共17人留下，坚守在第二分台炮位上，准备与攻台日军做殊死之战。江面上，20余艘日军汽艇分小队突入封锁线内，白浒山炮台大炮用子母弹连续射击，多艘日艇中弹倾覆。当夜，日军故伎重演，又派出10余艘汽艇迫近岸边，试图登陆，白浒山第二分台发射照明弹，炮兵借助照明弹光亮发现了目标并及时射击，日艇不得不再次退去。24日凌晨，陈绍宽基于战情紧急，亲自由汉口赶往白浒山炮台，指示作战机宜。然而，此日上午，黄家矶阵地已与要塞司令部失去联系，方莹无奈，只好派出郑翊汉前往请示是否可离台下山，当郑翊汉行至堤坝时突遭日炮袭击，当即中弹身亡。25日晨，日军在汀桥镇及葛店公路间分兵向要塞进逼，以气球指引火炮射向，对炮台不断射击，并以飞机轮番轰炸。白浒山阵地上突然有日军炮弹落下，并伴有数十架日机轰炸，第三分台的1门炮和第二分台的2门炮迅即被炸毁，部分官兵壮烈牺牲。这时海军官兵才发现葛店对岸已被日军炮兵占领，炮台面临着被包围的危险。16时左右，日军蜂拥而至，方莹知道后路已被完全切断，处于孤立无援的境地，便命令将2门4.7英寸炮炸毁，随后率众下山，从江边突围。此时江水湍急，无船难以撤离。就在万分危急、走投无路之际，方莹等人发现江边有几艘木帆船上驶，他们立即喊其靠岸，官兵们才得以上船扬帆上驶。10分钟后，日军占领第二分台，用机枪向江中木帆船扫射，木帆船是顺风行驶，速度较快，未被射中。26日13时，日军将白浒山炮台三面包围，并步步进逼，此时原在水上战斗的水兵们展开了真正的陆地战斗。坚持到18时许，要塞司令部命令第二总台台长程嵋贤率部毁炮突围，官兵们迅速将各炮及配件毁坏，向江边冲去。至此，葛店炮台全部落入敌手，海军官兵已尽保卫武汉之责。

第六节 "中山"舰金口喋血

1938年10月下旬,日军沿大别山麓南下的部队与沿长江两岸西进的部队在汉口以北地区会合,夺占了武汉外围所有中国军队防守阵地,武汉保卫战到了最后关头。在武汉保卫战激烈进行之时,海军在利用马当、湖口、九江、田家镇、葛店等要塞雷区、炮台及阵地节节抗敌的同时,还将"永绩""中山""江元""江贞""楚观""楚谦""楚同""民生"8艘军舰派往金口、新堤、岳阳、长沙等地,以巩固后方。这些舰艇除了担负武汉防御任务以外,还承担军事委员会的运输工作。1938年7月20日,27架日机分3队空袭岳阳,转以舰队为目标,大肆轰炸。从"中山"舰望去,"黑色的水柱,将九十余尺高的驾驶台遮住了","江贞"炮舰(图4-28)两舷被炸弹碎片击伤,右舷受伤最重,各舱相继进水。起锚机、吊艇杆、栏杆、无线电天线等也均被击坏,官兵奋勇堵漏自救,但由于进水过于严重,抢救无效。舰长

图4-28 "江贞"炮舰

戴熙经为防止军舰沉没，下令弃锚而行，驶往岸边搁浅。开船时忽闻轮转怪声，感觉束轴枕发热，左右轮轴均被震偏，勉强驶至岳阳楼下段搁浅。事后检查发现，该舰机锅舱水线下泡钉被震松而漏水，前炉煤舱、左右俥轴舱以及船尾舱均渗漏。此次战斗中，舰上副长张秉燊（图4-29）等3人阵亡、20人受伤。当时，由于战局紧张，中国海军无力修复这艘军舰，只能卸掉炮械，于11月9日自沉。

图4-29 张秉燊

在这次轰炸中，"民生"炮舰（图4-30）也受伤搁浅，舰上30余人伤亡，不得不于11月9日自沉（图4-31）。

鉴于中国舰艇过于集中，遇敌机轰炸容易造成更大损失，海军总司令部于1938年7月20日决定将各舰疏散，"中山"舰奉命于7月21日离开岳阳，改驻新堤，其他各舰也分散驻泊，只留"永绩"炮舰（图

图4-30 "民生"炮舰

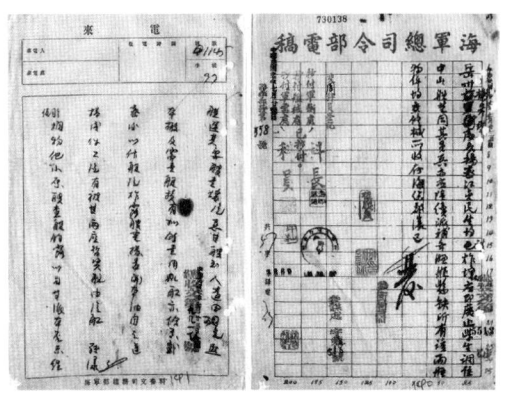

图 4-31 "江贞""民生"炮舰作战经过（图片来源：《海军抗战期间作战经过汇编》）

图 4-32 "永绩"炮舰

4-32）做电台用。1938年10月30日15时05分，6架日机由对岸向"永绩"舰包围投弹，"永绩"舰官兵用舰上所有武器对空射击，但寡不敌众，该舰伤情严重。该舰受伤部位在水线以下，贯通油漆舱，裂口宽度2米多，机兵舱、学生舱被贯穿多处，并引起燃烧，进水甚速，无法堵漏。舰长曾冠瀛只好下令急驶新堤上游搁浅，并自沉。此次战斗中，舰上阵亡2人、伤8人。"中山"舰则于10月5日由岳阳开往武汉外围，担任金口至新堤一带沿江警戒，以保证武汉军民物资的安全转移，其间，也往返于岳阳、湘阴等地从事布雷工作。"中山"舰（图4-33、图4-34）在全面抗战爆发前，舰首装有1门阿姆斯特朗4.7英寸后膛炮，舰尾装有1门阿姆斯特朗3英寸后膛炮，两舷装有4门阿姆斯特朗47毫米快炮，后望台装有1门苏罗通20毫米高射炮，驾驶台装有1门20毫米马克沁机炮、2挺79重机枪。全面抗战爆发后，由于各炮队需要舰炮，"中山"舰在下关江面卸下两舷的47毫米快炮和舰首4.7英寸炮交给炮队，后又在舰

图 4-33 "中山"舰

首安装了瑞士制瓯立肯 20 毫米机炮,两舷安装了 37 毫米机炮和捷克式机枪等,但防空力量依然不强。另外,"中山"舰还装备有 3 只舢板。

1938 年 10 月 20 日,"中山""江元"等舰泊于七里山前江面,这里距离"江贞"弃舰 500 米。这一天秋高气爽,和风徐来,刚过妈祖纪念日,各舰部分官兵登岸。14 时许,各舰警报响起,有 6 架双

图 4-34 "中山"舰复原图(图片来源:《名舰遗珍》)

翼日机在城陵矶江面低飞搜索，后转向七里山飞行，其攻击的第一个目标是"江贞"舰。当日机发现"江贞"舰已经搁浅时，便转向"中山""江元""永绩"等舰。6架日机各俯冲投弹一次，又聚成"品"字队形，分两波次由七里山转向而来，实施第二次投弹。各舰官兵用瓯立肯机炮猛烈射击。此时日机出现于西南方向上空，正好以太阳为背景，给中国官兵的瞄准和变换射击方向增加了很大的困难。第一批6架日机刚刚完成投弹，还不容官兵们稍有喘息，第二批6架日机接着又来了。这6架是单翼96式中型轰炸机，飞得比较高，扔下炸弹后便离去，炸弹均落于"中山"舰和"永绩"舰两侧。此时，"江元"舰（图4-35）起锚航行，接踵而至的第三批6架日机又飞来了，追赶"江元"舰并投下炸弹（图4-36）。

激烈的战斗持续了大约2个小时，"江元"舰舰体无重大损伤，但5名官兵阵亡；"永绩"舰伤势比较严重；"中山"舰烟筒被弹片打成蜂窝状，千疮百孔，无线电天线被击断，部分官兵受伤。次日，"中山"舰在请示海军总司令部同意后，驶往湘阴救治伤员。

图4-35 "江元"炮舰

1938年10月24日，武汉陷落。日军为扫清武汉周围中国军队的抵抗力量，疏通长江航线，特别是为避免中国海军在武汉上游敷布水雷，遂不断派飞机对金口以上、城陵矶以下实施搜索轰炸。驻守这一区段的"楚谦""勇胜""湖隼"等舰艇冒着

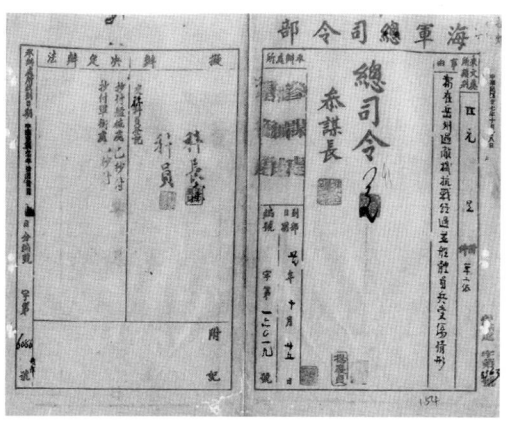

图4-36 "江元"炮舰作战报告（图片来源：《海军抗战期间作战经过汇编》）

敌人炮火冲出重围。"楚同"舰被炸伤于嘉鱼附近。陈绍宽于当晚亲率驻汉人员乘"永绥"舰上驶，沿途检查海军备战情况。在金口执行布雷及其他任务的"中山"舰则与敌展开了一场殊死战斗。

金口因位于金水河与长江交汇口而得名，地处水陆交通枢纽位置，两岸槐山与大军山夹江对峙，地势险要，是武汉以西门户（图4-37）。10月24日凌晨，武汉上空响起空袭警报，"中山"舰舰长萨师俊立即进行战斗部署。9时，1架日机出现于金口上空，盘旋侦察并用机枪朝江面扫射，不久离去。11时，9架日机再次出现，分2个小队盘旋于"中山"舰上空，5分钟后离开。由于这批日机的飞行高度超出"中山"舰高射炮的射程，

图4-37 金口

故该舰未予射击。但舰长萨师俊已经感到战斗在所难免,下令提前开饭,并起锚在江面上缓慢巡弋。15时15分,6架日机以"一"字鱼贯阵呼啸而来,开始向"中山"舰轮流投弹,"中山"舰一面以蛇行规避日机的空袭,一面以全舰火力集中射击,拉开了这场水空血战的序幕。由于舰上高射炮等武器十分陈旧,而且日机又是采用高速急降法俯冲投弹,故对空射击难以奏效。不过,日机的首轮攻击是在高空投弹,准确性也很低,炸弹全部落入江中。第二轮攻击中,日机采用平飞轰炸,也未命中,只有少数弹片飞溅在舰首甲板及驾驶台上。

日机见"中山"舰采用蛇行规避,屡次投弹均无法命中,便改变战术,从舰首方向轮番俯冲投弹,并用机枪扫射。"中山"舰舰首的瓯立肯机炮在不停发射过程中出现故障,无法射击,驾驶台的机炮火力不足,而舰尾炮虽然火力较猛,然因舰桅妨碍,对来自舰首的俯冲日机很难射击,效果不大,未能使日机遭到重创,只有一架日机被炮火击中逃走。相反,"中山"舰遭日机轮番俯冲轰炸、扫射后,舰尾左舷首先中弹,舵机转动不灵。舰首也多处中弹,驾驶台损伤很大。萨师俊屹立于驾驶台之上,镇定自若,任凭弹片在周围横飞,沉着指挥战斗。不料,一块弹片击中萨师俊,其瞬间倒地,日机一轮扫射又至,驾驶台上的代理航海员魏行健奋不顾身地扑在萨师俊身上,以己之躯遮挡舰长身体,其舍己为人的精神成为战场上令人感动的一幕。

此时,"中山"舰锅炉舱也被炸伤,进水迅猛,抢救无效,不到3分钟水深已达1米多,副长吕叔奋下舱巡视,发现炉火被淹灭,锅炉停工,已失去动力,舰体逐渐向左舷倾斜约30°,并向下游漂流。已受重伤的萨师俊此时又被日机机枪打断双腿,偎坐在驾驶台上,坚守岗位。他神志尚清,以超人的毅力不断发出命令。他一面谆嘱官兵努力杀敌,一面饬将该舰设法搁浅,以期保全舰体。无奈,机件已被炸坏,该舰不能活动,且水龙等设备大半被炸,抢救工作无法展开,官兵在舰长激励下往返于浓烟烈火之中拼命抢救,誓死抗敌,可谓前仆后继。在舰首抢修瓯立肯机炮的上士王兆祥,以及部分信号兵、炮兵等均壮烈牺牲。所幸舰尾炮及后望台的苏罗通高射炮及两挺机枪尚能继续射击,使日机不敢低飞轰炸。魏行健见萨师俊伤势严重,舰体即将沉没,便轻声询问他是否放下舰上唯一救生的两只舢板,以将受伤的官兵送岸急救,萨师俊同意将受伤官兵送上舢板,自己却断然拒绝离舰。他说:"诸人尽可离舰就医,惟我身任舰长,职责所在,应与舰共存亡,万难离此一步。"此时,萨师俊已伤重不能自主,魏行健等人强行将其抬上舢板。

萨师俊与"中山"舰

萨师俊(图4-38),字翼仲,福建闽侯人,1895年生,海军世家出身,是海军名宿萨镇冰的侄孙,其兄萨师同和弟萨本炘均服役于海军。受家庭影响,萨师俊从小有大志,有报国思想,他曾对兄弟说:"强国莫急于海防,忠勇莫大于卫国,我兄弟宜习海军,亦我雁门武德之传统也。"1908年,萨师俊考入烟台海军学堂(1912年改为烟台海军学校),为该校第八届学生,1913年7月毕业。毕业后,萨师俊随军舰实习,旋升"通济"练习舰三副。1916年,转入

图4-38 萨师俊

南京海军鱼雷枪炮学校第二届枪炮班学习,1918年毕业(图4-39)。此后,他历任北洋政府海军第二舰队司令处副官、练习舰队司令处副官等职。1925年6月,调任海军闽厦警备司令部副官处处长。1926年12月,调任

海军第二舰队"江贞"炮舰副舰长。1928年6月,调任"建安"炮舰副舰长。1930年5月,出任"公胜"炮艇艇长,10月调任"青天"测量舰舰长。1931年4月,任"顺胜"炮艇艇长,5月调任"威胜"炮舰代理舰长,7月正式任命。1932年5月,任海军第一舰队司令部参谋,8月任"楚泰"舰舰长。1935年2月,代理"中山"舰(图4-40)舰长,次年1月正式任命。1938年2月,萨师俊兼任海军特务队队长。

"中山"舰原名"永丰",1925年因纪念孙中山而改名为"中山"舰。该舰长65.8米,宽8.8米,吃水2.4米,排水量844吨,最高航速13节,由日本长崎三菱造船厂建造,1910年12月13日安放龙骨,1912年6月5日下水,1913年1月9日建成移交。同级舰还有日本川崎造船厂建造的"永翔"舰。"永丰"舰来华后,先后被编入北洋政府海军第一舰队、"护法舰队"及国民政府海军第四舰队、第一舰队等,萨师俊是其第13任舰长。

海军学校和舰队的历练使萨师俊养成了严谨的军人作风。他常说:"服役海军,必勤奋忠勇,力争上游。"他"治军严明,爱护袍泽,深获长官赏识及部属敬佩"。全面抗战爆发后,他坚定地表示:"我既已励志军伍,决不苟安谋财。我在这光荣的'中山'舰上当舰长,是终身的荣幸。眼下日寇企图亡我中华,我要与之血战到底!"1938年10月20日,日军空袭岳阳中国舰艇时,他对同事说:"国难至此,军人以身许国,遗嘱已立,生死祸福置之度外,此后,惟有以一腔热血,与暴敌相周旋。"

2014年9月,萨师俊被列入第一批在抗日战争中顽强奋战、为国捐躯的300名著名抗日英烈和英雄群体名录。

图4-39 萨师俊(后排右五)毕业于南京海军鱼雷枪炮学校第二届枪炮班

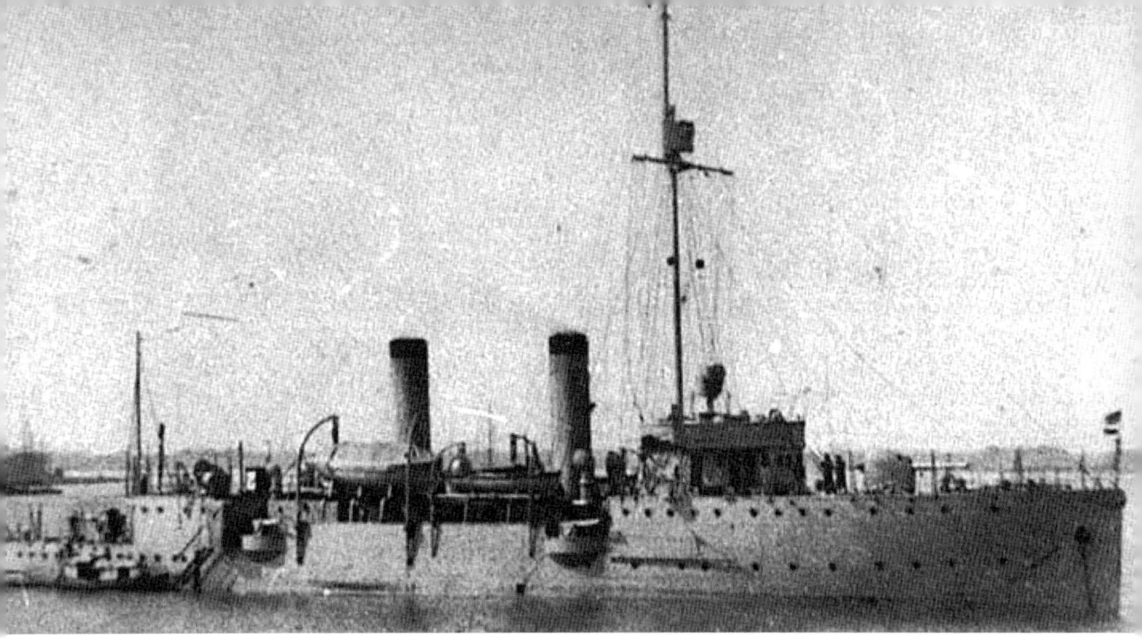

图 4-40 “中山”舰

当两只舢板刚刚离开半浮半沉的“中山”舰时，日机忽然又俯冲用机枪对着舢板上受伤的官兵连续扫射，萨师俊胸部被洞穿，当即壮烈牺牲，其遗体消失在滔滔江水之中。其他 16 名受伤官兵也全部饮弹身亡。

舢板上的受伤官兵遇难后，江面上除了倾斜的“中山”舰外没有其他船只，而“中山”舰舰体已向左倾斜 40°，炮位周围堆积的沙包与官兵们用棉被捆扎的包袋散落在左舷甲板上，副长吕叔奋代理舰长行使职责，下令弃船，全部生还者将舱面上可浮之物从右舷放下，由善泳者帮助他人下水，抱着漂浮物，一面离开船身，一面高呼岸边小火轮拖带小船来救助。善泳者将一些不会游泳的战友先救上渔船，然后各自游向岸边或向接近的渔船求救。当他们游了 40 多分钟时，幸有渔船来救，他们才转危为安。官兵们回头望去，“中山”舰缓缓沉入了江底（图 4-41、图 4-42）。

海軍總司令部

總司令

參謀長

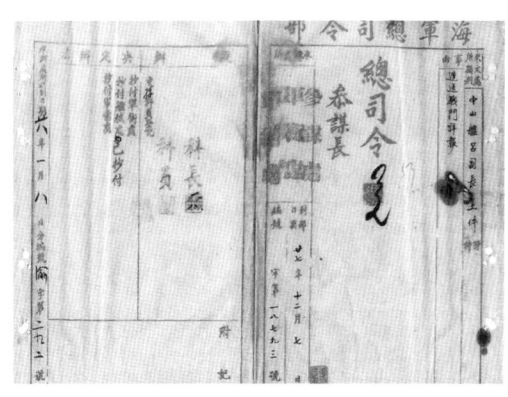

图 4-41 “中山”舰作战报告 1（图片来源：《海军抗战期间作战经过汇编》）

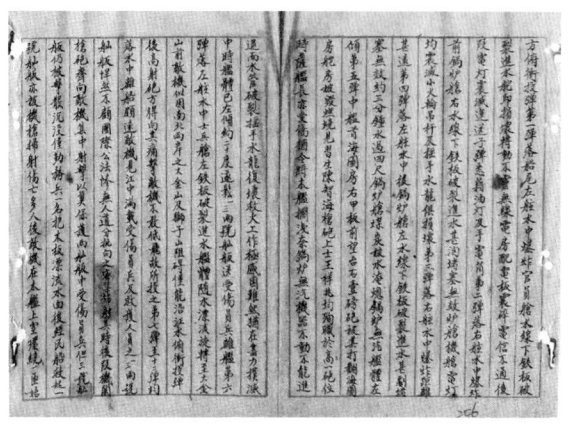

图 4-42 "中山"舰作战报告 2（图片来源：《海军抗战期间作战经过汇编》）

金口血战从 15 时 15 分打响至 16 时 30 分"中山"舰沉没，历时 1 小时 15 分，"中山"舰牺牲官兵共计 25 名，包括军官萨师俊、魏行健（湖南衡阳人，代理航海员，时年 28 岁）（图 4-43）、周福增（浙江常山人，航海见习生，时年 22 岁）、陈智海（浙江杭州人，航海见习生，时年 22 岁）、黄孝春（福建连江人，轮机军士长，时年 48 岁）（图 4-44）、士兵王兆祥（福建闽侯人，枪炮上士，年龄不详）、吴仙水（浙江黄岩人，帆缆下士，时年 32 岁）、刘则茂（福建闽侯人，帆缆下士，时年 39 岁）、林寿祺（福建闽侯人，簿记下士，时年 33 岁）、陈恒善（福建闽侯人，簿记下士，时年 47 岁）、陈利惠（福建闽侯人，一等兵，时年 30 岁）、林逸资（福建闽侯人，一等兵，时年 36 岁）、郭奇珊（福建闽侯人，一等轮机兵，时年 27 岁）、张培成（浙江诸暨人，一等轮机兵，

图 4-43 以候补员派往"中山"舰的魏行健

图 4-44 黄孝春

时年27岁)、李麒(福建闽侯人,一等信号兵,时年26岁)、洪幼官(福建连江人,二等兵,时年27岁)、陈永孝(福建闽侯人,二等兵,时年25岁)、张育京(福建闽侯人,二等信号兵,时年25岁)、江钊官(福建闽侯人,三等兵,时年25岁)、严文焕(福建闽侯人,三等兵,时年23岁)、李炳麟(福建闽侯人,三等信号兵,时年24岁)、陈有中(列兵,其他不详)、李有富(列兵,其他不详)、陈有利(列兵,其他不详)、黄珠官(列兵,其他不详)。

战斗结束后,"中山"舰幸存官兵将找到的牺牲者遗体移到岸上,次日用棺木安葬在金口山上,重伤者乘汽艇上驶治疗。幸存官兵分组步行向嘉鱼、新堤方向前进,路上遇到日机在公路及沿江地区扫射。他们辗转新堤、城陵矶,乘"克安"运输舰至宜昌,再到重庆下游的重庆坝休整。3个月后,他们被分配至宜巴区要塞继续抗战。

斗转星移,1996年11月12日是孙中山先生诞辰130周年纪念日,湖北省正式启动了打捞"中山"舰的工程,施工人员经过78天的努力,终于在1997年1月28日将"中山"舰整体打捞出水,使这艘淹没于长江中58年的一代名舰重见天日(图4-45)。

图4-45 1997年1月28日,"中山"舰被整体打捞出水(图片来源:《中山舰博物馆展陈图说》)

第七节 洞庭区防守战

日军占领武汉后,中国的抗日战争进入相持阶段。日军的进攻尽管已是强弩之末,但并没有停止。在占领武汉的同时,日军也攻陷了广州,随后日军试图通过夺取湖南,打通粤汉铁路,实现华南与华中的联络。于是,中国中部地区的湖南就成为中日双方必争的战略要地。中国方面守住湖南,北可直取武汉,东可出江西、安徽、浙江,南可护两广,西可屏川黔,确保战时首都重庆的安全。

1939年4月8日,国民政府获得日军进攻长沙、衡阳的情报。情报显示,日本海军第三舰队司令长官及川古志郎乘"出云"舰驶往汉口,指挥湖南方面作战,并以上海陆战队之一部约2100人移驻汉口。事实上,日军的作战目标及进击路线取决于南昌、武宁作战的进展,华中军南岸部队为迅速达成贯通粤汉铁路的目的,并与华南军协力作战,以长沙、衡阳为攻击目标开始作战。日军预定以"武宁攻击部队""岳阳待机部队"及海军"洞庭湖部队"向平江、湘阴之线进击,协攻长沙。日军进攻衡阳则以"南昌攻击部队"沿湘赣公路及铁路线前进,占领萍乡后会同华南军北上部队进行衡阳的攻坚作战。日军的进攻兵力部署是武宁第六师团出修水,以平江为目标前进,至湖南省境后,视在岳阳待机中的海军部队在洞庭湖的"扫荡"工作,进至湘阴后进攻平江之线。在岳阳待机的第九师团"扫荡"岳阳、通城一带,并协助海军部队进行洞庭湖作战,逐次向南推进,依平江、湘阴方面作战的进展,并力沿粤汉路南下,直攻长沙。南昌的第一〇一师团俟日陆军航空部队移驻南昌基地完毕,并将该地的警备移交海军陆战队担任后,迅速自南昌出发,向丰城、清江、分宜进击,然后依情况而协助进行长沙的攻击作战。第一〇六师团向高安、上高、万载、萍乡之线进击，采迂回战略，径向衡阳方向前进，与华南军粤汉路北上部队协力进行衡阳的攻击作战。日海军部队为了协同作战，由第五炮艇队及吴镇守府第四、第五、横须贺第三特别陆战队编成，负责打通洞庭湖及湘江水道，并扫荡洞庭湖及沿岸地区，向湘阴方向进击，协同陆军作战。以海军根据地部队之一部接替南昌的警备。至于航空部队的部署，日陆军所属航空部队及海军第二联合航空队进驻南昌基地，协助进行长沙、衡阳的攻击作战。

从上述日军的作战部署来看，进攻长沙、衡阳等地，洞庭湖（图4-46、图4-47）作战至关重要。如果中国海军能在洞庭湖作战中有所作为，必将扰乱日军的作战部署。

武汉会战后，中国海军的任务就是配合陆军在武汉上游长江各段实施扰敌。1938年10月26日，海军将簰洲、宝塔洲、新堤、城陵矶划为主要雷区，并开始布雷。一方面，阻止日军通过洞庭湖进入湘江，从水上威胁长沙；另一方面，阻止日军通过荆江进入川江，威胁重庆。为此，海军总司令部在武汉会战激烈进行之时就对

图 4-46 洞庭湖

图 4-47 1938年的洞庭湖

荆江、洞庭湖、湘江的重要防区的防御作战进行部署。陈绍宽在武汉陷落的当天便乘"江犀"舰上驶，奔波于荆江、洞庭湖、湘江之间，指挥开展各段航行标志的拆除、防御阵地的构筑、雷区的划分、水雷的敷设等工作。1938年1月1日，他就鉴于洞庭湖口的城陵矶是通往荆江、洞庭湖及湘江的咽喉，组成了洞庭区炮队，以罗致通为队长，配备280人、25门海军舰炮，在临湘矶、白螺矶、洪家洲、杨林矶、道人矶等处江岸山头分设炮台，安装海军舰炮，构筑防御工事。武汉失守后，他计划将荆江、湘江各段布雷封锁，将武汉上游作为首段，在金口、嘉鱼、新堤、临湘矶、道人矶、城陵矶等处布雷。此外，在金口、城陵矶、岳阳、长沙等分别配置舰艇，以岳阳为中心，实施后方防务。

洞庭湖由湘江、资水、沅江、澧水等汇入而成，港汊纵横，面积辽阔，是日军由长江进入湘江进而逼近长沙的必经之地。控制了洞庭湖就等于斩断了日军由长江进入湘江的通道。岳阳面对洞庭湖吐口，上扼荆沙，下趋湘汨，是军事要冲。城陵矶接近岳阳，为河流交通枢纽，成为岳阳的咽喉。因此，在守卫岳阳的作战中，城陵矶为必争之地。由此可见，中国海军在洞庭湖区域的防守战是长沙全面防御作战的重要组成部分。

1938年11月，日军加紧对城陵矶等重要江防目标的进攻，试图尽快打开通往洞庭湖的大门。11月6日，日军逼近临湘矶，城陵矶吃紧。8日，在临湘矶发现日舰，该处炮台及杨林矶炮台迅速开炮轰击，日舰见中国守军早有防备，无法突破而逃走。日军旋又改派多架飞机在城陵矶、临湘矶、道人矶的炮台上空盘旋，肆意投弹，致使海军各炮台损失严重。9日，多架日机轮流在洪家洲炮台上空投弹轰炸，各炮台官兵奋勇抵抗，并密切监视日舰行动。日军遂采用避实就虚的策略，以飞机掩护橡皮艇，企图在洪家洲炮台背后的芭蕉湖实施登陆。此时，中国陆军担心被抄后路，早已撤出阵地，而海军炮台对后路之敌因限于大炮射角而不能向后射击，故无法阻止日军逼近，只能用机枪、步枪抵御，但无济于事。与此同时，在道人矶炮台附近也发现日军汽艇，炮台受到严重威胁。在陆军后撤、孤立无援、日军逼近的情况下，海军官兵遂将各炮台炮闩拆卸转移，放弃城陵矶。10日，日海军陆战队在城陵矶登陆，中国守军退往岳阳。12日，岳阳被日军攻陷，洞庭湖防务告急。

第九战区司令长官部鉴于洞庭湖防务的重要性，于1938年底会合海军总司令部、湖南省政府及驻防各部队，组成3组湘江、资水、沅江、澧水视察队，分赴各处实地勘测，制订封锁湘江计划。该计划原定由湖南省政府负责征集船只，交由海军执行，但经海军总司令部一再交涉，湖南省政府始终没有拿出具体方案。1939年春，第九战区司令长官部设立了湘资沅澧封锁委员会，以陆军中将朱焕庭为主任、海军少将陈宏泰为副主任（兼任洞庭湖警备副司令）。所有委员及设计、技术人员等均由海军总司令部、省政府及驻防部队人员组成，所有重要港口均按照港道情形陆续由海军布雷队及各县政府所属部队等分别敷设雷区或筑堤堵塞等，并将海军布雷队分驻各预划港口，准备在必要时阻塞航道。

对于所承担的防卫任务，海军投入了巨大精力。1938年11月，海军成立布雷队，下辖7个分队，由曾国晟任队长，分赴各布雷区实施布雷。据当事人回忆，布雷队在队长之下设队副2人、布雷员2人、士兵40余人。携带手摇无线电发报机1台，有配电官3人及民夫数人。拥有1艘小火轮、10余艘驳船及1艘民船，均为向民间租用的。小火轮为布雷队拖带雷驳的唯一动力。雷驳为木质民船，全部是从武汉撤退下来的，甲板上装有木质雷轨，水雷及雷坠横卧其上，下面垫有楔形木头，以防摇动。布雷时，拿走楔木，由4名水兵推向船舷，抛入水中。每艘雷驳可装载30~40枚水雷。士兵除日夜站岗守卫外，尚须担任管理雷驳及定期保养水雷的工作。

为了加强洞庭湖防务，海军围绕洞庭湖，在湘江下游各重要水道，如杨庙湖、磊石山、琴棋望、白玉圻等处，布置了大量水雷，实施封锁。1938年11月11日，"义胜""勇胜""仁胜"3艘炮艇及第4号、第6号2艘驳船因护运水雷而被日机发现，遭到轰炸，损失严重，在藕池口先后沉没，各艇官兵均有伤亡。11月11日、13日，海军又调"顺胜"艇和"江平""俞大猷"2艘轮船，以及第2号、第10号2艘铁驳船和2艘木驳船及民船等船只在湘江中游营田滩附近的南达长沙、西通常德的交叉口江面横沉，构成了一道沉船阻塞线，阻塞线的前后又布设了许多水雷。其余资水、沅江、澧水的内河港汊也都进行了封锁。海军的布雷范围东起鹿角，西达常德，南迄湘潭，北接荆江，前后共布水雷400余枚。海军人士对如此部署的评价是："照着敌人的海军实力而论，如果我们不是施行这个策略，敌人既经占有城岳，做着发动湖沼会战的海军活动根据地，整个的洞庭湖可入掌握之中，一切在其控制下，为所欲为。由岳阳到长沙，航程不过一百余海里，敌人的浅水舰艇，在一日之中，便可到达，那么长沙的受胁，实意中之事。但是我们的封锁策略，会击破了这种危机，敌人给畏惧水雷的心理所征服。"当时，长沙市内情况极度纷乱，海军官兵能够在从事布雷和封锁的工作中沉着应对，有条不紊，圆满完成任务，实属难能可贵。

在洞庭湖区域布设的水雷主要以固定水雷为主，也有少量漂雷，在完成布雷后的一个多月中，日舰触雷的事件不断发生。1938年11月，日本国内媒体曾刊载日本海军山岷大佐与桑原中佐的报告，声称日舰受困于中国方面水雷之密布，进展不易，并对中国布雷工作人员之勇敢表示惊异。日本军事作家菊池等在日本杂志《话》12月号上登载：中国军队所布水雷威力大，扫除困难，日舰为防止触雷而不敢行驶。

进入1939年以后，日军判断中国军队将发起"四月攻势"，便加紧进行进攻南昌的准备，因为发起南昌会战不仅在战术上可以先发制人，瓦解中国军队的攻势，而且在战略上能够切断浙江、安徽、江西经浙赣铁路至大后方的交通运输，并缩短向中国南方空中进攻的距离。

1939年2月，日军向修河北岸增加兵力，日本海军中国方面舰队编成攻略南昌的作战部队，称为"T作战部队"，集中力量协同陆军发起南昌会战，集结于湖口、九江以完成各项战斗准备。3月17日，日陆军在海空兵力的掩护下向南昌发动进攻，南昌会战正式打响。当日下午，约百艘日舰艇及数百名海军陆战队协同陆军向南昌外围中国守军阵地发起猛烈攻击，并突破观音阁阵地。为配合陆军保卫南昌，中国海军总司令部派出布雷第三分队携带水雷赶往南昌，于22日在三洲头昌邑街等处加速布雷。在此后的作战中，该布雷队又赶往樵舍、尤口等处布放水雷，实施封锁的途中遭到日军包围，布雷队官兵弃船登陆，绕道前进，冒险完成了任务。

南昌会战持续50余日，到5月9日结束。在会战准备及实施期间，日军集中兵力于南昌方向，在洞庭湖及长江上游一带没有采取大规模军事行动，只以小股陆海军部队实施骚扰。中国海军在洞庭湖区不断监视日军动向，布雷队根据日军动向适时在需要的地方敷布水雷，并对各个布雷区中被水冲走的水雷进行扫捞整理。

在岳阳江面，1939年1月，日军增加了舰艇数量，有进犯洞庭湖的迹象，海军布雷队立即赶赴鲢鱼口加布漂雷，使日舰未敢向前深入。4月26日，布雷队发现日舰又有行动迹象，立即赶赴白玉圻及磊石山下加布水雷。日舰恐遭漂雷袭击，在舰队驻泊的上游设置铁丝网，并蛰伏港湾中不敢出动。5月，为配合日军在南昌的最后行动，岳阳的日舰常在鹿角等处向中国守军实施炮击，中国海军布雷队驰赴小波镇、灵官嘴、蚌市等地敷布水雷，以防日舰南犯。7月，鉴于湘北战局日益紧张，海军总司令部厘定了游动漂雷队、川江漂雷队等编制表，颁布施行。游动漂雷队分设第一、第二、第三、第四、第五、第六队，必要时添编3队，列为第七、第八、第九游动漂雷队；川江漂雷队分设第一、第二、第三、第四、第五、第六队。各队官兵定额、存雷数量及屯驻地点按照作战情势分别配置。8月，日军逐渐做好了发动长沙会战的准备，洞庭湖防务随即吃紧。中国海军奉战区司令长官部命令，在沿湖各河流区域加紧赶布水雷，以加强封锁力量。此时，水雷制造所异常繁忙，日夜赶制水雷，并冒着日机跟踪轰炸的危险，设法将水雷输送到布雷区域。9月上旬，200余艘日海军舰艇及两个大队的海军陆战队向岳阳湖面集中，长沙会战即将展开。

长沙是中国西南重镇，为粤汉铁路中枢，是整个战局的关键，为中日双方必争要点。长沙一旦失守，粤汉铁路将被打通。一旦粤汉铁路被日军掌握，中国守军不仅会失去与东南战场的联系，而且川黔两省的防务也会大受威胁，影响重庆安全则关系重大。

洞庭湖至长沙的江水系湘江正流，由岳阳溯湘江而达长沙只有92海里，日舰可朝发午至，长沙颇不易防守，因为日军有优势的海军可资利用。中国守军必须依靠洞庭湖至湘江之间复杂的河流地势，利用水雷、障碍物等迟滞日军进逼长沙的行动。

1939年9月，日军集结6个师团、海军陆战队及舰艇等，共计约18万人、100多架飞机，发动了第一次长沙会战。日军采取"分进合击""长驱直入"的战术，企图在一个星期内占领长沙。组织防御的中国军队第九战区长官部调动22个军，制定了"后退决战""争取外翼"的作战方针，在正面节节抵抗，消耗敌人的有生力量，主力转移至东部山区，待日军进至长沙附近的捞刀河、浏阳河地区，其力量有所消耗时展开反攻，转移到东部山区的部队则从日军侧背出击。中国海军的任务就是运用布雷、炮队配合陆军部队达到迟滞、消耗日军的目的。

1939年9月14日，日军由新墙、阳林、通城分3路南犯，进逼长沙。岳阳江面上日军舰艇的活动开始增加，它们虚张声势，试图掩盖行动企图。中国海军针对日军动向，先后在湘江的磊石山、老闸口、濠河口、霞凝港、营田、沉沙港、临资口、元潭、许家洲、三汊矶、易家湾、竹埠港、湘潭，沅江的杨柳湖、八金汊、南嘴、天灯庙、洪家嘴、岳飞嘴等处抢布水雷2000余枚，湘阴以北芦林潭一带遍构雷区。面对星罗棋布的布雷区域，日军别无他法，只能动用飞机疯狂轰炸，但效果不佳。22日，日军见营田滩阻塞线无法破坏，便偷偷调派数百艘民船满载轻装士兵，仅仅带着一天的给养，在小艇的护卫下，由汉奸引路，由岳阳横渡洞庭湖，避开中国海军的雷区，迂回进入荷叶湖，然后通过小港，穿过中国海军在湘江以内分段构成的两雷区之间的空隙，横江东渡。湘江内两雷区之间的缝隙原为民船维持生计而专门留下的一线通道，不料被汉奸所利用，引导一部日军进入北岸的白玉圻，再由此窜入古湖登陆。不过这一带所留航道甚窄，难以通行多船，致使不少日军船只触雷，损失惨重。特别是由于雷区密布，日军不能在要点处集中登陆，只能寻找缝隙，分散上岸，造成前后不能联络、首尾不能相顾、力量不能集中、弹药给养无法接济的不利局面，这就给中国军队提供了分段截击、各个击破的大好机会。当时，中国守军部署在桥头驿、福宁铺的正面阵地，在湘江阻塞线的配合下顽强坚守。日军飞机对营田滩阻塞线实施疯狂轰炸，但未能完全破坏。中国海军布雷队全体出动，一面在日军前进和联络、接济的航路上继续布雷，一面在日军的后方实施布雷，以断敌退路，其作战行动屡遭险情。例如，22日在磊石山布雷时，海军布雷队早已发现磊石山上游有日军活动，后路已经断绝，但他们依然从容布雷。在任务完成后，他们分别将"云胜"布雷轮及雷驳等予以破坏，仅一人从陆路绕道汨罗，抵达湘阴。再如，在霞凝港的布雷队于25日乘坐"江安"布雷轮实施布雷时，因阻塞任务紧急，不能给该轮留下撤退航路，待任务完成后只能自行凿沉，以免资敌，人员则辗转回到安全地带。截至10月10日，日军因力量大量消耗而无力继续进攻，被迫退却，中日双方遂恢复到战前态势，日军攫取长沙的目的没有实现。

在此次长沙会战中，中国海军顽强的布雷行动不仅为陆军作战赢得了时间，而且有力地保护了陆军侧面及后方的安全。攻陷武汉的日军第十一军参谋部在报告中抱怨，中国军队在预料日军登陆方向的航道上，用水雷、栅栏等实施严密封锁，仅在鹿角、营田20千米的湘江航道上，日海军就处理水雷达600余枚。当日军疯狂进攻时，中国军队云集长沙以北、汨罗以南，倘若海军不能有效利用洞庭湖及湘江雷区层层阻止日军，中国陆军将腹背受敌，第一次长沙会战的结果就难以预料了。所以，海军派在湘资沅澧封锁委员会工作的陈宏泰、曾万里、郭鸿久等17人，以及布雷队队长林溁、周仲山、邵仑，队员薛宾璋、陈夔益、欧阳炎、庄怀远、杨光辉、刘祁、蔡诗文等16人均膺奖叙。

第一次长沙会战后，中国海军布雷队又担负起整理雷区的善后事宜。当时，湘阴以南及长沙、常德的水上交通急需恢复，海军布雷队马不停蹄地赶往各雷区，用标杆开辟航路及指示灯船方位，并在沿江负责引导通航。湘潭、长沙的雷区也经分别清理后竖立了标志，开辟了航路。在整理雷区时，布雷队沿途发现了被水雷炸沉的数艘日舰船，以及被遗弃的大量扫雷器具，可以想象当时日军通过雷区的狼狈之相。鉴于在此次会战中营田滩阻塞线所发挥的作用，海军布雷队根据该阻塞线被日军破坏的情况，又于1939年10月24日加布了水雷。31日，海军布雷队还在白玉圻一带加布了水雷。12月，海军组织两队挺进布雷队向岳阳挺进，27日在白螺矶布放漂雷40枚，在新堤击沉1艘日军运兵船，使中国海军声势大振，日军不敢轻举妄动。

1940年3月—1941年9月，鉴于日军在岳阳江面不时蠢蠢欲动，还经常出动船只在鹿角附近测量水深，竖立标杆，中国海军便在洞庭湖区频频采取行动。从现有史料看，有案可查的行动及战果有：1940年3月24日，海军布雷队在湘江营田滩布放定雷60枚；4月4日，海军布雷队在注滋口布放定雷20枚；5月8日，海军布雷队发现日舰在岳阳、鹿角附近测水竖标，又在注滋口加布定雷60枚；5月10日，海军布雷队在鹿角上游布放定雷198枚（图4-48）。7月2日，洞庭湖湖面上，多艘日军舰艇分别向芦西湾、谷湖铺、君山等处窜扰，被中国海军游动炮兵击沉2艘舰、5艘艇。另有2艘日舰、20余艘汽艇由岳阳向伴港、

图4-48 海军布雷队登艇出发

穆湖铺一带窜扰，也被中国海军炮兵击退。3日9时许，洞庭湖日军舰艇驶至君山壕沟附近时被中国海军游动炮兵击退。4日7时，洞庭湖日军舰艇驶至君山附近向湖滨开炮，被中国海军击退。7日午夜，中国海军炮兵炮击停泊于岳阳江面的日军舰艇，击伤数艘。8日，洞庭湖2艘日舰、3艘汽艇及多艘小船载兵窜至君山附近企图登陆，被中国海军游动炮兵击退。9日9时许，洞庭湖日军舰艇驶至君山盲目开炮，被中国海军游动炮兵击退。19—22日，海军布雷队先后在沅江的灵官嘴、蚪市、小波镇布放定雷60枚。8月7日，岳阳湖面2艘日舰驶至君山附近，向岸上中国守军实施炮击，被中国海军游动炮兵击退。又有多艘日军汽艇向洞庭湖西部湖面窜扰，也被击退，并有2艘被击中沉没。

1940年10月，海军总司令部截获情报，日海军在宜昌、岳阳两地编练海军航空队，每队配备12架飞机，以岳阳为根据地，准备飞入长江上游及湘江等处投布水雷，阻止中国军队的军事运输。为此，海军总司令部筹划应对措施，立即编组扫雷队，决定由各处布雷队执行湘江、沅江、长沙等地的扫雷任务。

在上述时间段，海军总司令部对洞庭湖的布雷工作十分重视，不断检查布雷情况，鼓舞布雷队官兵的士气。1940年10月20日，陈绍宽亲自从重庆出发，赴前线巡视。10月21日—11月10日，他先后在桐梓海军学校、辰溪海军水鱼雷营、安乡海军布雷队队部和驻在公安、松滋、藕池口、塔市驿、砖桥、调弦等处的第一、第二、第三、第四、第五、第六、第七游动漂雷队，以及驻在沅江、湘阴、长沙等处的海军布雷队第三、第四、第五分队进行训话，强调布雷工作的重大意义，要求全体海军官兵发扬英勇顽强的战斗精神，积极投入抗战。

中国海军有效的布雷行动使日军大为头疼，洞庭湖各港汊、河流不断传来日军舰艇触雷的爆炸声，以及舰艇沉没和人员死伤的报告，日军不得已于1941年2月28日急调一个支队的小型扫雷艇来华，编入洞庭湖舰队，担任湖中扫雷任务，试图遏制中国海军的布雷工作，以配合陆军即将开始的大规模军事行动。

1941年9月，日军集结了5个师团和2个独立旅团以及海军陆战队、舰艇部队、航空部队、炮兵等约12万人，发起第二次长沙会战。这次会战，日军接受了第一次失败的教训，采取"中间突破""两翼迂回"的"雷击战"战术，狂妄叫嚣要"打进长沙过中秋"。中国军队第九战区调动40个师约18万人，依然采取第一次会战的战略、战术，首先节节消耗日军力量，然后实施反攻。中国海军总司令部获悉日军有再次侵犯湘北、进袭长沙的可能，立即命令驻守洞庭湖一带的海军布雷队密切注意日军动向。

9月7日，日军第六师团由忠防、西塘包围大云山的中国守军，拉开了会战序幕。战事一开始，洞庭湖区便形势严峻。16日，日海军集中28艘军舰、200余艘汽艇，以24架飞机配合，准备对中国守军发起攻击。18日子夜，5艘日舰、50余艘汽艇、5辆水陆两用坦克进入石湖包，突然袭击中国守军青山阵地，守军一营奋力抵抗，日军未能得逞，乃以一部绕至东湖及沈家湖，从侧面攻击守军，守军全力迎击，日军退却。日军又从下青山正面强行登陆。7时许，数十架日机轮番轰炸，投弹700余枚，守军伤亡惨重。9时许，守军电话线被炸断，湖面满布日舰艇，中国守军无法增援。可见，不有效遏制日海军的行动，中国陆军防守部队将面临重大压力。

9月17日，日海陆军同时出动。以陆军为左翼，先后突破新墙河、汨罗江防线，分路向长沙进犯；以海军护卫下的"平野支队"为右翼，将舰艇集结于岳阳鹿角、九马嘴一带，试图自洞庭湖突入湘江，进逼长沙，实现水陆合围的目的。中国海军为遏制日海军行动，调动布雷队在磊石山加紧布雷，给予日军重大压力。日军舰艇无法长驱直入，遂窜入荷叶湖内的青山，准备迂回进入湘江。中国海军布雷队除先期在注滋口加布定雷30枚以外，又分别在虞公庙布雷120枚、芦林潭布雷92枚、湘阴下游的乌龙嘴布雷60枚。

9月19日，日陆军抵达长乐街，其前锋已经越过湘阴，但其海军仍被阻于鹿角以北，与陆军距离遥远，无法达成海陆军联合作战。这一情形使日军极为恼怒，遂于当日中午派出数十艘舰艇，经横岭湖进犯锡江口。中国守军用坦克炮猛轰，击沉2艘日舰，毙敌数百人。接着又有数艘日舰窜入杨林寨湖，炮击锡江口左翼。还有10余艘日舰驶入团林港，围攻中国守军畎口阵地，均被击退。与此同时，日军派出飞机整日对营田滩阻塞线实施狂轰滥炸，然而无济于事，日海军依然难以逾越从营田滩到鹿角之间密集的水雷区，即使打通营田滩阻塞线，日海军南下也将付出很大代价。更何况在日军不断破坏雷区的同时，中国海军还在积极配合陆军的防御战，不断实施布雷，加固原有雷区，并在能够阻遏日军的关键水域布放水雷。

9月20日黎明，日机开始轰炸锡江口、芦林潭。9时许，10余艘日舰再袭畎口，并炮击老龙潭、团竹寺，中国守军集中轻重武器于各港汊要口实施反击。15时，击伤1艘日舰。21日7时，7艘日舰、10余艘汽艇从青山乡团竹寺驶来，企图援救受伤军舰。中国守军集中炮火猛轰日舰艇，击毁3艘日艇，毙敌百余人，受伤日舰也着火下沉，日兵纷纷跳水逃生。中国守军用轻重机枪猛烈扫射，击毙日海军少佐以下二三百人，并缴获2门大炮及无数弹药、军用品。当日中午，横岭湖面5艘日舰集中火力轰击芦林潭阵地，掩护其陆军分乘10艘汽艇及8艘帆船登陆，中国守军一排浴血抵抗，激战一小时，使敌不能得逞。日军乃另以10余艘汽艇绕至斗米嘴附近，同时猛攻锡江口，致使芦林潭四面受敌。战至17时许，中国守军牺牲殆尽。22日，中日双方终日激战，芦林潭最终失守。23日凌晨，横岭湖、东湖出现7艘日舰，以舰炮轰击中国阵地。在作战期间，日海军派第一、第二水路疏浚队对湘江的170枚机雷和31处障碍物进行了爆破处理。

在日军与中国守军激战之时，中国海军布雷队则乘间隙积极实施布雷。9月20日、21日，海军布雷队在芦林潭、临资口和刘家坝之间，刘家湾、临资口和沅潭之间，湘阴的扁担洲和三汊河之间先后布雷共计272枚。22日凌晨，海军布雷队在湘阴的三汊河和老闸口之间布雷，阻止日军进入湘江。当日本海军改向西方窜扰、实施迂回时，布雷队又在沅江积极布雷。23日，海军布雷队在乔口、白马寺、芷湖口等处布雷

190枚。

9月26日，日陆军由福临铺、高桥分别向长沙进逼，而由于湘阴一带雷区密布，无法突破河防，日海军不能与陆军齐头并进。虽然日军使出浑身解数，极力扫雷，但进展不大，有狗急跳墙之势。27日中午，10余艘日军舰艇突然驶至虞公庙江面，对中国守军阵地发起猛攻，被中国守军击退。28日晨，日舰再次来犯，并施放毒气，企图进入湘江。同时，日军派出舰艇对营田滩阻塞线进行破坏，有1艘扫雷舰触雷沉没。29日17时，中国守军开始反攻斗米嘴和芦林潭，日军不支，施放毒气，掩护其舰艇逃走。

9月30日，4艘日汽艇由虞公庙江面南犯，遭中国守军炮击后狼狈而逃。中国海军布雷队则在湘潭、杨柳湖、神童院一带布雷200余枚，并在南湖洲、易俗河等处留置布雷队随时准备布雷，使日军的水道运输受阻。

10月1日，长沙近郊的日军开始全面崩溃，洞庭湖的日军呈现败势，但仍然不时以飞机和汽艇四出骚扰。直到此时，负责"扫荡"洞庭湖的"平野支队"才于3日"在湘阴北方白泥湖岸，奇袭登陆，开始攻击湘阴"，但为时已晚。5日，日军大部经湘阴、营田北逃，湖上日舰也纷纷远遁。7日正午，中国守军收复全部失地，第二次长沙会战宣告结束。此次会战中，中国海军积极行动，布雷队仅在湘江、沅江就先后布雷达4000余枚，使日军舰艇不能由湘阴直趋长沙，中国陆军防守部队则得以从容部署。而"平野支队"从9月17日16时出发，到10月3日在湘江登陆，用了16天时间才勉强通过洞庭湖区，然而等待他们的则是全线溃败。

1941年12月7日，日军发动了太平洋战争，国民政府军事委员会命令第四战区向港九增援，并派远征军增援缅甸，同时令各战区发动攻势，牵制当面之敌，声援盟军在太平洋作战。日军为牵制中国军队行动，同时急于打通粤汉铁路，因而在第二次长沙会战仅仅过了2个月便发动了第三次长沙会战。此时正值冬季，洞庭湖的自然条件发生了很大变化。洞庭湖在夏秋两季受长江洪流的下注，弥漫浩渺，宛若大海。但是，进入冬季之后，湖水流入大江，湖区呈现干涸状态，如同洲汉一般，舰艇活动困难，雷区的作用更加显现。日军不顾洞庭湖区不利的自然环境，依然发起会战，足见其夺取长沙之迫切。

此次会战中，日军集结了4个师团、3个独立旅团和炮兵、工兵、海军、航空部队等，约12万人，在接受了前两次长沙会战的教训后没有寄希望于以陆军一部在海军配合下沿洞庭湖进入湘江，然后在湘江以西登陆配合进逼长沙的部署，而是把几乎全部的兵力都放在湘江以东，分路渡过新墙河、汨罗江、捞刀河、浏阳河，从北、东、南三面包围长沙。日军认为，如此部署就可实现元旦占领长沙，并打通粤汉铁路的意图。为打破日军的部署，中国军队第九战区调动40个师约18万人，采取避敌锋芒、诱敌深入的战术，以一部在正面节节抵抗，一部准备从东北向西南实施反击，一部准备从西北向东南实施反击，一部则固守长沙。

12月19日，日军发起进攻，第三次长沙会战打响。尽管在这次会战中日军一度占领了大半个长沙城，但最终在中国军队顽强抵抗和猛烈反击下遗尸6900多具后狼狈溃逃，于1942年1月16日撤至新墙河以北地区，结束了这次会战。

在近一个月的会战中，中国海军鉴于日本海军在洞庭湖区的活动明显弱于第二次长沙会战，仍然按照既定战略，在重要区域、港汊、河道实施布雷。此时，海军总司令部已将原有部分布雷队进行了整备，组设了第一、第二、第三、第四布雷总队，将第一布雷总队队部设于长沙。海军第一布雷总队针对敌情，在湘江各要区加紧布雷，先后在霞凝港、捞刀河、浏阳河、乔口、静港、石湖包等处加布水雷270枚，有效阻止了日本海军沿水路南下的企图，使海陆军之间的接济断绝，无法协同。会战结束后，第一布雷总队队长陈宏泰及各大队长等因功分别获得嘉奖。

3次长沙会战，日军不仅未达到目的，而且元气大伤。中国军队取胜的原因固然有陆军战略、战术得当和官兵作战顽强的因素，但海军的作用也不可小视。正如陈绍宽在总结3次长沙会战时所说："敌人前后三次，每次都用一百多艘舰艇和十数万大军的实力来发动长沙会战，结果三次都失败了。揆其原因，事实很明显地告诉我们，就是因为水路给他们阻塞，舰艇无法通行，未能实现海陆两军分进合击的计划，失去联络和接济的作用，所以才告失败的。否则，敌人陆军每次进展那么迅速，来势那样猖獗，何以退时是那样的狼狈不堪呢？这就是因为他们海军不能与陆军同时并进的缘故。海军被阻，使陆军陷于深入，转使陆军的速进，形成不利的态势，非急退就有全部被歼的危险。这是每一次会战后的检讨工作中所公认的战果。海军在前后三次会战中，每次针对敌人动向，或是阻其前进，或是断其后路，在湘沅各江一共抢布水雷五千多具。这五千多具的水雷，终于把长沙保全了。"

日海军在第三次长沙会战后，依然不断利用有利时机，对洞庭湖区进行窥视和骚扰。然而，中国海军保持高度警惕，密切关注日舰艇动向，不失时机地以布雷手段削弱日本海军的力量。1942年5月，中国海军察觉日军有图湘企图，立即派出第一布雷总队于鲶鱼口、石湖包、灵官嘴、蚌市、小波镇等处增布水雷400枚。8月，该队又在蚌市分线的獭湖、史均湖加布水雷60枚。1943年四五月间，日军把中心转移到洞庭湖以西，试图利用占领荆江两岸的有利条件，南趋华容、南县、安乡等地。中国海军察觉日军意图后遂命令第一布雷总队协同第三布雷总队,在洞庭湖各腹地河流施行阻塞,分别于湘江方面的石湖包、磊石山,沅江方面的灵官嘴、蚌市、南北口、小波镇、西港、流花口、德山、鸭子港、毛家铺、游巡塘、接港口、赤山岛附近的天灯庙、茅草街、障北垸、南嘴、河口、钧尾、蓼花塘、下狗头洲、南附垸、八金汊、巩固垸、王家咀、下兴口、柳城港、石灰窑等处布雷1269枚。6月,布雷队在白玉圻布雷100枚。

海军的布雷行动也常常伴有壮烈的牺牲。1943年5月8日,在沅江赤山岛一带执行任务的海军布雷队雇用一艘小火轮,在草尾等待命令时被日机发现,日机投弹将小火轮击沉,船户及布雷队官兵多人阵亡。尽管付出了巨大代价,但在河湖纵横的沅江,日军无法进入水道,其南犯计划便随着水雷的爆炸声而告破灭。日军退却后,中国海军布雷队又分别开辟妨碍中国军队运输的航道。7月1日,海军第一布雷总队第三大队副队长李耀华、副军士长唐天宝、上士阮正元、列兵张冬成和郭启仁等,在德山开辟航道时触雷牺牲。即使在这样艰难、危险的情况下,海军布雷队也未停止工作,一旦有任务便立即出动。

1943年10月,日军在太平洋战场面对优势的美军,明显呈现出败势,国民政府为配合盟军在太平洋作战,调集7个军的兵力转赴云南、印度,准备协助盟军反攻缅甸,并打通中印公路。受此威胁,日军决定发动常德会战,以牵制中国军队向云南、印度进军。

从1943年11月1日开始,至12月26日结束,常德会战持续了近两个月时间。会战期间,日军投入了4个师团、2个支队及海军、航空部队,共10万余人。中国守军则有第六战区一部及第九战区增援部队投入作战。战斗异常激烈,守城部队抱定"与城共存亡""宁战死不投降"的决心,寸土必争,往复冲杀。城郊激战5天,巷战7天,中国有5700多名官兵战死,12月3日常德陷入敌手。但增援常德的中国军队源源不断地开来，于12月11日夺回常德，毙伤日军2万余人。随后，中国军队又收复各县，于12月26日恢复战前态势。

1943年10月，中国海军就已经发现鄂西日军频繁调动，由石首、公安西趋常德、桃源，南窥湘江、资水，意图明显。海军总司令部敏锐地意识到常德雄踞沅江北岸，是湘西的锁钥，必须全力保卫，于是派出第一、第三布雷总队所属各布雷队，按照以往经验，沉着应对，分别在蚌市、南北口、灵官嘴、小波镇、流花口、毛家铺、鸭子港、西港、牛鼻滩，以及赤山岛附近的洛子口、彭家山、聿成垸、天心湖、狗头洲、土马嘴、障北垸、下狗头洲、东坡寨、杨阁老、兔子哨、茶阁等处，加布水雷624枚。常德、桃源附近的水路交通全部被水雷阻断。常德会战爆发后，海军布雷总队沿沅江自常德至汉寿以东水域布雷，阻止日军舰艇活动。整个会战期间，日军无法从水路上完成粮食、军火接济，只能依靠陆路，而陆路受到中国军队的不断袭扰，导致军行濡滞，严重影响攻击行动，这与海军的布雷行动密切相关。5个多月以后，太平洋战局愈加对日军不利，中国战场上的日军更加急于打通粤汉路北段、湘桂路、桂越路，以弥补海上补给的不足，于是又发动了长衡会战。

1944年2月，日军开始调动兵力，陆续集结了9个师团、4个独立旅团、1个联队、2个野战补充队，约17万人，试图夺取长沙和衡阳。中国第九战区则调集16个军48个师，约24万人，在长衡一带准备迎击敌人。5月26日，日军分3路展开进攻。这次日军改变战略，兵分3路南下：东路于6月初先后突破新墙河、汨罗江防线，6月7日向平江、浏阳进攻；西路于同一时间突破湖防、江防，攻占了沅江、临资口，分向益阳、宁乡进犯，其矛头指向岳麓山；中路沿已拆毁的铁路线于6月9日渡过捞刀河。长沙陷入包围之中。6月18日，长沙陷落。日军又分兵南进，直指衡阳。8月8日，衡阳沦陷，长衡会战结束。

长衡会战中日军以陆路进攻为主，同时派出海军舰艇配合作战，中国海军的布雷行动依然是日本海军水上活动的最大阻碍。1944年5月27日，即数路日军发动会攻长沙的第二天晚上，日舰侵入新墙河，支援陆军向东南进犯，同时由平江侵入汨罗。洞庭湖以西的华容、石首、藕池的日舰也纷纷南攻，配合日陆军分别占领了南县、安乡。中国海军布雷队分头先后赶往上枫港、廖家潭、茶阁、孔家湖、浩光湖、曾埠角、碧口、大埠口、茈湖口、濠河口、涡河口、乔口、靖港、捞刀河、霞凝港等处，布放水雷507枚。尽管这些水雷可以满足阻塞之用，但由于日军攻势猖獗，中国陆军被迫后移，不能掩护雷区，海军无法单独担当护雷任务，使得日舰可任意扫雷，情况一度十分严重。不过，由于水雷数量众多，日军一时难以清扫完毕，其海军舰艇依然无法跟上陆军的进攻步伐。6月8日，湘阴被日军攻陷，中国海军布雷队仍在傅家洲南端抢布水雷，以保卫长沙水道，随后又在长沙上游的下摄司、渌口等处布雷240枚。18日，日军兵临长沙，但在湘江内并无日舰出现，它们均被水雷阻于湘阴下游。日陆军只能以重兵沿湘江左岸的丁家湾、霞凝港、捞刀河，右岸的乔口、靖港、白沙洲、岳麓山，以钳形攻势攻入长沙。作战中，中国海军布雷队官兵在大兵压境之时，"忠勇将事，不避艰危，致有后退不及者"。长沙陷落后，中国海军布雷队陆续集中，分别整理，将第一布雷总队调赴赣江、吉水工作，第三布雷总队继续扼守常德、新安、汉寿等地。七八月间，第三布雷总队出没于牛鼻滩、德山、常德各段，继续布雷，并设置水上障碍物。在这期间，海军第一布雷总队湘鄂区布雷队奉调赶往汉寿，途中被日军包围，队长刘学枢下落不明。

第八节 荆江防守战

中国海军在筹划洞庭湖区防御的同时，也十分重视荆江的战略地位。荆江是指自湖北枝江至湖南岳阳城陵矶之间的长江江段，藕池口以上称上荆江、以下称下荆江。荆江河道弯曲复杂，特别是下荆江蜿蜒曲折，有"九曲回肠"之称，如果中国海军在此实施周密筹划，对于不熟悉荆江地理环境的日军来说是难以逾越的险地。武汉失守后，国民政府设战时陪都于重庆。重庆位于嘉陵江汇入川江之口，三面环水，状如半岛，在军事防御上，水重于陆，而川江的前卫便是荆江。从荆江口到重庆，水路有600海里，其上游虽有川江巫峡之险，但它依然是进入重庆的重要门户和水上走廊，只有稳固荆江，才能使川江不受威胁，从而使重庆得以保全。

1938年7月，陈绍宽就按照国民政府军事委员会的指示，拟订了包括荆江在内的长江中上游防御计划。然而，由于荆江无险可守，故没有设置炮台，其防卫力量专靠雷区，从而加大了海军的防御难度。10月27日，海军在石首开始建立水雷封锁线。11月，海军成立布雷队后，把荆江段作为重要的布雷区域，布雷分队根据敌情，使用定雷和漂雷拱卫荆江，在藕池、沙市、董市、宜都、红花套等处设置定雷，在监利、郝穴、松滋、宜都、平善坝等处布放漂雷，驻宜昌的海军第二舰队司令曾以鼎亲自部署布雷事宜。11月10日，城陵矶失守，海军为保证上游安全，立即在石首、藕池各区布放定雷200枚。12日，中国陆军退出岳阳，岳阳江面遂成为日海军舰艇的根据地。从岳阳至宜昌260海里，距离并不算长，日军原以为不久就能将航道打通，便从岳阳不断出动舰艇进入荆江徘徊窥伺。中国海军慎重防范，于19日在石首下游布放漂雷150枚,将日舰逼出荆江。此后,海军常备不懈,敷布定雷于郝穴、马家寨、斗湖堤、窑家埠、马家嘴、观音寺等处,连同在石首阻塞线上所布的定雷共计500余枚。

1939年5月,为加强石首阻塞线力量,海军用趸船装载石子下沉,并配以竹缆连接,以巩固阻塞线。5月9日,海军布雷队发现日军汽艇出现于砖桥,立即在塔市驿布放漂雷50枚,以期迎头痛击,并在该处留置监视哨和一部分漂雷,发现敌情立即布放。10日,尺八口一带发现日军汽艇出没,海军布雷队又在宜昌阻塞线附近用大量障碍物构成一道辅助防线,以保万无一失。

9月19日,日军集结5艘军舰、10余艘汽艇驶往荆江口的广兴洲洪水港等处,一面在水面上搜索,一面向岸上开炮,以试探中国守军的反应。中国守军不予还击,秘密监视其行动。而海军布雷队则积极行动,悄悄借着水流将水雷连续推入水中,日军察觉到水中有水雷后仓皇向下游遁去。

1940年3月16日,监利东南杨林山附近江面出现2艘日舰,汉口日舰也有企图上驶迹象,海军布雷队在二洲子布放漂雷30枚,日舰发现该处防御周密,未敢轻举妄动。为了防止日军舰艇从洪湖进入荆江,海军布雷队又在朱家河附近的梅家台和高湾布放定雷30枚。5月2日,海军布雷队在观音洲上游布放漂雷10枚。

总之,从1938年11月岳阳失守到1940年5月,在1年零6个月的时间里,日军无时无刻不想打通荆江,以配合进攻重庆。然而,200多海里的荆江成为日军无法逾越的江段。

1940年5月,日军调动4个师团、1个旅团、7个支队、4个大队的兵力,以及战车联队、野战重炮旅团、海军、航空部队等,发起了枣宜会战,企图打开通往重庆的门户。中国方面第五战区调集50余个师约40万人的兵力实施防御。由于荆江被中国军队所控制，日军只能由豫南、鄂北分5路向桐柏山、襄阳、枣阳、宜昌进犯，参加此次会战的日本海军第一分遣支舰队难以有所作为，海军航空队则重点对重庆和成都实施轰炸，其他海军舰艇则在洞庭湖和鄱阳湖实施佯攻。

由于中国军队抵抗不利，1940年5月8日，日军占领枣阳。6月12日，日军占领宜昌。

就在日军迫近宜昌之时，中国海军布雷队在砖桥布放漂雷，又在石首、藕池、郝穴、太平口、江口、百里洲、董市、松滋、白洋、宜都、红花套等处急布定雷1900枚，在红花套布放漂雷50枚。日军占领宜昌后，北面受汉水上游中国军队的压制，南面受沔（阳）监（利）地区中国军队的牵制，长江航道又不能打通，深感长江难以为固，于是频频对长江沿岸实施"扫荡"。在荆江，虽然上游和下游均被日军切断，但上自松滋，下至洪水港，仍然在中国海军的控制之下，即使后来日军先后占领了监利、郝穴等处，也只能利用江上雷区的空隙横渡过江，其海军舰艇则无法正常航行于荆江航道上，迫使日陆军不得不由汉口陆路运输宜昌军队的给养、弹药，如此往往接济不及，屡次出现给养困难的窘况，不得不将大部分民夫遣散。中国海军布雷队则把荆江南岸的藕池和藕池以西的松滋，藕池以东的石首、调弦、塔市驿、砖桥、洪水港、广兴洲、黄公庙等地作为根据地。尽管这些地方之间的联络已被切断，但布雷队依然没有放弃布雷。6月28日，占领宜昌的日军强渡五龙，海军漂雷队闻讯于29日凌晨在宜昌对岸的紫阳布放漂雷40枚，对日军实施攻击。

1941年4月，日军为打通沙市与岳阳间的长江航运，拟由沙市、仙桃、新堤向监利附近湖沼各处进犯，中国海军各布雷队奉令严加防范，并于当日在砖桥下游的洪水港布放定雷20枚。6月，日军再图进犯长沙、常德，希望能打通岳阳与宜昌间的长江航运，中国海军布雷队在洪水港、石首、藕池、横堤市、太平口等处布放定雷180枚,使日军始终无法实现其意图。8月,海军布雷队又先后在石首、太平口、洪水港、藕池上游的横堤等处加布水雷160枚,以加强防御。从9月30日晚上起,海军布雷队为配合陆军反攻宜昌,先后在黄公庙、芦罗洲等处布放漂雷10次共67枚,并在洪水港增布定雷30枚,使敌无法运用海军力量策应其陆军作战,而中国军队则得以从南岸渡江进攻。10月4—13日,海军布雷队在宜昌附近的黄公庙、洪水港下游及芦罗洲等处布放漂雷、定雷,加固荆江阻塞,使日海军无法策应其陆军作战。10月10日,中国军队收复宜昌,荆江雷区更显稳固。12月31日,海军接到日舰上驶的情报,布雷队立刻在广兴洲赶布漂雷10枚。1942年1月6日,海军又获悉日舰再次向荆江窥伺,海军立刻在三只角布放漂雷5枚,阻其前进,并设法破坏了日军在江中设置的扫雷网。

1942年7月—1943年2月,日军在沙市搜集船只,并在岳阳增兵调舰,加紧对荆江以北地区的进犯,情况日趋严重,中国海军布雷队闻讯分别在洪水港、碾子湾、太平口、横堤等处加布水雷,同时派官兵至黄公庙监视敌情。此时,中国海军为进一步加强布雷工作,将派在荆江工作的布雷队改番号为海军第三布雷总队,下设7个大队,以增强布雷力量。

从岳阳至宜昌,日军舰艇只需二三十个小时就可到达,即使由武汉开航,也不过三四十个小时。然而,就是在这260海里的荆江上,日军竟用了4年时间苦心谋划打通航道,也未能如愿,这不能不说是中国海军防守长江上游的一大功劳。

1943年2月,日军对沔监地区进行"扫荡",以图减少后续渡江的困难,2月16日占领监利。荆江北岸遍布日军,他们在杨公堤架炮轰击中国海军布雷队根据地,布雷队官兵冒着炮火毅然在石首、古长堤等处抢布水雷157枚，致使日军水路受阻，岳阳的日舰也皆不敢轻易进入。日军于荆江口外架设钢丝网，竖立铁柱，以防漂雷。28日，海军第三布雷总队在荆江三只角布放漂雷20枚，谋炸日军设置在江中的防御工事，击沉了1艘监视艇。第三布雷总队又在广兴洲布放漂雷15枚。然而，此时日军沿荆江北岸以5路大军从江陵、观音寺、新厂、堤头市、沙堤子等地纷乘帆布艇、橡皮艇横渡太平口、窑头埠、横堤市、调弦、黄公庙等处，声势浩大。在这种情况下，仅仅靠中国海军在荆江水道布雷阻止日军南下已经难以奏效，必须通过陆海军配合才能使日军在渡江过程中遭遇挫折。但遗憾的是北岸的中国守军还未等到日军半渡之际便纷纷放弃阵地，使日军轻取北岸。

3月，日军又先后占领了华容、石首、藕池口、横堤、太平口、董市等地，荆江两岸要地尽陷敌手，荆江雷区也从此失去控制，中国海军的布雷活动也就无法进行了。

日军控制雷区之后，便派飞机对雷区不断进行轰炸，没来得及撤离荆江的中国海军布雷队遭受了重大损失，2艘布雷小火轮及18艘雷驳相继被炸沉，列兵郭殿省殉职。鉴于此，海军总司令部不得不下令将第三布雷总队撤往华容、南县、安乡等地，一方面全力守卫腹地河流，一方面谋划重新部署。至此，中国海军在荆江正流的布雷任务暂告结束。

尽管日军控制了荆江，但中国海军在荆江布设的水雷依然在发挥着作用，日军要完全清除需要花费很大气力，一时难以做到。直到日本投降，日军舰艇始终不能在荆江一带大胆活动，日本海军虽在汉口建立基地，伪海军亦在汉口设有基地司令部，但除少数炮艇留在汉口外，大部分都集中在九江湖口一带。

当然，中国海军并没有完全放弃在荆江的作战，而是时刻关注着敌我双方情势的变化对荆江战况的影响，以便及时做出决策并采取行动。

1945年，海军总司令部对荆江方面的作战做出部署：第三布雷总队以主要力量密切注意荆江敌情，如中国陆军扫荡两岸日军，恢复原有阵地，那么，海军则进入原防，将荆江各段重新布雷阻塞。荆江方面且须与驻防川江的第四布雷总队密切联络，两总队配合陆军，取游击态势布放漂雷，扰乱敌人水上交通。唯此项计划须视陆军掩护部队的力量，随机会而进行。

第九节 川江要塞战

川江是指从四川宜宾至湖北宜昌之间的长江上游江段，因其大部分流经四川盆地而得名。川江弯曲多滩，礁石星罗棋布，水流湍急。两岸多为崇山峻岭、悬崖断壁，最险要之处为三峡，三峡中又以西陵峡为最险，位于宜昌与巴东间，包含川江著名的崆岭、新、泄三大险滩，其中尤以庙河附近的崆岭滩为最险。正由于川江的自然环境复杂，才成为拱卫陪都重庆的天然屏障（图4-49）。

武汉失守后，国民政府为全力保卫重庆，指示海军协同陆军加强川江防御。海军总司令陈绍宽于1938年11月率部开始实施宜昌堵塞计划，海军总司令部、船舶运输司令部、宜昌警备司令部以及边区公署重点协商在宜昌建立沉船阻塞线。11月25日，各单位依照封锁需要议定征船办法，海军总司令部派出梁同怡赴宜昌担任宜昌水道指挥部的指挥官，就近接洽办理。海军第一、第二舰队司令部也先后移驻宜昌，陈绍宽由长沙转至重庆，亲自视察宜沙江防，并指示一切防务布置。1939年1月，

图 4-49 川江

江防军召开川江要塞筹备会议,并组织海军相关人员侦察川江要塞情况,经过讨论,决定设置要塞区。3月,海军总司令部在宜昌与巴东间成立了宜巴区要塞炮台,设第一、二总台,下辖4个台,选择石牌、庙河、泄滩、牛口为安装阵地,配备55门舰炮及野山炮等。另在红花套设第一直属台,装备4门舰炮。第一总台台长为方莹,第二总台台长为曾冠瀛。10月,海军在巴东与万县间又成立了巴万区要塞,设第三、四总台,下辖5个台,选择万流、青山洞、巫山、奉节、云阳为安装阵地,配备47门舰炮及野山炮等,以蒋斌、张日章分任总台台长。上述4个总台共编配1203名官兵。另于第一、二总台各编配2队烟幕队,第三总台编配1队烟幕队。此外,设立川江漂雷队,叶可钰(图4-50)为队长,下辖6个分队,分别配属于石牌、庙河、泄滩、牛口、巫山、万县6个要区。

图4-50 叶可钰与水雷

进入1939年,中国海军舰艇仅存14艘,即第一舰队的"江元""楚观""楚谦"等9艘,第二舰队的"永绥""民权"等5艘。海军总司令部将这些舰艇中的大部分分驻于宜昌、巴东、万县、重庆等地,除担任水上防务外,还协助当地防空部队参加对空作战。海军所属"克安""定安"运输舰停泊于川江下游,执行作战任务,并随时准备在日军溯江西犯时自沉阻塞水

水雷构造图纸

珍贵的水雷构造图纸(图4-51)入藏中山舰博物馆,此图纸系抗日名将、"平海"舰副舰长叶可钰的遗物。据介绍,1937年9月,江阴海战后,中国海军主力舰艇损失殆尽。海军将士们毅然转型,开展水雷游击战。时任长江中游布雷游击队副队长的叶可钰正是这一战略的重要执行者。此次入藏的图纸是叶可钰1938年初在海军武汉办事处为水兵授课时所使用的教学资料。图纸上清晰展示了水雷的引爆装置、炸药等核心结构。1938年正值江阴海战刚结束,这张图纸是海军转向水雷作战领域的关键物证。

叶可钰(1898—1980)的海军生涯始于1915年福州马尾海军学校,后被选派赴日本留学专攻水雷技术。1937年,叶可钰作为"平海"舰副舰长亲历了著名的江阴海战。在舰长重伤后,他挺身而出,指挥战舰与日军飞机殊死搏斗。此后他转入水雷作战,先后担任布雷队分队长、长江中游布雷游击队副队长等职,因战功卓著、布雷炸舰有功,曾两次获得"华胄荣誉奖章"。

这张水雷构造图纸历经80余载沧桑，保存至今，背后凝聚着叶家人的精心守护。叶可钰的儿子叶延华回忆说，其父生前十分珍视这份见证海军抗战历程的教学资料，特意嘱咐家人妥善保管。在物资匮乏的特殊年代，家人将其用作书皮，"有图的一面朝里包裹着书本，外面看起来就是一张普通的牛皮纸"。这种特殊的保存方式虽使图纸边缘留下些许使用痕迹，但主体内容得以完整保存。巧合的是，这次捐赠背后还有一段奇妙渊源。1937年9月23日深夜，江阴海战失利的"平海"舰官兵，正是通过"中山"舰转移至南京。在"中山"舰出水文物中就发现了刻有"平海"铭文的脸盆等物品。"在网上看到中山舰博物馆收藏的'平海'舰文物，让我知道该把图纸送到哪里。"叶延华说。如今，这份图纸与"平海"铭文文物重逢，完成了一场跨越88年的历史对话。

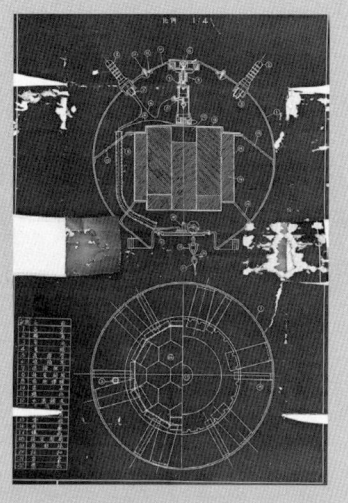

图4-51 水雷构造图纸

（原载2025年4月5日《湖北日报》）

道（图4-52）。

海军在宜巴区和巴万区预先设置了布雷队据点，甚至在涪陵和重庆间也预设雷区，储存的部分漂雷准备在必要时布放。

1942年3月，英美两国为加强中国海军的防御力量，将4艘炮舰赠送给中国。3月17日，在海军总司令陈绍宽的主持下，于重庆唐家沱举行了4艘炮舰的接收仪式。随后，3艘英赠炮舰被命名为"英山"（图4-53）、"英德"（图4-54）、"英豪"（图4-55），美赠炮舰被命名为"美原"（图4-56）。海军总司令部将"英豪"舰派驻湘江，

图 4-52 "克安"运输舰

图 4-53 英赠"英山"炮舰

图 4-54 英赠"英德"炮舰

其余 3 舰分驻川江各地。

1944 年 9 月，法国将原在华的"Balny"浅水炮舰赠送给中国海军，命名为"法库"（图 4-57），海军总司令部将其遣往川江协同担任水上防御工作。

上述所有海军部队分别由驻泊万县的第一舰队司令陈季良和驻泊庙河的第二舰队司令曾以鼎指挥。

1939 年 7 月，海军总司令部厘定了川江漂雷队编制，正式将川江漂雷队编为第一、第二、第三、第四、第五、第六队。1940 年 9 月，为阻止日军活动，增强川江防御力量，扩展漂雷分区计划，海军总司令部正式任命张绍熙为川江漂雷队第一队队长、高如峰为第二队队长、阙福三为第三队队长、韩兆霖为第四队队长、谢为森为第五队队长、黄子坚为第六队队长，各队分别扼守川江的重要区域，多储漂雷，准备与日军决战。同时，增加要塞设备，提高烟幕队作战能力。

宜昌位于三峡东口北岸，号称"川鄂咽喉"，为长江航运的一个转运站，战略地位十分重要。从此处西去5000多米的南津关扼西陵峡的入口处，再往西，南北两岸则均为崎岖绵延的山岭，江面狭窄，易守难攻。然而，宜昌郊区是绵亘的丘陵地带，易攻难守。

图 4-55 英赠"英豪"炮舰

图 4-56 美赠"美原"炮舰

图 4-57 法赠"法库"炮舰

日军图谋宜昌已久，早在发动枣宜会战前的 1939 年 8 月，日军就派飞机试探性地轰炸了宜昌及其沿江水域，海军第二舰队司令部及"克安"运输舰被炸，7名士兵遇难，"克安"舰也受重伤。

1940年2月25日，日军制定了夺取宜昌的《会战指导方针》，把主要攻击任务交给第十一军，又从第十三军抽调两个支队参加作战，令第三飞行集团负责支援。同时，日海军中国方面舰队派遣一个分遣支舰队的一部参加作战，华中船舶输送队派出已在汉口的以第十七港口司令部为基干的汉水支队参加会战。4月7日，第十一军制订作战计划大纲，规定了陆海军协同作战的方针、要领等。4月下旬，日军在长江南岸发起佯攻，独立混成第十四旅团对九江以西地区展开"扫荡"战，海军舰艇部队向洞庭湖和鄱阳湖方向实施佯攻，航空部队则开始对第九战区重要地点实施轰炸。五六月间，日军向湖北襄樊和宜昌地区发动强大攻势，其战略目标毫无疑问地指向战略要地——宜昌地区。持续了40多天的会战分为枣阳地区作战、宜昌地区作战及反攻作战3个阶段，后来将这3个作战阶段合称为枣宜会战。会战之前，中国军队第五战区制定的作战指导要领之一是日军进攻宜昌、沙市时，江防军在沿江方面应依靠航线阻塞及用江防设备封锁长江水道，以阻止日舰活动。江防军有23个师的兵力，另外包括宜万区（宜巴区和巴万区）要塞指挥部和渝万区要塞指挥部，其指挥机构为长江上游江防司令部（枣宜会战后，江防军建制调整，长江上游江防司令部扩建为长江上游江防总司令部，吴奇伟任总司令，驻宜昌三斗坪），虽受第五战区节制，但作战指挥、部队调动、装备补充以及防务设施等均由重庆统帅部直接掌握。至于防务设施，自从武汉撤退以后，投入大量经费，除在沙市下游的长江水道用海军的残存军舰和大型商船填充沙石设置阻塞线外，另在沙市与宜昌间的沿江城镇据点构筑永久或半永久性小型要塞或据点工事，以加强防务力量。显然，海军炮台在江防军中担负着重要使命。

6月，宜昌战事爆发，江防军投入战斗，但由于日军主要从陆上进攻，扼守江上要塞的各海军炮台并未参加激烈战斗。参与作战的中国海军依然主要是布雷队，官兵们在宜昌、沙市的各重要水道昼夜工作，加布定雷2000余枚，并采用漂雷战术，使日舰无法与日陆军配合作战，而中国陆军则得以从容后撤，不受水上日海军的威胁。结果是日军虽占领宜昌，但各雷区仍得以保全，宜昌附近的水道也在中国海军控制之中。

由于中国海军对荆江的封锁，日军对宜昌乃至对重庆门户的控制无法稳固，日军便不断向川江南岸派兵，试图寻找摆脱困境的办法。日军接受荆江受挫的教训，打算先清除川江上中国海军的防御力量，然后再实施陆上进攻。因此，日军一面采取空袭手段，炸沉中国残存军舰，一面继续破坏雷区，并不断实施渡江骚扰。中国海军以不变应万变，除了抵抗来自日机的袭击外，继续密切关注日舰的江上动向，以布雷作为主要防御手段。

9月3日，日机飞临巴东附近台子湾上空袭击"甘露"舰（图4-58），"甘露"舰官兵奋起抵抗，但该舰防空力量薄弱，最终被炸沉没。"江鲲""江犀"两舰也在此次空袭中受伤。

1941年2月，日军在当阳召开会议，决定以占领宜沙的兵力由川江以北向西进犯。3月5日，日军兵分3路向西挺进，迫使中国军队后撤，气势十分猖獗，留驻宜昌的日军

> **"甘露"舰**
>
> "甘露"舰是一艘北洋政府时期购于英国的测量舰，排水量400吨，在长江抗战中立有战功。它参与了破除长江下游航道标志、救援遇险舰只等多项工作。上驶川江后，它又多次担负运输、布雷等任务。该舰不幸于1940年9月3日被日军飞机炸沉于四川巴东。

图 4-58 "甘露"舰

则频繁南渡,以策应西进日军。中国海军川江漂雷队立即投入战斗,9日晚,在宜昌上游石牌附近抢布漂雷,每隔10余分钟布雷一次,共布放漂雷30枚,以袭击横渡的日军。10日,日军占领平善坝,中国陆军继续后撤,但日海军依然在荆江外徘徊,不敢进入。在很长时间里,因中国海军各炮台、布雷队严密扼守,日军无隙可乘。平善坝距石牌很近,石牌的中国海军炮台已严阵以待,占领平善坝的日军因得不到海军的支援而不敢继续前进。11日,日军被迫放弃平善坝,向宜昌退去,使得此次作战徒劳无功。日军恼羞成怒,转而用飞机对中国海军炮台以及雷区实施轰炸,但由于各炮台防范得力,轰炸并未起作用。

8月23日午时,一队日机袭击巴东附近台子湾中国海军"江鲲"(图4-59)、"江犀"(图4-60)两舰,投弹多枚,均未命中。24日8时,多架日机飞至台子湾继续轰炸两舰,两舰虽奋力抵御,激战许久,但因众寡悬殊,舰体要害均受重伤,相继下沉,两舰有9名官兵受伤。

"江鲲""江犀"两舰是晚清时期萨镇冰赴欧洲考察时从英国订购

的浅水炮舰，来华后经历了中国海军的多次改编。抗战中在长江下游摆脱了被炸沉的命运，退往川江，承担着各种任务。

8月29日，日机袭击驻泊巴东附近青滩的中国海军"定安"运输舰，该舰被炸成重伤。

9月，海军总司令部为加强川江防务，将宜巴、巴万两要塞区所设置的第一、二、三、四总台及所属各台依次构筑近代战争工事，并准备加强第三总台的防御设施，增设第七台瞭望所。为在要塞区附近增强预防日军空降部队袭击的戒备，海军总司令部派第四总台台长刘焕乾为第三总台要塞区警备指挥官，在日军空降兵可能出没的地点提前做好防范，同时清查第四总台要塞区域内的人口、物资、民船等。所有当地民众组成7个自卫队，协助监视并歼灭日军空降兵。另由第四总台派人分赴各自卫队驻地对

图4-59 "江鲲"炮舰

图4-60 "江犀"炮舰

队员进行短期训练，以期达到军民合力抗战的效果。

10月10日，中国军队收复宜昌，荆江、川江形势稍有好转，但军事委员会不断要求加强各要塞防御。海军充分利用日军进攻间隙，不断探查要塞和雷区防御存在的问题，以便及时改正。12月5日，海军总司令部奉军事委员会命令，关于校阅委员会呈报1940年度海军总校阅成绩总评奖惩建议暨改进意见表饬办具报一案，经海军详细研究，在改进意见表内明确提出宜万要塞区第二总台各分台弹药不足，火炮发生故障，应有兵工厂设法配置补充等方案。

1942年12月17日，日机两次对"定安"舰实施轰炸，该舰要害部位中弹，舰体进水，不久沉没。25日，中国海军租用的"顺利"轮船也被日机炸沉于塔洞滩，海军第二舰队司令部军需员陈懋节、帆缆下士林金水等3人牺牲。

活动于江上的中国海军舰艇部队，在毫无空中掩护和要塞防护的情况下遭日军攻击是难以避免的，这些牺牲对于川江防务均有重要价值。

就在江上舰艇部队出生入死之际，海军要塞炮台则利用日军还未发动大规模进攻之际，通过防毒训练、伪装隐蔽、标定点射击、雾锁峡江、雷封航道、军鸽通信等方式加紧备战。

1943年2月以后，荆江被日军控制，防守川江的压力迅速增大。2月8日，中国海军第三号驳船在川江万户沱被日机炸成重伤。4月23日，驻泊庙河的"克安"舰再次被炸着火，火虽扑灭了，但舰体受伤颇重。

1943年4月下旬，日军为完全打通通往宜昌的长江航线，调集5个师团、2个旅团，约10万兵力，分别集中于华容、藕池口、弥陀寺、宜昌等地区，同时在汉口、当阳集结华中地区航空队飞机百余架，发起鄂西会战。日军作战方针概要：集中兵力于宜昌、沙市、华容一带地区，于5月初发起攻击，先击破中国守军阵地之右翼，然后向石牌、资丘间突进，求中国守军第六战区主力而击灭之。中国第六战区以击破进攻的日军，确保陪都门户安全为目的，其战略指导概要：以主力（约20个师的兵力）守备石牌要塞、宜都、公安、枝江、安乡之既设阵地，并以一部（约10个师的兵力）固守石牌东北主阵地，待日军进攻时，先以坚强之抵抗，予日军以不断消耗，诱日军于渔洋关亘石牌要塞间地区，然后转移攻势，压迫日军于长江两岸而歼灭之。从中日双方的战略指导和作战方针看，这必将是一场生死较量，而其核心战场则在石牌要塞地区（图4-61、图4-62、图4-63）。毋庸置疑，中国海军石牌要塞炮台将面临一场严峻考验。

石牌位于川江西陵峡入口处，距宜昌约15千

图4-61　石牌要塞地势险峻（照片由纪向民先生提供）

图4-62　从石牌要塞俯瞰长江江面（照片由纪向民先生提供）

图4-63　石牌要塞遗址（照片由纪向民先生提供）

米,仅有几十户人家,这里是通往重庆的重要门户,也是保卫重庆的要点。从防御角度看,这里有得天独厚的有利条件。从宜昌乘船上行不到10千米,经过南津关、平善坝,开阔的江面顿时变得狭窄,两岸石壁高耸,江水带着旋涡滚滚而来。石壁上有古人开凿的小道,蜿蜒伸向远方,那是唯一通向石牌的旱路。山高谷深,船在峡谷中航行犹如置身在两面都是高墙的小巷里。再上行7.5千米,峡谷忽然右拐90°,石牌村就在这拐弯处的山坡上。石牌面向宜昌,背靠大山,形势十分险要,有一夫当关、万夫莫开的雄姿。

在石牌要塞坚守数年的方莹说:"我们川江的要塞,因为江面的关系,航道狭窄,在航海术上是绝对有利于我们的,就是说敌人虽有多量而强大的舰艇,到了川江他们的军舰就失去运动能力,并且不能使用全舷的炮火攻击我们,两岸形势的弯曲,使他们长射程的舰炮也无用武之地,我们要塞的设计,刚好是截彼之长,避我之短而充分利用。"

武汉会战后,军事委员会就命令海军在这里选定了扼守三峡的第一个炮台台址,即第一总台,下设两个分台,一分台与总台都同在石牌村,二分台设在石牌上游的庙河,那里的地势也非常险要,后有高山,前有崆岭滩,崆岭滩是有名的险滩,水流湍急,到处都是暗礁,有名的"对我来"礁石就在这里。船行到此,要将船头对准此礁,眼看就要触礁,被激流一推,正好进入航道。不熟悉此处的人,如避开"对我来"礁石航行,反而会被水推向礁石,触礁沉没。没有航行经验的人绝对不敢经过此滩。水手们说:"青滩、泄滩不算滩,崆岭才是鬼门关。"二分台就设在这鬼门关上。

石牌村被一条小山沟分成南北两块,山沟上有一座小石桥通行,总台部设在桥北,一分台设在桥南,相距三四百米。一分台的炮位、观测所、指挥所等工事都设在面对峡江的山坡上,在那里用肉眼可以看到下游的平善坝。一分台工事构筑简陋，仅在山坡上挖一坑道，浇上水泥，覆盖黄土。坑道前部是炮位，后部是弹药库。炮位与指挥所、观测所之间没有坑道相连，只有电话线可通。一分台共配备2门76毫米炮、4门40毫米炮。分台长在指挥所可以用电话统一指挥，也可以由台员分组指挥。炮是从舰上拆下来的，都很陈旧，口径不大，射程不远，射速不高，但占据了有利地形，离江边很近，可以抵近射击，威力可观。

鄂西会战前夕，陈绍宽亲自至石牌视察，对全体官兵训话："希望我全体将士站在抗日第一线，要团结一致，同生共死，坚定不移地抵抗日本帝国主义，争取最后胜利。"方莹也在每周周会上告诫官兵，要"严守纪律，随时警惕，严阵以待来犯之敌"。

鄂西会战打响后，日军迅速占领洞庭湖北岸，向西猛扑，中国军队被迫向西转进。1943年5月13日晨，3艘日军汽艇在洪家林子（宜都北）附近偷渡，被中国守军第十三师击退。16日、17日，宜昌两岸及古老背附近的日军明显增加，有向江防军攻击的企图。吴奇伟指挥的江防军的主要任务就是确保石牌要塞的安全。23日，翰墨池、渔洋关、花桥、罗家坪、纱帽山、马台、罗家湾、龙门、天坑坪等地的中国守军与日军展开激战，伤亡颇大。25日，日军集结于清江两岸，准备攻击石牌的部队总兵力约6万人，日第十一军司令官横山勇亲自至宜昌进行指挥，似有一举攻占石牌要塞，以威胁恩施、巴东的企图。在此关键时刻，国民政府指示：石牌要塞须独立固守10天，希望成为我国之斯大林格勒，如无命令撤退，即实行连坐法。各级指挥官奉令后，决心依地形之有利，与敌决战。守备石牌第一线的第十一师师长胡琏在战斗激烈时表示："成功虽无把握，成仁确有决心！"石牌要塞海军第一总台台长方莹也坚定地表示，要与要塞共存亡。

5月26日、27日，江防军与日军激战，扼守天柱山、馒头嘴、柳林子、小平善坝之线，日军动用了飞机、重炮、骑兵，并施放毒气，战况惨烈，日军也有较大伤亡。28日，日军推进至石牌外围高昌堰、闵家冲、井长坡等地，江防军凭借坚固工事与敌激战。29日，日军占领八斗冲、高昌堰等地。30日，日军占领香花溪、三岔口、小朱坪、四方塘、墨坪、木桥溪等地，集中步兵、大炮、飞机全力向石牌要塞强攻。但防守石牌的第十一师沉着应战，待敌接近时实施逆袭，歼敌极多。31日，日军全线动摇，中国守军展开全面反击。截至6月17日，中国守军收复失地，使中日双方恢复至会战前的态势，鄂西会战结束。

在连日激战中，日军尽管依靠其大炮和空中优势连陷数地，但由于中国守军顽强抵抗，使日军伤亡惨重，特别是进至石牌外围时日军已是强弩之末，无力夺下石牌要塞，只能掩护后撤。而在这一过程中，尽管中国海军无法参与石牌后路的陆上激战，但以防守江上正面为己任，与陆军密切配合，解除了来自江上日海军的威胁，使陆上中国守军可放手与日军作战。石牌要塞的海军炮台连日遭到日机的轰炸和大炮的轰击，但炮台官兵不顾后路被日军攻陷的危险，坚守阵地，毫不动摇。当日舰协同陆军进至三斗坪时，它们窥见中国海军炮台严阵以待，不敢继续前进。5月31日，海军第四布雷总队派出布雷队进至平善坝，布放漂雷50枚，次日即有1艘日舰被炸沉于宜昌下游。

中国军队取得了石牌保卫战的胜利。战后，重庆各界慰劳团在石牌竖立了"石牌要塞保卫战胜利碑"，碑文为"民族英雄血，山河锦绣花，舍身争许国，杀敌当还家。正气乾坤塞，忠风世界夸，泰山权轻重，片石与光华"，以示对英勇奋战的中国军人的崇敬和纪念。

1943年6月6日，方莹因抗敌有功，获邀奖叙。1945年3月，他以陈季良因病出缺而升任海军第一舰队司令。至此，他率领官兵防守石牌要塞整整6个年头。

进入 1945 年后，世界反法西斯战争形势有了重大改观，中国战场也迎来了转机。海军总司令部鉴于战争形势的发展，在年初就制订了中心工作计划，在川江防御方面明确指出：川江各段防务本年度继续由海军第四布雷总队分别扼守原防，协同海军宜巴、巴万两要塞区严切注意

方莹

方莹（图 4-64），字琇若，1889 年 11 月生于福建闽侯县，幼年就读于私塾。1908 年赴北京闽学堂读书，1911 年春转入上海南洋中学。1913 年 3 月考入吴淞商船学校航海科学习，1915 年 3 月毕业（图 4-65），先在"保民"练习船见习，后派充该船航海二副。1916 年转入"肇和"练习舰见习，10 月转入南京海军鱼雷枪炮学校高级班学习，1918 年毕业，充任"海筹"巡洋舰航海候补员。1920 年夏，被派往"华丙"商船充任航海员进行远洋实习，巡游大洋洲、中国香港、菲律宾、南美洲的商埠。1922 年，任"建威"舰枪炮副。1923 年 9 月，调任"普安"运输舰航海长。1924 年 1 月，任"海鹄"炮艇代理艇长，7 月调任"应瑞"练习舰航海长，1927 年 1 月升任该舰副舰长。1928 年 8 月，

图 4-64 方莹

调任"定安"运输舰代理舰长，1930 年 2 月实任。1931 年，调任"楚有"炮舰代理舰长，7 月正式出任。1934 年 1 月，升任"自强"炮舰舰长。1935 年 2 月，充任"宁海"巡洋舰代理舰长。1936 年 1 月，任海军引水传习所上校所长。1938 年 1 月，改为海军总司令候补员，旋任洞庭湖警备司令部副司令。2 月，武汉区炮队成立，出任队长。3 月，任浮（黄）鄂区要塞第一台台长，并兼任葛店布雷队队长。1939 年 1 月，任川江要塞第一总台台长。

3月，又任宜万区要塞第一总台台长。1945年3月，署第一舰队司令，4月兼代第二舰队司令。抗战胜利后，方莹先后被委任为"海军接收汉口区专员"、上海要港司令部司令、海军第二舰队司令、江防舰队司令、上海海军第一基地司令、海军第一军区司令。新中国成立后，方莹参加了人民海军，先后被任命为华东海军研究委员会委员、海军第六舰队副司令员、海军联合学校航海专科主任、海军总司令部研究委员会副主任等职。1965年2月，方莹病逝于福州，享年76岁。

图4-65 1915年方莹（前排左二）从吴淞商船学校毕业

敌舰动态，适机布放漂雷。荆江两岸被敌军占据，川江失却前卫，任务益臻重要。除严密监视外，且须与派在荆江方面从事游击工作的第三布雷总队所属雷队密切联系，以收合作之效。重庆郊区水上防务之配备已经海军总司令部会同卫戍总司令部将布放漂雷阵地侦察完成，并将应用水雷拨运来渝屯存基地，由卫戍总司令部派官兵看守，海军总司令部派员做技术上的指导，以期共同保管。暂时不拟调派雷队常川驻守，俟有情况时，将由第四布雷总队中调派1队或2队执行任务。

1945年8月，日本无条件投降，中国海军终于完成了自己的抗敌使命，总司令部将战斗于川江的第四布雷总队改编为海军第四扫雷队，开始探扫宜昌上游雷区。9月完成工作，随即又进至宜昌，继续清扫宜沙段雷区。而沙市至上海黄浦江段雷区则由中国陆军总司令部饬令日方负责清扫。至此，长达900余海里的长江水道又回到了中国人民的怀抱。

第五章
长江中下游布雷游击战

全面抗战初期，日军以强大攻势，相继占领了长江中下游两岸众多战略要地，长江航道随即成为日军向中国腹地不断输送军队和物资的大动脉，斩断这条大动脉不仅能够迟滞日军进攻的步伐，使其陆海军难以有力协同，无法实现物资、军队的运输和保障，而且能够有效地保卫国民政府在战时的政治、文化中心。为此，军事委员会决定在正面战场节节抵抗的同时，在长江流域发动敌后游击战。在这一方针指导下，海军在开展长江各要塞布雷作战的同时，决定开展敌后布雷游击战，即组成布雷游击队，有组织地将水雷由后方运往长江沿岸，以机动灵活的方式选择适当地点在长江敷布水雷，袭击日军舰艇和运输船，破坏与切断日军水上交通线，以配合陆上作战，拱卫陪都。于是，一场在中国军事史上不曾有过的长江布雷游击战拉开了帷幕，从而在中国海军战史上增添了一种新战法。

第一节 军事委员会的游击战方针

日军侵华战争第一阶段的疯狂进攻并没有击垮中国人民的斗志，随着日军战线的不断拉长，其越来越深地陷入战争泥潭中。中国人民打击日寇的手段，在国民党正面战场的节节退却中不断丰富起来，特别是中国共产党开辟和领导的敌后战场，使游击战迅速"从战术范围跑了出来向战略敲门"。

全面抗战爆发之初，国民政府几乎把全部精力集中于正面战场上，对敌后游击战没有给予足够的重视。然而，当日军在各个战场上迅速推进时，一部分国民党军队滞留于敌后开展游击战，起到了牵制部分日军的作用，特别是中国共产党领导的八路军、新四军在敌后发起的抗日游击战争有效削弱了日军的攻势，使国民党军中一些高级将领看到了游击战的威力。1937年底，军事委员会副参谋总长白崇禧提出，应"采取游击战争与正规战配合，加强敌后游击战"的建议，被蒋介石所采纳。1938年6月8日，在军事委员会军令部制订的《保卫武汉作战计划》中，明确规定要用8个师以上的兵力，在大别山分区设立游击根据地，向安庆、舒桐、六合及豫东皖北方面挺进游击，尤须积极袭击沿江西进之敌。7月11日，军事委员会根据日军以主力沿长江进攻武汉的战略部署，确定并颁布了作战指导方针："国军以一部守备华南海岸，华东、华北现阵地，并积极发展游击战，妨害长江下游敌之航运，牵制消耗敌人。另以有力一部支援马当、湖口要塞，迫敌在鄱阳湖以东展开，妨害敌溯江向九江集中。国军主力集中武汉外围，利用鄱阳湖、大别山地障及长江南岸丘陵、湖泊施行战略持久战，特注意保持重点于外翼，争取机动之自由。"

武汉会战以后，随着日军将速战速决战略转变为以战养战战略，国民政府在军事战略上也做了相应的调整，将消耗战战略改为积小胜为大胜的持久战战略，一面在前线发动有限攻势，一面在敌后发动广泛的游击战，消耗日军的实力，加强沦陷区的监管，尽全力阻止资助日军的物资运输，迫使日军困守点、线，破坏其以战养战的战略计划。在长江流域，军事委员会明确指示第三战区截断长江水运，以主力约11个师的兵力分由湖口、马当、东流、贵池、大通、铜陵、获港间伺隙进攻，一举进袭江岸，占领沿江阵地，以轻重炮兵火力及水雷封锁长江。

在军事委员会游击战方针的指导下，中国海军的长江抗战也必然朝着以游击战为主的方向发展。1939年8月，鉴于舰艇在与日军作战中损失殆尽的实际情况，海军总司令部决定在长江、沿海等水域以布设攻势水雷的方式，逐渐展开广泛的布雷游击战。

中国抗日战争正面战场的发展情势，迫使海军官兵重新审视水雷的特性与作用，在逐渐展开的布雷游击战中，他们对水雷有了新的认识："水雷的性能，最大的功效，多用于防守或封锁的作用，只有少数利用潜水艇或布雷舰，秘密潜布于敌人的港口或通航要道，这次欧战德国所用的'磁性水雷'才含有攻击性的作用。我国利用水雷，在抗战第一阶段中，如上海黄浦江及江阴之封锁线，马当田家镇诸要塞，以后如洞庭湖岸之四江封锁工作，及宜昌江防部等处，主要利用水雷，多是防御性的封锁，间有放下漂雷，但易为敌人堵截防范，故尚未能完全收获攻击本能的效果。抗战进入第二期后，我们将阵地战、运动战与游击战配合应用，已由被动的守势，转变到主动的攻势，已由点线的防御转变到迂回包围或深入敌人后作活动的进攻了。"这一认识是海军成功运用布雷游击战战法的理论依据。

第二节 布雷游击队的建立

用水雷封锁长江并不是中国海军在抗战时期的独创，早在北伐战争时期以及后续的军阀混战中即已展开。1926年8月31日曾有报道称，北伐军通报各国领事团，要在岳阳、临湘两处江面布放机械水雷，10日以内即可竣工，希望外国舰只暂时停止航行。这说明北伐军不仅拥有水雷，而且掌握了布雷技术。1927年3月12日也有报道称，山东军阀部队在江苏太湖与国民革命军作战时"置无数水雷于湖河中"，说明军阀使用水雷的情况也不鲜见。所以，全面抗战爆发后，中国海军迅速开展水雷作战绝非偶然。

1938年8月底，海军总司令部成立以郑天杰为队长、周仲山为副队长的布雷别动队，于9月1日从汉口出发，赴田家镇布雷，队员们以极大的机动性和灵活性活动于武穴与龙坪之间，完成布雷任务，这是海军布雷游击战的开始，而布雷别动队则是布雷游击队的雏形。9月8日夜，布雷别动队从鲤鱼山出发，将80枚漂雷依次布放于水流之中，这是中国海军在抗战期间第一次使用漂雷开展水上游击战。天还未亮，队员们完成任务回到鲤鱼山，不久就听到了巨大爆炸声，后来经侦察发现是日军"鹭"水雷艇和"嵯峨"炮舰在武穴附近触雷沉没，这是海军开展布雷游击战以来首次获得的战果。

布雷别动队刚刚成立时条件十分艰苦，布雷官兵往往要以坚强的意志克服重重困难才能完成任务。当他们奉命赴大通、贵池两地抄敌后路时，大通方面日军防范严密，别动队无法到达江边，便折返贵池集合。然而，进入贵池属深入敌后，这里敌兵压境，民众迁徙一空，加上布雷设备不全，供应缺乏，工作陷入困境。但别动队官兵不畏艰难，他们埋

郑天杰回忆海军布雷别动队组建及布雷行动

二十七年八月六日，我奉命离岳阳顺胜舰，到汉口海军监造室报到，接管电雷学校撤销后拨交海军总部的三艘快艇。但海军总部旋又将快艇移拨广东余汉谋部，我乃受命另组布雷别动队，即敢死队。监造室主任曾国晟面召我，指示布雷别动队之任务，首须通过汉口至九江我海军敷设之水雷区，赴前线敌占区布放漂雷，任务艰巨危险。我向曾国晟表明心志，纵然任务艰险，仍极愿担任别动队队长。受命以后，我先自三十名志愿应征队员中挑选十六名队员，向民间船家征购了两艘驳船，以一小火轮拖载之，上置六十个漂雷，于九月自汉口起航沿长江而下。行前，独自赴汉口中山公园书写遗嘱，托同学张雅藩请代为办理后事。当时心中感慨万千，热泪涔涔，于今思之，豪情犹在。

九月一日，别动队自汉口起航，为避免敌机之搜索轰炸，沿途均昼伏夜行，经黄冈、鄂城、黄石港、蕲春越出数道雷区后而抵田家镇。我曾在田家镇骑驴视察沿岸地形，探知敌舰多在新洲之南抛锚，乃决定在敌舰上驶巡弋之时，布放漂雷，予以迎击。八日晚雷驳由田家镇拖至富池口，十一时许，鲤鱼山下游突闻炮声，并发现火光闪烁，知敌舰已上驶在龙坪武穴间，向马头镇炮击，别动队立即乘机自鲤鱼山出发，暗中接近敌舰，将漂雷抛布中流，达成任务后乃放弃驳船，改乘小火轮沿原线驶返汉口。途经蕲春，队员上岸用餐，见居民房舍空无一人，盖居民皆已逃难避往他处了。

九月下旬，田家镇情势危急，海军总部增强防务，命我第二次东下布雷，预定于黄颡口与沙镇之间敷设漂雷一百二十具。我与副队长周仲山及队员们自汉口起航，中途停泊葛店炮台，与监督葛店炮台视发水雷安装的张天浤学长（江苏人，烟台海校寄闽班，高我一班）相谈甚欢。未料，数日后我执行任务返航再经葛店炮台时，却闻张天浤的噩耗，他已于九月二十五日被敌机轰炸身亡。

九月二十九日深夜，我率领队员在黄颡口完成施放漂雷后，弃驳船，亲驾小轮驶返汉口。三十日天未明行经田家镇附近的海口堡时，遭岸上日军开枪射击，一颗子弹击断了我的左前臂，穿过肚皮，紧贴腹膜而过，幸亏右边腹侧配挂手枪盒,阻挡了子弹穿过右肘,右手幸而无恙。当时只觉得左臂有撕裂疼痛感,肚皮亦觉温烫,跌坐甲板上。副队长周仲山连忙上前将我扶住,我忍痛撑着自己走入船舱睡下,命手下以红药水、绷带为我包扎伤口,固定左臂,并以绳子吊撑左臂,始稍觉舒适,当时还不知道手骨已断(图5-1)。船行至石灰窑,当地因开采铁矿,有一间小型医院,乃入院急救,院中仅有一两位护士守护,医疗设施亦不完备,臭虫很多。护士暂时以木板固定我的伤处,同行的队员乃打电话给海军总部报告。汉口海军指挥部连夜赶派船只,于翌日清晨驶抵石灰窑,载我返汉口天主堂医院。第二天,经意籍医生以X光检验,才发现我左手骨业已击断,需要一段时间休养才能完全复原。我遂于该医院静养疗伤。住院期间,海军部部长(应为海军总司令)陈绍宽曾亲自到医院探视我的伤势。(原载《郑天杰先生访问记录》)

图5-1 1938年12月24日郑天杰在湖南辰溪养伤时摄

伏于丛林之中3天3夜,伐木取材,破木成板,自制布雷设备,终获成功。9月12日,他们隐蔽出发,在贵池江心布放60枚漂雷,这些水雷对缓解日海军在长江正面对防守田家镇的压力起到了重要作用。

1939年8月,海军总司令部决定在长江、沿海等水域正式实施布雷游击战略,开始着手筹组布雷游击队。陈绍宽命令水雷制造所先行挑选作战勇敢、志愿加入布雷游击队的官兵20余名,派股员陈庆甲负责进行布放水雷的训练。不久又调派大批官兵集中于常德,派股员龚栋礼等开展短期训练。计划训练5期,每班各定受训期限为两星期,教授水雷原理、雷件拆卸等课程。

9月，鉴于日军急于打通长江航道的实际情况，海军总司令部命令水雷制造所先组建长江中游布雷队，并附设两个分队，立即携带漂雷，深入敌后，袭击敌舰，尤其是破坏敌之后方水上交通。11月，海军总司令部决定正式组建长江中游布雷游击队，并厘定颁行编制。编制规定，该布雷游击队设总队部及第一、第二、第三、第四、第五队，共下辖11个分队，第一分队至第十分队归第一、第二、第三、第四、第五队队长指挥，第十一分队归总队部直辖，任命刘德浦为海军长江中游布雷游击队上校总队长，各队均设少校队长，每队均配备1部移动电台。同时，从福建抽调300余名海军官兵，分配编组，开展布雷技术训练。中国海军第一支以开展布雷游击战为目的的布雷游击队从此正式诞生（图5-2）。

图5-2 海军布雷游击队徽章

长江中游布雷游击队成立后，当月底便整装完毕，开赴第三战区的日军后方，担负封锁长江、破坏日军水上交通、对日军展开水上游击战等任务。

长江中游布雷游击队自开赴敌后，不断收获战果，证明布雷游击战在抗战中的非凡价值，布雷游击队遂得以不断扩充和加强。1940年1月，海军总司令部修正《海军长江中游布雷游击队编制》，扩充组织。按照新编制，长江中游布雷游击队设1个总队部5个队11个分队，有5部移动电台，任命刘德浦为总队长，叶可钰、何传永为副总队长，杨希颜为第一队队长，严智为第二队队长，郑振谦为第三队队长，陈挺刚为第四队队长，林遵为第五队队长。为便于指挥，又任命杨希颜等5人各兼第一、第三、第五、第七、第九分队队长，另派陈炳焜、郑天杰、黄廷枢、沈德镛、张鸿模、林庚尧担任第二、第四、第六、第八、第十、第十一分队队长。

与此同时，海军将湖口至芜湖沿江地带划为第一布雷游击区，作为长江中游布雷游击队的游击范围。为加强与第三战区的密切联系，长江中游布雷游击队总队部设在江西上饶，各布雷游击队携带漂雷进入任务区时，掩护任务由第三战区陆军部队负责。1940年4月，海军将第一布雷游击区的范围进行扩展，从湖口延伸至江阴。江阴方面划成主要、次要两个雷区，以遮断长江中下游水道，执行正面游击布雷任务。

1940年5月，海军长江中游布雷游击队又增设侦察组，并制定《海军长江中游布雷游击队总队部侦察组暂行简章》9条，颁发试行。9月，海军总司令部鉴于长江中游布雷游击队的游击范围逐渐延伸至江苏全省沿江区域，决定将该队组织及时进行扩大，增设了长江中游布雷游击队第六队，下辖第十二、第十三分队，附设第六移动电台，以李申荣调充第六队队长兼第十二分队队长，吴徵椿调充第十三分队队长，所需官兵均从水雷制造所和其他布雷队中调用。同时，在安徽歙县和浙江金华成立2个总队部办事处。

长江中游布雷游击队不断扩充壮大的事实表明，布雷游击战在长江抗战中的地位在不断上升。1940年11月15—27日，赴前方巡视的海军总司令陈绍宽先后在上饶海军长江中游布雷游击队总队部，以及位于石门街、经公桥、梅村等处的长江中游布雷游击队第一、第二、第五大队训话，除了充分肯定布雷游击队自成立以来所取得的辉煌战果外，还亲自指示作战机宜。鉴于该布雷游击队的战绩，也得到了蒋介石的重视。1941年3月4日，他给海军下达手令，要求以游击布雷截断日军水上交通，消耗其物资力量，并饬各战区长官给布雷队以特别保护。

第一布雷游击区划定后，日军舰船因长江中游布雷游击队的积极活动,在湖口以下江面均不敢停泊,多在九江以上江面下锚。中国海军为了满足战略上的需要,于1940年4月又将鄂城至九江段划为长江第二布雷游击区,目的是使日舰艇也不能躲避到浔鄂方面,使整个长江航运趋于崩溃。在这一长江段,1939年12月海军就编组了2队挺进布雷队,分别向岳阳、白螺矶等处挺进,布放漂雷,以阻遏日军舰艇的活动。第二布雷游击区划定后,海军为提高抗战效率,决定在长江浔鄂区增置海军布雷游击队,先期抽调湘阴、沅江、长沙布雷队中已有布雷经验的士兵,配以经过水雷制造所训练的特务队,编组4队,于月底集合于长沙。筹备工作就绪后,海军总司令部于1940年4月10日派人分别组成布雷队,以林祥光为第一队队长、沈聿新为第二队队长、周仲山为第三队队长、薛宝璋为第四队队长,各队均归海军水雷制造所所长曾国晟督率。布雷工作开始后,经与第九战区司令长官部接洽,各队配拨1排工兵、1班炮兵、1中队铁肩及1团或1支队挺进步兵,合编为挺进布雷队。各挺进布雷队编成后,在林祥光、周仲山的带领下当月自修水进入任务区,先侦察路线,筹划运输事宜,6月开始布雷。

1941年2月,海军将第二布雷游击区各布雷队工作加以调整,4个布雷队分两班,即两队工作、两队休息,便于劳逸结合,有利于整训。4月,海军进一步调整该区任务,分为浔鄂、湘鄂两区,以九江至汉口段和汉口至岳阳段为其任务区,每区各置2队挺进布雷队。任命苏聿修为海军浔鄂区挺进布雷队第一队队长、刘永仁为第二队队长,陈挺刚为湘鄂区挺进布雷队第一队队长、林溁为第二队队长。各队官兵分别由海军水雷制造所、海军布雷队及原浔鄂区布雷游击队调任。同时指定了配合作战的友军部队。

1940年4月组建浔鄂区挺进布雷队的同时,海军还将监利至黄陵矶段划为长江第三布雷游击区,并在该区成立2队挺进布雷队,以李向刚等为队长，按预定计划进入任务区实施布雷，收效很大。但后来由于该区日舰踪迹减少，海军遂将该区的布雷任务并入第二布雷游击区。

1941年9月1日，海军总司令部鉴于各区布雷游击战收效日渐显著，需要及时调整机构，优化工作，决定将海军布雷队进行一次全面整编，组设第一、第二、第三、第四布雷总队。第一布雷总队于当日宣告成立，总部设于长沙，以海军总司令部舰械处处长陈宏泰兼任总队长，隶属于水雷制造所的长沙办事处及电台等均并入该总队，原归水雷制造所管辖的海军布雷第三、第四、第五分队，湘鄂区挺进布雷队第一、第二队，浔鄂区挺进布雷队第一、第二队，均改由第一布雷总队部管辖和指挥，并改编为7个大队，负责配合第九战区在湘江、洞庭湖一带作战。

10月3日，海军总司令部又将长江中游布雷游击队改编为海军第二布雷总队，当日颁发了编制及改编办法。它的总队部依然设在上饶，下设7个大队14个中队，有7座移动电台。以刘德浦为总队长，郑振谦、杨希颜调任副总队长，程法侃、陈赞汤、郑天杰、吕叔奋、林遵、李申荣、何乃诚分别调任第一、第二、第三、第四、第五、第六、第七大队队长。第一、第三、第五、第七、第九、第十一、第十三中队队长由各大队队长兼任，第二、第四、第六、第八、第十、第十二、第十四中队队长以陈炳煜、高声忠、黄廷枢、沈德镛、张鸿模、徐奎昭、林庚尧分别调充。以前归长江中游布雷游击队指挥的海军布雷队第七分队改为海军第二布雷总队第十三中队，原长江中游布雷游击队第十二、第十三中队改为海军第二布雷总队第十一、第十二中队，第十一中队改为第十四中队，第一至第十中队仍照原次序改编，同时组建成立，执行布雷任务。1942年5月16日，海军第二布雷总队奉命随第三战区长官部先后退驻崇安和建阳。

第二布雷总队的任务是配合战情需要，在沿海港口、长江沿岸以及湖汊等处布放水雷，用于攻击敌人或担负防守任务。至于指挥系统，布雷总队归第三战区直接指挥，各大、中队归总队指挥，如在作战地区则受驻扎地区的最高指挥官指挥。

1942年11月，海军总司令部将派在荆江御敌的布雷队改编为海军第三布雷总队，下设7个大队，以薛家声为总队长，林秉来为副总队长，钟子舟、邵仑、王拯群、刘学枢、周伯焘、柯应挺、杜功治分别任第一、第二、第三、第四、第五、第六、第七大队队长。同时，将川江漂雷队改编为海军第四布雷总队，下设7个大队，以严智为第一大队队长兼代总队长（旋改派郑振谦为总队长），张绍熙、高如峰、阙福三、韩兆霖、刘荣霖、王文芝分别任第二、第三、第四、第五、第六、第七大队队长。第三、第四布雷总队划归第二舰队司令部指挥。

4个布雷总队相继成立后，在长江流域的3个布雷游击区配合各战区开展了广泛的布雷游击战，取得了显著的战果。直至1945年，他们的作战计划依然是完整的：第四布雷总队负责川江各段防务，协同海军宜巴、巴万要塞区严密注意日舰动态，适机布放漂雷；第三布雷总队在荆江从事游击工作，并与第四布雷总队密切配合；第二布雷总队和第一布雷总队依然分别负责长江中游和浔鄂、湘鄂方面防务，以无定时、无定地之游击姿态积极布放漂雷，使日军无法利用长江水道，其运输、接济日益困难。这样4个布雷总队以积极的姿态一直战斗到抗日战争结束。

1945年8月，日本宣布无条件投降，中国海军随即进入停战状态，总司令部将第三布雷总队改编为海军第三扫雷总队，担任洞庭湖方面扫雷工作，将第四布雷总队改编为海军第四扫雷总队，担任宜昌以上和宜昌至沙市段江面的扫雷工作，沙市以下扫雷工作由日方负责实施。其他布雷总队的任务则就此宣告终结。

第三节 水雷的制造与供应

一、制雷工厂沿革

全面抗战爆发之初,海军在上海的制雷工作(图5-3)对淞沪抗战和江阴阻塞战都具有十分重要的意义,这使海军充分意识到,在未来作战中,为长期抗战计,必须保护好中国海军的制雷能力。于是,在上海沦陷之前,海军周密安排所有制雷人员及时向后方转移。早期制雷的负责人周应骢和曾国晟极力鼓舞制雷技术人员及老工匠的斗志和信心,向他们强调制雷工作在未来抗日战争中的重要性,说服他们立刻内迁,并给予他们种种优待与便利。随后,这批人员在曾国晟率领下,由上海撤往无锡,再由无锡撤往内地。周应骢则一度留在上海努力抢购制造水雷所需的器材,分批分道向内地运输,以满足堵塞长江航道,阻止日军西进的需要。周应骢说:"后来这批人员在内地,很快就发挥了作用。从内河及香港内运的器材,也很快就在内地的工厂用于制造水雷及其他军用物资了。当时最主要的是造水雷。因海军原存水雷无几,而战事不知要延长多久,长江及各河道需要许多水雷,造水雷的工业,在湖南与四川急需建立。水雷在战事上的作用已陆续表现出来,蒋介石的国防部也尽量合作。据

图5-3 海军在上海的制雷点

统计，抗战九个月在长江用水雷炸沉及炸伤敌舰艇六十二艘。直到抗战结束，水雷制造一直继续下去。"

制雷人员是分批离开上海的，一部分人员乘自备的"庆安"小火轮从内河驶往无锡去南京，另一部分人员乘外国商船从长江驶往南京，又从南京前往汉口。制雷人员王衍绍回忆说："当时从上海分两批撤退的人员已先后到达汉口，先在汉口市汉安里海军联欢社设试制水雷办公处，以后在武昌找到'彭公祠'作为办事处，并修建制雷工场。"

1938年6月，马当要塞吃紧，湖口至九江段遍设雷区，用雷数量骤增，武昌一厂不敷应付，海军临时在长沙添辟新厂，分工赶制。当时，炸药来源紧张，海军经与航空委员会协商，调拨旧式炸弹熔化配用。为满足此项工作需要，海军又在岳阳设立装药、合拢两厂。9月，武汉局势日渐紧张，海军接受前次教训，提早准备，在不妨碍武昌雷厂制雷工作的原则下，将大部分制雷机件西移，在长沙正式设厂，共策进行。在筹备迁厂的过程中，由于准备充分，制雷工作未受影响，当放弃武汉时，武汉上游及荆湘各处水道用雷均比较充裕。在武昌雷厂全部转移时，常德雷厂也正式设立。这样，长沙和常德的两座制雷厂承担了原武昌雷厂的全部任务，成为海军制雷中心。

11月13日，长沙发生大火，长沙雷厂在仓促之际无法抢运材料，略有损失，海军遂将长沙雷厂归并常德雷厂，同时在重庆筹设分厂。

1939年3月，海军鉴于常德接近战区，交通虽较便利，但遇时局紧张时，监造室及其雷厂工作恐无法照常进行，须在后方预为布置，于是派黄璐前往湖南辰溪筹备设厂，处理屯存机件材料等事宜，择地分设办事处建筑仓库。当月，黄璐由于奉命与黄贻庆先后赴贵阳筹备设立转运站，分设办公处及无线电台、材料库、修车间、卡车房等，以利制雷材料输运，到辰溪的任务由何家澍接替完成。4月1日，海军总司令部为进一步加强对水雷制造工作的管理，裁撤了海军监造室，正式成立了海军水雷制造所，厘定编制后颁布施行。海军总司令部任命曾国晟兼任水雷制造所中校所长，制造所下设总务、工务、机务、材料、运输、会计股，以林奇、陈宗芳、黄贻庆、林秉来、曾万里、江守贤分任股长，所需官兵由原海军监造室调补。工务股下设电工、检验、装配、雷索组及熔装炸药工厂。工厂附设试验漂雷浮力用的试验池。熔药工厂及试验池均设在常德上游的佛光寺内，距离常德制造水雷的工场十几千米，以策安全。该所还在香港、桂林、长沙设立办事处，在辰溪、贵阳、龙州、海防设立转运站，并于常德、桂林、贵阳等处分设无线电台，使制雷工作从材料的运输、水雷的建造、成品的发放等程序上更加顺畅。不过，海军水雷制造所是海军总司令部根据战时需要设置的临时机关，其编制含有暂行性质。

随着战局的发展，水雷供不应求。1939年4月26日，海军抽派一部分官兵、工匠在重庆南岩野猫溪设立水雷分厂，林惠平任中校厂长，为水雷制造所加工零部件和购运原材料，还制造川江使用的水雷。为加强材料和成品的运输，1940年1月6日，海军水雷制造所在昆明正式设立转运站，该转运站设主任及办事员等，内分运输、材料、总务、车务、修车组，并附设短波无线电台。1940年7月，湖北宜昌、沙市相继沦陷，湖南常德处于战区边缘，受到日军威胁，出于安全考虑，海军水雷制造所决定迁至辰溪，原设的辰溪转运站暂行撤销。同时，独山、靖西转运站因越南政府实行禁运，国际线路变迁，奉令结束转运，两站官兵拨归水雷制造所遣用。迁移工作完成后，水雷制造所在辰溪设置了办公场所和制雷工厂，并在辰溪上游的上麻田设熔药工厂和试验漂雷浮力用的试验池。1941年12月，海军水雷制造所设立常德办事处和芒市转运站。1944年3月，海军水雷制造所改称"海军第二工厂"，下设制雷、机械、炼油部,分别由王衍绍、黄以燕、黄贻庆负责,除生产水雷外还制造工作母机和提炼汽油,一直到1945年抗战结束。

二、水雷的制造与布设

海军在制造水雷的过程中,既借鉴了西方国家制造水雷的传统方法,又根据抗战初期国内制雷材料和工具十分短缺的实际情况,造出多种适合在中国江河湖海布放的水雷。这些水雷总体上分为固定水雷和漂流水雷两种。固定水雷又有视发水雷(或称有线水雷)和触发水雷(或称机械水雷)的区别。视发水雷(图5-4)的装药量一般分100磅(45.36千克)、200磅(90.72千克)、300磅3种,布放的时候将雷体沉到水底,形成一个固定的雷区,各水雷通过电线与雷区岸边控制室的触发开关相连接,控制室附近设有监视哨实施不间断监视,如有敌舰进至水雷有效杀伤范围,监视哨迅速通过电话通知控制室,控制室人员按动触发开关击发水雷,对敌舰实施攻击。这种水雷隐蔽性强,命中率较高,杀伤力较大。曾在第一布雷总队第五大队工作过的何鹤年描述了一次在湘江布放视发水雷的完整过程:"在视发水雷雷区简图中,可看到雷区中共有十颗有编号的水雷。这些水雷是把国产的固定雷改为沉雷,沉在水底,每个雷都接上电缆通到视发水雷控制室。控制室中有手按发电机,可以发电临时接在编号的线头上,使所要爆炸的水雷发火。""布雷时,美海军上尉陈普

图5-4 海军制造的视发水雷

（Champ，机枪设计工程师）和我分别在 A、B 两观察台上观测，台上各设有陆地测量用的精密经纬仪（theodolite）一部，用以观察水雷落水时相对于某一固定目标的夹角，并记下数据，即每一沉雷的位置是用两水平夹角表示。布雷后这两个经纬仪的位置就固定不动了。两观察台上有电话与视发水雷控制室相通。一旦敌舰上驶，A、B 两观察台不断观察敌舰与某固定目标间的夹角，并用电话通知控制室，控制室值班人根据布雷时 A、B 两台所记下的数据，来判断敌舰在哪颗沉雷的上方，即可使用手按发电机使该雷发火，以击沉敌舰。"（何鹤年：《抗日战争中海军水雷战点滴》）视发水雷的缺陷是需要守军掩护，一旦守军撤离，雷区的作用也随之消失。淞沪抗战时，中国海军敷布于蕰藻浜各防区要点的水雷，以及用于破坏桥梁、铁路的水雷，均属此种。为了便于主动攻击日军军舰，海军还专门设计了"海丙"式视发水雷，该式水雷为圆锥形，高 32 英寸（约 0.8 米），上部直径 15 英寸（约 0.38 米），下部直径 30 英寸（约 0.76 米），上部为浮力筒，下部为装药室。雷体上有一电线连接岸上触发装置。使用时，潜水员将水雷推至所需位置，然后通知岸上人员触动触发开关引发爆炸。海军谋炸日"出云"旗舰时就经过了这样的程序。由于该式水雷是针对谋炸特定目标而专门设计的，所以比一般视发水雷的装置简单得多，属简便型视发水雷。1938 年 8 月，武汉形势吃紧，田壁工程处由外籍工程师设计了一种视发水雷，准备配属于葛店区要塞，制造任务交由一家外国公司完成，海军仅负责监制。工程完成后，海军发现，这项工作不仅建造迟缓，耗资甚巨，而且与原订合同规定的质量相去甚远，但在军事委员会的饬令下被迫接收，故难以发挥作用。

触发水雷的重量不等，分为 300 磅、200 磅、150 磅（68.04 千克）、100 磅和 50 磅（22.68 千克）等，雷体为圆筒形或球形，内装 TNT 炸药，雷壳上端设有多个触角,以软金属制成,内装玻璃电液瓶。如果触角被碰弯曲,则角内玻璃瓶破碎,电液流出,从而接电引发爆炸。在布放触发水雷时,先要测量预定雷区的水深,然后研究布放位置,根据水深情况,分别按不同深度系上不同尺寸的钢索,钢索另一端系于雷坠,布放时将水雷、钢索和雷坠同时放入水中。此时,雷体由于雷坠的重力作用而半浮于水中,在水下1.5~2.0米深处固定位置。该种水雷布放的密度视港口、水道、湖湾的宽窄程度以及地区的重要程度而定。有时密集敷布,有时疏散布放,均能构成雷区,敌舰一旦进入警戒线之内,便处处都有自行碰触的可能。触发水雷的特点是不需要专门人员监视和操纵,设置较为简便,容易大面积地控制水域,敌舰不容易清扫,故对敌舰能构成一定的威慑。

图5-5 日军从长江中扫出的"海甲"式水雷

全面抗战开始时,海军研发的触发水雷主要有两种,即"海甲"式(图5-5)和"海乙"式(图5-6)。"海甲"式水雷雷身为圆筒形,高34英寸(约0.86米),直径30英寸,上部为浮力筒,设4个触角,下部为装药室,可装炸药300磅,适用于轰炸建筑物,海军炸毁日方浦东三井海军码头即用的此式水雷。"海乙"式水雷是在"海甲"式基础上的改进型,形式与"海甲"式略同,只是雷顶添装了一个保险机,有5个触角,用于敷布黄浦江等处。1938年初,为适应长江航道作战,海军又研制

图5-6 2005年3月在鄱阳湖与长江交汇处发现的"海乙"式水雷

图 5-7 "海丁"式水雷

图 5-8 "海丁"式水雷及方形雷座

图 5-9 "海丁"式水雷(右)与雷坠

并生产了"海丁"式触发水雷,该水雷呈圆柱形,高 28 英寸(约 0.7 米),直径 26 英寸(约 0.66 米),内装炸药 270 磅(约 122.47 千克),有 5 个触角,配有雷坠。雷坠有两种:一种是圆筒形;一种是带有滑轮的方形,用钢骨水泥制成,可推行于布雷船的轨道上,敷布起来更加便利。该雷杀伤范围 45~50 英尺(13.72~15.24 米)(图 5-7、图 5-8、图 5-9)。当时,这种水雷每月成批生产 1000 枚,至武汉陷落止,武昌制雷厂共生产"海丁"式水雷六七千枚,马当以下各水道均用此种水雷封锁。8 月,为满足武汉下游布雷急需,以及浙江和洞庭湖湖沼布雷所需,海军设计制造了"海戊"式系留触发水雷,该雷高 24 英寸(约 0.6 米),直径 22 英寸(约 0.56 米),装药 100 磅,有 4 个触角,并配有圆柱形雷坠,其杀伤范围 25 英尺(7.62 米)(图 5-10)。1939 年发动长江布雷游击战后,海军为配合漂雷的使用,研制生产了一种装药仅 15 磅(6.8 千克)的小型触发水雷,用于敷布湖沼要区。后因

图5-10 "海戊"式水雷（右）与雷坠

该雷威力太小，遂将装药增加至20磅（9.07千克），即"海辛"式。1940年，海军还设计制造了装药为200磅和150磅的两种触发水雷。至此，海军自制的触发水雷已达7种。

国民政府军事委员会在1937年拟订长江阻塞计划时，对视发水雷和触发水雷的使用进行了严格规定，当时以通州和镇江为布雷重点，明确规定通州水道使用触发水雷，镇江水道使用视发水雷。敷设的方法：敷设一线分为3列，布成梯形，先在海图上定地点，划定水雷位置、深度及其距离，然后实行敷设；水雷的间隔以能确实炸毁轻巡洋舰、驱逐舰为准，并视所用水雷的大小而定；水雷的深度以最低潮水面下6英尺（1.83米）为准，随当时情形而酌定。水雷设备的存放地点须隐蔽并加以防护，设备如监视所以及电话、电报、测量仪器、光学仪器、修理机械、布雷器材、通信旗帜等尤须筹备完善。如果是视发水雷，则须设置试验室及观测所。观测所的地点有明确要求，须设内外两个观测所。外观测所测算敌舰的距离及经过水雷线的准确时间，其位置约在水雷线的延长线上；内观测所测算敌舰经过几号水雷，其位置约在与水雷线成垂直线上，该两地点须隐蔽且便于防护。对于水雷线的防护，须设立监视所、设置强光探照灯、在水雷线附近敷设伪雷等。水雷敷设前应考虑的情况包括水的深浅、潮的涨落、流水力量、水底性质、气候、水雷位置的偏差等，水雷敷设后应考虑的情况包括潮汐江流的影响、水雷位置的观察及其调整等。这些详细的规定说明，战前军事委员会对水雷的敷设有相当的研究。但是在实战过程中，由于条件的限制，不可能按照设计所规定的标准实施，一般都要因陋就简。

上述两种固定水雷，无论是视发式还是触发式，在封锁港口和航道中都必不可少。然而，它们都带有纯粹防御的性质，缺乏攻击性。于是，海军根据实际情况又研制出一种带有攻击性的漂雷。漂雷的制作方法与触发水雷基本相同，只是重量较固定水雷稍轻，形状有圆筒形和球形两种。1938年上半年，海军在马当以下水道敷布了大量"海丁"式触发水雷，日舰不敢驶近，多屯泊于芜湖江面，无法使之触雷，海军于是制成一种轻坠水雷，利用长江水流向下激冲的特点，布放江中，使其顺流向芜湖、大通方向的敌舰冲去。4月14日，这种轻坠水雷第一次获得战果，炸沉了大通2艘日舰。7月，海军进一步改进这种轻坠水雷，制成了"海庚"式漂雷（图5-11），该雷雷身为椭圆形，雷底为球形，装有4个触角，装药150磅，杀伤范围35~40英尺（10.67~12.19米）。该雷本身具有轻微浮力，雷体几乎全部没于水中，只有极小部分露出水面，可以加以伪装。该式水雷携带方便，极具攻击性。曾在水雷制造所担任中尉股员的池孟彬（图5-12）描述了制作方法：首先打造一个圆形球体，球体中空，以备装炸药，外有4个雷角，在准备布雷时装上雷管。所谓雷管就是装有导电液的玻璃管，玻璃管朝外的部分用软铅封住，里面接电池，不用时毫无危险性。布雷时装上雷管，碰触目标物时，玻璃管破裂，导电液流到电池里促使电极通电即可引爆，既安全又实用。12月，海军设计制造了

图5-11 "海庚"式漂雷

图 5-12 池孟彬

一种适用于洞庭湖内的小型漂雷,命名为"海己"。该雷装药 50 磅,其他指标不详。至此,海军自制的漂雷共有 2 种,与触发水雷形成密切配合。

在布放漂雷时,需用系维索将球形浮标系在水雷上,用以调整水雷的浮力,使雷体既不浮在江面,也不沉入江底,保持在水面以下约 2 米的深度漂浮。球形浮标外涂上接近江水的颜色或西瓜皮色的油漆,有时上面还要覆盖杂草、树枝、木板之类的伪装物,使敌人不易发现。漂雷的主要特点是具有进攻性,在航道中可以随着水流的方向主动撞击敌舰,是日军最惧怕的一种水雷。当然,漂雷的缺陷也是很明显的,它的攻击力往往持续的时间较短,在航道中一旦随着水流越过攻击目标,就会对该目标失去效力,只能碰撞下一目标。因而,漂雷需要布雷队连续不断地施放才能形成持续的攻击力。

海军在短短一年多时间里就设计制造了 10 余种水雷,可谓成绩斐然。从淞沪战役打响到海军制雷机构迁往武昌前夕,海军制雷工作虽未专案办理,但根据作战需要,随时制造,效果显著。1938 年 3 月以后,海军制雷工作各有专案,截至 1939 年 5 月底,共完成了 14 案,它们分别是田壁阻塞用定雷(触发水雷)、加强田壁阻塞用定雷、补充大通下游用定雷、富春江用定雷、加强富春江阻塞用定雷、武汉上游用定雷、黄鄂四区用漂雷、黄鄂四区用定雷、补充富春江用定雷、补充武汉上游用定雷、荆湘和洞庭湖发水用定雷、川江用漂雷、靖港和乔口用漂雷及定雷、川江游动水雷队用漂雷。有了专案,海军的制雷工作目标明确、分工适当、规模扩大、效率提高,制雷能力大大增强。

水雷的制造和布设是发挥水雷作用的两个不可或缺的相连环节，布雷环节往往比制雷环节更加困难和危险。在布设水雷时，布雷设施不可缺少。全面抗战初期，由于海军舰艇损失巨大，置办专门布雷船只颇感困难。经海军反复论证和研究，后将新式舰艇分别改装，安装雷轨，配置布雷设备。继又征用小火轮，改装使用。这些船只尽管不如新式舰艇那样敏捷灵便，但在布雷人员的操纵下，作用也十分明显。担任布雷工作的海军舰艇有"咸宁""义宁""威宁""崇宁""长宁""绥宁"等，轮船有"平明""万利""新福兴""金大""楚发""永平""远东""万泰""仁和""同福""三星""楚吉""湘沅""新春和""飞鸢""宁昌""洪泰""源通""翔云""达通"等。这些舰艇和轮船跟随各布雷队分布于各个航道执行布雷任务，均付出了巨大牺牲，仅1938年7—11月，海军布雷舰艇、轮驳、运雷艇就被日军炸沉37艘、炸伤15艘，人员伤亡颇多。

在制雷和布雷的问题上，人员的培训也是不可缺少的，海军将这一任务交给了水雷制造所。1940年，海军水雷制造所继续召集官兵进行培训。1—6月，分4期培训256名官兵，培训结束后选派欧阳泰等70名士兵前往长江中游布雷游击队遣用，其余官兵均分别派赴各区执行抗战任务。

由于在长江抗战中，水雷自始至终是海军抗战的主要兵器，而这种兵器的作用随着中国军队的退却而与日俱增，所以从军事委员会到海军总司令部都给予高度重视和关照。陈绍宽经常询问、了解制雷情况，注重解决水雷制造所的困难，还抽出时间亲自检查制雷工作。1940年11月15—27日，他在赴前方巡视时沿途逐一巡阅贵阳水雷制造所转运站、辰溪水雷制造所、常德和长沙水雷制造所办事处、株洲水雷制造所转运站等，不但检查制雷工作，而且还鼓舞官兵的士气。

当然，海军的水雷制造工作并不是一帆风顺的，时常要面临巨大困难和危险。日军对中国海军的布雷作战恨之入骨，在遭到中国海军水雷重创时经常恼羞成怒，以最残酷的手段实施报复。日军不但残害被俘的布雷人员，而且出动飞机寻找制雷地点实施轰炸。1940年9月4日，日军出动大批飞机空袭辰溪，由于袭击突然，海军水雷制造所官兵躲避不及，有25人被炸牺牲，严重影响了制雷工作的进行。由于制雷设备简陋、水雷存储条件差、汉奸破坏等因素的存在，官兵们还时常要面临水雷爆炸的危险。有一次，存放于辰溪上游上麻田的几十个待运水雷突然爆炸，经过调查，发现在雷棚附近山沟里有一根很长的电线，直通雷棚方向，据制雷人员分析，可能是日军利用汉奸从事破坏活动。事后，水雷制造所找到了掩护条件比较好的山沟，在仙人溪、桃竹溪、万兴庵修建了正式雷库，用以储存生产后待运的水雷。（王衍绍：《抗战期间海军制造水雷概述》）据统计，水雷制造所在辰溪共筹建10座储药库和储雷库。战争时期制雷材料难以筹措，制雷工作还经常面临材料短缺的局面。制雷中消耗量最大的是钢铁和炸药，钢铁的搜集开始主要依赖海军各造船所和海军军械处的余存。随着战局的发展，仅有的钢铁余存远远不能满足需要，海军则分别向各地钢铁厂、电料厂购办，当钢铁厂、电料厂也出现钢铁短缺时，便不得不采取外购方式解决。炸药的筹措开始依靠各兵工厂提供，后兵工厂自身生产都不够使用，很难为海军提供接济，海军也只能转向外购。既然是外购，就面临着货源、经费、运输等问题。就货源来说，上述材料主要是从美国的相关公司购买，存在着有无充足存货的问题；就经费来说，抗战期间各种外购物资数量庞大，存在资金短缺问题；就运输来说，材料进入中国的渠道主要是经海运在越南和缅甸上岸，再通过滇越铁路、桂越铁路和滇缅公路运往中国，存在通道是否畅通的问题。1940年6月，中越铁路因法国的投降而中断，而滇缅公路也曾一度因英国的背信弃义而封闭，导致制雷材料的运输十分困难。

第四节　艰苦的布雷作战

与陆地游击战相比，水上布雷游击战由于其对象的特定性而具有诸多特点，这些特点决定了它较陆地游击战更加困难。江海湖沼是布雷游击队的主要活动区域，这些地区往往是敌人重点控制且自然环境复杂的区域，从而限制了游击队的机动性和灵活性；游击方式单一，布雷游击队要完成任务就必须经过水雷运输和水雷布放两个必不可少的环节，容易被敌人摸清规律，采取相应的破坏手段；对水雷的依赖性大，一旦水雷运输和供应出现问题，作战行动就会被迫停止，无法从敌方获得水雷补充，难以形成连续作战；游击队人力有限，在水雷运输和布放时必须依赖陆军部队、地方武装和人民群众的帮助和配合，从而存在着多方协同问题；作战效果难以控制，对敌人的打击程度主要依当时的敌情、自然条件而定，具有较大的偶然性。

正是布雷游击战的上述特殊困难，使得中国海军的长江布雷游击战开展得异常艰难、曲折和悲壮。

在长江中游布雷游击队正式成立的同时，海军于1940年1月划定长江第一布雷游击区，其区域包括自湖口至芜湖的沿江地带。1月20日，长江中游布雷游击队各自分头出发，奔赴第三战区各任务区。4月，第一布雷游击区自湖口扩展至江阴，自此以后，在绵长的战线上，水雷的爆炸声此起彼伏，中国海军的长江抗战呈现出一派新的气象。

"同志们！同胞们！抬着笨重的水雷要走百十里崎岖的道路，确是很艰苦的工作！可是我们为着国家，为着民族，为着替已死的同胞报仇，我们得干！得咬紧牙关硬干，苦干！你们的父兄不是被敌人杀死过吗？你们的房屋不是被敌人烧毁过吗？你们不是都发誓过要报仇吗？但是你们都怨恨你们自己没有枪！今天你们的报仇机会到了！水雷是鬼子的送命符！我们能炸毁几艘鬼子的兵舰，汽艇！炸死几百倭奴！就是等于我们一个人杀死几个鬼子！不是偿了我们的报仇的夙愿吗？同志们！忍耐一时的辛苦！在你们觉得最艰苦的时候，你就想你可以马上杀死几个仇人！……"这段慷慨激昂的话语出自一位布雷队队长对即将出征的布雷游击队员的训话，正是这种朴素的为国家、为民族、为同胞复仇的情感，鼓舞着这些失去战舰的海军官兵义无反顾地走上抗日最前线。

大量史料显示，布雷游击队官兵的每一次出击都是一次冒险之旅，但他们杀敌热情高涨，行动果敢，不畏艰险，谱写了许多传奇故事。

就在长江中游布雷游击队开赴战区的当天夜里，深入贵池的布雷游击队在两河口布放15枚水雷，立刻炸沉1艘日军汽艇，炸死日军13人，炸伤5人。这次布雷战果辉煌，可过程异常艰难。当时正值隆冬，那天黄昏，天空阴沉，寒风凛冽，田埂上出现了三三两两向前行进的人们，他们穿着各式各样的服装，好像匆匆赶路的老百姓。其实，他们就是布雷游击队的官兵和运输水雷的部队，正往一个预定的地点集结。天亮时，他们赶到了一个小村庄，秘密地休息了一个白天。又一个黄昏来临，天空阴云密布，北风狂吹，天黑之后，细雨夹杂着雪花翻卷而至，更增加了几分寒冷。布雷游击队和运输兵又上路了。由于天气恶劣，部队饥寒交迫，途中就有几个运输兵因冻饿而死。

经过艰苦的行军，部队终于到达了长江边，可他们看到的江面浪涛翻滚，小船颠簸，要想把水雷搬运上船，非常困难。在搬运过程中，有几个士兵被狂浪卷入江中，好在他们水性好、身体强壮，从而避免了被江水吞噬的厄运。等全部水雷搬运上船，天已经蒙蒙亮了。他们顶着风浪，冒着小船翻沉的危险，张开半张帆，向江心驶去。天亮后，曾有一艘日军运输舰从下游开来，队员们非常兴奋，想获取这次布雷的第一个战果。可是，由于日军运输舰速度快，运雷小船行驶迟缓，还没有行至敌运输舰的前头就已被运输舰赶上，形成平行之势，水雷遂失去攻击作用。由于小船伪装得很好，运输舰上的日军未看出破绽，与小船擦肩而过。队员们在遗憾之余完成了布雷任务。不过下游的一艘日军汽艇就没那么幸运了，被水雷炸沉。

这次布雷是波澜壮阔的海军长江布雷游击战的先声，尽管此后的每次布雷行动的人员、地点、环境、条件等各不相同，但都有着同样的勇气、艰险和悲壮。长江中游布雷游击队第二大队第四分队上尉队长郑天杰（图5-13）曾回忆说，布雷游击队官兵的生活也很艰难，赴前线出任务时，或者寄宿于祠堂、庙宇，或者埋伏于逃难百姓遗下的空房里，或者隐蔽于空旷的田野中。他率领队员出任务时，曾经以农家晒谷用的箩筐充任睡铺，一箩筐睡5人，上下覆以稻草，以蔽风寒，曾有一名队员因而冻死。执勤行军中，每名队员以白毛巾系颈为记，便于后面的队员识别，不致迷路。

中国海军布雷游击队不分昼夜地出击沉重打击了日军的长江航运，迫使日军不断对布雷游击队出没的区域实施疯狂的"扫荡"。然而，由于日军的兵力有限，

图5-13 郑天杰

在长江沿岸留下若干防御空隙，而在这些缝隙中，布雷游击队的活动此起彼伏，造成日军顾此失彼，这更激起了日军强烈的报复心。一方面，日军利用汉奸的窥探和飞机的空中侦察，获取布雷游击队的活动情报，对布雷游击队实施突然的拦截和围堵。在第二次长沙会战中，第二布雷总队第一、第五大队在安徽贵池配合陆军第五十军所部在秋浦河发动攻势，因为阵容庞大而被日军发现，双方展开激战，布雷游击队强行进袭，不料在完成任务后撤退时遭到日军包围，布雷游击队官兵被困于田中，部分官兵被俘，部分冒险泅渡者或被枪杀，或被抓获。日军还在田地四角放火焚烧，并不时向田中射击。这次战斗中第一大队队长程法侃及队员蒋菁、王国贵等被俘，队员朱荸庄、范祥元阵亡。第五大队队员陈炳焜、林巽逎、魏兆雄均负伤。

另一方面，日军对俘获的布雷游击队官兵及相关人员实施残酷的屠杀，企图"杀一儆百"。1940年4月6日，海军长江中游布雷游击队雇用的谍报员陈木生奉派潜入江西湖口敌占区侦察敌情，不幸被日本海军俘获。残暴的日军用锯子将陈木生活活锯死，然后将尸骸抛入江中，以发泄对海军布雷游击队的仇恨。残酷的杀戮并没有动摇中国海军布雷游击队打击日军的决心，此后日军的损失依然如故。

1941年春，日军沿长江南岸大肆搜索，加派驻防部队，增加据点，防止布雷游击队的渗透，给布雷行动造成了很大困难。有一个时期，江面上的日军舰船害怕被炸而减少了活动，布雷游击队的布雷行动有所减少，但并未放弃，他们根据日军舰船的多寡而出动，只要有动静，不论如何艰难，均要深入敌后完成布雷任务。

中国海军长江布雷游击战之所以能够得以广泛开展，除了自身的勇敢战斗精神之外，还有两个重要因素不可或缺：一是陆军部队和陆上游击队的协同与配合，二是沦陷区广大人民的大力支援。

开赴各战区的布雷游击队在编制上配属于陆军部队，他们的任务也是随着战区的任务而展开。换言之，他们的行动是整个战区战斗行动的一部分。然而，布雷游击队的人员编制有限，无法独立完成水雷的运输和敷布任务。因此，他们在执行任务时必须有陆军部队、陆上游击队以及民夫的协同与配合。

陆军部队和陆上游击队的任务主要是在运输过程中担任搜索、掩护、运雷等工作，在布雷过程中担任警戒，出动的人数随任务的大小而有所不同，有时一个连（队），有时两个连（队），有时甚至是一个团。民夫的任务就是利用小车、担架等工具，有时采用肩扛的方式运输水雷，出动的人数也是根据布雷的数量多少来确定。这些以协同与配合布雷游击队为宗旨的军民，其工作是极其繁重而艰苦的，更是必不可少的，如果缺少了行军安全和水雷运输环节，海军的布雷行动就难以进行。

沦陷区广大人民不畏艰险对布雷游击队工作的全力支持也是布雷工作得以顺利完成的不可缺少的条件，同时也激发起布雷游击队队员为解放民众而奋斗的精神。正如布雷游击队队员郑大超所说："在那边，我知道一些沦陷区里的民众现状，为着家乡，为着祖国，他们并没有一分钟忘记杀敌！他们关心我们这一种的工作！听到上项（水雷炸沉日军舰艇）消息时的热烈兴奋的情绪，直使人流泪！可是他们的疾苦，说不出的疾苦，又有谁来救济，他们热望着胜利早日来临！"

在长达8年的全面抗战中，海军布雷游击战取得了丰硕成果。据海军方面统计，仅开展广泛布雷游击战的第一年，即1940年，海军布雷游击队和要塞炮队仅在长江监利至黄陵矶段、鄂城至九江段、湖口至九江段就取得了击沉日本15艘中型舰、22艘运输舰、3艘商船、61艘汽艇、8艘驳船，击伤日本14艘中型舰、18艘小型舰、19艘运输舰、5艘商船、49艘汽艇、4艘驳船，共计218艘的战绩（图5-14）。在各战区中伤沉而未获查悉者不在此列。1940年10月—1941年2月，陈绍宽连续6次致电国民政府，呈报该段时间内海军布雷游击战取得的战果。国民政府在接到战报后进行了认真核实，得到的结论是"均系属实"，从此对海军水雷制造给予了经费和物资上的特别支持（图5-15、图5-16）。

图5-14 日军打捞中国海军在长江布设的水雷

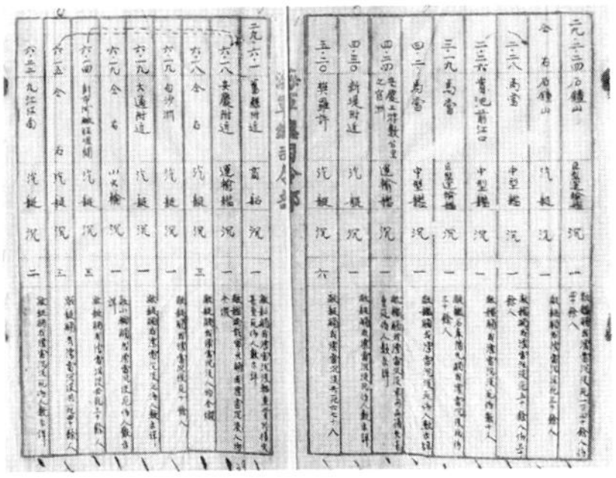

图5-15 海军总司令部公布的水雷战果1（图片来源：《海军抗战期间作战经过汇编》）

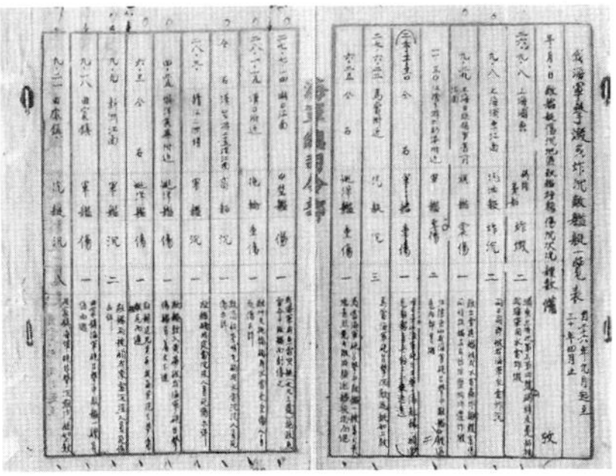

图5-16 海军总司令部公布的水雷战果2（图片来源：《海军抗战期间作战经过汇编》）

第六章
山东沿海防守战

中国海军的抗战，除了发生在长江流域，还广泛开展于东南沿海，这是由中国的海权状况决定的。全面抗战爆发前，负责山东半岛防务的中国海军是国民政府海军第三舰队，它的前身是东北海军。全面抗战爆发后，国民政府对全国海军进行统一调动，把第三舰队部分主力舰艇调往长江作战，其余舰艇卸下舰炮后自沉于青岛和刘公岛港口，以发挥阻塞作用。海军官兵则重新编制，一部分组建炮队，陆续由青岛转至长江各要塞参加抗战，一部分则深入鲁西南地区开展游击战，还有一部分中途逃离部队，或解甲归田，或加入汪伪海军。加入汪伪海军的官兵发动了震惊中外的刘公岛起义，成为海军在山东抗战的余波。

第一节 中日谋划青岛战事

青岛是华北重镇,在经济、政治、军事上都具有十分重要的战略价值,对于日本来说更是如此。这里不仅聚集了大批日侨,而且还有日阀开设的工矿企业,是日本掠夺中国财富的重要集中地和外输港口,同时也是通往华北、华中重要战略走廊的入口,因而日军在山东半岛的战争筹划是以青岛为中心展开的。相比而言,国民政府虽然早已意识到坚守青岛对挫败日军攻势的重要性,但由于把沿海防御的重心放于上海,对青岛的防御谋划不够,尤其没有制订海军的防御方案,使本来就十分微弱的海军力量变得更加无足轻重。

一、日本对青岛战事的谋划

1932年8月,日本阁议制定对时局的处理方针时规定:"当中国沿海、长江沿岸发生重大事件时,适当地撤退上海、青岛、汉口以外的各个地区的侨民,尽最大努力保持山东及华北两地区的稳定。"1936年9月,中日双方在处理汉口日本领事馆人员被击毙事件时,日本又处心积虑地做好了固守上海、保障占领青岛、封锁华中和华南要点、轰炸华中和华南的航空基地及主要军事设施等、陆军出兵华北的准备。

1936年11月19日,青岛四方纺织工人罢工,引起日军的惊恐,他们认为这不单纯是中国工人的维权行动,其背后肯定有国民政府的支持。日军把处理这一事件与山东整个抗日局势相联系,声称"如果错走一步,山东的抗日局势将不堪收拾"。于是日军大动干戈,海陆军达成协议,陆军欲向青岛附近派出一个师团。日本海军第三舰队司令长官及川古志郎中将则下令"球磨""天龙""长良"3舰及第二十二驱逐队的 4 艘驱逐舰、第十四驱逐队的"葵"舰齐集青岛海面,并将"龙田"舰从上海、"多摩"舰从日本舞鹤调往青岛,同时调集 905 名海军陆战队队员在青岛登陆,真是如临大敌。日军之所以对青岛乃至山东的控制颇为看重,一个重要原因是山东特别是青岛有众多日侨,还有大量日商财产。

全面抗战爆发前,日军长期活动于中国北方沿海的是海军第三舰队第十战队的"天龙""龙田"等军舰,以及第十战队所属的第十四驱逐队的"菊""葵""萩"等舰艇。发动战争前夕,日军在筹划从上海登陆、沿长江西进的同时,也在准备在山东半岛的军事行动(图6-1)。

图 6-1 日本海军"瑞穗"水上飞机母舰在青岛海边

1937 年 7 月 8 日,日本海军命令正在台湾方面进行海陆协同演习的第三舰队停止演习,返回原警备地,并于 11 日向全体海军部队发出电报,要求随时准备撤退华中、华南的侨民,陆军派兵保护上海、青岛等地。同时"令横须贺镇守府第一特别陆战队及镇守府第二特别陆战队,登上各自待机中的舰船,待机前出青岛方面"。

7 月 23 日,日本驻青岛武官田尻穰海军中佐致电海军中央部,详细叙述了青岛形势的不稳以及中国军队在山东地区加强戒备的情况,称时局有急向最坏方面发展的趋势,希望海军尽速考虑准备航空兵力。同时,日军还获悉山东省政府主席韩复榘要求抵抗在青岛登陆的日军的消息,奉海军中央部命令加强监视停泊在青岛内港的中国海军第三舰队,令停泊在该地的第十六驱逐队夜间待机。

随着中国军队的频繁调动,日海军做出部署:第一,令临时编制的两个特别陆战大队及担任紧急运输该部队任务的第四水雷战队,以及"长鲸"舰前出旅顺;着第二联合航空队前出周水子,"鸣户"舰及第二十一航空队前出朝鲜西海岸距青岛最近待机。第二,护卫陆军运输船队,主要由第二水雷战队充任。在考虑青岛问题而与陆军签订协定时,对有关护卫方式(直接、间接)以及兵力方面,应当常留有余地。第三,麾下上述以外之兵力,应做好适应事态之准备,根据事变发展需要,可前出旅顺方面。目前可于寺岛海峡方面一边严格训练,一边支援作战。

显而易见,一方面,日军担心青岛局势的恶化会造成日侨及日商财产的损失,特别是青岛日商纱厂的价值难以估量;另一方面,在战争初期还未最后放弃战争不扩大方针时,避免激起中国军队的抗日情绪。这样就造成在卢沟桥事变发生后的一个月中,日军一直处于迟疑当中。

1937年8月上旬,日军参谋本部拟定了《华北作战要领》,设想如果青岛附近事态恶化,先派遣第十一师团的一个旅团在青岛登陆,随后第十四师团登陆,占领青岛附近要点,协同海军保护当地侨民。第十四师团不进行沿胶济线的独立作战,并尽快使第十一师团之旅团返回师团长属下。

八一三事变发生后,日军在派出上海派遣军的同时,也预定向青岛派军,决定组编"天谷支队"(支队长是天谷直次郎少将),将步兵第十旅团司令部、步兵第十二联队、山炮兵第十一联队第三大队、工兵第十一联队第二小队、第十一师团通信队一部及卫生队一部编入其中。

然而，随着上海战事不断扩大，日军深感同时兼顾青岛和上海两地，兵力难以为继，不得不将等候于旅顺的准备用于青岛作战的海军特别陆战队于8月16日紧急派往上海，特别是此时侨民依然没有撤离完毕，在青岛发动战事甚为不利。为此，8月24日，日本当局在阁议中做出决定，改变以武力就地保护青岛侨民的决定，派外务人员与山东省主席韩复榘、青岛特别市市长沈鸿烈（图6-2）进行谈判，达成保护日本遗留财产及权益的约定。随后，8月27日到达大连的"天谷支队"仅在青岛海面逗留了很短时间，便奉命于31日火速开往上海。按照日军"临命第487号"命令，该支队于9月1日进入长江口，入列上海派遣军司令官属下，2日到达吴淞海面，8日在吴淞登陆。

图6-2 沈鸿烈

8月25日，日军又下达"临参命第80号"命令，对准备在青岛方面作战的第十四师团进行了重新部署，将该师团编入华北方面军，入列第一军战斗序列，并放弃在大连停泊，直航塘沽，于9月3—11日在塘沽登陆。9月5日，日海军第二、第三舰队司令长官宣布，封锁中国北起秦皇岛、南迄北海口之中国海岸，所有中国船只不许通航，唯青岛及属于第三国租借地领海除外。

此时，负责山东防御作战的第三集团军总司令兼山东省政府主席韩复榘为保存实力，消极避战，使南下日军一路进展顺利，日军更加确认暂时不在青岛登陆的正确性。

由此可见，发动战争前后，日军从准备在青岛作战到暂缓在青岛登陆的根本原因有三：一是日本同时兼顾上海和青岛两地登陆作战，兵力难以为继，只能集中在上海一地实施重点进攻。二是在青岛登陆，其军事战略目的主要是沿胶济线进攻济南，以配合华北南下日军的作战。济南附近作战的顺利，使登陆青岛变得没有意义，自然选择暂时放弃。三是青岛不仅居住有大批侨民（约1500人），而且还是日军在华北实施经济侵略的大本营，这里的日商纺织公司占华北的1/3，其他大小商业也比比皆是。青岛有良好的港湾、铁路和公路，运输便利，是支援其他战场的重要基地。全面抗战爆发后，日军在多个地区都实施了狂轰滥炸，但对青岛和胶济铁路却没有投下一弹，表明日军有意对青岛实施保护。因此，用谈判方式而非登陆作战方式保住其在青岛的利益是日军最期望的结果。

二、国民政府防御青岛的筹划

1933年夏天，国民政府制订了《国防作战计划》，该计划在敌情判断中认为，中国海军在沿海的实力薄弱，不能掌握制海权，故海岸各要地有处处被日军登陆之虑，而尤以山东半岛与海州及上海等地为日军上陆之要点。在山东沿海，日军有可能登陆攻击济南，以截断津浦交通。因此，中国军队务必"于青岛、威海、烟台、龙口等处各配置海岸守备部队，以防止敌之登陆"。然而，该计划虽对山东半岛防务给予了一定重视，但没有实施陆海协同防御的打算，明确规定将"在胶州湾之舰队于适当时期驶入长江协同抗战"。

1936年，国民政府对中日战争形势做出进一步判断，认为"上海、天津两大海口，皆有日本重兵扼守，无法解除，其余如青岛、福州、厦门等处，密布有彼之退伍军人，及其军事间谍，且彼海权在握，其海陆空军可朝发夕至，情势之危，不可言状"。在这种情势下，一旦战争爆发,日军势将"以陆军第二主力部队,由海上运至山东沿海登陆,直取济南,以断中国南北之交通,并威胁我南北之侧背"。然而,"中国现有之各种兵力与日本比较相差悬殊,日本有随时发动之可能,故开战之权不在中国,但在列强均势维持之下,尚能借国际同情之潜势力与暴日以无形之制裁。故目前中国除努力自强,以外交方式借国际势力以迁延暴日发动之时机,使我有整理图强之余裕"。这说明国民政府一方面意识到山东沿海形势的严峻,一方面鉴于中日实力相差悬殊,把阻止战事发生的希望寄托于国际势力的干预,这样就不可能对弱势的中国海军在山东半岛的微不足道的第三舰队的行动做出具体部署。

战争爆发前夕,国民政府在《民国廿六年度国防作战计划》"甲案"中明确判断,日军"将利用其有绝对制海权,由胶州湾—海州等处登陆,以威胁我在黄河北岸作战军之侧背"。鉴于此,国民政府制定了"国军以捍卫国土确保民族独立之自由,并收复失地之目的,在山东半岛经海州—长江下游亘杭州湾迤南沿海岸,应根本击灭敌军登陆之企图"的作战方针,以及"以一部直接配备于青岛—威海卫—烟台—龙口一带地区,阻止敌人上陆,控制主力于胶县—平度间地区,准备于判明敌主力于上陆点时,则断行攻击而扑灭之"的作战要领。然而,国民政府也十分清楚陆军部队在沿海抗登陆作战中的能力和作为,特别对于海军没有信心,因此在作战指导要领中同时规定,一旦不能在山东半岛一带阻止日军上陆,那么陆军"应固守潍河之线,以掩护主力军侧背",海军第三舰队则"务于开战之先,迅速集中长江,担任下游之警备,并协力陆军之作战"。这说明国民政府在部署山东防御时已不把希望寄托于将日军拒之于山东各海口之外,而是寄希望于在二线或三线阻击敌人。特别对于山东半岛仅存的海军力量,国民政府无意将其牺牲于山东半岛,而主张将其撤入长江,协助长江封锁,最大限度地发挥其作用。

显而易见，国民政府在设定全面战争爆发，权衡青岛和上海两地的防御时，毫不犹豫地把重点置于上海，这无疑是正确的，因为这一决策针对了日军重点进攻上海的图谋。然而，青岛应置于防御的次要地位并不是说青岛可以轻易放弃，因为青岛的战略地位对整个山东半岛作战极其重要，同时又是牵制华北日军的要点。日军南下的目的是打通津浦线，如果不是韩复榘一路溃退，使日军在夺取津浦线的作战中没有遭遇像样的抵抗，进而使在青岛的登陆变得无足轻重，那么，青岛防御战的战略价值就会骤然凸显。然而，事实是国民政府对防御青岛并未制订详细而具体的计划。在卢沟桥事变发生9天后，国民政府在讨论是局部战争还是全面战争时曾提出过"敌如在青岛上陆，则我拒止之，又发生战争"的意见，担心爆发中日战争。直到1937年12月7日，第五战区才根据作战计划将"青岛守备队及第三舰队守备青岛，拒止敌之登陆"形成命令。

国民政府在青岛方面的防御方案是粗糙的，具体方案只能由青岛特

海军第三舰队

国民政府海军第三舰队源于东北海军。1919年，北洋政府海军部视察、海军少将王崇文建议建立一支吉黑江防舰队，得到海军总长萨镇冰支持，经呈请总统徐世昌批准，海军部于1919年7月2日特设吉黑江防筹备处，以王崇文为处长，归海军总司令节制。随后，海军总司令部遣海军第二舰队的"江亨"、"利捷"、"利绥"（图6-3）、"利川"等舰船由上海北上支援。1920年5月，海军部将吉黑江防筹备处改称"吉黑江防司令公署"，直属海军部，王崇文任少将司令，拨借部分商船加以武装后归于旗下。1920年秋，吉黑江防舰队正式成立，共拥有8艘舰船，其中最大舰船吨位550吨。

1922年5月，张作霖在第一次直奉战争中失败，宣布东北三省自主，

脱离北洋政府，成立了东北边防司令长官公署，自称东三省保安总司令，并开始筹备建立海军舰队。8月，张作霖在东三省保安总司令部特设航警处，作为筹办东北海军的领导机关，任命沈鸿烈为少将处长。同月，张作霖指示沈鸿烈，将水警、渔业、航运及吉黑江防舰队的舰船收编，成立了东北海军江防舰队，此为东北海军建立之始。此后在沈鸿烈的积极筹办下，1925年又成立了东北海军海防舰队，原江防司令公署改为舰队部，凌霄任舰队长，同时成立东北海防总指挥部，沈鸿烈为总指挥，基地设于营口。1926年1月，东北海防总指挥部更名为东北海军总司令部，沈鸿烈任中将总司令，司令部设于沈阳，统辖东北海军江防舰队和东北海军海防舰队。江防舰队由尹祖荫任舰队长，海防舰队由凌霄任舰队长。至此，东北海军完全建成（图6-4）。

1927年6月，张作霖改编所属陆海军部队，东北海军海防舰队改为海军第一舰队，"渤海舰队"改为海军第二舰队。1928年12月，东北海军又进行改编，成立东北江海防司令部，张学良兼任总司令，沈鸿烈（图6-5）任副总司令，下辖3个舰队：海防第一舰队驻泊青岛，凌霄为舰队长，拥有5艘舰艇；海防第二舰队驻泊长山岛，袁方乔为舰队长，拥有7艘舰艇；江防舰队担负吉黑江防任务，谢刚哲为舰队长，拥有9艘舰艇。至此，东北海军迎来了全盛时期，舰艇总吨位达1.9万吨，共3300人，还有2个大队的海军陆战队，共1200人，分驻青岛、烟台、长山岛及吉黑沿江各地。另有葫芦岛航警学校、水上飞机队、海军工厂、水路测量队、海军医院等，成为中国北方的重要海军力量。1928年12月29日，张学良通电宣布归附国民政府，而东北海军依然归张学良节制，处于实质上的独立地位。1929年1月1日，国民政府在南京举行国军编遣会议，对全国军队进行了统一编成。海军统编为4个舰队，东北海军为第三舰队，但依然沿袭旧制，并未使用"第三舰队"番号。1933年5月，东北海军发生"薛家岛事件"，"海圻""海琛""肇和"3舰出走广东，投靠广东军阀陈济棠，被编为"粤海舰队"。7月5日，东北海军进行整编，真正使用"第三舰队"番号，谢刚哲出任舰队司令，司令部移设威海卫刘公岛，舰队下辖6艘舰船，以及教导总队（驻威海卫）、航空大队（驻青岛）、陆战大队（驻青岛）和青岛办事处、长山办事处、南京办事处、青岛海军学校等。此状态维持至全面抗战爆发。

图 6-3 航行在松花江上的"利绥"舰

图 6-4 由商船改装而成的"镇海"水上飞机母舰搭载的法制水上飞机

图 6-5 沈鸿烈

"护法舰队"与"渤海舰队"

　　1917年5月10日，北洋政府海军总长程璧光为抗议段祺瑞强迫解散国会的行为，愤然辞职。6月8日，孙中山在上海发出护法通电。9日，程璧光离京赴沪，拜会孙中山，并号召海军维护共和，讨伐叛逆。7月21日，程璧光等发表《海军护法宣言》，并于当天率海军第一舰队的7艘军舰组成"护法舰队"南下广州（图6-6、图6-7）。8月5日，"护法舰队"抵达广州，军舰增至10艘。9月10日，军政府正式成立，孙中山宣誓就任大元帅。11日，孙中山任命程璧光为海军总长、林葆怿为海军总司令，海军部设于海珠岛。随后，拉开护法战争帷幕。然而，护法战争并不顺利，战争期间程璧光遇刺身亡。

1922年4月，在孙中山首肯下，非闽籍官兵发动"夺舰事件"，驱逐闽籍官兵，山东人温树德出任"护法舰队"司令兼"海圻"舰舰长。"夺舰事件"发生不到两个月，粤系军阀陈炯明发动叛乱，炮轰总统府。温树德背弃孙中山，于1923年10月率"护法舰队"主力北归，驶抵青岛，投靠直系军阀吴佩孚，成立了脱离北洋政府控制的"渤海舰队"（图6-8）。1924年9月，第二次直奉战争爆发，"渤海舰队"助直攻奉，发挥了一定作用。可是，一个月以后，直系将领冯玉祥在北京突然发动倒戈政变，使前线直军陷入腹背受敌的绝境，吴佩孚遂抛弃"渤海舰队"败退南逃。1925年4月，北洋政府任命奉系张宗昌为山东军务督办，张宗昌有意控制"渤海舰队"。张作霖遂派张学良与温树德洽谈收编事宜。未几，温树德避居天津，"渤海舰队"发生风潮，吴志馨代理舰队司令，张宗昌趁机收编"渤海舰队"，派所部第三十二旅旅长毕庶澄兼任"渤海舰队"司令，"海圻"舰舰长吴志馨升任副司令。1926年，"渤海舰队"主力"海圻"舰趁赴旅顺进日本船坞修理之机，通电归附东北海军。1927年6月，张作霖在北京成立安国军政府，就任"中华民国陆海军大元帅"，遂以国家名义改编其陆海军部队，把东北海防舰队改为海军第一舰队，沈鸿烈任舰队司令，"渤海舰队"改为海军第二舰队（图6-9），吴志馨任舰队司令，张宗昌为海军总司令。不久，沈鸿烈升任海军副总司令。虽然"渤海舰队"在此次改编中进入东北海军编制序列，但在指挥和管理上依然处于独立状态。1928年12月，东北海军再次进行改编，"渤海舰队"正式隶属于东北海军，其名称从此不复存在。

图6-6　"护法舰队"中的"豫章"舰

图 6-7 南下护法的"楚豫"舰（前）

图 6-8 "渤海舰队"的"永翔"舰

图 6-9 东北海军第二舰队"海鸥"炮艇

别市市长沈鸿烈制订。沈鸿烈是1931年11月奉国民政府之命担任青岛特别市市长的，同时兼任海军第三舰队司令。1933年6月，他卸掉海军第三舰队司令之职，由谢刚哲接任，但他依然掌握着海军控制权。全面抗战爆发后，他奉军事委员会之命设立了青岛海陆军总指挥部，自己兼任总指挥，极力筹划青岛防务。除了海军第三舰队的舰艇部队、海军陆战队以外，他还组织了保安队和警察部队，又从威海调来了海军教导队。另外，请准军事委员会从海州调派税警第五团来青岛协防。这些部队成为防御青岛的骨干力量。然而，在强大的日本海陆军进攻面前，青岛的防御力量如同杯水车薪，必须采取超常措施才能获得一线胜机。对此，沈鸿烈十分清楚。

沈鸿烈

沈鸿烈，字成章，湖北天门人，1882年生。1900年，中秀才，补廪生，遂执教于府学。1904年，投考武昌武备学堂，旋入湖北新军。1906年春，公派入日本海军学校学习，学习期间加入中国同盟会。1911年夏，毕业回国。适遇武昌起义爆发，沈鸿烈奉命成为海军宣慰使，策动长江中下游海军起义。1912年，任南京临时政府海军部军机处参谋。次年4月，任北洋政府参谋本部上校科长，主管海防。1916年3月，奉派为赴欧洲观战团海军武官。1918年10月，回国，11月任原职，兼陆军大学第五、六期海军教官。1920年10月，任吉黑江防司令公署参谋长。1922年，奉张作霖之命出任东三省保安总司令部航警处处长。1923年7月，升任东北海军江防舰队中将司令。1925年，东北海防总指挥部成立，出任总指挥。1926年1月，东北海防总指挥部更名为东北海军总司令部，任中将总司令。1927年6月，张作霖设海军总司令部，自兼总司令，任命沈鸿烈为海军上将副总司令，代行总司令职。1928年12月，东北海军再次进行改编，成立东北江海防司令部，张学良兼任总司令，沈鸿烈任副总司令。1931年12月，沈鸿烈兼任青岛特别市市长，1932年1月正式任命。1937年6月，任青岛市保安处处长。全面抗战爆发后，兼任青岛海陆军总指挥部总指挥。1938年1月，任山东省政府委员兼主席。2月，兼任省保安司令、中国国民党省党部主任委员。同年，冀察、鲁苏两战区在山东成立，沈鸿烈任鲁苏战区副总司令。1941年9月，任国民政府行政院水利委员会委员，12月调任行政院农林部部长，1942年1月赴任。1942年12月，兼任国家总动员会议秘书长。1946年3月，任浙江省政府委员兼主席。1948年7月，调任考试院铨叙部部长。1949年赴台湾，被聘为"总统府国策顾问"。1969年3月12日，病逝于台中，终年87岁。

第二节 海军炮队的转战

1937年8月20日，国民政府宣布成立第五战区，负责指挥鲁南、苏北地区的战事，蒋介石兼任司令长官，山东省政府主席韩复榘任副司令长官。可是当日，军事委员会又决定撤销第五战区，其辖区及部队划归第一战区。直到10月16日，鉴于淞沪战场局势严峻，最高统帅部重新成立第五战区，李宗仁任司令长官，韩复榘任副司令长官。随后，第五战区明确了山东方面的作战方针：保有鲁省大部分地区，与敌行持久抗战。作战初期，应扼守黄河及沿海要点，直接阻止敌人之侵入。然而，由于中国军队在津浦路北段的作战连连失利，韩复榘又不顾蒋介石的多次命令，有意保存实力，使得进驻德县、反攻沧县和德县的意图均未实现，日军分3路迅速进至徒骇河一线，逼近济南。韩复榘一面利用徒骇河道与日军隔河对峙，一面试图调集兵力加固徒骇河一线，于是便指示沈鸿烈抽调海军第三舰队舰炮组成炮队前来支援。

沈鸿烈与谢刚哲商量后，决定从"镇海""定海""江利""同安"4艘军舰卸下8门37毫米平射炮及重机枪等，同时遴选各舰优秀精壮官兵组成炮队。编组完成后的炮队有一个大队，大队长为"同安"舰舰长马崇贤，下辖两个中队。10月19日，炮队从青岛出发，当晚第一中队开赴禹城，第二中队到达惠民。

不久，第一中队便与日军发生激战。当时，日军正集中兵力于禹城徒骇河北岸的黎家寨，准备对南岸中国守军发动全面总攻。10月21日7时，日机轮番向中国守军阵地投弹轰炸，并实施低空扫射，第一中队海军炮兵因及时利用地形、地貌隐蔽自己而未受损伤。16时，日军又以铁甲车为前导，企图大举冲越铁桥，其先导部队的铁甲车队将中国守军的2辆铁甲车击毁,并以2辆先导铁甲车冲到北岸桥头。中国海军炮队第一中队沉着应战,出其不意地对日军实施炮击,日先导铁甲车的车头及其主炮均被击毁,其他铁甲车趋前救援,第一中队又以猛烈炮火连续击中其要害,使日军死伤甚重,不得不拖曳着受伤的铁甲车仓皇逃走。日军遭此重创后,遂不敢再从正面进犯。

11月中旬,日军突破徒骇河一线,威逼黄河北岸,韩复榘见黄河以北阵地难保,便命令所属第三集团军退至黄河南岸,并炸毁黄河大桥,企图凭借黄河天险阻止日军南侵。此时,海军炮队因炮弹难以接济而撤回青岛。

在编组炮队支援前线战斗的同时,沈鸿烈还将其余舰炮和人员组成舰炮总队部,下辖6个炮队,薛家港和大港各派1个炮队,市区前海岸山上派4个炮队。总队部设于东镇(原青岛海军学校校址),张楚材兼任总队长。

第三节 阻塞港口和炸毁纺织工场

1937年11月,最高统帅部以"青岛过于突出,无死守价值"指示沈鸿烈撤离青岛。沈鸿烈对山东的战况早有关注,他担心一旦日军占领济南,胶济铁路必被日军截断,撤出青岛的后路也将被切断,到那时,青岛就成了一座孤岛。所以,当最高统帅部进一步明确撤离青岛的决定后,沈鸿烈便开始积极筹备撤离事宜。

自从1935年7月"海圻""海琛"两舰奉命南下进入长江后,第三舰队的舰艇还有"定海""永翔""楚豫""江利"炮舰,"镇海"练习舰,"同安"驱逐舰,"海鸥""海鹤""海清""海燕""海骏""海蓬"炮艇等12艘,这些舰艇已无其他可以抗战建功的途径,只能自沉阻塞港口(图6-10)。

1937年12月18日,青岛局势突然紧张,自18时起实行宵禁。沈鸿烈命令将已经卸下舰炮的海军舰艇以及其他船只共20余艘,装满碎石、水泥和煤炭,分别沉于青岛大港、小港和船渠港,实行封锁。其中沉于大港口门,即第一、五号码头之间的舰船分为2排,共11艘,它们是"楚豫""靖海""镇海""永翔""定海""定利""飞鲸""江利""桥船""浚渫船""水吊",排水量共计8135吨;沉于小港口门的有"同安""赵村""周村""海燕""海清""海镇"等(图6-11、图6-12);沉于船渠港的有"水星""李村""浚渫船"等。另外,沈鸿烈和谢刚哲还安排将"海鸥""海鹤""海骏""海蓬"4艘炮艇沉塞于威海刘公岛港。至此,海军第三舰队的舰艇全部自沉。

由于青岛港遭到严重破坏,口门堵塞,港口不能通航,码头无法装卸,1938年1月10日日军在

图6-10 海军第三舰队舰艇在青岛港内自沉

图6-11 自沉于青岛小港的"同安"驱逐舰

图 6-12 "海燕"炮艇

青岛登陆后,仅能靠栈桥驳运货物和军队,所以日军急于清除港口障碍,打捞沉船。这一工作从1月12日开始,在此后的近一年中,日军运用一边清理一边使用的方法,断断续续恢复青岛港的功能。10月8日,日军捞出"镇海"舰,11月21日捞出"永翔"舰。截至12月12日,日军已捞出全部沉船,港内外水路完全畅通。从1939年3月25日起,日军"开放青岛码头,准许第三国船在第一码头之一部及第四码头靠岸"。这一过程足以证明,沉船阻塞青岛港给日军造成了很大困难。

日本人在青岛开设的纺织公司共有9家,包括内外棉、大日本、钟渊、上海、丰田、同兴、富士、国光、日清纺织公司等,共设11家工场。公司分别设于四方、沧口和水清沟等地。这些纺织公司由日本人经营多年,已具有较高的技术水平和生产能力。以日清纺织公司为例,在撤侨时,公司曾奉令进行过财产评估,结果显示资产达800万元,流动资金达100余万元,精纺机约11.9万锭,以每锭百元计算,合1000余万元。保护这些纱厂是日军梦想不战而控制青岛的主要原因之一,炸毁这些纺织工场对日本的打击可想而知。按照国民政府制定的"焦土政策",这些纺织工场均在摧毁之列。

炸毁纺织工场需要炸药,沈鸿烈电请军事委员会给予支持,军事委员会很快拨付12吨TNT炸药,专门派廖安邦和郁仁治押运至青岛,并协助处理爆破事宜。1937年12月18日,沈鸿烈组织人力在各纺织工场的主要机器设备上捆绑炸药,绑完后他亲自到各厂检查,随后下令引爆炸药,将11处纺织工场、2家胶皮厂的主要机器设备全部摧毁。据日方调查,纺织公司的损失总额在1.2亿元以上,各纺织公司的损失数额占总公司资产的比例,大公司约达一成四分至二成,小公司则损失比例更大。24日,在天津的日军扬言,因"在青岛与济南方面损失过巨,将有激烈行动,以为报复"。26日,日本海军中国方面舰队司令长官长谷川清宣布封锁青岛。青岛的中国军队并没有被吓倒,在29日继续实施"焦土政策",炸毁了青岛与上海、烟台、佐世保相连接的海底电缆,以及日酿酒厂与染厂各一座及仓库多座,又将中国船坞、修理厂、电话与无线电局等焚毁。这一夜,沿海一带火焰四起,全城可见,通宵不熄,爆炸声不绝于耳,青岛市民彻夜未眠。此外,沈鸿烈还命令炸毁了在青岛大港运行了30多年的一座150吨的起重机和一座铁轨式塔吊,同时将2艘浮吊沉入海底。青岛小港的海军船坞、海军工厂等也被悉数破坏。

第四节　撤离青岛

舰艇自沉和炸毁纺织工场之后,沈鸿烈即开始做撤离青岛的最后准备。他将驻青岛部队进行了整理，把舰上人员编成炮队，又补充了保安队，然后进行了统一整编，将整个战斗系统编为3个支队：第一支队下辖教导总队和舰炮总队，支队司令张楚材；第二支队下辖两个海军陆战大队，支队司令张赫然；第三支队下辖警察部队、保安队和税警团，支队司令廖安邦。

1937年12月29日，沈鸿烈指挥部队开始按计划撤离青岛，31日撤离完毕。青岛民众见军队已经撤离，彻底失去了安全保障，便纷纷逃避。青岛的外国人开始成立保安队。

1938年1月10日，日军在青岛的山东头、湛山村和汇泉湾等地登陆。与此同时，日军第五师团一部沿胶济铁路东进，于1月中旬与青岛登陆的日军会师。

撤离青岛的部队去向不尽相同。按照军事委员会指令，这些部队需分为两部分：一部分为第一支队的海军教导总队（图6-13）和舰炮总队，它们的目标是经徐州赴武汉，任务是参加武汉下游各要塞的防守战；一部分为第二支队的海军陆战队和第三支队的警察部队、保安队、税警团，它们的目的地是莒县、临沂一带，任务是参加鲁南游击战。海军陆战队先从青岛出发，前往诸城担任警戒，诸城早就设有军粮、汽油储运站，后续的保安队等在沈鸿烈率领下与诸城海军陆战队会合，一起向莒县方向进发。海军教导总队和舰炮总队撤离的情况比较混乱，教导总队先行，舰炮总队随后。撤退中，因不少官兵擅自离队而逃，部队群龙无首，意见不一，出现哗变，并动用武器自伤，两队到夏庄会合后才稳定了局面。随后，他们乘100余辆汽车向诸城方向前进。途中遭日机轰炸和扫射，虽无人员伤亡，但有36辆汽车被击毁，两队奉命步行前往诸城，再从诸城向蒙阴、沂水进发。不久，部队自沂水到达台儿庄，转乘火车前往武汉。

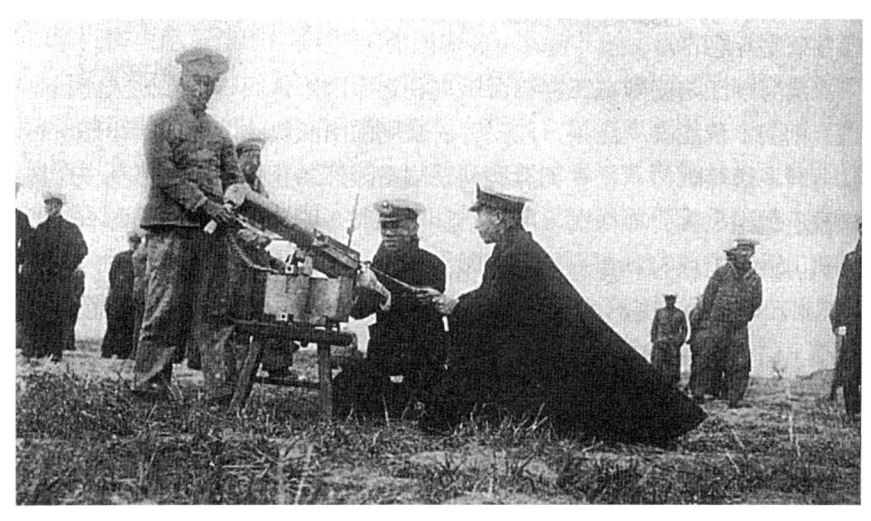

图6-13 海军第三舰队教导总队在演习

　　海军教导总队和舰炮总队到达武汉后，改编为长江江防要塞守备部队，守备司令部设于汉口，直属军政部，作战归第九战区指挥。该司令部由原第三舰队司令谢刚哲任司令，原"江利"舰舰长孟宪愚任参谋长，原"同安"舰舰长马崇贤任副官长，下设3个江防要塞守备总队：第一总队由原"海圻""海琛"两舰官兵编成，总队长是原"海圻"舰舰长唐静海，驻防田家镇和葛店之间；第二总队由原教导总队编成，总队长是原青岛市公安局督察长鲍长义，驻防马当；第三总队由原舰炮总队编成，总队长是原"镇海"舰副官长、大港炮台台长康肇祥，驻防湖口。江防要塞守备总队的任务是配合陆军江防部队及其他的海军炮队防守各要塞。

　　第二支队和第三支队在沈鸿烈率领下一路走到临沂，在临沂休整3天。其间，沈鸿烈对部队再次进行整编。首先，他为加强海军陆战队的力量，从各部队中挑选一批精壮士兵补充到陆战队中，使陆战队成为一支拥有3000人的精干部队；其次，他调整其他部队建制，编成警备团，团长为孙秉贤，全团 6000 人。这样，在正式参加作战之前，沈鸿烈的部队共计 9000 人。随后，沈鸿烈率部暂驻鲁西南曹县待命。

1938 年 1 月，蒋介石免去韩复榘的山东省政府主席职务，由沈鸿烈接任，同时沈鸿烈还兼任山东省保安司令。沈鸿烈上任后将整顿后的省政府机关及保安司令部机关安置在曹县，一直到 1938 年底才向鲁南山区转移。而海军陆战队则在这期间奉命参加了鲁南游击战。

第五节　海军陆战队的作战

经过淞沪会战和南京保卫战，国民政府在惨重的牺牲中总结了经验和教训，在战略、战术上开始采用攻势防御，即将阵地战、运动战和游击战密切结合起来，利用运动战和游击战的攻势弥补阵地战守势的不足，取得了明显战果，鲁南台儿庄和临沂的战斗就是最好战例。而海军陆战队在新的战略、战术指导下，在游击战中发挥了一定作用。

就在沈鸿烈筹划并实施青岛撤退之际，日军矶谷廉介的第十师团从青城、济阳间渡过黄河。日军占领青城后兵分两路，一路沿胶济铁路向东直扑青岛，一路向南连陷济南和泰安。1938 年 1 月 7 日，南下日军攻占蒙阴、邹县、济宁等地，迫近鲁西、鲁南。

面对严峻形势，蒋介石于 1 月 11 日在开封将韩复榘免职。14 日，他命令第十二集团军军长孙桐萱代第三集团军总司令。军事委员会从第一、第三战区增调第二十二、第二十四集团军等部队至第五战区。同时，重新划定作战地域。

2月3日，第五战区司令长官部依照军事委员会的电令，发布了作战命令，将第五战区划分为4个游击区，其中第二游击区部队以第三军团军团长庞炳勋指挥所部及海军陆战队为基干，位于鲁南山地，向津浦、胶济、陇海及鲁东南海岸之敌展开游击战。在6日下达的补充命令中规定："第三军团在临沂附近，配合该方面地方部队，各以一部夺取蒙阴、泗水后，向泰安、大汶口间及南驿、曲阜之敌威胁。对日照、莒县、沂水北方要点，派一部与海军陆战队联合扼守。"8日，蒋介石发密电给徐州的李宗仁、山东曹县的沈鸿烈以及在临沂的庞炳勋等，命令"庞、沈部队从速出击，并编组小支队绕出胶济路以北地区活动"。但庞、沈部队并无太多精力出击胶济铁路以北，9日，庞炳勋给蒋介石的回电称："职军奉李司令长官令将东海防移交一一二师，即全部向临沂集结准备，以一部配合游击队攻击蒙阴泗水而占领之。向泰安曲阜间威胁敌之侧背，以一部协力海军陆战队，固守莒县沂水以北要隘，并以该方面游击队向诸城临朐方向游击。……海军陆战队，计两大队，共约二千人。……拟定处置：……以一一五旅之步兵两营协力海军陆战队及该方面游击队，以莒县沂水为基，向胶济路及其以北施行截击。"

随着战局的发展，2月14日，李宗仁重新部署第五战区作战任务，电称："第三军团（指挥海军陆战队）仍以一部在海岸防守，以主力在临沂附近向诸城、沂水、蒙阴、费县附近游击，并掩护第廿二集团军之右侧。"但蒋介石始终关注胶济铁路沿线的安危，于18日命令李宗仁："沈鸿烈部向益都以东铁路游击。"但日军第五师团派第二十一旅团的第二十一联队已由潍县乘车南下，一部进至莒县将军岭南的招贤镇，轰炸周围村庄。此时，海军陆战队正驻扎于招贤镇，乃奋起抵抗，与其他游击部队及保安团并肩作战，激战两昼夜，击毙、击伤日军500多人，自己伤亡400余人，余部退避莒县城西山岭地区，日军遂向莒县县城推进。李宗仁电令庞炳勋派队支援，庞乃令第一一五旅旅长朱家麟所部第二二九团及第二三〇团，并配属2门山炮，增援莒县。朱家麟派副旅长黄书勋率第二二九团，附2门山炮为右翼，自率第二三〇团为左翼，向莒县前进。李宗仁在21日致蒋介石等密电中称："……庞军团（张军之一旅属之）迅速扫除汤头附近之敌后，以一部向莒县方向追击，主力集结于汤头附近布防，对沂水、蒙阴方面自行警戒，陆战队命归该军团之指挥。"自此开始，海军陆战队的指挥权归于庞炳勋。

2月21日，日军抵达莒县城北，与庞炳勋部一营对峙，庞见所派增援部队无法按时抵达，急令所属第二路游击司令刘震东部驰援。21日15时，刘震东率部到达莒县城下，22日17时入城。可此时负责防守县城的国民党莒县县长兼莒县抗日游击司令许树声部早已不战而弃城南逃，莒县成了一座空城。刘震东迅速布置防御。23日凌晨，日军发动进攻，刘震东率部英勇奋战，誓与城池共存亡。但因寡不敌众，城门被敌攻破，刘震东壮烈殉国，莒县陷落。当第一一五旅于26日到达莒县附近时，战局已无可挽回。此时的海军陆战队已转移至高里附近。

莒县周围以及莒县的战斗是相当激烈的，从庞炳勋给蒋介石的密电中可见一斑。庞炳勋在2月22日的密电中称："一一五旅朱旅长22·08电：职率二二九团（21·24）驰抵莒县，是时当招贤失陷后，陆战队损失奇重，退在夏庄整顿。……二三零团赵团长（21·24）电：职于号夜率队驰抵招贤，比到罗米庄，招贤已失，斯时我在沂水北官庄与敌激战之。第三营至篠晨，敌步骑炮联合增至千余，装甲车七辆均俱载军，在飞机掩护下向我猛攻，同时以一部迂攻沂水县城。地方游击队、陆战队弃守，去向不明。该营前后受击，竭力抵抗，损失极大。职即率部驰援抵七里桥，时沂水县城已失，职即转至城南司马店，更阻敌南侵并收容，准备反攻。"

对于海军陆战队的"去向不明",蒋介石十分关心,希望庞炳勋能够查明情况。几天后,庞炳勋发现了海军陆战队的踪迹,他在3月5日给蒋介石的密电中称:"海军陆战队现在沂水西南地区游击,已令赶回临沂城北柳官庄、朱满一带,威胁敌之侧背,现尚未到。"这说明海军陆战队依然具备作战能力。9日,日军第五师团"坂本支队"向临沂东北地区的中国军队第四十军发起进攻,守军不支,放弃阵地,向临沂城郊撤退。李宗仁电令张自忠的第五十九军由滕县输送到峄县转赴临沂,接手庞炳勋的任务,击破莒、沂方面的日军。12日,蒋介石叮嘱李宗仁:"沈鸿烈部陆海队,勿使用于正面作战,应以破坏胶济铁路、扫荡胶东伪组织为主任务。"可见蒋介石始终想利用海军陆战队,在胶济铁路安插一颗钉子。但李宗仁鉴于事态紧急,难以从鲁南地区抽调海军陆战队出击胶济线,就没有顾及蒋介石的意见。

3月13日,第五战区参谋长徐祖诒以第五战区司令长官的名义给张自忠的第五十九军下达命令:"五十九军以一部确占石家屯一带高地,向葛沟、白塔间分途侧击,牵制敌人之增援;主力由船流至大、小姜庄间渡河,向南旋回,与四十军呼应,包围歼灭敌之主力于相公庄、东庄屯、亭子头以南地区。在高里附近之陆战队暂归指挥。""四十军以主力由沂河东岸与五十九军呼应,包围敌之主力歼灭之;在沂河西岸之一部,渡河侧击尤家庄附近之敌。"这样,海军陆战队的指挥权又从庞炳勋手里转移到了张自忠手中。在随后爆发的临沂战役中,海军陆战队不仅参与其中,而且付出了巨大牺牲。

5月,中国军队从徐州突围后,海军陆战队与挺进军(第六十九军)在鲁南、鲁中分别建立游击根据地,海军陆战队活动于安丘泥沟一带,在胶济、津浦及台潍路沿线袭扰日军,进行游击作战,其指挥权又重新回到沈鸿烈手中,沈鸿烈对海军陆战队进行了人员补充。

1939年1月，蒋介石密令颁行了《国军第二期作战指导方案》，规定鲁苏及冀察各战区，应增强军民力量，建立并保持游击根据地，积极展开广大之游击战，袭击敌人后方，分别指向重点于津浦、陇海及平汉各要线，尽量牵制消耗敌人。2月，颁行了《国军攻势移转部署方案》，指出："鲁苏战区主力以鲁南山地为根据，向胶济及济徐间铁道袭击，遮断敌之交通，并以避实击虚，粉碎敌人扫荡企图。"六七月间，又颁布了《二十八年夏季作战计划》，明确规定："鲁苏战区以持久战之要领，努力保持鲁南游击根据地，疲弊敌人，并相机破坏津浦、胶济、陇海各路，妨害敌之运输。"这些方案和计划均旨在山东境内广泛开展游击战，扰乱日军后方。在长期游击战争中，海军陆战队因多次改编，早已失去陆战队的本来性质，逐渐演化成了陆上游击部队。1942年1月，沈鸿烈奉命赴重庆出任农林部部长，从此与这支他亲自从青岛带出来的部队脱离了关系。

第七章
浙江沿海防守战

　　浙江省地处我国东部沿海，自古以来就是连接外海和内地的重要区域。在明代，这里是倭寇肆虐的重灾区，明清都在这里建设了海防设施。全面抗战爆发以来，国民政府也试图在此建立防御线，成立了镇海要塞总队，在浙东的重要海上门户——镇海设置了要塞，在甬江南北岸配备了要塞炮，可是如此防御微不足道，海上防御必须有海军的参与。然而，晚清以后，由于没有在此建设大规模海军根据地，国民政府的作战计划也未将海军舰队考虑进防御体系中，再加上海军力量严重不足，致使这里无法驻泊海军舰队，海军的抗战也只限于炮台、个别舰艇以及部分布雷游击队的行动。这部分海军力量虽然在日军进攻面前显得十分微弱，但始终没有停止战斗，杀伤了较多日军，同样体现了海军的抗战精神。

第一节 国民政府筹划浙江防御

国民政府在构筑沿海防御体系的过程中，始终把浙江作为重要一环加以部署，在1933年制订的《国防作战计划》中，国民政府根据地形的关系，将全国划分为6个战场，其中就有江浙战场。国民政府根据实际情况，在各个战场划定了"集中掩护线""第一抵抗线""第二抵抗线""第三抵抗线""第四抵抗线""最后抵抗线"。其中江浙战场以江南嘉定—松江一线为集中掩护线，江北灌云—东海—赣榆一线、江南京沪线苏州—常熟—福山镇一线、江南沪杭线乍澉浦—嘉兴—平望镇亘太湖一线为第一抵抗线，江北涟水—沭阳—阿湖—郯城—临沂一线、江南京沪线无锡—江阴一线、江南京杭线杭州—德清—吴兴一线或泗安—长兴一线为第二抵抗线，江北淮阴—泗阳—宿迁—猫儿窝—滩上—涧头集—利国驿沿运河一线为第三抵抗线，江南高淳—南渡—金坛—丹阳—镇江一线为第四抵抗线，温州、宁波、江都、句容、溧水等地为最后抵抗线。看起来陆上防御体系较完整，层次较分明。

在"国防作战计划纲要草案"中，国民政府又将全国划分为"抗战区""绥靖区""预备区"，抗战区共划为6个防卫区，其中包括江浙防卫区。同时明确了各防卫区担任抗战任务的部队及统帅机关。江浙防卫区的抗战部队是驻在江浙的各部队，战时以预备区的湖南全省、安徽南部、江西北部的驻军增援江苏南部、浙江全省，统帅机关是江浙防卫区司令部（平时由军事委员会直接管理）。其部署是以一部位于宁波、台州、温州等处，大部集结于沪杭甬沿线，为乍浦、澉浦、镇海、海门、温州各港口的增援。在海州、吴淞、乍浦、澉浦、镇海、海门、温州等处均配置海岸守备部队，以防止敌人登陆。由于国民政府认为沿海山东半岛、海州及上海等地为敌人登陆的要点，故主张把江浙警备军一部集中于昆山、苏州附近，主力集中于江阴、无锡、南京、浦口，从而把浙江沿海的防御放在了次要地位。特别是规定海军的任务是除广东驻在舰队维持广东海岸的交通及珠江口的防务外，其余一、二、三各舰队集结于长江内，任肃清长江内敌舰之责，而不承担浙江沿海的防御任务。

显然，国民政府在《国防作战计划》中对江浙两省形势及其相互关系的判断是有一定道理的，但对仅有海军兵力的使用决策却存在一定问题。从江浙两省的战略地位来看，江苏省的地位更加突出，纵贯全省的长江不仅是通往内地的战略通道，而且连接着上海、南京等重要城市，集中海军防守长江下游，毫无疑问是正确的。但是，作为江苏省侧翼的浙江省是长江门户的一扇侧门，这扇侧门如果不牢固，上海及京畿的安全依然难以确保。故将海军兵力分出一部分参与浙江沿海的防卫，应属必然。但国民政府出于种种考虑，并未如此行动，为日后日军从杭州湾登陆包抄上海和进攻南京留下了隐患。

《国防作战计划》完成之时，虽然华北已出现严重危机，但内战也在激烈进行当中，内外矛盾相互交织，使国民政府抵御外侮的决心和精力都受到很大影响，所制订的作战计划也必然带有这一时期的烙印。一方面，对日本侵华忧虑重重，对抵抗侵略缺乏信心；另一方面，还顾及内战，从而使《国防作战计划》所提方案的主要方向不明确，特别对海军整体部署没有研究和筹划。

1936年，国民政府有关部门鉴于中日战争日益迫近的局势和江浙两省在未来战争中的地位，又加紧制订了《苏杭方面防御方案》，把江苏、浙江两省的防御作为一个整体加以考虑和筹划。当时对敌情的判断是：日军可能以主力由上海登陆，以上海市为根据，沿京沪路线，由苏州、江阴、镇江进逼首都。同时，各以一部由吴淞、乍浦登陆，一部沿沪杭甬路进袭杭州,一部进袭江阴,以应援其主力之军作战。鉴于此,国民政府在配置江浙两省防御阵地时,划为左右两个防守区,每个防守区设前进阵地和本阵地,前进阵地设于全公亭、山塘镇、新埭镇、枫泾镇、金泽镇、陈墓镇、甪直镇、昆山镇、石牌镇、大塘镇、梅李镇等处;本阵地设于乍浦—平湖—嘉善—西塘镇—芦墟—三白荡—白蚬港—箭田湖—天和荡—登湖关—苏落—唯亭—洋洪镇—四泾镇—昆城湖—常熟—卫家桥—福山镇—察家塘—鹿苑镇一线。由于本阵地战线过长,必须要有屏障,因此国民政府计划右翼倚托乍浦要塞,左翼受江阴要塞的支援,中间利用湖沼,扼要建设工事。

这一方案似乎可行,但如果把海军因素考虑进去,很快便会感到问题的存在。因为面对广阔的海域和错杂的湖沼,战时运行这个防御体系时,仅按方案规定,让海军"在杭州湾及扬子江下游协助陆军作战,警戒阵地之左右翼侧"是难以确保本阵地稳固的,因为此时的海军力量主要集中于长江下游,杭州湾几乎没有海军兵力可用。对此,国民政府十分清楚。之所以做出如此无奈的选择,一是海军力量不足,二是对杭州湾失守的严重后果估计不足。

到了1936年底,在国民政府参谋本部奉命拟订的《民国廿六年度国防作战计划》"甲案"中,国民政府对日军进攻企图的判断是:"杭州湾迤南沿海岸各要地,预料只有局部之攻击,已达其扰乱之目的。"日本海军"或于开战初期,破坏我沿海要地"。基于这样的判断,国民政府制定了"在山东半岛经海州—长江下游亘杭州湾迤南沿海岸,应根本击灭敌军登陆之企图"的作战方针,并根据这一方针规定了各兵团的任务。负责防御浙江沿海的是第四方面军第九集团军,该部的具体任务是:除了协助第八集团军防守京沪以外,还要于澉浦—乍浦—奉贤—川沙—黄浦江东岸之沿海岸,直接拒止敌之登陆,对登陆成功之敌,乘机断行攻击而扑灭之，不得已时，逐次占领要点，拒止敌军之前进，最后固守乍浦—嘉兴—平望之线。在此前提下，应以一部配备于镇海附近，警戒杭州湾之南岸，阻绝敌军上陆之企图。并控置一部于杭州附近，保持机动，使随时能应援镇海及沪杭方面之作战。其中虽然没有明确规定海军在防御浙江中的任务，但"各舰队于平时应严整战备，以防敌海军不意之袭击"的规定基本上明确了配合陆军的作战方向。"甲案"中还对海岸要塞防御提出了要求："镇海—乍浦—海州各区要塞，受该方面军野战军之指挥，任各该海岸之防守，并摧破敌之上陆行动。""乙案"又做了"协同陆、海、空军作战"的补充。

综观全面抗战爆发前国民政府对浙江沿海的防御计划，其指导思想是明确的，就是将防守的重点置于长江下游一带，具体是江苏与上海，以重兵拱卫京畿，将浙江沿海防御置于次要地位。海军的运用以长江为主要方向，浙江沿海并未刻意安排舰艇。虽然沿海各要点要阻止日军登陆，非常需要海军的配合，但由于国民政府对日军在浙东沿海登陆的地点判断不明，加上海军力量总体薄弱，尤其是浙江沿海无海军舰艇调防，很难与陆军形成有计划、有规模的配合。然而，海军当局并未因为上述原因而置浙东沿海防御于不顾，而是利用简陋的条件，凭借仅有的实力，采取强行布雷、炮台阻击等方法，与日军进行艰苦作战。正如海军人士所说："沿海诸省，如苏之上海，浙之温州，闽之闽江，粤之珠江等，均属重要港口，吾国舰队实力，不敷分配，未能一一布防扼守，若不另筹其他防御策略，敌可任意登陆，窜我内地。考察吾国江海形势，及政府财力状况，认为配备各项防御兵器中，布设水雷，最为适当及有效之办法。"

早在发动侵华战争之前，日本海军第三舰队即在福建、广东沿海进行了以夺取南澳、招安、东山、饶平等县为目标的大规模海上演习，第三舰队所属的"出云""球磨""安宅""鸟羽""保津""坚田""热海""势多""比良""二见""浦风""嵯峨""梅""粟""莲""夕张""若竹""芙蓉""朝颜"等舰艇悉数参加,驻台湾的"春风""吴竹""早苗""疾风""追风"等舰也赶来加入,已经暴露出控制闽粤沿海的意图。日本发动侵华战争后不久就依靠其优势的海军力量,宣布封锁中国沿海,以实现其速战速决的目的(图7-1)。1937年8月25日,日本海军第三舰队司令长官长谷川清中将发表"中华民国公私船之于特定海域航行遮断"宣言,称自1937年8月25日18时起,自北纬32°14′、东经121°44′至北纬23°14′、东经116°48′,将中华民国沿海,以属于本官指挥下之海军力,遮断中华民国公私船之交通。本遮断对于中华民国船全有其效力,第三国船及帝国船舶,不妨出入遮断区域内。26日,日本外务省也发表声明,声称封锁中国沿海的理由是对付中国军队的攻击和防止事态的扩大,特对中国船舶交通遮断,日本海军尊重第三国和平通商,对第三国船只无意加以干涉。9月5日是遮断起始日,日本海军省发表声明称:日本海军已对中国船舶在华中、华南沿海一部分之交通,实行遮断,限更扩

图7-1 日本海军"第11号"扫海艇靠向停泊于杭州湾的"第16号"

大范围。除第三国租借地及青岛外，所有中国全部领海一律遮断中国公私船舶之航行。日军在发动淞沪战役之前派出华南部队在浙东马鞍列岛建立前进基地（水上侦察基地及补给基地），这个基地的主要职责：一是输送和护卫陆军部队投入淞沪战场；二是监视东南沿海之中国军队，并随着战局发展，伺机增援陆军入内河深入中国内地。担负后者任务的是日本海军第三舰队第五水雷战队。8月12日，第十二战队司令官宫田义一奉第三舰队司令长官之命，率军舰及第二十二航空队驶离佐世保前往马鞍列岛，16日驶抵马鞍列岛。15日，小林宗之助奉命派出第十一扫雷队先行，16日上午到达马鞍列岛，下午该扫雷队的各扫雷艇占领了佘山、花鸟山、陈钱山、大戢山。随后，"白鹰"舰、第一扫雷队、第十一扫雷队于17日晨到达泗礁山泊地，当天陆战队占领了泗礁山、金鸡山，清扫了泗礁山预定泊地。22日，日军完成占领。中国海军在浙江的抗战就是要协助陆军实现国民政府的战略意图，扰乱日军的作战计划。

正当上海抗战激烈进行时，中国海军因浦东、乍浦防务紧要，在该处选择要点，配装海军舰炮，以资防御。旋又奉令调海军陆战队一团由闽入浙，在衢州、金华等处布防，湖口形势紧张时该团复奉令赶往增防。最值得称道的是海军在浙江的布雷封锁河道行动和炮台阻敌作战。

第二节　布雷封锁河道

在浙江省境内，由北至南流淌着钱塘江、富春江、曹娥江、甬江、瓯江、飞云江、椒江等重要河流，日军无论侵入哪条河流，均可通过入海口直通浙江内地，切断皖赣联络，因此在军事上有极大防御价值。然而，这些河流因受山脉阻隔而各成一流，不相统属，海军在防御中必须分别筹划，单独设防，才能阻遏日军的深入，这无疑增加了防御的难度。全面抗战爆发后，按照国民政府关于防御浙江的规划，海军调动各种分散兵力，适时穿插于浙江各地实施抵抗。对于江河的防御，与在长江抗战一样，主要采取布雷封锁、炮台要塞防御等方式。

中国海军的布雷部队最早建立于1938年8月，当时成立了海军历史上第一支布雷别动队，在长江中游实施布雷。1939年9月，海军总司令部又令水雷制造所组建了长江中游布雷队。11月，海军总司令部下令正式成立了长江中游布雷游击队，并厘定了编制。1941年9月—1942年11月，海军又陆续将布雷游击队改编为4个布雷总队，其中在第三战区作战的第二布雷总队的任务是配合战情需要，在沿海港口、长江沿岸以及河汊等处布放水雷，用以攻击敌人，或担负防御守卫任务。第二布雷总队的分布情况是：第一、第二、第三、第五大队为漂雷队，第四、第六、第七大队为定雷队。漂雷队多在皖南、赣北一带随时备战，一旦有确实情报就立即出动；定雷队则固守沿海大小港口或江河汊口，其中第六大队率第十二中队驻在浙江台州一带，第十三中队驻在温州一带。按照海军总司令部的部署，驻浙布雷队分别在富春江、瓯江、椒江、清江、飞云江、浦阳江、曹娥江、甬江、桐江设置了雷区。

中国海军对浙江沿海各海口的封锁行动始于1938年3月，首要目标是富春江。当时，驻防浙江的第十集团军总司令刘建绪提出，富春江水面陡涨，日军装甲汽艇可沿江开到桐庐，因此拟于桐庐至窄溪间择要实施封锁，以阻敌船。他为此致电第三战区司令长官顾祝同，请拨给小型水雷数枚，并派技术人员指导布雷封锁。顾祝同将他的请求上报军政部部长何应钦，何应钦于3月12日电令其所辖电雷学校教育长欧阳格立即派人携带水雷前往实施。欧阳格随即派出助教冯占元率领电雷大队6名雷兵和2名工人携带5枚触发水雷于3月17日出发，29日赶到浙江桐庐。他们与富春江防军第十九师接洽后，即至窄溪镇以下1000米处将5枚水雷布成一线，其中2枚高出水面约7厘米，其余在水面以下数厘米至30多厘米不等。冯占元在报告中称，高出水面之雷以备涨潮之用。冯占元等人布雷完毕后于4月7日离浙回湘，20日返回城陵矶。这次布雷行动虽然最终未见记载结果，但这是浙江省布雷封锁水道的开始。5月，"江鲲"舰舰长叶可钰奉派来浙，负责各要口布雷设计工作，后来他回忆说："海军策动封锁浙省各江，以固江防，使东海一隅，免受倭寇之扰，遂于二十七年五月间拟具缜密封锁办法，旋即开始实施，由某江起共六处，观各江之情况，分别先后，依次封锁。虽在敌舰当前，敌机当头，经万分困难之中，均能勇往直前，完成此项任务。"10月初，为防止日军由杭州湾深入浙境，以及保卫皖赣两省作战联络起见，叶可钰率部在富春江下游建立了雷区。10月4日，在窄溪布雷40枚，这是浙江省海军布雷行动的开始。布雷工作从一开始就是艰难的，据海军布雷人员回忆，当时日军舰艇不时出现于各江入海口，而日机也时现天空侦察，所有工作极其困难，非至深夜则无从着手。

11月，海军成立瓯江布雷队。鉴于瓯江位于浙江省海防要冲，日军随时都有进扰的可能，新成立的布雷队于11月6日在瓯江展开布雷，共布水雷40枚。嗣后海军又制订了椒江布雷计划，并在飞云江、鳌江、清江等设置雷区实施封锁。这些地方常驻有海军布雷队人员，根据战事情况，随机执行布雷任务。1939年1月，布雷队队长叶可钰因布置沿江及浙江省流域水雷，功绩既著，由海军总司令陈绍宽向国民政府军事委员会呈请核颁青天白日勋章。

进入1939年后，日海军中国方面舰队为强化对中国沿海的封锁，实施了对中小港口的攻略作战。在浙江方向，日军制订了攻略舟山群岛的作战计划，以上海特别陆战队、吴镇守府第五特别陆战队，以及"出云"海防舰、第一扫雷队和第一水雷队各舰之陆战队组成攻略部队，6月20日—7月18日完成作战。1939年2月，浙东局势紧张，海军布雷第一分队奉命驻状元桥及馆头，筹备封锁该区南、北水道，日军得知中国军队早有防备，立即退却。3月，南昌陷落，海军布雷队奉令封锁椒江，遂于3月27日在椒江口外赶布水雷，事竣时顺道赴清江渡测量，执行封锁计划。

1939年3—5月，为巩固江防计，海军布雷队又在瓯江南水道加布水雷，增强封锁威力，其北水道亦准备完，相机敷布。还在椒江、清江、飞云江布雷共60枚。布雷队还一边布雷一边对被水流冲走的水雷进行扫捞修理。瓯江雷区的布雷队与炮队相互联络、相互配合，使日军不敢轻举妄动。布雷队还在布雷的同时配备了各种扫雷工具，以防止日军利用真假雷的狡计而妨碍航路安全。

6月，海军总司令部厘定布雷队编制，设5个分队，瓯江布雷队改为海军布雷队第一分队。11月，布雷队第一分队探悉日海军在瓯江、鳌江各口外布放水雷，阻碍航道交通，并在水雷中掺杂假雷，摆设疑阵，遂对日海军所布水雷展开扫雷工作，先后将多枚所获敌雷运上瓯江、鳌江江岸。军事委员会以布雷队第一分队队长叶可钰抗战绩著，颁给华胄荣誉奖章，以昭激励。

12月，叶可钰调派海军长江中游布雷游击队总队部服务，海军布雷队第一分队少校队长一职由李申荣升任。李申荣上任之际，正值日舰麇集于瓯江口外，他针对这种情况，与温台防守司令部进行商洽，提出加强封锁瓯江口的建议。他亲率官兵勘察各个雷区，分别布置防务，使日舰未敢进入瓯江口。

1940年3月，海军布雷队第一分队分别在椒江、飞云江布雷区各加布水雷15枚。3月9日，开始封锁浦阳江，在下狮子、虎爪山、七贤山等江面布设"海戊"式定雷50枚。这是一次规模较大的布雷行动，参加这次行动指挥的兰园在《浦阳江口布雷日记》中详细记述了这次布雷行动的细节。他说："这次布雷是用一艘汽船拖带两艘雷船运送水雷的，50具水雷置于雷架之上，分装于两艘雷船上。水雷上面覆盖着稻草，用于伪装。在向雷区航进时，需要越过阻挡航路的浮桥，以及日军的火力控制区，两岸有陆军的配合和掩护。日军发现了中国海军的布雷行动，开始射击，与掩护布雷的陆军交火，但并未阻止布雷行动。经过一夜的努力，终将50具水雷布放于事先设定的雷区。"这次布雷，不久便获得了战果：在浦阳江下狮子雷区，一艘日军舰艇触雷沉没，死十五六人。17日，在七贤山雷区，两艘日军舰船又触雷沉没，死六七十人。日军气急败坏，强迫民众用钢索将雷区未爆炸的水雷拖搁岸边，并用机枪扫射摧毁。在虎爪山雷区，日军也发现了中国海军所布水雷，强迫民众拖搁右岸，用机枪扫射。4月6日，海军布雷队第一分队封锁曹娥江，在塘殿、俩山江面布雷20枚。6月，杭州湾日舰增多，海军决定加强富春江防御力量。6月14日，海军布雷队在锣鼓山至长山间增布水雷30枚。

镇海是浙东重要门户，位于甬江口北岸，南与象山港相连接，北与杭州湾遥相呼应。全面抗战爆发后，这里由中国陆军3个团防守，并在甬江口设有要塞炮台。1940年7月上旬，日海军陆战队的一个旅分乘20余艘军舰、百余艘汽艇，集结于普陀以北海面。14日，数架日机分批对甬江口南北要塞实施轰炸。当日午夜，20余艘日舰用大炮向要塞及海岸线要点实施炮击。15日拂晓，日海军陆战队在猛烈炮火的掩护下，分别在甬江南岸要塞及甬江北岸南虹飞机场强行登陆。17日，日军占领镇海。但从 18 日开始，中国军队发起全线反攻，于 21 日收复镇海，日军溃退。

在日军进攻镇海时，中国海军无力参加作战，只能依靠布雷队在各江布雷区实施封锁。1940 年 8 月，日舰频繁在瓯江口外开炮示威，窥探虚实，但慑于中国海军所设雷区及炮台威力而未敢深入，驻防该处的海军布雷队第一分队为安全计，在瓯江水道加布定雷 20 枚，同时布放漂雷 10 枚，以迎击日舰，敌势顿挫。9 月初，日舰因瓯江无法窥伺，改在镇海、象山、定海各地骚扰，海军布雷队第一分队于 10 月 1 日、4 日在镇海敷布定雷 25 枚，并勘察象山、定海要点，计划堵塞。10 月 17 日，日舰向浦阳江行驶，在下狮子触雷，被炸沉一艘，死伤 20 余人。18 日，又有两艘日舰在七贤山触雷沉没，死七八十人。日军经此重大打击之后，野心乃戢。海军布雷队鉴于日军"南进之心甚切，颇有冒险企图一逞之势，乃于其时分别将未经布雷各要区，如穿山、鳌江、海门各处，赶速施测"，继续推进雷区战略。

1941 年 2 月 26 日，日本大本营命令中国派遣军总司令对浙江省以北的中国沿海，随时进行以封锁为目的的作战。参谋本部、军令部根据命令做出了《陆海军中央关于对华沿海封锁作战的协定》，规定陆军的作战要点是"应协同海军，以奇袭方式登陆并占领输入抗战物资及输出内地物资的沿海各港口，没收或销毁其抗战物资，以至破坏其设施，在敌人聚集之前即行撤出。要反复地对沿海各处进行此种作战"。日海军则"以必要的兵力掩护陆军，协同陆军，奇袭占领输入抗战物资及输出内地物资的沿海各港口，并在陆军撤退时进行掩护"。3 月，日军开始对浙江沿海部分地区实施小规模偷袭，海军布雷队于 11 日加强浦阳江雷区，在虎爪山至新鉴间加布水雷 20 枚。30 日，飞云江雷区 3 次加强，此时江防吃紧，离该江前构雷区不远处有日舰驻泊，小火轮均被日军劫去，布雷队改用舢板冒险进行布雷。时值潮大流急，仅布雷3枚即无法工作。第二天，布雷工作继续进行，水流愈急，西风骤起，舢板翻覆，上士严乞经，下士郑依玉、陈起腾、谢昌荣，列兵陈振利等殉职。4月，日军发动了对闽浙两地的进攻，在浙江先后占领了镇海、宁波、诸暨、海门、瑞安、永嘉等地，各江雷区也大受影响。为配合陆军作战，4月12日，海军布雷队在瓯江南水道加布水雷20枚。16日，日军发动攻势，以汽艇装载300余名士兵，由三江城登陆，围攻绍兴，有大队日机掩护。驻防该处的中国海军布雷队临危不惧，在韦家渡抢布水雷12枚，阻敌溯江上驶。17日，海军布雷队在敌情极端紧急时，在椒江实施布雷，当布雷队进至老鼠屿时已有日舰监视，向布雷船开炮猛轰，炮弹均落于布雷船附近，多次差点命中。布雷队鉴于已无法继续执行任务，遂奉命折回至岩岇街。可是，当布雷队官兵上岸时，正与偷偷由霞沚镇登陆向海门进攻的日军遭遇，布雷队缺乏自卫能力，难以抵御日军的攻击，雷兵张炳章牺牲，下士张金旺重伤，中队长吴徵椿、队员徐奎昭及中士杨绩福，下士李齐驹、陈荣，雷兵陈义振、李德善等均被俘。除徐奎昭乘隙逃回外，其余被俘官兵皆宁死不屈，壮烈殉国。17日，海军布雷队还在飞云江加布水雷10枚。海军布雷队这次行动之后，镇海、宁波、诸暨、海门等处均已被日军占领，一时间敌势十分猖獗。然而，由于各江雷区的存在，日军始终未敢溯江深入，敌势渐渐被瓦解。18日，日军在浦阳江大肆活动，有一艘小火轮拖带10余艘民船，装载日军及给养向浦阳江行驶，在经过虎爪山时触碰水雷，小火轮被炸毁沉没，各民船纷纷下逃。日军急派扫雷队百余人分布两岸，用钢索放入水中扫捞。由于其方法笨拙、技术不精，所扫数量极其有限，对中国海军防御力量并没有大的影响。此后，日军以为沿江水雷已肃清，又频繁活动，于23日派出一艘大汽艇，装载士兵数十人，再向浦阳江行驶。不料又于虎爪山水域触雷,全船炸毁,仅一人生还。19日,海军布雷队在甬江灵桥一带布放漂雷15枚。22日,日机疯狂轰炸灵桥,海军布雷队司书陈焕猷殉难。

在此次日军大规模的进攻中,各雷区均有不同程度的损失,到了1941年5月,海军布雷队分别详细勘察各江雷区,应加强整理者即着手办理。5月30日,海军布雷队在清江渡之东埠布设水雷10枚,在飞云江之小河口布设水雷25枚。6月14日,海军布雷队在富春江之锣鼓山与长山渡间布雷30枚。9月,自浙东战役日舰困于各江阻塞线,无法推进而相继引退后,海军布雷队派人勘察各处水道,将被日军破坏者重新布置完整。并于八九月间察视浦阳江方面雷区,与诸暨县政府商洽征用木料及实施办法。自9月22日起开始工作,在浦阳江与新坝间赶布定雷线3道,小型敌舰驶入距飞云江阻塞线1000米处碇泊,企图破坏雷区,由于海军布雷队监视而未得逞。10月17日,一艘日军大汽艇满载炮弹、大米、罐头等物资,在浙东浦阳江的下狮子雷区触雷沉没。18日,又有两艘日军汽艇在七贤山触雷沉没。28日,海军布雷队在富春江之锣鼓山与长山渡间布定雷12枚。11月20日,又在富春江之长山渡布雷15枚。12月22日,海军布雷队在瓯江南水道布雷23枚。

1941年是浙东布雷十分艰苦的一年,海军布雷队遭遇了来自各方面的困难,陆军方面应供应的布雷器材尚未准备,海军辄领未获,无法办理。4月17日,椒江方面海军布雷队所付出的牺牲就是因器材发生问题,未能及时敷布造成的。

1942年,海军继续实施布雷封锁。1月30日,海军布雷队在飞云江布雷8枚。4月,美军轰炸机空袭东京、大阪、名古屋、横滨、神户等城市,造成日本国内恐慌,日军为摧毁衢州、丽水、玉山等地的中国空军基地,同时打通浙赣线,急调驻上海、南昌的军队于5月发动浙赣会战。由于先前浙东沿海各江雷区封锁严密,日海陆军无法实施协同作战,仅以陆军分由浙东、浙西会攻金华、兰溪。海军布雷队为配合第三战区防御作战,采取阻止日舰溯江上驶之策,从5月16日起分别在椒江、桐江、瓯江、兰江等雷区敷布定雷54枚,并留一部分漂雷控置于青田方面,准备在必要时布放。不久,金华、丽水相继失陷,敌势猖獗,各布雷队无法执行任务,奉令随同第三战区各部队按照指定地点转进。第二布雷总队部也遵令随第三战区长官部退入崇安,旋又奉令开赴建阳,留办事处于歙县,撤销金华办事处。该方面布雷工作,因此暂受阻碍。在乐清东山埠留置一部分漂雷,相机布放。7月,日军占领温州,急需打通瓯江,便实行"扫海"。日军发现了瓯江雷区的水雷,当时日军这样描述所见到的雷区:"该机雷约在二百米水中,机雷数目看不太清楚,但能看到该机雷系约五十米之钢索,保护着百米以内行动范围之机雷,潜伏于赤浊水中,颇难辨识,欲行完全扫海,乃至难事也。"日军无奈,只好募集决死队,以肉体来扫清水雷。有3名半裸体的日军士兵跳入浊流中,触发了潜伏的各个机雷而殒命。可见,瓯江雷区对日军的阻碍甚大。

  1943年1月,海军在浙东沿海择地设哨,实施监视任务,并于临海地点配设联络机构,以期通信灵捷,迅赴戎机。5月,日舰又蠢蠢欲动,丽水方面也曾一度紧张。海军布雷队分别在瓯江、飞云江布雷20余枚。5月29日,海军布雷队接到报告,称瓯江口外泊有3艘日舰,以及50余艘日船,便准备在崎头山方面布放漂雷,予以迎击。旋因日舰已退,未实施。各地情势也渐渐缓和,但布雷队仍设法布防。9月22日,海军布雷队在富春江之长山渡增布水雷10枚。10月16日,又在该江程坎续布水雷10枚。11月,开始勘察永宁江水道。1944年1月,海军布雷队继续在瓯江增布水雷4枚。6月6日,在瓯江南水道布雷21

枚。17日,在飞云江布雷12枚。8月,日军再次实施浙东作战,于9月9日攻陷青田,并由青田进兵永嘉,该处海军布雷队奉令后移。其他布雷队于9月23日在椒江布雷3枚,阻敌前进。10月5日,又在海门老鼠屿布雷10枚,加强防务。由瓯江后移的布雷队则改用游击方式,于10月2日在瓯江滕桥下岸村布放漂雷20枚,遏阻敌势。没想到,这次所布水雷因潮流往返阻滞,竟于12月10日在瓯江口黄大澳附近炸沉1艘日军运输舰。1945年4月,海军勘察鳌江,并派人会同美军侦察温台沿海各地。6月,中国军队克复永嘉,海军布雷队在瓯江详细勘察、整理原有雷区。此时,海门方向尚有日舰集合迹象,海军遂派出布雷队挺进泛桥布放漂雷。布雷队于6月29日到达泛桥,将水雷运至江边,正拟布放,获悉日舰已经开离海门的消息,乃留泛桥,严加警戒。一个多月后,侵华日军投降,中国海军的浙东江防之战至此结束。

海军布雷队在浙江开展的布雷封锁战一直持续到抗战结束,这说明中国海军虽然力量微弱,但始终处于抗战第一线。正如叶可钰所说:"各江用水雷战,不但能防止敌人进攻,且自封锁后,敌舰绝迹,不复来犯。此种事实,昭告于国人者,海军布雷队在浙东抗战之力也。"

第三节 炮台防御作战

淞沪抗战打响后不久,国民政府海军立即筹划炮台防御作战。1937年9月,拨2门舰炮组建了乍浦炮队,以林家禧为队长,前往杭州湾北岸的乍浦设置固定炮台。11月5日,日军侵犯金山卫,中国陆军因无海军配合，遏阻无效，日军成功登陆，占领杭州。此时的乍浦炮台在战略上已失去价值和意义，炮队官兵将舰炮毁坏，随即撤离。

杭州失陷后，富春江直接受到威胁，温州遂呈突出之势。1938年10月1日，海军成立温州炮队，以"克安"运输舰舰长李葆祁任队长，陈牲欢为副队长，辖台部和两个分台，拥有5门舰炮。不久，这支炮队就被调派安徽协助抗战，官兵携带舰炮由浙入皖。温州炮队本拟在安徽贵池设置炮阵地，但经过勘察后发现，该地不宜安装固定炮位，便又返回浙境，进入永嘉，于11月到达茅竹岭，在该处择地建台，配属温台防守司令部，担任该方面的抗战任务。1939年4月22日，数艘日舰闯入海军炮台警戒线内，海军炮台开炮截击，多艘日舰受伤遁去。日军为报复，于23日、24日置军舰于口外，对炮台实施炮击，但未造成损失。25日，一艘日巡洋舰驶至黄华附近，对炮台进行炮击，海军炮队俟其进至有效射程内后立即还击，第一发炮弹即命中日舰，使其舰首起火。日舰遭受重创，仓皇全速下遁。

自先后封锁瓯江、椒江、清江、飞云江以来，海军温州炮队于永嘉方面实施警戒，日舰屡次窥伺，均被海军炮队击退。1939年4月23日，永嘉方面有数艘日舰闯入炮台警戒线内，炮队开炮轰击，日舰受伤遁去。23日、24日，日舰均在口外开炮，不敢深入。6月3日，又有一艘日巡洋舰闯入海军炮台警戒线内窥伺，炮队等它进至有效射程内后开炮轰击，日舰舰尾被命中，仓皇遁去，从此不敢进犯。军事委员会以该炮队勇敢作战，屡挫敌舰有功，特予传令嘉奖。旋以布雷奖案与浙江炮队奖案，汇同陈请，李葆祁、何乃诚奉准分别给予陆海空甲种二等及乙种一等奖章，出力的刘崇端等9人亦优加奖叙。

1940年9月，驻浙江炮队进行扩充，规定海军温州炮队编制，直隶海军本部管辖，全员73人，仍以李葆祁兼温州炮队队长。1941年

3月，海军部扩充要塞部队组织，改海军温州炮队为海军瓯江炮台，设一台部及第一、二分台，以原代温州炮队队长的林建生兼充瓯江炮台台部少校台长。3月15日，在浦阳江黄大澳发现日舰，刚刚整编的海军瓯江炮台开炮轰击，将敌慑止。

1941年4月，镇海、宁波、诸暨、海门等处先后被日军占领，瑞安也于4月19日沦陷，一时间敌势猖獗。日军占据瑞安后，继续向永嘉推进，20日占领永嘉，日军又向海门包抄，设于茅竹岭的中国海军瓯江炮台陷入日军包围之中。炮台安装的舰炮因系固定炮座，不能转向内陆与日陆军作战，而且炮台附近四周均已被日军包围。炮台官兵遂奉命将炮或埋或毁，向指定地点转进，瓯江失守。不久，中国军队进行反击，日军随即撤退，浙东战役结束。5月2日，中国军队克复永嘉，瓯江炮台官兵向茅竹岭推进，将下沉之炮起捞、掩埋之炮开掘，规复旧观，并与温台防守司令部重新取得联系。11月，海军瓯江炮台官兵鉴于永嘉已收复，立即回台，重新部署，于11月12日开始构筑第一分台炮位，1942年1月完成。

1942年5月，日军又倾其全力，再度进攻浙境，因中国海军在沿海各地所构雷区比较坚固，日军舰艇未敢溯江前进，乃改由诸暨、义乌各地向浙西进犯。浙东方面，海军瓯江炮台官兵死守原阵地，与日舰相对峙。7月9日，10余艘日军汽艇满载部队向瓯江进攻，炮台开炮迎击，日舰退却。11日，丽水日军窜至永嘉附近，炮台被包围，情况危急，该台官兵奉令掩埋炮身，官兵依照指定地点转进。各雷区威力仍强，日舰未能通过水道，难以久持，旋乃退去。中国陆军逐渐驰援，挽回颓势。瓯江炮台又于此时重新整理，控置原防。1944年11月，瓯江炮台官兵奉令随带轻武器到温州守备区指挥部参加作战，并留一部在茅公岭监视日舰。

1945年初，海军瓯江炮台因日军由青田攻陷温州，后路被抄，失去施展力量的机会，便按照海军总司令部的命令后移，将舰炮秘密掩埋。该台系配属于温州守备区指挥部作战，俟陆军恢复原有阵地，便将所埋舰炮开掘，进入原防，继续发挥作用。6月，中国军队克复永嘉，海军瓯江炮台官兵随即返回原防，部署完毕，继续监视日舰，直至抗战结束。

第八章
福建沿海防守战

　　福建省位于中国东南沿海，陆地海岸线长 3300 千米。全面抗战爆发后，日军并未在福建部署重点进攻，国民政府也未把此地作为防御重点，因而没有发生像淞沪战役、武汉会战这样的大规模战役，然而大小战斗却从未停止。中国海军与日军的战斗集中发生于厦门和福州两个地区，在这些战斗中，中国海军积极配合陆军作战，以要塞战、水雷战、游击战等多种战法，与日寇进行了 8 年的艰苦作战，付出了重大牺牲，被载入史册。

第一节　国民政府防御福建计划及海军兵力部署

在1933年制订的《国防作战计划》中，国民政府将闽南思明—安海—晋江一线、闽北闽侯—罗源—三都澳一线划为第一抵抗线，将闽南平和—龙溪—安溪—德化一线、闽北水口—古田一线划为第二抵抗线，将南平、龙岩等地作为最后抵抗线。在同时划定的抗战区中，福建防卫区的防务由驻闽绥靖公署所辖的部队担任，其统帅机关是福建防卫区司令部（平时为驻闽绥靖公署），还在宁德、长门、福清、莆田、泉州、厦门等地配置海岸守备部队，以防止敌人登陆。全面抗战爆发后，驻闽绥靖公署所辖的部队以一部位于福安、莆田、泉州、同安、云霄，努力协同海岸守备队防止敌人登陆，以主力置于福州、漳州附近，直接巩固闽江口和漳江口防务，并增援福安、泉州方面，以预备区的江西南部驻军增援福建。

全面抗战爆发前，在国民政府制订的《民国廿六年度国防作战计划》"甲案"中对日军在福建沿海的作战企图做出了基本判断：福建—厦门—广东之汕头等地可与台湾—琉球亘日本三岛，构成一中国海之防御线，敌将有占领之企图。为达到目的，日军可能会封锁台湾海峡，侵占闽粤沿海。为此，"闽粤方面之国军，应直接阻止敌之上陆，不得已时，应固守龙岩—延平—广州之线，以确保我东南资源之地"。驻闽粤的第五方面军第十集团军，"在开战之初，以主力进出福州—晋江—龙溪之线，直接沿海岸拒止敌之登陆"。"不得已时，应固守南平—龙岩之线，并乘机转移攻势，扑灭当面之敌。"在"乙案"中，国民政府对驻闽部队做了补充要求："应于开战初期，将福州—厦门敌之浪人并根据地搜荡扑灭之，而后则直接于沿海岸阻止敌之登陆，并将主力集结于南平—漳平一带地区，随时能策应沿海部队，阻止挫折敌之登陆企图。"

根据上述计划，国民政府军事委员会并未在福建地区配置重兵，仅以原有驻闽部队作为第四战区福建分区的主力部队担负抗日作战，其指挥机构是驻闽绥靖公署，正规部队包括陆军第七十五师、第八十师和第一五七师，另外还有省属部分保安部队。正规部队的最初部署是：以第一五七师担任金门、厦门一带防守，主力置于厦门方面；第八十师和第七十五师担负从闽浙交界至闽粤交界沿海一带的防守，第八十师主力置于福州，第七十五师主力置于漳州。金门和厦门失守后，福建绥靖主任陈仪请准抽调福建省保安团的4个团成立陆军新编第二十师，又请准由各师管区抽拨补充团，编成陆军预备第六师。新编第二十师编成后不久，奉命与陆军第八十师和第七十五师编成陆军第一〇〇军（陆军第一五七师于1938年1月12日调离福建）。与此同时，陈仪奉命兼任第二十五集团军总司令，受第三战区司令长官顾祝同指挥。第二十五集团军指挥的在闽部队有：陆军第一〇〇军、马尾要港司令部所属各炮台队和海军陆战队独立第二旅，以及福建所有保安队及警察。1939年，第二十五集团军指挥下的驻闽军队兵力部署为第一守备地区队：指挥官为第一〇〇军中将军长陈琪，指挥陆军第八十师与第一〇〇军的直属部队，以及该地区的地方武装力量，担任原划为福州地区的守备。第二守备地区队：指挥官为闽保纵队中将司令黄珍吾，指挥闽保纵队及该地区的地方武装力量，担任原划为兴泉地区的守备。第三守备地区队：指挥官为第七十五师中将师长韩文英，指挥第七十五师及该地区的地方武装力量，担任原划为漳州地区的守备。海军马尾要港部少将司令李世甲指挥其所属各（炮）台队及海军陆战队第二独立旅，自行巩固要港的守备，敌如来犯，适时轰击敌舰，予以痛击，并与第一守备地区队协同作战。

各守备地区队之间及守备地区队与邻境的守备部队之间应有紧密联络，以协同作战。总预备队：第一总预备队，指挥官为新编第二十师中将师长钱东亮，指挥该师驻于福州附近，机动使用；第二总预备队，包括除闽保纵队以外的保安团队、省军管区所属的教导团、第十三补训处的补充兵装备团、福建省水陆警察及各自卫队、宪兵第四团等，暂仍执行其原有的勤务，原地待命。

福建沿海的海军防御主要是要港部领导下的炮台防御。民国时期，福建的要港部及炮台建设历经多年。1920年6月，北洋政府海军部请设闽口海军军港，并将长门炮台拨归海军主管。1922年11月，南疆多变故，闽江防务日益重要，设有海军警备司令部，粗具规模，部内组织分为参谋、秘书、副官、军务、政务、军法、轮机、军需、电务处，未经明定编制，部外则设有海军警备队，办理关于水陆警备事项，同时设立闽江查验处，检查来往船舶。1924年5月，海军扫除福建省军阀，克复厦门，北洋政府海军部乃派海军总司令杜锡珪赴厦门，与练习舰队司令杨树庄商筹设立要港的办法，嗣以迭次军兴，海氛不靖，厦港适当其冲，遂于1925年6月改闽江海军警备司令部为闽厦海军警备司令部。1927年12月，根据厦门海防形势需要，海军在该处分设海军警备司令部，其闽厦名称撤销，改称宁福海军警备司令部，部内组织仍沿袭旧制，唯原有所隶属的海军警备队改编为海军练营，陆战队统带部扩充为两旅，统归闽部指挥。此时闽厦司令分立，即为组设闽厦两要港司令部的权舆。1928年，以郁邦彦为海军马尾要港司令兼宁福警备司令，并以海军漳厦警备司令林国庚（图8-1）兼厦门警备司令。1929年9月，宁福警备司令部撤销，马尾要港司令遂为专任，厦门要港司令林国庚亦于1933年1月卸去漳厦警备司令的兼职，之后李孟斌、李世甲于1931年、1934年先后调任闽港司令。林国庚调任军衡处处长后，1938年1月，以高宪申继充厦门要港司令。在海军部复兴时期，筹办三都军港。马尾要港司令部的编制，由全面抗战前海军部订定颁发，司令为少将阶级，司令部配设官兵83人。厦门要港司令部与马尾要港司令部编制同时订定，司令亦系少将阶级，组织内容与马尾要港司令部略同，唯额数稍少，司令部配设官兵74人。

图 8-1 林国庚

福建省海岸防御炮台体系的建设也经过了一个漫长的过程。闽江下游的炮台建设可追溯到晚清时期。道光年间，林则徐曾创建射马炮台，占地面积不大。1880—1883年，清政府在闽江口分建长门和金牌两座低台，并于长门之左建造七娘湾炮台。在闽江口上游，则设立闽安南、北岸及沪屿3座炮台。然而，在1884年8月的马江海战中上述各炮台均被法国舰队摧毁。1884—1890年，清政府在马江以上的魁岐、狮鼻嘴以及船政护厂等建设炮台，闽江口门左右再筑电光山、划鳅、山港、濑石炮台，外侧则在福斗山旁及崖石、龙山寺等处设立炮台，并附以水雷营、操海电灯台各一座，而原有各台被法国舰队摧毁者也陆续修整。八国联军侵华战争爆发后，福建省防御吃紧，清政府又在闽江口增建烟台山、烟墩山、金牌山炮台，以固海防。民国成立之初，各炮台虽然经过兴修配备和改良，但设备始终未完全配齐。1922年，各炮台划归海军管辖之后，海军部有意刷新壁垒，但终因款项支绌而作罢。1928年9月，海军筹划国防，力图建设，马尾要港司令部成立，乃在金牌山麓左近新筑一座鱼雷台，这样就在闽江下游形成了一个比较完整的炮台防御体系：以划鳅炮台为前锋，礼台为左翼，烟台山、烟墩山、金牌山炮台为右翼，电光山炮台为中坚，闽安北岸炮台为后劲，崖石炮台为侧卫，各台势成掎角，均归要塞总台长管辖，归马尾要港司令部节制，分设台长负责指挥。这些炮台自建成以后，马尾要港司令部对各台的地势进行了考察论证，对于地势间不甚适宜的炮台进行了废置，到海军部复兴之时正式厘定了各台编制。全面抗战爆发时，马尾要港司令部所辖炮台和鱼雷台共8座：礼台（图8-2）、电光山炮台、划鳅炮台、烟台山炮台、金牌山炮台、北岸炮台、崖石炮台、鱼雷台。总台部在民国成立时称司令部，设司令，统辖要塞各台营，仿照陆军编制。收归海军管辖后，在司令下增设总台长，驻扎闽口，就近指挥。1927年8月，设闽厦要塞司令部，另置司令，兼辖闽口、厦口各炮台及第一、第二护台营。1930年7月，要塞缩编，司令部改为总台部，不再设置司令，仍恢复总台长编制，以马尾要港司令任督察之责。1933年10月，海军部新定编制，将水雷营、电灯台并入总台部之内，其他各台编制也同时厘定颁布，每台设台长1人，其官佐和士兵定额，包括总台部、礼台、电光山炮台、划鳅炮台、烟台山炮台、金牌山炮台、北

图8-2 礼台210毫米克虏伯炮实弹射击

岸炮台、崖石炮台、鱼雷台，共计724人，均归马尾要港司令部管辖。所有炮台共安装43门大炮、2具鱼雷发射管。

厦门要塞各炮台初期隶属于陆军，后来因海防关系之故，改归海军管辖。1927年，设立闽厦要塞司令部，厦门要塞各炮台亦由该司令部兼辖，另于厦门设办事处，遴派主任1人，驻厦就近指挥。该地要塞各台先后改由海军警备司令及要港司令节制。总台部暨各台组织条例及其编制亦于1933年10月由海军部制定公布，总台部设总台长1人，官佐和士兵计20名。胡里山、磐石炮台及青屿鱼雷台各设台长1人，胡里山台官佐和士兵计133名，磐石台官佐和士兵计46名，青屿鱼雷台官佐和士兵计11名，白石、屿仔尾炮台各设炮官1人，白石台官佐和士兵计24名，屿仔尾台官佐和士兵计24名，均受厦门总台部指挥，而隶属于厦门要港司令部。

第二节　厦门防守战

1937年8月24日，日本大本营发出"大海令第二十五号"，宣布对长江口以南中国沿海实施封锁。次日下午，日本海军第三舰队司令长官长谷川清中将宣布，自本日午后6时起，遮断中华民国公私船只在沿海之交通。26日，日本外务省也发表声明，特对中国船舶交通实施遮断。为了贯彻封锁命令，日本海军第三舰队对华南部队的监视部队兵力进行了调整，同时按照大海令开始了华南方面的航空作战。监视部队（第五水雷战队）指挥官大熊政吉少将对监视部队的序列进行了变更，以便于监视封锁。他以"夕张"轻巡洋舰为主队，以第十三驱逐队为福州队，以第五驱逐队为厦门队，以第二十九驱逐队为汕头队。

与先前在华北、华中一样，在实施全面封锁和空袭计划之前，日本当局首先要撤离侨民。在华南，日本侨民比较集中的城市主要有福建的福州、厦门和广东的广州、汕头。厦门的日侨连同日本驻厦门总领事馆人员于8月28日全部撤退完毕。

厦门作为华南的海防要地，海军长期驻守，此处设有厦门要港司令部，作为统率海军驻厦门各部的领导机关。厦门要港司令部下辖海军厦门造船所、海军厦门航空处、海军无线电台、海军厦门医院及要塞总台部。要塞总台部下设胡里山、磐石、白石、屿仔尾炮台和青屿鱼雷台，共安装9门大炮、2具鱼雷发射管，编制官兵243人。另外，厦门还驻有海军陆战队第二独立旅第三团，作为要塞护台部队。自1937年9月起，日机常来厦门轰炸，海军要港司令部、航空处飞机场、无线电台、陆战队团部，以及胡里山、磐石、白石、屿仔尾炮台等，均先后被炸毁，日舰亦炮击要塞。9月3日和14日的两次战斗最激烈，经厦门海军要港司令部饬令要塞总台长张元龙，指挥各炮台官兵奋勇抗战。胡里山炮台火力尤强，该台虽损失颇重，官兵伤亡甚多，而日军受到如此猛烈的抵抗，其作战目的也未达到。

1937年10月26日，日机侵犯厦门，轰炸厦口要塞，胡里山炮台内外均被炸，略有损坏。磐石炮台附近亦被炸，副台长受伤。金门也就在此时失陷，海军各机关人员退往大嶝。日军占领金门后，不断调整部署，准备作战物资。日舰分泊金门水头、后浦、料罗、烈屿，共计9艘，包括2艘运输舰，这些日舰每值涨潮时便分派二三艘小汽艇，在金门周围、沃头港口、后浦海面、古宁头、浦边至沙美、金门与大嶝之间各处测量水深。日军还在金门五里浦开辟飞机场，并且连日在金门搜索骡马，赶往料罗搬运粮食及军用品。10月29日，金门县附近的烈屿，即小金门，也于上午失陷。

1937年12月，日军加紧了进攻厦门的部署。1938年4月20日，日本海军编成第二联合特别陆战队，以宫田义一少将为司令官，下辖横须贺第二特别陆战队、吴港第三特别陆战队、佐世保第七特别陆战队，于5月1日编入第五舰队。此时的第五舰队下辖第九战队、第十战队、第五水雷战队、第一航空战队、第三航空战队、第四航空战队、第一联合航空队、第二联合航空队，司令长官为盐泽幸一。5月1日，盐泽幸一编成攻略厦门的作战部队，命名为"D部队"，并称本作战为"D作战"。3日，日本大本营为达到彻底封锁的效果，下达了由海军单独攻略厦门的"大海令第一一二号"，命令中国方面舰队司令长官及川古志郎派遣第五舰队占领厦门（图8-3）。

早在日军占领金门之时，海军总司令部对闽厦防务就极为重视，该两处要港司令部对日军的侵扰行动均随时报告。金门沦陷后，闽厦海口常有日舰侵扰，日机也屡向海军要塞各炮台肆意轰炸，厦门防御日益吃紧。海军总司令部曾饬厦门要港司令部整理炮位的损坏部分，增强各项

图8-3 1938年停泊于厦门附近的日本海军"神州丸"水上飞机母舰

工事，厦门要港司令高宪申遵令积极布置，准备抗战。

防守厦门的陆军部队是第七十五师第二二三旅第四四五团及师属炮兵营一部，由副师长兼第二二三旅旅长韩文英指挥，他派第四四五团第三营于五通、禾山、何厝一线将直属炮兵营的炮阵地设在胡里山海神庙附近，以第四四五团第一营为预备队。

1938年5月10日，日海军第五舰队出动12艘军舰、30余艘汽船，在宫田喜一少将指挥下，乘暗夜从濮屿附近出发，驶近厦门岛东北海岸，以舰炮向白石、禾山、泥金、五通、何厝、塔头一带中国守军阵地猛烈轰击。另有18架日机自金门起飞，在中国守军阵地上空实施轰炸，胡里山炮台也遭突袭。日军的强大火力压制了中国守军和炮台的还击，破坏了野战工事。轰击持续数十分钟后，日舰炮火开始向厦门岛内做延伸射击。与此同时，数十艘日艇载运海军陆战队500余人在五通附近强行登陆，并两次登上陆地发起冲击。中国守军奋勇还击，胡里山炮台官兵也竭力抵抗，登陆日军被迫退回艇上，战斗暂时告一段落。不久，日机又至，对中国守军阵地反复轰炸、扫射。空袭过后，日海军陆战队又发起进攻，除正面进攻外，还向中国守军阵地两翼延伸做钳形包围，并向中国守军阵地发射大量枪榴弹，攻势甚猛。第四四五团第三营营长王建章率部英勇抵抗，在打退日军数次进攻后，战斗人员伤亡颇大，弹药亦将消耗殆尽，日军得以攻占中国守军主阵地。午后，王建章率部撤至云顶山、金鸡岩、江头一线继续与日军做殊死战斗，预备队也投入战斗，但在增援途中遭日军轰炸，与王建章部会合时已经损伤过半。韩文英腿部受伤，第二二三旅参谋长楚怀云被炸身亡。当中国守军退至第二线阵地时，日军并未停止攻击，继续实施空中轰炸和海上火力支援。韩文英虽然已经负伤，但仍坚守阵地，并亲自督战，打退了日军多次进攻，双方于梧村形成相持局面。11日晨，日机麇集，又发起攻击，形势更趋险恶，此时日军又由厦门口外海边的黄厝塔登陆，围攻白石炮台，另有3艘日驱逐舰、2艘炮舰在该台正面猛烈攻击，该台官兵虽奋勇应战，但炮火薄弱，终至不支，退入胡里山炮台。陆军第三、第二营与日军鏖战不息，伤亡惨重。第四四五团团长水清浚负伤，第一营营长宋天成阵亡，第二营营长杨永山、第三营营长王建章等军官均已负伤。韩文英在激战中胸部又被弹片击伤，不得已退出战场。10时半至11时，10余架日机向胡里山、磐石炮台猛炸，并掩护陆战队包抄，而日舰又连续炮击，两炮台官兵坚决死守，战斗尤烈，终因弹尽援绝，伤亡惨重，总台长张元龙下落不明，参谋龚庆霖未及退出而被敌所俘，登陆日军继续增加，中国守军的抵抗力量已丧失，逐渐后撤。当日下午，日军一部突入厦门市区，与中国守军展开巷战。战至深夜，中国守军大部阵亡，余部从澳头、集美、排头、东屿分散撤出。至此，厦门陷落。

此次厦门防守战，中国军队进行了英勇抵抗，付出了巨大牺牲，第四四五团阵亡官兵800余人。海军炮台损失也非常严重，何厝台只有一名士兵脱险，其余全部牺牲。

厦门陷落后，厦门要港司令高宪申奉陈仪之命退往漳州候命，并在嵩屿收容官兵。海军厦门造船所、海军厦门医院以及海军无线电台人员等亦陆续撤退，沿途收容官兵。厦门既陷，而厦门对岸的屿仔尾炮台仍在中国军队固守中。当厦门抗战打响时，海军总司令部电饬高宪申督励官兵努力作战。高宪申为增强防御力量起见，于胡里山、磐石炮台陷落后派磐石炮台台长邓宝初率领官兵20余人，由厦门港乘民船渡至对岸，加入屿仔尾炮台继续战斗。自1938年5月12日晨起，在日舰、日机猛攻之下，中国官兵拼死苦守至13日下午，火药库、大炮和轨道等均被炸毁，无法抵御。该台官兵最后退出厦地，前往嵩屿，与其他炮台官兵会合。此次海军由厦门撤退非常紧急，厦门要港司令部及所属各机关的所有器具均来不及搬离，不能携带的文档、密件等则派人监视焚毁。至于各台的炮闩要件，除五通、何厝两台因官兵伤亡过重而未及卸毁，屿仔尾台的大炮已全部被炸坏外，其余各台均将炮闩要件拆卸，或带往漳州，或秘密掩埋。禾山弹药库亦由海军自行炸毁，以免资敌。此次厦门保卫战中海军厦门要港司令部，厦口要塞的胡里山、白石、磐石、屿仔尾炮台，五通、何厝临时炮台，青屿鱼雷台，海军厦门造船所，海军厦门医院，海军无线电台（图8-4），海军厦门航空处，水陆飞机场，海军火药库等均随厦门失陷。

厦门的陷落使海军驻厦机关和人员失去了依托，海军总司令部命令海军驻厦人员退往福州，与厦门要港司令部合并，但军官多被调往海军总司令部任候补员，如厦门要港司令部少将司令高宪申、上校参谋郑沅等。在作战中失踪的海军厦口要塞总台长兼胡里山炮台台长张元龙系潜逃，海军总司令部于1939年3月7日下令通缉究办。

图8-4 厦门海军无线电台

第三节 闽江口防守战

福建邻近台湾，久为日本浪人混迹之所。全面抗战爆发后，海军部即饬马尾要港司令李世甲（图8-5）严密防范，着手筹划封锁闽江。厦门被日军占领后，福州门户——闽江口防务告急。在厦门防守战打响之前，按照国民政府军事委员会的部署，福建省政府主席、福建绥靖主任兼第二十五集团军总司令陈仪所指挥的防御部队包括宋天才的第七十二师、陈琪的第四集团军第八十师、陈佩玉的保安第一旅、李树棠的保安第二旅、迪琳的保安第三旅，以及保安第四、第六、第八团，吴天鹤的宪兵第四团，海军马尾要港司令部，海军厦门要港司令部所属各部，海军陆战队第二独立旅等。

图8-5 李世甲

此时，海军厦门要港司令部所属部分人员已与海军马尾要港司令部合并，海军在马（尾）长（门）地区的防御力量主要包括4部分：一是驻闽江的"楚泰""抚宁""正宁""肃宁"4艘舰艇；二是闽口要塞总台部，下辖礼台、电光山、划鳅、烟台山、金牌山、北岸、崖石7座炮台和1座鱼雷台，编制724名官兵，安装43门大炮、2具鱼雷发射管；三是海军陆战队第二独立旅第四团；四是海军练营，辖暂留营的已毕业的第34届舱面练兵1队、未毕业的舱面练兵3队、信号练兵1队、轮机练兵1队、鼓号练兵1队。以上兵力部署，除海军陆战队由陈仪统一指挥调动外，舰艇、闽口要塞总台部以及练营均归海军马尾要港司令部

李世甲

李世甲，字凯涛，福建长乐人，生于1894年4月。1905年入私立自治学堂读书，1907年考入烟台海军学堂，是该学堂第六届学生。1911年6月毕业，被派往"通济"练习舰见习。辛亥武昌起义，海军易帜，李世甲随舰参加了光复南京等战役。1913年，李世甲入海军军官学校进修，12月毕业，补海军少尉，派"海容"舰任候补副官，并随舰实习。1915年春，赴美国留学，进入美国新伦敦电船制造厂研习驾驶潜艇专科，次年10月结业回国，派为海军第一舰队司令部差遣员，补海军中尉。不久，被任命为"海容"舰鱼雷副。1917年春，升任海军第一舰队司令部中尉副官。8月，参与接收和管理德奥海军舰船与官兵，补海军上尉。1920年1月，升任练习舰队少校教练官。10月，出任马尾海军警备司令部中校参谋，后任参谋处主任。1923年，升任海军练习舰队司令部中校参谋，兼代"豫章"驱逐舰、"华乙"运输舰舰长。1924年10月，任"楚同"舰舰长。1928年2月，任"通济"练习舰舰长，补海军上校。1929年6月，升任海军部总务司司长，叙少将，兼海军江南造船所监造官。1932年1月，以总务司司长兼代海军部常务次长，次年兼任海军军械处

直接指挥。但海军在马长地区所调动的兵力实在有限，要想有效防御整个闽江下游是十分困难的。为此，马尾要港司令李世甲曾向海军总司令陈绍宽提出调海军陆战队第一独立旅和第二独立旅第三团回防的建议。他说："闽省兵力委实单薄，以马（尾）长（门）而论，地方辽阔，仅有海军陆战队第二独立旅第四团分防，迭经呼吁将第一独立旅及第二独立旅第三团调回，迄未邀允；况全省之大，驻防陆军部队不过二师三保安旅，螳臂当车，迫在眉睫。"他恳请陈绍宽"为救国救乡计"，向蒋介石乞师增援，"否则危险万状，不待智者而知"。然而，陈绍宽仅同意将第二独立旅第三团调回，不采纳将第一独立旅调回的建议。李世甲

> 处长。1934年1月，调任海军马尾要港司令，兼福建省政府委员及海军陆战队第一独立旅旅长，12月转任海军陆战队第二独立旅旅长。1935年，兼任马尾海军学校教育长，9月正式晋升海军少将军衔。全面抗战爆发后，李世甲积极筹划闽江口阻塞线建设和施工。在福州保卫战中，他率海军部队辗转抗敌。1945年4月，调任海军第二舰队司令。抗战胜利后，兼任接收厦门海军专员，又任接收台澎日本海军专员。1946年5月，卸职回闽，曾被推举代理福建省政府主席。新中国成立后，李世甲任福建省政协委员，并参加中国国民党革命委员会。1970年4月去世，享年76岁。

不得不根据实际情况，对包括海军陆战队在内的海军作战力量做出适当调动和部署。

一、构筑阻塞线

闽江流经亭江，被琅岐岛阻挡而分为南北二港。南港经长乐潭头、梅花入海，长15千米，称梅花水道，江宽水浅，沙滩、沙洲多，不便行船。主航道在北港，金牌至亭江段长11千米，江窄水深，称长门水道。江水出双龟，被熨斗岛（或称粗芦岛或福斗岛）阻隔，又分两汊：由西向北一汊，从荻芦门入海，称乌猪水道，礁石杂乱，难通大船；另一汊从琅岐岛与熨斗、壶江间东流，称熨斗水道，是主航道，海船、军舰均由此进出。江水出熨斗水道，又被川石岛所阻，再分两支：北支经虎椆岛、五虎礁出海；南支经芭蕉尾出海，主航道在川石岛以东4.5海里腰子沙南侧向西经铁板沙南方、川石岛西南至壶江岛北方约14海里，最窄处宽约120米。闽江口航道错综复杂，非老于驾舟者，只能汪洋兴叹。（陈道章：《闽江阻塞线的前前后后》）原计划闽江下游的封锁分为两个封锁区：第一封锁区位于闽江口，第二封锁区位于闽安镇前方。在这两个地方依然计划采取以沉船、沉沙石、布设水雷等阻塞水道的方法实施封锁。根据陈仪的指令，封锁工作由海军马尾要港司令部和福建省水利总工程处共同负责，成立"闽江特别工程处"。1937年8月，封锁工作开始实施，具体方法是将征用的石条装入竹筐，再载于船上一起下沉，在航道上筑起石挡。为标明航路，工程人员在封锁线两侧山上竖立标杆，以示走向，绑扎大麻竹，下系大锚，沉入江底，制成浮标，标出障碍物位置。在第一封锁区共征用30万块石条、60余艘各种船舶，建成8条阻塞线，包括熨斗阻塞线、乌猪阻塞线、壶江阻塞线、梅花阻塞线、大屿阻塞线等。除此之外，又在金牌门抛石构成障碍物。第二封锁区的阻塞工作由于战争进程原因而未实施。

在实施闽江口封锁工程的同时，封锁线的布雷工作也在积极开展。海军马尾要港司令部令马尾造船所制造400枚小型水雷，并组织布雷队，以海军中校陈秉清为队长，在各阻塞线外沿敷布水雷，其中1938年5月23日在福斗江面布雷37枚，6月8日在梅花布雷23枚，6月27日在乌猪布雷25枚。1939年4月，在长门江面布雷11枚，另在乌猪、梅花加布31枚，进一步加固阻塞线。

二、要塞炮台防御部署

1933年10月，按海军部新定编制，规定闽口要塞总台官佐和士兵定额724人，归马尾要港司令部管辖。所有炮台共安装43门大炮，其中长门要塞5座炮台安装210~350毫米炮共37门，崖石炮台安装170毫米炮和120毫米炮各1门，闽安镇附近炮台安装120~210毫米炮共4门，鱼雷台安装鱼雷发射管2具。要塞总台长为毛镇才。

1938年6月，"楚泰"舰被炸搁浅，李世甲将该舰官兵45人组成炮队，扼守红山，并择地安装4门舰炮，归李世甲直接指挥，协同抗战。除红山临时炮台外，海军还分别在东岐、牛道山、獭山设置临时炮台，从北岸炮台移炮2门于东岐，其他炮台共安装6门舰炮。

三、海军陆战队的调动与部署

中国海军正式编制陆战队可追溯到北洋政府时期。1914年12月，北洋政府裁撤卫队，改编为海军陆战队，此后规模不断扩充。到南京政府时期，海军陆战队已发展成两个独立旅，其建制一直保持到全面抗战爆发前。全面抗战爆发后，闽防吃紧，海军采取分区戒备的办法，马长附近防线由海军陆战队第二独立旅第四团第一、第二营分任，协同警戒江面之敌，第三团在长乐等处防堵，旅部特务排协助要港部特务排维持马尾治安。沪杭局势紧张时，海军陆战队第二独立旅第三团于1937年11月奉命由长乐入浙，先后在衢州、金华驻防，担任各项任务。后因马当一带防务紧要，又奉命开往江西。但福建方面的海军陆战队第二独立旅自第三团调浙后，兵力薄弱，特调第四团第三营回闽协防。海军陆战队第一独立旅在全面抗战开始时分防浔湖一带。1937年7月—1938年1月，该旅兼任拆毁荻港至九江航标的工作，还于1937年9月派队保护九江船舶分所。马当封锁线筑成后，该旅第一团调驻该处守护，既掩护封锁线，又戒备日军登陆。1938年2月，旅部及第二团开赴彭泽布防，团长何志兴率队伍担任栢矶要塞试炮警卫。旅长林秉周以该旅列在前线，作战设备宜臻周密，特组成2个通信排，俾利军讯。自湖口告警，第一独立旅暨第二独立旅第三团调往湖口警戒。4月，日机常在粤汉铁路轰炸，驻湖口的海军陆战队移防湘鄂路，担任护路工作，分批开拔，原定第一独立旅两团自武昌以南至长沙沿路设防，第二独立旅第三团自长沙以南至衡阳分段扼守，旋因长衡防线颇长，桥梁尤多，第三团改由株洲至衡阳布防，除防阻日机侵袭外，对于查缉汉奸、巡剿匪盗工作亦有详细策划。10月，汉口失守，护路的海军陆战队奉命陆续后撤，分驻衡阳、

图 8-6 海军陆战队炮兵连练习

衡山、郴州一带,择要屯守,后第一独立旅两团复调防湘黔路。1939年1月,海军陆战队驻闽各地点为:第二独立旅旅部驻马尾,司令由李世甲兼任;炮兵连(图8-6)驻长门下岐,连长郑得章,第二排附炮两门分驻猴屿;特务排驻马尾,排长郑升;第四团团部驻马尾新洋桥,团长陈名扬,临时指挥位置在洋乡;迫击炮连驻马尾新洋桥,连长曹振成,第二排分驻闽口浦仔;第一营营部驻琅岐下岐宫,营长黄梦祥;机枪第一连驻马尾火药库,连长张景堚,第三排分驻下岐宫;第二营营部驻闽口下岐乡,营长傅铸基;机枪第二连驻闽口在洋乡,连长陈吉亮,第三排分驻下岐乡;第三营营部驻闽口定安乡,营长陈昌同;机枪第三连驻闽口定安乡,连长陈佑芝。

在日军发动大规模攻势之前,海军马尾要港司令部在马长地区沿江构筑工事,开掘防空壕、防空洞,并加强闽江口要塞的防御。李世甲估计日军如进犯福州,其主力必定从连江登陆,因此把海军陆战队第二独立旅第四团主力部署在长门要塞右侧翼的下岐和东岸,以一部分兵力扼守琅岐岛,加强对长门要塞南岸烟金炮台侧后的防卫,第四团团部设在下岐,第二独立旅旅部仍在马尾。

四、舰艇部署与作战

1937年11月,海军部感到时局紧张,为增加闽防力量起见,饬将在闽修理的"楚泰"舰赶速修竣,加入闽防序列。"楚泰"舰修竣后,成为闽防舰艇中最大者。在长门封锁线建成后,"楚泰"舰将120毫米和150毫米舰炮共4门卸下,装于马尾前方,军舰则派至南港警戒。"正宁""肃宁""抚宁"(图8-7)3艘炮艇则在封锁线上警戒游弋,监视日军行动。

图8-7 "抚宁"炮艇

在厦门沦陷之前,日军即以飞机轰炸闽江下游中国军队的军事设施。1938年3月,日机多次飞临福建上空实施空袭,尤其是在马长上空盘旋,并向王庄机场投弹,第一次投弹数枚,第二次投弹10余枚,第三次投弹20余枚。由于马长一带海军炮位阵地布置比较周密,因此未受重大损失。5月,厦门沦陷,日军把攻击目标遂指向闽江下游。在海上,日海军第五舰队的"D部队"不断派出舰艇,对中国防御阵地进行试探性射击,以试探中国军队的虚实。5月13日,日舰及运兵汽船分别向梅花方面暨黄岐、北茭附近进犯。在空中,日机不断向福建省各地投弹,以破坏中国军队的防御设施。10日、13日、26日、30日,日机先后在福州王庄机场、福清松下等处轰炸,并在马尾高空盘旋窥伺,驻闽海军严密戒备。在日机轰炸中,海军设在马尾的各机关及舰艇被炸最严重。31日,10余架日机向驻防闽江封锁线的"楚泰""抚宁""正宁""肃宁"4艘舰艇投弹，各舰艇集中火力奋勇抵御，日机遁去。此次遭袭，导致中国海军的4艘舰艇损失非常严重，"抚宁"炮艇重伤沉没（图8-8、图8-9）。

图8-8 作战中牺牲的"抚宁"艇电信员陈传滂

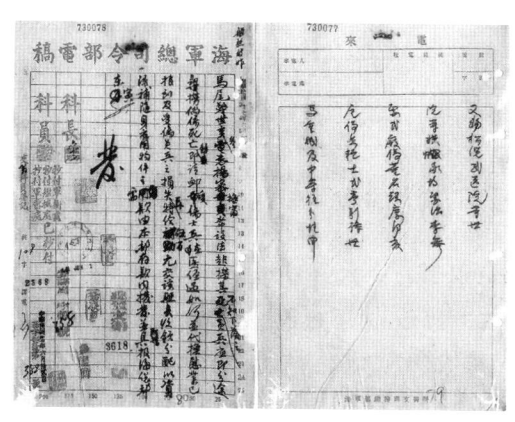

图8-9 "抚宁"炮艇作战报告（图片来源：《海军抗战期间作战经过汇编》）

6月1日，有多架日机再向"楚泰"、"正宁"（图8-10）、"肃宁"（图8-11）3舰艇投弹数十枚，各舰艇竭力反击，最终"正宁""肃宁"两艇被炸沉

图8-10 "正宁"炮艇

（图8-12），"楚泰"舰搁浅。"抚宁""正宁""肃宁"被击沉后，马尾要港司令部将各艇官兵编组为闽口巡防队，令其担负守卫封锁线的任务。搁浅的"楚泰"舰（图8-13、图8-14）则在螺洲附近的内河港汊里进行伪装，隐蔽待命，舰上所有炮械卸下，用于岸上炮台防御。

6月6日，日机又侵入南港峡，在螺洲附近向"楚泰"舰首及右舷投弹4枚。12日，日机轰炸马尾，造船所损失颇重。日机又续向"楚泰"

图 8-11 "肃宁"炮艇

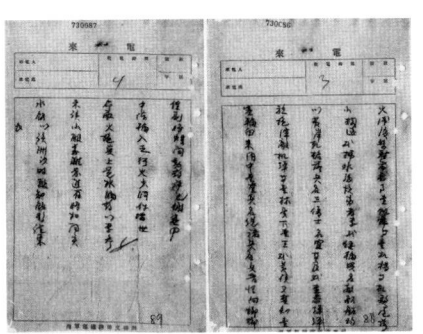

图 8-12 "正宁"炮艇作战报告（图片来源：《海军抗战期间作战经过汇编》）

舰投弹 4 枚，未中。23 日，日机轰炸马尾要港司令部、海军学校、练营、马尾造船所及陆战队第二独立旅旅部等处，均有损伤，陆战队第四团第三连一等兵潘细梯、第二独立旅旅部特务排二等兵陈谋水受伤。7 月 1 日，日机轰炸马尾，马尾造船所、海军煤栈、电话交换所、防空壕、马限山本部旗台等均被炸。8 月，海军马尾各机关屡遭日机轰炸。由于马尾防

图 8-13 "楚泰"舰

图8-14 战前"楚泰"舰水兵训练操枪

空警报是使用马尾造船所轮机厂的汽笛报警,后因该厂被炸而改用二号船坞锅炉装设汽笛。由于日机空袭频繁,易致损坏,故订购3架手摇警报机,其中2架装设于马尾,1架装设于闽口要塞,以充实防空设备。1939年4月下旬,日机常向闽口要塞投弹轰炸,经马尾要港司令部先后报告。5月,日机轰炸"楚泰"舰,并向马尾造船所一号船坞及该所船槽办公室投弹。5月30日,日机轰炸闽口要塞各炮台。据统计,在全面抗战中,马尾地区被日机轰炸达426次之多。

五、闽口要塞作战

1939年四五月间,日军为入侵福建,加紧了对闽江口的封锁,派出飞机对中国军队防守的闽口要塞各炮台频繁轰炸,并出动舰船屡次骚扰各国商轮,劫夺中国民船。长门要塞及福斗、壶江封锁线常有日舰艇窥伺,试探中国守军的虚实,中国海陆军以炮台的交叉火力进行打击,日舰艇逃走。日军感到由正面实施突破难以奏效，便改变策略，试图占领口外一处，作为立足点，以监视中国守军要塞的活动，阻挠中国军队加固长门阻塞线和布放水雷，使中国军队在敌前作业受到威胁。同时，日军还计划封锁和破坏闽江口航运，使他国船舶不能进港。4月，马尾要港司令部督率在闽抗战官兵，严加戒备，除不需用的军械，移贮上游，另列军械专项外，该司令部为避免无谓牺牲，将不参加作战的人员、物件迁往南平。6月27日，驻厦门日军最高指挥官原田清一海军中将派出海军陆战队一部，突然对孤悬闽江口之外的川石岛发起突袭，派驻该岛的中国守军是海军监视哨和巡防一小队，与登陆日军展开殊死战斗，炮长高翰战死，全队因兵力过少，寡不敌众，最终放弃该岛。日军占领川石岛后，在该岛构筑工事，架设炮位，窥视福斗岛，并与长门要塞形成对峙，不时向福斗岛的中国守军阵地射击，在沙堤、福鼎湾等处布放水雷。川石岛距长门要塞约12千米，正在电光山主台2门280毫米大炮的射程之内，于是双方不时发生炮战。29日，日军试图袭取福斗岛，遭中国海军陆战队迎头痛击，伤亡甚重，大败遁去。日军改用空袭，不时向各炮台投弹，炮兵柳澄清阵亡。在这期间，海军总司令陈绍宽适值在南方巡视，闽省军情紧张，便冒暑赶往福州，于7月5日到达长门，视察闽口防务。他召集官兵训话，指示作战机宜，鼓舞了海军官兵。恰在当日，有一艘日军汽艇图犯壶口，中国守军开炮将其击伤。该艇又犯梅花，同样遭到阻击，最终逃走。

1940年初，日军再次蠢蠢欲动，闽口各炮台时常遭到空袭。1月28日，一艘日快艇在古尾山海面追击民船，驻守该处的中国海军陆战队向日艇射击，日艇遂逃回川石岛。2月初，海军陆战队第四团在福斗岛设置炮兵阵地，派队联络陆军第八十师部队，攻击川石岛日军。2月16日，日军调派飞机2个大队、数艘军舰，向中国守军防区猛烈轰击，第四团陈佑芝连长指挥守军奋勇作战,被炸殉职,该连士兵亦多受伤。3月,日舰艇再犯闽口,经中国海军闽口要塞各炮台及陆战队配合守卫,日军未能得逞。3月11日晨,一艘日军大汽艇迫近阻塞线,用机枪扫射雷区,以窥探虚实,要塞炮台开炮轰击,日艇前段中弹起火,逃至芭蕉尾下沉,日兵死伤甚多。

1941年,日军加紧了对福建沿海的军事行动。1月2日,日军以运输舰载运海军陆战队及大批炮械以增强川石岛实力,为进一步封锁闽口做准备。14日,日军向福清等地中国守军阵地开炮。30日,川石岛日军再次炮击琅岐、赤沙、龙台乡,日机则向长门各地骚扰。2月11日,一艘日军汽艇装载日兵由川石岛驶向福斗岛,以机枪向岛上步哨要点射击,驻守福斗岛的中国海军陆战队奋起迎击,长门炮台也开炮协攻,日军退回川石岛。21日,两艘日军舰船从川石岛出发,驶向后龙山,驻防的中国海军陆战队得到前方步哨通知后,立即进入后龙山东端警戒阵地截击,日舰船竟逼近火网,直扑渡口,日军试图登陆,经中国守军猛烈射击,日舰船向鼓尾山逃走,又被扼守此处的陆战队截击,损失颇大。在上述战斗中,中国海军除了监视日军动向和打击日军之外,还设法探明日军所布水雷的地点和数量,用电力破坏水雷。

六、福州外围战

日军对福建沿海的海上封锁并未达到预期效果。一方面,中国守军加固阻塞线和要塞防御设施的活动并未停止;另一方面,闽江口外国船舶向中国输入物资以及渔民的渔业活动并未中断。鉴于此,日本大本营决定进一步加强封锁作战,在《昭和十六年对华长期作战指导计划》中特别强调了"封锁"战略,要求必须考虑配合武力封锁的其他办法。

1941年2月26日,日本大本营下达关于封锁沿海的"大陆命第四八八号"，命令中国派遣军总司令官应对浙江省以北中国沿海、华南方面军司令官应对福建省以南中国沿海，自现在起分别以一部兵力随时进行以封锁为目的的作战。对此，日本陆海军制定了《陆海军中央关于对华沿海封锁作战的协定》，规定：兵力使用，陆军为中国派遣军及华南方面军各一部；海军为中国方面舰队之一部，指挥关系为陆海军协同指挥。作战要点：陆军应协同海军，以奇袭方式登陆并占领输入抗战物资及输出内地物资的沿海各港口，没收或销毁其抗战物资，以至破坏其设施，在中国军队聚集之前即行撤出，要反复地对沿海各处进行此种作战，并视情况可以在相当的时间内占据需要占据的地点。海军应以必要的兵力掩护陆军，协同陆军，奇袭占领输入抗战物资及输出内地物资的沿海各港口，并在陆军撤退时进行掩护。

在福建沿海方面，日军鉴于"在中国事变以后，此地成了援蒋通道的要地，正在运进若干抗战物资"，为加强华南方面的沿海封锁，决定占领福州。为此，1941年3月15日大本营把在台湾的第四飞行团主力调归华南方面军司令官指挥，以适应攻占福州的需要，以及在必要时进行温州一带的登陆作战。24日，大本营又下达指示，允许"华南方面军司令官为实施汕尾方面及福州方面作战，可使用近卫师团、第十八师团的各一部及第四十八师团"。30日，大本营又发出了关于暂时确保福州事项和陆海军中央协定。4月19日，华南方面军与第二分遣支舰队协同，以第四十八师团主力、第十八师团一部（佗美浩少将指挥的4个步兵大队）于拂晓前冒着当时的强风巨浪，在福州附近数处登陆，占领福州的作战正式打响。

从1941年4月中旬开始，浓雾在闽海弥漫。4月18日傍晚，雾稍散，驻闽中国海军派在长门的监视哨发现在马祖海面泊有不同型号的20多艘日舰、百余艘民船、10余艘汽艇，以及1艘航空母舰，分泊于闽口及连江各地,有窥伺福州的意图。川石岛方面也有多艘日军汽艇往返巡弋,闽口局势突然吃紧。李世甲一面急向各军事领导机关汇报情况,并向各友军通报敌情,一面命令闽口要塞各炮台以及担任掩护要塞作战的海军陆战队第二独立旅第四团做好战斗准备。

4月19日3时许,日陆军五六百人在海空兵力掩护下向福斗岛和琅岐岛猛扑,防守两岛的中国海军陆战队各仅有一连兵力,他们奋起抵抗,双方激烈交战。獭石临时炮台开炮增援,向日军侧翼射击;电光山、烟台山、金牌山炮台则相继以火力打击川石岛之敌,阻其接济。福斗岛海军陆战队苦战3小时,日舰火力异常猛烈,日机也不断对中国守军阵地实施轰炸。关于福斗岛战事,陈绍宽在19日这一天接连向蒋介石拍发3封电报报告情况,可见战事之激烈。福斗岛系一孤岛,四面环水,接济不易,后退尤难,众寡悬殊,形势危殆。防守该岛的海军陆战队第四团第三营第八连拼力死守,几乎全体阵亡,福斗岛于当日陷落。

琅岐岛方面,驻守该岛的海军陆战队第四团第一营第一连及机枪排两排,在第二营营长李传馨率领下与登陆日军战于吴村一带,电光山炮台开炮助战,日军进攻受挫。在嘉登岛登陆的日军迫近龙台,驻该岛的中国海军陆战队集中于龙台与凤窝之间拒敌,以保护烟台山、金牌山炮台。龙台距烟、金两台甚近,两台炮火失效后,只有靠电光山炮台的炮火阻敌前进。

4月19日凌晨,日本华南方面军第四十八师团及第二十三旅团所部分别在连江县镇海筱堤和长乐县漳港登陆,8架日机进行掩护,空袭连江、长乐、福州地区。第四十八师团登陆后分4路纵队向福州推进,第二十三旅团则向要塞炮台两侧包抄。中国军队驻连江的守军原有陆军第八十师一个营,驻长乐金峰镇的守军原有陆军第七十五师一个营,这些前沿部队获悉日军开始登陆后自行后撤。第八十师一个营在连江县城沦陷时已撤至琯头岭，再经琯头撤至中国海军马长防区内；第七十五师一个营由金峰镇向潭头转移，渡过乌龙江，也进入瓮岐地区。陈绍宽在向蒋介石报告战况时指出，凌晨3时15分，连江所辖浦口方向炮声紧密，似系日伪军企图登陆。5时，长门发现7架日机向中国守军阵地投弹。日军在连江、东山、浦口、大小澳等处登陆，共有千余人，距连江城已很近。同时，日军还在长乐牛榕山登陆，12时半，长乐失陷。18时30分，琅岐岛白云山附近也发现敌踪。琅岐岛方面的作战，虽然在电光山炮台的助战下使日军进攻受挫，但其他各路日军登陆部队已分由连江、长乐两地向炮台左右包抄，中国守军纷纷放弃阵地，炮台外围尽落敌手。日军遂集中兵力，节节进逼，中国海军陆战队只好固守下岐一带，保护长门炮台。战况十分激烈，双方伤亡惨重。下岐既有战事，长门与下岐间通信断绝，炮台情况不明，但各台官兵誓死守卫。此时3艘日驱逐舰向川石岛、芭蕉尾前进，川石岛也驶出4艘日军汽艇，联合行动。各炮台瞭望敌势，俟其进入大炮有效射程后合力猛击，1艘日驱逐舰受伤，2艘汽艇被击沉于壶江附近，其余舰艇相率退至芭蕉尾一线。两艘在炮台的炮火射程之外的日驱逐舰仍向电光山炮台开炮远攻，未敢逼近。正面战局尚足坚持，但孤立无援，负指挥全责的陆军先期转进，加上连江县城陷落，下岐的日军越来越多，陆续向长门挺进，长门炮台陷入敌包围之中，危局已无法挽回，中国海军陆战队只好一面坚持做最后抵抗，一面自毁大炮，并焚烧弹药库。此时，日机飞临炮台上空猛烈轰炸，海军陆战队阵地全被炸毁，官兵被迫突围，向东岐集中。关于闽口要塞各炮台战事，陈绍宽报告说，13时，日军分3路猛攻闽口、烟台山、金牌山炮台，电光山炮台向烟、金两炮台方面之敌炮击，但没有阻止日军前进。至13时30分，烟、金两炮台均被日军占据，电光山炮台继续向敌射击，阻敌前进。划鳅台15时半被日军占据。长门各炮台16时许与海军总司令部断绝消息。

4月19日正午，罗星塔对岸的长乐营前镇发现敌踪，马尾面临严重威胁。午后，日军经黄石、下洋，夜间渡过乌龙江，沿福峡公路进逼福州。连江方面，14时，县城被日军占领，日军主力出潘渡、汤岭，经大小北岭，直逼福州。日军还以一部分兵力进攻琯头岭，以切断要塞守军后路，大黑前琯头岭被日军占领。日军先头部队在镇海筱堤登陆后分兵向下岐进犯，中国海军陆战队第四团第三营于15时与500余日军发生战斗，而拂晓进驻川石岛的2艘日驱逐舰协同驻川石岛的日军向要塞猛攻，炮战竟日，海军陆战队由于火力较弱，每营仅装备4挺重机枪，抵挡不住日军进攻，伤亡颇多。这时琯头岭之敌向长门要塞侧后节节进逼，形成包围。18时许，长门要塞陷入日军包围的险境，守军突围向东岐集中。根据敌我态势，李世甲于当晚下令海军陆战队放弃长门，向亭头、闽安镇转移，进入第二道阵地，准备继续抵抗。

就在陆军部队撤出福州之际，海军陆战队的战斗仍在激烈进行中。4月20日8时，闽口北岸后山发现日军便衣队，要塞北岸炮台随即开炮，此时前面水路突然开来5艘民船，载日军200余人，由日机掩护登陆，守军抵抗至10时许消息断绝。事实上，参与防守的中国海军陆战队仅有一连兵力，包括机枪排、迫击炮排各一排及特务排两排，因为防守地域辽阔，日军不仅陆上兵力多，而且有多架飞机终日盘旋轰炸，只能竭力防守。与此同时，驻防马尾的海军陆战队也加入作战，以两营的兵力于20日黎明向日军反攻，首先将塘头、竹岐等处的少数日伪军歼灭，遂迫近琯头，与日军展开激战。日军据守高地，以猛烈的炮火压制海军陆战队，海军陆战队的攻势不减，双方均有较大伤亡。此时日军飞机飞来助战，致使海军陆战队无法突进，攻势受挫。日军趁机向东岐进攻，海军陆战队分扼东岐附近各地，与日军再度展开恶战，歼敌甚众。从闽口各炮台撤出的官兵，这时也集中于东岐，编成两队，一队扼守炮台，一队守卫炮台背后山地，顽强作战。然而，日军的援军不断开来，双方力量对比发生变化，东岐炮台逐渐陷入重围，海军陆战队与日军激战于戈山东麓及亭头等地。此时，海军陆战队接到马尾要港司令部命令，将兵力集中于马尾、红山、闽安镇一线，拼死守卫。

4月21日3时，李世甲在马尾得悉，福州秩序出现混乱，所有机关和军队全部撤退，连警察也集中后撤，还准备炸毁闽江（图8-15）大桥。此刻在福州北门外新店和南台岛白湖亭均发现敌踪，李世甲接到第一〇〇军军部放弃福州及海军部队和所属机关向鼓山、鼓岭后撤的命令，遂令驻马尾的海军陆战队第二营向鼓山

图8-15 抗战时期的闽江

转进，驻嘉登岛的海军陆战队第一营经闽安镇、马尾转进鼓山，驻亭头瓮岐的海军陆战队第三营监视当前日军，与敌保持接触，掩护第一营到达闽安镇，然后取道彭田至鼓山集结待命。与此同时，日军向闽安镇、红山两地发起攻击，营田的日军亦向马尾进攻。海军陆战队抱定必死决心，分头迎击，暂时使日军无法取得进展。不料，连江的日军不断进攻，另有一部攻入福州，省垣失陷，马尾一带四面受敌：东面临海有日海军活动，北面有自连江挺进的日军，南有从长乐围攻的日军，西面福州已告失陷，海军陆战队被迫撤出阵地。8时，李世甲率领马尾各机关官兵和长门要塞官兵离开马尾。

4月21日11时，李世甲率部抵达鼓山，陆军第八十师和第七十五师各一营已先至，海军陆战队第一、第三营于17时亦先后到达。15时，兼任福州警备司令的第一〇〇军军长陈琪和第一区行政督察专员何震最后离开福州，距日军登陆仅35小时。福州陷落可谓速矣。

抵达鼓山后，李世甲对海军陆战队进行了重新整备，命令各部迅速部署警戒，构筑野战工事，以防日军进袭。未几，李世甲获得情报，谓日军正不断从汤岭出动，通过宦溪与小北岭头之间的公路急速向前推进，以巩固对福州的占领。马尾已于4月21日下午被日军占领，且日军有向彭田、鼓山推进的模样，鼓山已处在日军包围之中。据此，李世甲决定放弃构筑工事，率部突围。陈仪则指示海军向南平转进。

4月22日拂晓，李世甲指示马尾各机关所有文职人员离军分散行动，伺机钻出日军占领区，并指定南平为后方报到地点。同时命海军陆战队向鼓岭、陈洋、战坂进发，以第八十师一营为左翼，以第七十五师一营为右翼，指定溪边为冲出日军包围圈后的集中地点。当天晚间，各部队抵达战坂，分头埋锅做饭，忽然有哨兵发现日军搜索队，据报约有一连之众，李世甲当即令第一营营长林苞率部驱逐，日军因兵力较少，又值天黑，与林苞部稍一接触即转移，李世甲遂率部乘夜继续向弥高、项虎疾进。23日黎明，部队抵达溪边，一架日机跟踪侦察，突围部队疾向峨眉、寿山、汶洋转进，以大湖为目的地。25日晚，突围部队到达坂头。27日，日军占领红洋，并由白沙、下寮向大湖进攻，所有留在大湖的第八十师部队和各军政机关均已后撤。李世甲奉陈仪之命于5月1日抵达南平，海军陆战队则奉命开往罗华待命。

占领福州的日军有继续沿闽江西犯的企图，而南平地据要冲，是必争的战略要地。倘若日军夺取南平，将对中国军队未来部署反攻和收复失地带来巨大困难，因此南平必须加以固守。谷口为南平的屏障，地势险要，陈仪有意在此处设立江防司令部，便先委任李世甲为闽江江防司令，以闽江上游谷口至闽清口为防区，除辖海军陆战队外，所有炮队、水警大队和水警巡逻队均归其指挥。海军总司令部在了解了福建的战况后，于5月14日令将马尾要港司令部暨所属特务排、海军闽口要塞总台部及所属炮台、海军马尾修械所、弹药库、兵器库、电台、监狱、煤栈及长门弹药库等暂予裁撤，另设海军闽江江防司令部，并制定编制表，颁发遵守规定，以李世甲为司令，仍兼海军陆战队第二独立旅旅长，司令部设于谷口，同时调派布雷队入闽，加强抗战力量。

李世甲受命后展开部署，主要以在闽江择要设置雷区的方式阻塞水道。他先令布雷队在雷区布设定雷，做长久防卫之用，再令布雷队择机布设漂雷，因为南平地据闽江上游，水势倾泻如长江，布设漂雷效果最佳。6月，海军布雷队赴港尾勘察水道，准备布雷，但金厦海面停泊了40余艘日舰，形势紧张，该布雷队择定高、低潮各一道，冒险筹划布雷，阻止日军进犯。另外，李世甲还派出布雷队一队进入九龙江，于7月6日在镇头宫布设11枚定雷，遏阻敌势。

7月，第二十五集团军在古田西溪召开福州附近战役检讨会议，海军方面作战情形由闽江江防司令李世甲做报告。李世甲指出，关于海军战役，嘉登岛、福斗岛、下岐等处及各炮台阵线，均以敌众我寡，武器利钝又判，空军掩护力尤相形见绌，作战指挥全权且属陆军，进退行动，未与海军有缜密联络。他表达了海军对此次福州地区作战的不满。会后，李世甲将检讨情形上报海军总司令部。会后，李世甲鉴于马尾之役中海军因勇猛战斗，牺牲甚巨，将海军陆战队第二独立旅第四团集中于顺昌、将乐一带整理训练，并筹划补充士兵，增强作战实力。同时将海军布雷队部署完毕，在闽港的适要地区赶布水雷，阻止日军进攻。

第四节 收复福州作战

日军占领福州后向大湖进行"扫荡"。然而，日军对福州在军事上的价值并不看好，谋划随时撤出福州，中国军队发现了这一迹象后开始部署反攻事宜。海军总司令部向李世甲下达指令，当日军撤出福州地区时率海军陆战队回师收复马长一带。

一、第一次收复福州

1941年8月底，日军开始撤离福州。9月1日，李世甲令海军陆战队第四团集中待命，2日向福州推进。3日，陆军第八十师主力在师长李良荣率领下迫近福州西北郊，李世甲则率领闽江江防司令部特务排首先入城，海军陆战队第四团则由轮运直趋台江。当日下午，李良荣率部也进入福州城，陈仪令李良荣兼任福州警备司令。不久，福建绥靖主任公署宣告撤销，陈仪调往重庆出任行政院秘书长，由第三战区副司令长官兼第二十五集团军总司令刘建绪继任福建省政府主席。随后，第一〇〇军也调往他处，第七十军入闽，该军下辖陆军第一〇七师和陆军第八十师。海军陆战队第二独立旅（缺第三团）仍属第二十五集团军战斗序列。刘建绪履新伊始，即令第八十师担任福州、连江防务。海军陆战队负责长门至鼓岭地区的防务，长乐、福清、平潭地区的防务则由福建省保安纵队负责。

日军撤出福州后，在福州外围地区仅剩部分伪军分头扼守，中国海军陆战队的军事收复行动并未遭遇太多抵抗，9月5日收复马尾，6日收复长门。收复马长地区后，李世甲将闽江江防司令部设于马尾，海军其他机关相继迁回，海军陆战队第二独立旅旅部亦移驻马尾，与闽江江防司令部合署办公，海军陆战队第四团团部则设在闽安镇。这时马长地区已被敌破坏，长门要塞亦被敌夷为平地，填筑在长门港道阻塞线的主要航道上的石垱也被日军用深水炸弹炸陷。所以，当海军各机关落定后，李世甲立即部署勘察防务和收复闽口附近各岛。关于勘察防务工作，闽口形势系分福斗、乌猪、梅花港入海，此外尚有壶江小港，控福斗之旁，日军占领长门后对封锁线进行了破坏，破坏的范围宽约275米，李世甲饬派驻闽布雷队驰往察视，重新探测水道，布设水雷。而镇头宫水道所布设的水雷有碍中国船只运输，遂于9日将水雷全部打捞出水，恢复交通，海军陆战队则奉命展开肃清闽口附近各岛的行动。闽口要塞各炮台的大炮系于清末购自德国，虽已陈旧，威力尚强，但经日军轰炸以及炮台官兵转进时自行破坏，加上日军占领时将所毁废炮搬运一空，故台炮难以补充。海军总司令部以军政部方面存炮甚多，尚易筹拨，当即拟具整理要塞计划，呈请军事委员会赐饬军政部拨发火器，俾资装配。军政部以缺乏火炮为由，未允照办，要塞战斗力迄未恢复旧观。关于收复闽口附近各岛的工作，李世甲令海军陆战队进行扫荡，逐次肃清。然而，与马长地区不同，闽口一带的岛屿地形复杂，加上附近有日军舰艇巡弋，虽然岛上盘踞的都是伪军，但收复该地有不少困难。10月初，驻闽海军进攻川石、琅岐、壶江各地伪军的计划部署就绪。10月5日晚，海军陆战队第四团团长戴锡余奉命率领第一营由长门渡江，并于东岐方面控置策应部队，随即分向琅岐、金沙两路兜剿。嘉登岛上盘踞的伪军林义和部有600余人，刘斌、陈承平、何荣冠均有军事经验，分率3队，并拥有山炮及数十挺轻重机枪，另有多艘武装汽船。在发动进攻前，海军先派人与何、陈二人联络，晓以大义，令其改邪归正，接洽妥协，何、陈同意率200余人反正，并里应外合夺取岛屿。战斗打响后，在何、陈所部配合下，海军陆战队围攻金沙、台山的伪军，林义和率残余伪军逃遁，海军陆战队俘敌百余人，于6日8时完全收复嘉登岛。何、陈二人因反正有功，准予自新，将所部改编为闽口守备队。

收复嘉登岛后，海军陆战队第四团以两个连的兵力分驻长门和嘉登岛作为监视哨，监视当面海上之敌和盘踞在南竿塘、北竿塘、白犬列岛的林义和、张逸舟等部伪军。10月25日，海军陆战队继续由金沙向壶江岛扫荡，壶江岛也聚集伪军300余人，依据岛屿负隅顽抗，数度用火力阻止海军陆战队渡江，海军陆战队一连官兵在猛烈火力掩护下强行渡江成功，伪军抢登汽艇溃逃，海军陆战队登上帆船追击，击伤2艘敌汽艇。下午，海军陆战队收复壶江岛。壶江岛既得，海军陆战队再接再厉，于26日分别由福斗岛和壶江岛渡海向川石岛围攻，守岛伪军望风披靡，向南竿塘遁去，海军陆战队于当日完全收复川石岛。

11月，闽江江防司令部收复马长后，重新配备防务，福斗、乌猪、梅花港及壶江小港，经过勘察和论证，拟订了敷设水雷计划，由司令李世甲会同第二布雷游击队总队长刘德浦赴各港详细勘测，决定由第十四布雷中队在闽江口担任布设定雷任务，在熨斗、乌猪、壶江、潭头等4个汉口布雷，于1942年1月实施。

1942年1月，海军结束了闽江口水道的勘察行动，于1月31日开始在福斗港重新布设24枚水雷，后又分别在壶江、南北港及乌猪、梅花港陆续布放数十枚。在九龙江也进行了增布，并将马尾附近划分为4个巡逻段，不断梭巡。同时筹划晋江、涵江防御工作。3月21日，2艘日军汽艇驶向壶江岛，迫近雷区，中国海军陆战队随即迎击，日汽艇遁去。在此后一段时间内，闽江口外常有日舰往返。5月19日，白犬洋日舰炮击长门、壶江，川石岛附近常有日艇出没，情况严重。翌日，日舰迫近川石岛，以海军掩护陆军登陆，中国海军陆战队奋勇抵抗，但双方兵力悬殊，川石岛再度沦陷。

日军占领川石岛以后，择地架炮，有久据之势。5月23日，川石岛的日军侵入壶江岛，企图破坏雷区，被中国海军陆战队击退。6月3日，日军继续进犯福斗岛，中国海军陆战队奋起迎击，日军暂时退却。不久，日军又调来大股部队，在飞机配合下围攻中国海军陆战队阵地，海军陆战队退守下岐苦战，日军渐渐不支，海军陆战队乘势反攻，收复福斗岛。此次战斗中，海军陆战队数名官兵受伤。日军在福斗岛没有得逞，乃改犯嘉登岛。4日，日军兵分3路猛扑嘉登岛，日舰同时炮击长门。中国海军陆战队在吴村一带与敌相持，日军久攻不下，锐气渐减，海军陆战队乘势反攻，日军遂退出嘉登岛。此战日军伤亡颇重，中国海军陆战队也失踪数名列兵。自此以后，日军在数月之内未再窥伺。1943年1月，川石岛日军炮击海岸。闽口要塞装备没有恢复，无法还击，颇感焦虑，乃急速完成沿江据点工事，并于闽口各要区加强监视哨配备。

二、福州保卫战

1944年9月，福建沿海局势骤然紧张，日军暴露再夺福州的企图。此时负责福州地区防御的中国军队是陆军第八十师，以及保安团、宪兵等地方武装部队和海军闽江江防司令部所属部队，以第八十师师长李良荣为指挥官。李良荣拟订的防御作战方案是：以一线配备，自闽江左岸的鼓山，横亘大小北岭，为第八十师主阵地，以闽侯的降虎和连江的潘渡、浦口、东岱等地区为前沿阵地。如果日军发动进攻，以上述的地方武装部队担任福州城内治安，以闽江江防司令李世甲指挥的海军陆战队第二独立旅第四团据守马尾、鼓山一带。

9月27日，日陆军"乙支队"在日海军厦门方面特别根据地队密切协同下发起进攻，先以舰炮轰击福斗、梅花、川石及大小澳，随后大批日舰艇在厦门方面特别根据地司令官原田清一中将指挥下护卫运兵船进至梅花、川石、大小澳等地。当晚，日军兵分两路，一路在连江琯头岭登陆，一路进占浦口、小埕等地。位于长门的中国海军监视哨于当日发现泊于南竿塘海面的4艘日运输舰和2艘小型军舰有企图向连江登陆的模样，闽江江防司令李世甲一面令海军陆战队第四团做好战斗准备，一面向第七十军军部和第八十师师部报告情况。此时第七十军军部设在南平下道，第八十师师部设在北门外新店。李良荣认为，根据惯例，日军在沿海地区登陆必先以飞机侦察、轰炸，继之以大炮轰击，今则两者俱无，故判断来犯之敌绝非日军，而是盘踞于马祖列岛的伪军，系为抢掠粮食而来，限令予以全部驱逐。李良荣还告诉李世甲，第八十师第二四〇团的一个营驻防连江浦口。然而，战局的发展出乎李良荣的意料，日军果然在连江登陆，李良荣慌忙命令李世甲率海军陆战队进入战斗位置。李世甲遂令海军陆战队第二独立旅参谋长何志兴率第四团两个营留守马尾，自己则率领第三营及军士教导队前往迎击连江登陆之敌。29日，日军占领连江县城，继以一部兵力由后路向琯头岭进犯，李世甲率闽江江防司令部驻岭头门指挥战斗，驻守琯头岭的海军陆战队与敌展开激战，曾一度使日军不得前进。然而，日军增援部队源源开到，战况甚烈，海军陆战队没有援军，陷入苦战，列兵林天福、钱金亮、林金木、郑寿明、柳朝兴等阵亡，伤者甚多。30日，日海陆军协同进攻长门，驻守长门的中国海军陆战队仅有一连兵力，在日军围攻下终难相持，列兵陈时镇、韩子由、林海官、郑扁嘴、李益筹、陈道官、郑亦围、刘菊俤、谢维光等死战殉职，伤者尤众，被迫退守闽安镇。率领海军陆战队第三营驻守岭头门的李世甲将指挥所设在恩顶村，以一个连的兵力留守鼓岭，作为岭头门右侧卫，以教导队占领一个山口，作为岭头门左侧卫，30日拂晓与日军全线发生战斗。岭头门地势险要，日军连续几次进攻均没有得逞，海军陆战队第三营第九连连长陈崇智等负重伤，官兵亦有伤亡。

10月1日，战斗仍在持续，中国各守军经过激战后相继后撤，福州市各军政机关也纷纷撤离。2日，进攻岭头门的日军最终被击退，战况稍见稳定。中午，日军向闽安镇发起进攻，驻守该地的海军陆战队与敌激战1小时许，被迫后撤，日军攻入闽安镇，不久海军陆战队援军赶到，向日军发起反攻，经一夜战斗，于3日凌晨击败日军，克复闽安镇。然而，也正是在这一天，日军主力由北岭进抵福州，中国陆军第八十师师部退至市郊，此时岭头门战况突然紧张，李世甲令海军陆战队第四团团长戴锡余率第二营增援岭头门，以第一营的两个连分守闽安镇和马尾，旅司令部直属部队和第一营的两个连转移至福州东北郊待命。

连日激烈的战斗，中国守军表现英勇，损失也颇大。第八十师的3个团均与日军交战，第二三八团副团长许祖义在大北岭负伤，第二三九团一名营长阵亡，第二四〇团一名营长因擅自放弃阵地而被枪决。10月3日，李良荣在第八十师师部主持举行了战况汇报会，他根据各部队部署情况，询问李世甲能否派出一支海军陆战队由闽安镇趋向南阳，在敌后发动攻势，李世甲毫不犹豫地接受了任务。会后，李世甲派出海军陆战队第一营营长林苞率领所部两个连，由福州台江轮运至马尾，配合驻守在马尾和闽安镇的海军陆战队两个连直趋南阳，攻击日军侧后。不料在当日11时许，福州市警察局局长谢桂成特来向李世甲报告，说第八十师已准备全线后撤，弃守福州。不久，李世甲接到李良荣的电话，令其率部后撤，在桐口至大目埕之线布防，并对江警戒。17时，闽江江防司令部和海军陆战队第二独立旅直属部队离开洪山桥，轮运至大目埕，随后在桐口、甘蔗、白沙布防，布雷阻塞白沙、甘蔗水道，第四团团部驻白沙，陆战队第三营继续留驻岭头门进行扼守。撤退之前，李世甲派人化装进入福州城，向在黄花岗中学暂充军训教官的海军陆战队第二独立旅旅部上尉参谋陈魁梧传令，由其负责收容海军陆战队官兵，组成游击队，在敌后展开战斗。陈魁梧接受任务后，在鼓山组织海军游击总队，在福马地区袭击日军。第三营在岭头门经重新部署后开始向日军反攻，战况非常激烈，海军陆战队官兵冒死前进，夺取日军阵地，并获得日军作战报告及军用地图等文件，双方均死伤惨重，20余名海军陆战队列兵阵亡。之后日军不断增兵，向海军陆战队阵地冲击，海军陆战队孤立无援，陷入不利境地。4日，日军进兵桐口，海军陆战队拼死奋战，日军退却，海军陆战队挺进小桥。6日，海军陆战队向洪山搜索，与日军遭遇，寡不敌众，列兵廖玉光、金玉兴战死。自此以后，海军陆战队与日军周旋于各地，日军屡次派艇由洪山桥上驶，均被击退。海军陆战队数度向洪山桥、大夫岭进攻，亦难得手，旋分派队伍围攻大腹山，因日军工事坚固，无法击破，遂呈对峙之势。

10月27日，日军由浦里进袭桐口，另有一部沿奶奶山麓，携带大炮，同时包围海军陆战队，当即发生激战。日军攻势甚猛，海军陆战队退至中房苦战，溪尾的海军陆战队阵地也遭日军猛烈袭击，双方相持于甘蔗一带，互有伤亡。29日，日军攻势减退，海军陆战队猛烈反攻，日军向福州撤退，海军陆战队收复桐口。

11月8日，海军陆战队向前搜索，发现8艘日船上驶，立即予以击退。同日，9艘日汽艇满载日兵侵入侯官市。小桥方面亦有日军窥伺，被海军陆战队击退。唯侯官市日锋甚锐，当晚在左岸的古山洲、蟛蜞洲登陆，日船活动尤频，迫近连头。9日，日军向甘蔗进犯，海军陆战队极力阻击，击伤日艇及其所拖带的民船各一艘，日军势头稍挫，遂改攻山前山。另有一股日军进入甘蔗，猛扑海军陆战队的土地堂阵地，战况尤为激烈，海军陆战队死守阵地。苦战延续至10日晨，日军进攻气焰渐弱，海军陆战队乘势反击，日艇下逃，海军陆战队收复甘蔗。11日，从甘蔗撤退的日军在小桥登陆，再犯桐口，大腹山的日军以大炮掩护，火力极其猛烈,海军陆战队因缺乏重武器,激战数小时后伤亡甚重,乃向关源里转进,重新部署。12日,海军陆战队向桐口反攻,攻势甚猛,日军溃逃,再度收复桐口。12月7日,日军第三次进攻桐口,日艇从洪山桥开来,于妙峰山架炮,战况激烈。同时,小桥、浦里均有日军登陆,海军陆战队分别将其击退。闽江江防司令部鉴于日军屡犯各地,乃谋划牵制日军之策,希望向敌后方发展,由被动转为主动,便召集志士组成游击队,潜伏于鼓山一带,屡次向日军潜袭,取得一定战果。在海军游击队的打击下,日军于12日由福州、马尾兵分两路向鼓山廨院的海军游击队出没的地方实施搜索,当即与海军游击队发生激战。海军游击队势单力薄,损失颇重,不得不分散活动。但海军游击队并未放弃攻势,分出一部分兵力由下岐经平楚庵向日军反包围,另派队伍由牛田后山抄袭日军侧翼。经内外两线合力反击,日军陷于劣势,逐渐后撤。13日,日军又来搜索,海军游击队早有准备,疏散匿伏于深山之中,日军搜索没有结果。当天晚上,海军游击队采取声东击西的战术对日军实施袭扰,一时枪声大作,日军疑惧,仓皇逃遁。此后,仍有小股日军时常向小桥、桐口等地窥伺,但均被海军游击队击退。

三、第二次收复福州

1945年1月12日,洪山桥方面日军又大举进犯桐口,与中国守军发生激战,海军陆战队战斗至傍晚,日军退却。15日和17日,洪山桥日军会合古山洲、浦里等地日军进犯小桥,遭到海军陆战队阻击而退回。恰在此时,海军人事出现重大变动:海军总司令部参谋长兼第一舰队司令陈季良因病出缺,第二舰队司令曾以鼎接任第一舰队司令,宜巴要塞区海军第一总台台长方莹接任海军总司令部参谋长,闽江江防司令李世甲接任第二舰队司令,海军第二布雷队总队长刘德浦升任闽江江防司令，海军陆战队第二独立旅参谋长何志兴代理该旅旅长。当时，海军第二舰队驻防川江，西犯日军已占领贵州独山、都匀，那里的交通已经阻断，李世甲在南平、永安等地等候陈纳德的第十四航空队的飞机前往接任，经月未能成行。4月27日，海军陆战队在小桥的阵地遭日军猛攻，工事一部被毁，海军陆战队死守原线，日军没有得逞。5月上旬，侵占福州、长乐的日军已露出撤退迹象，海军总司令陈绍宽令李世甲暂不接任新职，协同新任的闽江江防司令刘德浦率海军陆战队第四团收复马长地区。陆军第七十军军部令第八十师、福建保安纵队及闽江江防司令部等对敌实施打击，相机收复福建、长乐。刘德浦、李世甲奉令后，先率一部分人员沿江东下，部署收复马长事宜，另于5月6日以海军陆战队第四团第二营占据浦里山、小桥之线，与日军保持接触，主力推进至桐口、白沙一线。9日午夜，海军陆战队第四团第二营第六连开始向大腹山日军进攻，迫近日军炮兵阵地，日军从洪山桥调动援军，阻止海军陆战队进攻，双方激战1小时，海军陆战队退回浦里与敌对峙。12日，海军陆战队顽强推进，与日军激战2小时，左翼有所进展，占领日军部分阵地，但由于地形不利，当晚退守浦里山。13日，海军陆战队又全力进攻大腹山，仍未得手。为使攻势有所进展，闽江江防司令部从海军陆战队中挑选勇敢官兵编成突击队，包括步兵4个排，重机枪排、迫击炮排各1个排，驻于桐口附近，向洪山桥、浦里方向进击；另以海军陆战队第四团第三营向杨家村、桐口附近推进，第四团团部及第一营向甘蔗推进，海军陆战队第二独立旅旅部进驻白沙。14日，闽江江防司令部派先遣队潜入南台和闽江一带侦察敌情，并做内应。17日，刘德浦、李世甲获悉，大部分长乐日军已经出海，福州城区及南台、仓前山一带已无敌踪，福州伪警察队已经解散，长乐所属东渡、尚干等地尚有日军百余人，福州东、西、北郊各据点有日军七八百人，似均为退却的掩护部队。中国陆军第七十军军部遂向各部下达全线反攻命令，其中令闽江江防司令部以海军陆战队迅速击破福州西郊之敌，然后沿洪山桥、南台道路跟踪追击，向马尾、闽安镇进击，而后行动由第八十师师长李良荣依状况指示。当日，大腹山日军在海军陆战队攻击下后撤，海军陆战队夺得日军阵地后，随即向洪山桥、祭酒岭搜索前进。同一天，在廨院方面，海军陆战队与日军发生遭遇战，双方交战激烈，随后海军陆战队援军赶到，日军逃遁，海军陆战队向马尾节节追击，日军集合残余部队于马尾各高地继续抵抗。然而，海军陆战队不断进逼，迫使日军向闽安方向败逃，马尾战场留下多具日军尸体，其马尾警备司令堀登一大尉被海军陆战队击伤，在逃离时毙命。18日晨，海军陆战队第三营占领洪山桥，午时到达南台，继续追击溃敌，第四团主力推进至福州（图8-16）城区附近。10时左右，在陆军第八十师和海军陆战队第四团的合力反击下，城区残敌悉被肃清，福州遂完全克复。19日午时，海军陆战队第四团主力进抵魁岐，一部追至马尾，旋向马尾截击营前、螺洲江面之敌。20日，海军陆战队继续向闽安迫近，日军试图乘民船逃遁，海军陆战队驾船尾追，毙敌数人，俘获一人，并缴获多件军用品。逃跑的日军在琯头架炮顽抗，海军陆战队攻势不减，迫使日军再次逃遁。21日中午，海军陆战队进至亭头，当晚抵达东岐。22日晨，海军陆战队进入琯头，15时收复长门。

1945年7月，日军进一步显露出失败的迹象。7月15日午后，盘踞在闽口外磐石的日军分乘汽艇、民船至土地尾登陆，以部分兵力循金沙向吴村进逼，主力则从牛鼻孔向龙台进犯，并于黄昏时占领龙台，继而又攻破海军陆战队把守的南山，海军陆战队被迫撤退。16日拂晓前，海军陆战队反攻南山，日军回窜。海军陆战队展开追击，追至龙山遭遇由金沙窜来的日军，双方相持终夜，日军退至土地尾渡江逃逸。8月13

日晚,驻马长的海军陆战队发现闽江口外川石岛的日军正在撤离,随即乘民船前往追击,但为时已晚,日军已悉数乘船逃走,海军陆战队遂收复川石岛。至此,中国海军在福建的作战宣告结束。

图 8-16 1945 年的福州

第九章
广东、广西沿海防守战

广东海军自创办以来，虽然在很长时期内其编制属国民政府海军序列，但始终具有浓厚的地方性色彩，因受财力限制以及地方军阀混战的影响，其实力时强时弱。全面抗战爆发后，日军对东南沿海实行了严密的封锁政策，特别是在其发动华南各战役后，连占数地，给中国守军增加了巨大压力。广东海军无力与日本海军在沿海进行真正的海战，只能退守海口和内河，以非常规手段与敌周旋，以舰艇袭击战、布雷封锁战、布雷游击战等多种战法与日军展开战斗，有效配合陆军的防御作战，先后在广州保卫战、粤桂作战等战役中付出了巨大牺牲，一直战斗到抗日战争结束。在广东抗战中，"香港突围"不失为精彩事件，海军将领陈策驻港期间遭遇日军进攻香港，他不甘被俘，率领英军官兵成功突围，创造了世界海军史上的奇迹，同时为世界反法西斯战争做出了贡献。这些都值得称颂和铭记。

全面抗战前的广东海军

广东海军的创设始于晚清时期。鸦片战争前,广东省原有一支旧式水师,分为内河和外洋两队,拥有180余艘旧式炮船,官兵两万余人,由广东水师提督统辖。鸦片战争以后,由于参战和年久失修,广东水师的舰船基本上已经朽坏殆尽。洋务运动兴起后,广东省地方政府为增强海防实力,既谋求旧式兵船的建造,又谋求新式兵船的购置,两广总督瑞麟于1866年和1867年向英国购买了"飞龙""安澜""镇涛"3艘新式兵船,向法国购买了"镇海""澄清""绥靖""恬波"4艘新式兵船,用于巡海、缉私、捕盗。这些战船虽然规模很小,但较之旧式战船,其巡缉能力有了很大提高。1874年,发生日本侵台事件,清政府加紧谋划广东沿海防务。从1875年开始,历任广东督抚都追求独立建设海军,先后购置了部分战船。至1894年甲午战争爆发,广东水师已有相当规模,拥有30余艘舰艇。辛亥革命后,广东军政府接管了晚清时期所设的广东水师提督行营,设海军司。1913年2月,广东都督设海防办事处,将海军划分为海防和江防两部分,海防帮办由李和担任,统率百余艘舰艇。二次革命失败后,龙济光率军入粤,夺取了广东军政大权,改派黄伦苏为海防帮办、蔡春恒为水上警察厅厅长。1916年,袁世凯复辟帝制,广东的部分舰艇在革命党人策动下参加了粤桂两省组织的护国运动,合力讨伐龙济光。1917年7月,孙中山联合滇桂军阀发起护法运动,此时北洋政府的7艘军舰南下护法,与已在粤海的3艘军舰会合,组成"护法舰队"。9月10日,孙中山在广州成立护法军政府,设立海军部,程璧光任海军总长,林葆怿任海军总司令。护法战争失败后,"护法舰队"的6艘主力舰在舰队司令温树德率领下北上投直,被编为"渤海舰队",其余舰艇在广州被编为练习舰队,直属广东陆海军大元帅大本营,参加国民革命。从此广东海军自成一系,被称为"粤系海军"。1924年3月,广州陆海军大元帅府成立广东海防司令部,任命林若时为司令。5月31日,成立海军练习舰队司令部,任命潘文治为司令。1925年7月1日,广州陆海军大元帅府改组为国民政府,同时设置军事委员会,管理全国海陆空部队及军事制造机关,将各系军队统一改编为国民革命军。在军事委员会之下设立海军局，统辖广东海军各舰艇。1926年，军事委员会撤销海军局，设立海军处，依然统辖原有舰艇。1926年12月，广州国民政府迁往武汉，其军事委员会无法直辖广东海军，于是在广东设立舰队司令部，由在广东主持军政的国民革命军第八路军总指挥李济深管辖。李济深掌握广东海军后，对这支弱小的海军力量进行了重新编组，设海防、江防、运输舰队，拥有48艘舰船。1927年11月，张发奎夺取广东军政大权，撤销广东海军舰队司令部，成立广东军事委员会舰务处。1928年1月，任命陈策为广东海军司令。此时，广东海军拥有大小舰艇共60艘，总吨位8000余吨。1929年，国军编遣会议后，广东海军被编为第四舰队，陈策担任舰队司令。1931年夏，陈济棠接管广东，将第八路军总指挥部改为第一集团军总司令部，自任司令，将第四舰队司令部改为海军总司令部。一年以后，又将海军总司令部改为舰队司令部，归第一集团军总司令部节制，司令为张之英。1933年7月，东北海军的"海圻""海琛""肇和"（图9-1）3舰南投广东后，编成独立于第一集团军舰队之外的"西南政务委员会粤海舰队"，司令为姜西园。1935年4月，陈济棠撤销粤海舰队，试图将3舰并入第一集团军舰队，引起3舰官兵强烈不满，"海圻""海琛"两舰投奔中央海军，归属军政部管辖。6月10日，粤海舰队正式并入第一集团军舰队。1936年7月，陈济棠垮台，余汉谋主持广东军政，第一集团军舰队随之改为广东省江防司令部，司令依然为张之英。11月，张之英辞职，冯焯勋奉派接任司令。1937年2月，江防司令部所辖军舰共35艘，总排水量1.2万余吨，另辖有陆战队、海军学校、练营、水鱼雷队、特务营等。

图9-1 "肇和"巡洋舰

第一节 日军攻略广东计划

早在全面抗战爆发之前,日本就对广州的战略价值做了判断,认为广州是华南最大城市,它不仅是广东省的省府所在地,也是华南的政治、经济、文化、军事中心和交通运输枢纽。全面抗战爆发后,广州已成为国民政府与海外联络的要地,在培养抗战力量上占有非常重要的地位。特别是在日军占据华北、华中要地及切断海上交通之后,广州成为盟国利用广九、粤汉铁路的香港—广州—内陆段援助中国军队的主要交通线,其补给量占总量的80%。因此,全面抗战爆发初期日军就开始在华南部署作战力量。海军方面,1937年8月,日第三舰队任命第九战队司令官小林宗之助少将为海军华南部队指挥官,明确了海军华南部队的作战序列:主队为第九战队;根据地部队包括第十二战队、"白鹰"舰(图9-2)、第一防备队、第一扫雷队、第十一扫雷队、第二十二航空

图9-2 日本海军"白鹰"舰

队、"鹤见"舰、"隐户"舰；监视部队辖第五水雷战队（欠第十六陆逐队）、"嵯峨"舰。与此同时，撤侨行动也在实施。8月16日，"唐山丸"轮船载运日本侨民，在"早苗"舰的护卫下由广州出发，经虎门、珠江口驶往香港。广州的日本总领事等人员也于当夜乘英国轮船撤离。

    1937年10月初，日本参谋本部对华作战进行总体情况判断时，设想为了切断中国军队的主要补给路线应进行广州作战。可是不久，日本参谋本部因广州作战最少需要3个师团的兵力，而日军主要在华北和华中作战，抽不出3个师团实施广州作战，暂时搁置了攻略广州的计划。10月中旬，参谋本部继续研究在华南沿海对限定目标进行作战的问题，经过现地侦察和同海军进行磋商，于11月初制定了《作战要领》，内容包括以约一个独立师团的兵力占领平海半岛（香港东面约80千米），建立航空基地，依靠航空部队对粤汉和广九铁路、珠江及其沿岸的交通要冲进行轰炸，阻止中国军队的补给。11月17日，日本成立了战时大本营。24日，大本营召开御前会议，制订了一个作战计划，规定在华南方面，情况允许时，计划将来以一部分航空兵力与海军同时争取切断粤汉、广九铁路。为使这一行动顺利进行，将从上海方面抽调一个师团的兵力，派到上述目的地附近，使之占领适当的飞行基地。会后，日军第十一师团（缺步兵第十旅团）和"重藤支队"被确定为登陆广州的主力。12月3日，大本营发布了"大陆指第十号"指示，要求登陆部队从华中转进。7日，又发布了"大陆命第十八号"指示，下达了第五军战斗序列及第四飞行团编组命令，第五军所属各部队依次从华北、华中以及日本国内向台湾集中。大本营给予第五军司令官（台湾军司令官古庄干郎中将兼任）的任务是"协同海军占领华南沿海及其附近岛屿，依靠航空作战阻止敌在广东方面的补给"，作战代号为"A作战"。

    正当第五军做着各种准备，预定12月25日登陆之际，20日夜间临近出发的时候突然接到中止这次作战行动的命令,原因是20日夜海军军令部根据中国方面舰队司令长官长谷川清的建议,向参谋本部提出:"鉴于在芜湖、南京附近发生了击沉美舰和轰炸英舰事件及其以后的经过等,在这当口再去刺激英、美实非上策,所以希望目前正在准备中的平海半岛作战暂时延期。"参谋本部针对海军军令部的意见,研究了是继续进行作战还是延期或中止的问题,经与军令部交涉,决定将"A作战"做暂时中止或延期处理。22日,按照大本营"大陆命第三十六号",第五军所属各部队在台湾登陆待机,但任务和战斗序列并没有撤销。担任广州登陆主力的第十一师团和"重藤支队"也在台湾进行训练待机,上述部队的待机地域在台湾屏东以南的平原地区。

日军轰炸美英军舰事件虽然没有酿成不可收拾的局面,但大本营对

日军击沉美舰、轰炸英舰事件

1937年11月,日军加紧了对南京的轰炸,国民政府决定撤往汉口。中国外交部通知外国驻华大使馆,建议其尽可能与中国政府机关一起前往汉口。美国驻华大使詹森决定不随国民政府一起行动。11月22日,各国大使馆人员开始登船赴汉。美国大使馆一部分人员乘美国长江巡逻舰队的"吕宋"旗舰先期撤离,一部分人员处理完善后事宜后乘长江巡逻舰队的"班乃"(Panay)炮舰(图9-3)殿后。12月12日,"班乃"舰载运美、德、意等国人员驶往长江上游,与之同行的还有美国美孚石油公司"美平""美夏""美安"轮船。行动前,美国驻华大使馆特别把此次行动的相关信息告知日本陆海军。可是,当"班乃"舰行驶到南京上游28英里(45.06千米)处抛锚停泊时,突遭3架日机轰炸,"班乃"舰当即受伤失去动力,随后又有6架日机来袭,投约20枚炸弹,"班乃"舰被炸沉没,舰上人员伤亡严重。附近参加救援的英国军舰也被炸受伤。日军在轰炸的同时,还出动舰艇对落水人员进行扫射。这就是著名的"'班乃号'事件"。事

件发生后,日本政府声称是"误炸",主动提出赔偿,但真正原因是日本政府为寻求战时削减美英等国在远东的利益,通过挑起事端以试探美英等国的反应。对此事件,美国政府采取了妥协的态度,最终于1938年4月22日接受了日本政府支付的221.4万美元的赔偿,事件遂告平息。美国的态度助长了日本的侵略气焰,成为4年后日本偷袭珍珠港而发动太平洋战争的推动因素之一。

图9-3 美国"班乃"炮舰

美英海军的顾虑并未消除,遂决定将第十一师团调回日本国内,"重藤支队"编入华中派遣军,暂时取消了"A作战"计划。1938年2月15日,大本营下达"大陆命第六十七号",正式撤销了第五军战斗序列和第四飞行团编制,将第四飞行团司令部并入华北方面军临时航空团,命令第十一师团于2月28日回国,从而中止了华南作战。

1938年5月底,日军决定攻占汉口,日本大本营曾一度从早日结束战争出发,打算同时实施攻占广州的作战,但由于海路运送资材准备不充分,以及汉口作战还需要预备兵团,大本营再次暂时放弃广州作战设想,决定在攻占汉口后再实施。然而,两个月以后,用于广州作战的海路资材已经准备充分,大本营陆军部决心同时实施广州作战。这次日本陆军吸取了1937年底广州作战计划被海军否决的教训,事先不仅和海军统帅部,而且和陆、海军省以及外务省进行了协商。海军省提出同时攻占海南岛的方案,但陆军部以兵力分配不适当为由表示反对。1938年9月7日,大本营召开御前会议,做出了攻占广州的决定,会上根据海军的意见,附加了为将来攻占海南岛而做准备的内容。16日,日军组建了专门负责实施广州作战的第二十一军(简称"波集团"),军司令官由台湾军司令官古庄干郎中将担任,儿玉友雄中将接任台湾军司令官职务。第二十一军编制序列包括第五师团、第十八师团、第一〇四师团和第四飞行团。19日,大本营颁布了"大陆命第二〇一号"和"大陆指第二七三号",前者规定:"为夺取敌在华南的重要根据地,切断其主要对外联络补给路线,大本营企图在攻占汉口的前后,占领广州附近要地。""第二十一军司令官应与海军协同攻占广州附近要地。""台湾军司令官应对第二十一军的兵站给以援助。"后者规定:"第二十一军的输送及登陆暂定如下:第一运送船团(约四十万吨),10月中旬前后,大亚湾海岸;第二运送船团(约二十万吨),紧跟第一运送船团;第三运送船团(约二十万吨),10月下旬前后,珠江沿岸(要以主力首先迅速夺取要塞)。继之到达的船团的登陆地点,根据情况在大亚湾海岸或珠江沿岸。""有关与海军协同作战问题,应以附件《广州作战陆海军中央协定》为准则,有关细节可与第五舰队司令长官协商之。""攻占广州后的占据地区,按计划限定为以广州、虎门为中心,切断广九和粤汉铁路,以及珠江水路所必要的范围内。"《广州作战要领》指出,10月中旬以第十八师团,如可能再以第五师团之一部及第一〇四师团之一部为基干部队,在大亚湾登陆,迅速建立登陆根据地,准备从惠州方面开始下一步的前进攻势。应根据情况,迅速占领惠州方面东江的渡河点。10月下旬，可令第五师团的主力向珠江方向挺进，夺取虎门要塞，然后继续沿东江地区或根据情况沿珠江地区前进，策应军主力作战。军主力在珠江作战开始时，即为攻势开始。大概沿大亚湾海岸—惠州—增城—广州公路地区攻占广州。预期在东江江畔和中国野战军进行主力决战。攻占广州后，将主力配备在广州附近，各以一部配备在三水、江村及虎门、石龙，必要时配备在大亚湾海岸及珠江西岸地区，以求持久。对中国军队的集中攻击，要给以适当反击将其消灭。在广州附近要建设完善的航空基地，陆海协同对华南方面内陆地区连续进行航空作战。

《广州作战陆海军中央协定》规定的海军作战兵力为第五舰队（司令长官为盐泽幸一中将），下辖第八战队、第九战队、第十战队、第二水雷战队、第五水雷战队、第一航空战队、第二航空战队、第二根据地队、第十四航空队、高雄航空队、"千岁"水上飞机母舰、"神川丸"水上飞机母舰、第三驱逐队、第一炮舰队等。

攻略广州的作战分为"甲""乙"两大作战："甲作战"即陆军主力部队在大亚湾的登陆作战，预定1938年10月12日开始实施；"乙作战"即陆军部队之一部在珠江沿岸登陆，以控制广州正面，预定10月27日开始实施。为运送陆军部队登陆，日军调动运输船超过100艘，给海军规定的作战行动是：以海上部队之一部，直接护卫输送船队，登陆时全力协助登陆部队；航空兵力以全力掩护登陆，直接协助陆战，阻止中国军队兵力集中，破坏中国军队设施和交通机关以及击破后方战略要点；为将中国军队牵制在汕头方面，实行一部兵力的佯动作战。

实际上，在第二十一军组建之前，大本营陆军部就开始着手进行攻占广州的准备，第五师团根据大本营陆军部的指示，从1938年8月下旬至9月下旬陆续集结于青岛，进行登陆战斗和攻占虎门要塞的战术训练。另外，该师团按照实战需要做了适宜的临时改编，并据此对部队进行了装备。第十八师团在7月初从杭州转移到上海,在担任警备任务的同时,为广州作战进行了登陆战斗训练及改编建制与装备调整。按9月15日的派遣军命令,该师团于9月下旬在上海北部集结。第一〇四师团根据9月7日的"大陆命",其主力于9月下旬集结于大连,利用登陆前的等待时间进行登陆战斗训练。

第二节 国民政府防御广东和广西计划

在1933年制订的《国防作战计划》中,国民政府并未在两广地区划定抵抗线,这不是因为国民政府没有认识到两广沿海的重要性,而是因为此时广东海岸在日本海军封锁线之外。相反,国民政府对广东沿海的防卫相当重视,该计划中明确指出:"广东海岸在敌海军封锁线之外,在战时为全国向外交通之唯一海口,将来国军长期作战之补给全以广东是赖,故广东之防卫特须注意。"在同时划定的抗战区中就设有广东防卫区,并明确规定,广东防卫区的防卫任务由驻粤绥靖公署所辖之部队担任,在"汕头、徐闻、北海及粤江口之三角洲等处,各配置海岸守备部队,以防止敌之上陆"。战时以驻粤绥靖公署所辖的部队一部置于潮汕、海丰、阳江、徐闻、合浦、琼州等处,协同海岸警备队防止敌人登陆,另以主力置于广州、惠州,担任本省各地区的增援,并相机应援福建。以预备区的广西驻军增援广东。广东防卫区的统帅机关是广东防卫区司令部(平时为驻粤绥靖公署)。同时还特别指出,"广东驻在舰队维持广东海岸之交通及珠江口之防务",从这一点上看,国民政府明显把广东的战略地位看得高于其他沿海省区。

在"国防作战计划纲要草案"中,国民政府又特划广东防卫区作为抗战区的6个防卫区之一。1936年底,国民政府在参谋本部拟订的《民国廿六年度国防作战计划》"甲案"中对敌情做了初步判断:"杭州湾迤南沿海岸各要地,预料只有局部之攻击,以达其扰乱之目的;唯福建—厦门—广东之汕头等地可与台湾—琉球亘日本三岛,构成一中国海之防御线,敌将有占领之企图。"为此,该计划规定的作战指导要领是"闽粤方面之国军,应直接阻止敌之上陆,不得已时,应固守龙岩—延平—广州之线,以确保我东南资源之地"。在兵力部署方面,计划以第五方面军的第十一集团军"开战之初期,以主力进出潮安—陆丰—番禺—台山沿海岸,直接拒止敌之登陆,以固守我沿海资源"。在"乙案"中,国民政府又做了补充,计划以第五方面军所辖第十一集团军的"驻粤部队于开战初期,应迅速将汕头—广州之敌浪人并根据地搜荡而扑灭之,尔后则直接沿海岸拒止敌之登陆,并将主力集中于惠阳—广州—开平—阳春一带地区,随时能策应沿海岸部队,阻止挫折敌之登陆企图"。同时要求海岸要塞"镇海—乍、澉浦—虎门—海州各区要塞,各受各该方面军野战军之指挥,任各海岸之防守,协同陆、海、空军协力奇袭敌舰而扑灭之,尔后则封锁长江,阻止敌舰之侵入,并协同野战军之作战"。

1937年8月20日,国民政府大本营颁发了"国军战争指导方案",进一步明确了战区的划分和各战区作战地域,以第四战区(司令长官何应钦,副司令长官余汉谋)负责闽粤作战。在同时发布的"国军作战指导计划"中做出的敌情判断是:"闽、粤方面,敌军以海空军扰乱,或在所难免,如用陆军实行真面目之作战,则无此能力。"为此,在"指导方案"中仅对第四战区的任务做了原则性规定:"除对敌海、陆、空之扰乱,完成战备态势外,应充分准备参加第二期之作战。"以上均未对防备闽粤沿海做出海军方面的部署，海军只能依据各地现有力量，根据情势的发展做出抗战决策，以配合陆军的作战行动。据8月29日香港媒体的报道："上海方面形势渐不利，广东第四陆军首脑部，连日开紧急会议协议，28日总司令余汉谋严令一切麾下海陆军，警备自汕头、厦门南至广东省之海岸，保护中国船舶，一面发现飞机军舰向中国领海前进时，即加反击，尤其委李汉魂广东省东部防卫之指挥全权，一面中国海军于确保粤港澳至珠江之交通，集注主力，虎门炮台司令陈策28日到虎门自任防备指挥。"

1937年9月初，军事委员会电令第十二集团军总司令余汉谋，加强广东沿海及海南岛的防御。1938年5月厦门失守后，军事委员会判断日军的下一个攻击目标必定是广州，故电令余汉谋妥为部署，尽快完成作战准备。可是余汉谋指挥的第十二集团军7个师、2个旅要防守广东全部海岸线显然兵力不足，他只能就现有兵力进行部署：1个师驻守宝安至虎门要塞一线，1个师驻守惠阳，1个师驻守潮汕地区及大亚湾附近，3个师分驻增城、从化及广州东郊一带，1个师分驻海南岛及广州城内，独立旅驻守广九铁路。除了余汉谋指挥的第十二集团军以外，参与广州防守的还有虎门要塞司令部及广东江防司令部所辖部队，它们也奉命做了相应的部署。

纵观国民政府在战前对广东沿海的防御筹划，虽然已经认识到广东将是战争爆发后获得海外补给的重要通道，但由于对日军作战能力和战略意图的判断失误，依然没有就调动足够的兵力做出周密筹划，与日军发动广州作战的计划相比较有非常大的差距，这就给第二期作战造成了很大的被动。

第三节 广东省江防司令部的防御部署

广东是濒临南海的省份,省内水系发达,由西江、北江、东江及珠江三角洲诸河汇集的复合水系通过各口门注入南海,形成了由外海通往内陆的多条水道,给广东沿海的防务带来了极大困难。日军在广州作战规划中就制订了在珠江沿岸登陆进攻广州的计划和步骤。广东省江防司令部的防御依然采取沉船阻塞航道、布雷封锁水域和舰艇分区布防等老办法,配合陆军作战。

一、沉船阻塞航道

广东河流纵横,珠江三角洲有虎门、横门、蕉门、磨刀门、虎跳门、崖门以及坭湾门、潭洲口等"八口门",均能驶入舰艇,日本海军有自各口门窜入腹地的可能,为防止日军从海口进入内地,中国海军总司令部令广东省江防司令部采取沉船阻塞各口及航道的老办法。广东省江防司令部奉命从1937年8月开始将一批废旧舰船沉入相应口门和航道,具体沉塞位置及舰船数量为:在虎门内淡水河航道建阻塞线一道,沉塞7艘废舰、5艘废商轮、65艘大木船;在大刀沙航道建阻塞线一道,沉塞2艘废舰、17艘大木船,中间留一缺口,作为广州与香港、澳门交通仅存的出入口道;横门建阻塞线两道,沉塞2艘废舰、1艘废商轮、15艘大木船;磨刀门建阻塞线一道,沉塞1艘废商轮、18艘大木船;崖门及虎跳门口外建阻塞线一道,沉塞1艘废舰、3艘废商轮、11艘大木船;潭洲口建阻塞线一道,沉塞1艘废商轮、9艘大木船。沉船工作于1937年10月完成,当年12月再加募船只,分别补塞。所余大刀沙封锁的缺口,由广东省江防司令部组织领港队引导商轮出入,此缺口在日军登陆大亚湾后两天，即10月14日，实施了完全封锁。

二、布雷封锁水域

广东河道纵横交织，需要封锁的口门过多，依靠沉船显然远远不够，广东省江防司令部做了布雷封锁准备。全面抗战开始时，广东方面所存水雷仅有少量年久失修的英式和德式电气视发水雷，还有少量新造的意式电气视发水雷，但数量少、重量大，且所配电缆尚未运到，不甚适合于封锁水道之用。如果向外国购买新水雷，不仅价格昂贵，而且缓不济急。为迅速满足构筑阻塞线之用，广东省江防司令部除了将原有旧式视发水雷加以修配及改装以外，决定以简单、省钱并易于运用为原则自行制造水雷。广东海军原先并无制造水雷的设备，而广州各机器厂又无制造水雷的经验，在这种情况下，广东省江防司令部派出技术人员，携带制造各式水雷的设计图样，监督机器厂人员按照图样制造。所造水雷有60磅（27.22千克）TNT炸药化学式系碇触发水雷、30磅（13.61千克）炸药小型机械式漂碰水雷、30磅炸药时间式漂碰水雷等，均力求适应当时的抗战需求。水雷制造工作从1938年春开始，因制造场所规模不大，又经常遭到日军飞机轰炸，所以产量并不多，至当年10月广州失陷后停止生产为止，共制造2000多枚水雷，这已经是尽最大的努力了。就是在这样艰苦的条件下，江防司令部在虎门、横门、崖门、狮子洋及汕头的马屿口建立了雷区，由水雷队分别派队员负责监护敷布。随着自制水雷数量的增加，至1938年春，原有的3个水雷队官兵过少，不敷分配，乃决定增编11组水雷组，每组12人，经常雇用10余艘小火轮及百余艘民船为贮运雷具及调遣布雷人员之用，日军在全面发动对广东的进攻之前就经常派飞机穿梭飞行于三角洲地带，对中国守军实施轰炸和扫射，使布雷工作异常艰难。布雷队员为避免暴露目标，多在夜间行动，除在虎门、横门、崖门的阻塞线上加布系碇触发水雷外，还在虎跳门、坭湾门、磨刀门、大刀沙、淡水河口、小虎山、三虎山、潭洲、外海等的阻塞线上敷布大量系碇触发水雷，每条阻塞线敷布水雷达10重。此外，在大亚湾的虎门头等处亦布设少量水雷，此项工作于1938年10月20日完成。除敷布触发水雷外，海军布雷队还用时间式漂雷相机袭炸驶近沿岸的日舰，曾先后在三灶岛及横门等地以此种漂雷袭击日舰艇，给日军造成极大威胁。在水雷袭击战中，水雷第十一组在淡水河口的阻塞线上敷布漂雷袭击虎门日舰艇时，所乘布雷艇于10月23日晨被日机炸中，组长刘权求等所有官兵全体牺牲。

三、舰艇分区布防

广东省江防司令部所属舰艇，除了"肇和"舰以外，都是小型舰艇，根本没有出海与日军作战的能力，只能选择适当区域进行机动防御，完成巡弋警戒、对空监视等任务。全面抗战初期，各舰艇的部署是：以"肇和""海周""海虎""海武""海鸥"等舰防守伶仃洋至虎门一带；以"坚如""湖山""广澄"等舰防守潭洲口一带；以"江大""飞鹏""光华""江平"等舰防守横门一带；以"江巩""舞凤""广安""广源"等舰防守磨刀门一带；以"安北""海维""平西""靖东"等舰防守崖门一带；以4艘鱼雷快艇驻守横门口，相机袭击日舰。

四、虎门要塞防御

虎门要塞是广东省濒海的最重要门户，也是广东省江防司令部海岸防御的核心。早在鸦片战争时期，为防止英军进攻，广东地方政府就在虎门建立了要塞。鸦片战争后，虎门要塞遭到严重破坏。光绪年间，两广总督张之洞、钦差大臣兼兵部尚书彭玉麟先后奏陈修建虎门、长洲两地的新式炮台。新式炮台建成后，在广东水师提督的统辖下编为3个总台，即第一线的沙角总台、第二线的威远总台和第三线的长洲总台。此外还有在省河的中流砥柱和南石头两个堡垒，各配备3门大炮，官兵各五六十人。另配属10多个营的守备部队，共约10000人。进入民国后，由于广东地区局势持续动荡，虎门要塞虽然始终存在，但设施没有得到应有的加强，反而大大削弱了。九一八事变后，为防止日本势力南下，广东地方当局对虎门要塞进行了整顿和改进，重新理顺了关系，虎门要塞司令管辖沙角总台、威远总台和长洲总台，另有水雷队、通讯排、无线电站，2艘差遣舰，除守备部队外合计兵力约2000人。全面抗战爆发后，广东海军在原有炮台的基础上依然维持了3道防线：第一道防线设于沙角，下辖上游、下游、大角分台，火炮30门，官兵600余人；第二道防线设于长洲，下设长沙路、牛山、鱼珠分台，火炮30门，官兵600余人；第三道防线设于威远，下设威远、上横档、下横档分台，火炮30门，官兵600余人。海军守备部队为一个团和水雷队一队，配备视发水雷100枚，由陆军第六十三军第一五三师协防。鉴于虎门要塞的火炮陈旧，性能落后，海军派出的守备兵力也不足，因此一改过去将大口径火炮部署在后、小炮部署在前的战术，而是把口径最大的150毫米维克斯炮部署于最前端的大角，平时以浮标设定射击距离，以便弥补射速低的劣势，尽可能地在远距离上攻击通过要塞正面的日舰。而后面两层炮台只安装轻型火炮，用于打击绕到沙角背后的日舰。由于防空力量不强，虎门要塞司令陈策又积极筹措，增调来两个高射炮连，并联络空军进行协防。

第四节 广州作战

一、日军进攻广州前的战斗

日军在发动对广东的进攻之前就有计划地派出飞机和舰艇,对广东沿海中国军队的重要防御设施进行攻击,双方海军均处于高度戒备状态。1937年8月8日,日军飞机低飞侦察虎门要塞,中国守军用高射炮射击,迫使日机退去。随后,日机开始轰炸虎门要塞和周围阵地,由此拉开虎门之战的序幕。从8月中旬开始,日军不断派出军舰炮击沙角炮台,并以飞机集中轰炸要塞。最初,日军的试探性进攻并不顺利,虎门要塞各炮与机动游弋的"肇和"舰和"海周"舰进行岸舰配合,对靠近要塞的日机实施交叉火力还击,使日机屡屡受挫。9月1日,一架闯入虎门炮台高射炮火力范围的日机被击落于黄潭,两名飞行员毙命。为尽快获得战果,日军还使出收买汉奸侦察中国海岸水道情况的伎俩,也被挫败,汉奸当日就被枪决。日军与中国守军对峙月余,竟毫无进展,遂在周围岛屿寻找新的攻击目标。

1937年9月3日晨,日"夕张"巡洋舰(图9-4)、"朝颜"驱逐

图 9-4 日本海军"夕张"巡洋舰

舰进抵东沙群岛主岛——东沙岛，开炮轰击守军阵地，随即派出3艘汽艇载兵60余人登陆，守备东沙岛的中国海军陆战队在海岸巡防处江宝容中校指挥下固守阵地，双方激战，技士黄凤岩、台员涂吉奇中尉等表现英勇。但终因兵力悬殊，战至4日中午，东沙岛失守。日军占领无线电台及水产公司办事处，该台台长李景杭等28名官兵被拘，于5日晨强令登上日"朝颜"舰，带至台湾花莲港，至12日始由日舰放归广东。东沙岛上修筑了双层气象大楼、无线电台及淡水制造厂房等设施，对东南沿海的气象预报及舰岸通信、航道安全等都有着极重要的意义。东沙岛的陷落无疑是一个重大损失。6日，日军炮轰珠江口的赤湾，并攻占了大铲岛、三灶岛，控制了虎门周边的万山群岛。8日，4艘日舰驶进赤湾海面停泊，18时，又来一艘巡洋舰，仍泊赤湾海面，伶仃岛上居民纷纷迁离，伶仃岛实际已被日军占据。9日6时，2艘日舰直向虎门要塞开来，进入中国守军炮火火力圈时即退去。至此，数日来，日舰在伶仃洋海面飘忽不定，综计数量为驱逐舰一队，共4艘，另有较大的指挥舰1艘，企图执行封锁，检查船舶。13日，大鹏湾也遭到日军炮击。14日晨，日军以"夕张"巡洋舰为旗舰，率领"追风""疾风"等4艘驱逐舰以并列横队形向虎门发动进攻，事前虎门要塞司令陈策已获得情报，他已于前一天转饬各舰与要塞炮台，彻夜戒备。早在陈策就任虎门要塞司令时，他苦于要塞大炮性能落后、射程不远等弊端，有针对性地提出了以巧制胜的方法。他下令将要塞各种火炮的射击距离进行精确测量，设定好目标位置，布设信号浮标作为标记，修正射击诸元，以求当日舰闯入虎门时立刻就能准确命中目标。

9月14日凌晨，驻守虎门的"海周""肇和"两舰奉命由大虎山驶出，搜索前进，进行每天一次的例行巡逻。"海周"舰在前，"肇和"舰在后，计划先航至大角炮台，然后左转至沙角炮台，再左转至威远炮台，最后返回大虎山。当两舰驶至沙角炮台附近，曙光初显，"海周"舰发现日舰黑影，急忙以信号报告陈策及"肇和"舰。3分钟后，日舰向"海周"舰开炮，"海周"舰立即展开反击，"肇和"舰接到要塞信号后加速前进，攻击日舰，经3次修正弹着点，在距离日舰11000米时命中日舰。双方炮战逐渐激烈，虎门要塞炮也加入战斗。20分钟后，日舰队形出现紊乱，并开始撤退。"肇和"舰舰长方念祖果断下令横船，使舰首尾炮及侧舷炮一齐集中射击。"海周"舰在作战中被击中3弹，一弹命中机舱，一弹命中后舱，一弹命中驾驶室，造成6人牺牲、多人受伤，舵链也被击断，军舰不由自主地以惯性向外冲出。此时中国空军飞机也及时赶到助战，向日舰投弹轰炸，迫使日舰首先退出战斗，相率外逃。此次战斗历时35分钟，虎门要塞炮台均有损失，但并不严重。陈策报告战果说，"敌'夕张号'被毁，逃约十海里后沉没，尚有二艘负伤"，"闻敌指挥官阵亡，惟未能查出姓名"。

就在"海周""肇和"两舰与日舰苦战时，另一场战斗也正在进行。进攻虎门的除了5艘日舰以外，还有1艘在军舰掩护下的"甘丸"运输船，它搭载海军陆战队1000余人停泊在珠江口外待机，当"海周""肇和"两舰的火力被压制后，"甘丸"船上的陆战队立即换乘小艇向虎门炮台正面扑来，试图登陆。恰在此时，虎门要塞大炮突然开火，由于事先标定了大炮的射程，炮弹准确地落在了"甘丸"周围，一枚150毫米的炮弹首先命中"甘丸"船头，接着其轮机舱也被击中。"甘丸"船长顾不上还没撤回来的陆战队，急忙斩断锚链，带着累累弹痕和燃烧的火焰逃向珠江口外。此时，一直在虎门海域待机歼敌的广东海军4艘鱼雷快艇在队长梁康年中校率领下前来助战，它们高速冲向"甘丸"。攻击"海周"的日舰迅速掉转炮口，"夕张"舰全力压制炮台火力，"追风"舰和"疾风"舰则掉头阻击鱼雷快艇。4艘鱼雷快艇不等日舰开炮，便朝着"甘丸"方向发射了4枚鱼雷,然后回转退出战斗,高速返航。但遗憾的是鱼雷快艇发射鱼雷采用的是无发射管的抛掷式发射法,命中率很低,4枚鱼雷均未命中,"甘丸"逃过一劫。"甘丸"虽然没有被击沉,但日军的登陆却遭到了挫败,陆战队也遭受了重大损失。

"海周""肇和"两舰与日舰的战斗虽然是一场小规模战斗,其结果也微不足道,但它却是全面抗战以来中国海军与日本海军在海上面对面进行的唯一一次较量,它反映了中国海军在国家丧失海权后的无奈和面对强敌而顽强战斗的精神。

日舰与"海周""肇和"两舰的战斗是一场遭遇战,日军此时攻击的主要目标并不是中国海军的舰艇,而是防御广州的整个中国守军。1937年9月15日,驻台湾台北机场的日海军鹿屋航空队的6架飞机轰炸了广州市区。次日,又有3架日机轰炸了揭阳、潮州以及广州的天河机场。20日,原驻上海的日本海军第三舰队第一航空队随"凤翔""龙骧"航空母舰驶抵广东海面,从21日开始与在台湾的鹿屋航空队、木更津航空队配合,对广州地区进行了连续轰炸,其中虎门要塞是主要攻击目标之一。1937年9月14日—1938年3月3日,日军先后出动百余架次飞机对白沙机场、沙角司令部守备营兵房、沙角飞机场、凤凰山兵房、虎门要塞指挥台、旗台、码头,以及太平镇、广九路的石龙铁桥、车站等实施轰炸,中方损失严重。在空袭中,中国海军的作战舰艇也是被攻击目标之一,由于广东省江防司令部所属舰艇的防空能力很弱,面对日机的轰炸基本无还手之力,因而遭受了严重损失。在空袭的同时,日军还派出军舰实施水面配合,先后出动舰艇在赤湾伶仃海面、灌湾海面等梭巡,轰击虎门要塞,甚至出动航空母舰支援。

在日海空火力攻击之下,"肇和""海周""海虎"3舰被击沉于虎门至黄埔一线。

"肇和"舰

"肇和"舰是甲午战争后清政府重振海军时从英国订购的巡洋舰,始建于1910年,由英国阿姆斯特朗埃尔斯维克船厂建造,长105.5米,宽12.8米,吃水4.3米,排水量2600吨,装备2门6英寸阿姆斯特朗炮,4门4英寸阿姆斯特朗炮,2门3英寸阿姆斯特朗炮,6门47毫米哈乞开斯机炮,2门37毫米马克沁机炮,2具18英寸鱼雷发射管,最高航速22.2节。与之一起建造的还有其姊妹舰"应瑞"舰。1913年3月14日,"肇和"舰驶抵上海交付,编入中国海军练习舰队。孙中山发动二次革命后,"肇和""应瑞"等舰参加讨袁作战。1917年7月,北洋政府海军总长程璧光率驻沪海军第一舰队的"海圻""海琛""肇和"等舰组成"护法舰队",南下广东护法。翌年2月,程璧光在广州海珠被刺杀。1922年6月,陈炯明在广州叛变。7月,温树德率领"海圻""海琛""肇和"等舰叛离黄埔。1923年12月,温树德率"海圻""肇和"等舰投奔北洋政府海军,成立"渤海舰队"。1927年,"渤海舰队"改隶东北海军。1933年6月,"海圻""海琛""肇和"3舰脱离东北海军,再投广东。两年后,3舰又离开广东北返,"肇和"舰因主机故障而未能成行,仍留广东。1936年7月,第一集团军舰队回归广东江防舰队,"肇和"舰改隶广东行营,全面抗战爆发后奉拨广东省江防司令部指挥。1937年9月25日,"肇和"舰被日机炸沉。

"海周"舰

"海周"舰(图9-5)是1935年从香港购买的商船,建于第一次世界大战后期,原为炮舰,购买时已退役,排水量1600吨,最高航速16节,装备1门从英国阿姆斯特朗厂购买的120毫米炮,另有部分轻武器。1937年10月13日,"海周"舰被炸沉。

图 9-5 "海周"舰

此外,"江大"舰被炸沉于横门,"海维"舰被炸沉于崖门,"坚如"舰被炸沉于潭洲。这些舰艇的损失削弱了各口的防守力量,广东省江防司令部对剩余的舰艇重新进行了巡弋警戒地段的划分:"公胜""江巩""湖山"等舰在广州至虎门一线,"仲恺""平西"等舰在潭洲至板沙尾一线,"仲元""飞鹏"等舰在横门、小揽、莺哥咀一线,"执信""安东"等舰在江门、外海、叠石至虎坑口一线,4艘鱼雷快艇置于虎门沙角炮台附近,伺机出动。

二、日军攻略广州的"甲""乙"两大作战

1938年9月29日,日军第二十一军司令部从日本门司港出发,10月2日到达澎湖群岛的马公。参加广州作战的各师团分别从上海、青岛、大连等港口登船,于10月7日秘密在马公集结,护卫舰队也在此前抵达了马公。大亚湾位于广东东南部,湾内可泊万吨巨舰,海面宽广,便

于舰艇集结。陆路有通往淡水、惠州的公路，便于登陆部队向纵深推进，因此是理想的登陆地点。日军在登陆之前做了周密的准备工作，首先对中国空军的机场和大亚湾海域进行了侦察，然后对机场进行轰炸，试图使中国飞机难以在短期内对其登陆部队构成威胁。

在经过了充分准备之后，10月9日，日军调动106艘运输船组成大船团，满载3个师团的官兵以及武器、军需品，在20余艘舰艇的护卫下作为第一波次从澎湖群岛的马公出发，驶向广东大亚湾，11日傍晚抵达大亚湾口。日驱逐舰迅速施放烟幕，掩护运输船团进入湾口，各船于23时30分逐次进入预定锚地碇泊，12日3时30分开始登陆。

中国守军对于日军的突然登陆并没有足够的警惕，时任第一八六师师长的李振回忆说，10月10日，中国海防部队在大亚湾海面发现三四艘日舰游弋。长期以来日舰为封锁海上交通，时常出没于沿海，故守军不认为日军有登陆企图。至10日下午，日舰增至十七八艘。第八十三军军长兼第一五一师师长莫希德判断日军有登陆企图，遂以电话报告第四路军总司令部。李振于11日零时到达惠州军部，与莫希德研究军情，认为日军确有登陆企图，应变更部署，加强第一线兵力，遂向总部建议将深圳防务交第一五三师，大鹏湾一带留少数部队警戒，以何联芳旅担任平山、下冲的守备，温淑海旅担任澳头守备，师部及直属部队推进至淡水，惠州防务请总部另派得力部队接替。11日黄昏前，日舰船增至四五十艘，前有一艘航空母舰，总兵力有4万人左右。然而，莫希德、李振等人接到总司令部的指示却是敌人不会在澳头登陆，勿为敌人佯动所迷惑，部队非有命令不准移动。在这样的情况下，中国守军无论在精神上还是物质上都未做好抗登陆准备，在日军登陆的滩头仅有新编特务营，在遭受奇袭后即告溃退。

登陆日军分3路向岸上推进，右路由第一〇四师团和第九旅团担任，该路兵分两支：一支在平海的碧甲沿海沙滩登陆，到稔山后沿西北方向继续进攻平山，沿途未遇中国军队抵抗；另一支在霞涌圩以东登陆，霞涌驻有1个营的中国海军陆战队，在沙公坳略作抵抗后向盐灶背方向溃退。右路日军在天黑前进抵平山。中路和左路的日军是第十八师团，左路在澳头圩西南约5千米的倒装湾小桂登陆，绕过澳淡公路沿线工事，于当日下午占领淡水镇。淡水一带原驻有莫希德师第四五一旅旅部和罗懋勋团团部及2个营，但在日军尚未接近时未放一枪便弃城向惠州溃退。中路是日军的主攻部队，登陆地点在澳头圩以东5千米官溪的马涌至霞涌以西的桂米涌，这里是一片长达七八千米的海岸沙滩。中路日军登陆后经新桥、芬墩，出大径与左路日军配合占领了淡水镇。在此后的战斗中，日军虽然遭到部分中国守军的顽强抵抗，但依然连陷惠州、增城等要地，直逼广州，并于1938年10月21日攻占广州。

日军占领广州后进行了周密部署：第一〇四师团部署于广州东北的从化、以北的源潭墟地区；第十八师团部署于广州以东的增城、东南的石龙地区；第五师团部署于广州西南的佛山及以西的三水地区。日军占领广州的主要目的是切断中国内地从香港进口的作战物资，为此，日军第十八师团派出部分兵力占领了深圳及其附近地区，海军则封锁了香港东、西海岸及珠江口。

从大亚湾登陆到攻陷广州，日军仅用了10天时间。由于"甲作战"出乎意料的顺利，日军决定将原计划于1938年10月27日发动的溯珠江进攻广州的"乙作战"提前到10月22日。21日夜，在大亚湾待机的日军第五师团及"乙作战"部队航至伶仃岛锚地碇泊，22日晨开始溯珠江而上。

珠江口有著名的虎门要塞，这一带水路辐辏，是实施水雷攻击的好地方。在日军进攻广州之前，广东省江防司令部各布雷队充分利用地形，已在虎门等各道阻塞线上加布了多重系碇触发水雷，以增加日军溯江进攻的难度，又先后两次调整防守舰艇。担任施放漂雷的水鱼雷队第十一组由海军中尉刘乾求统率，他见日舰进入虎门，遂施放漂雷。日军在溯江作战中对此也表现得十分忌惮，依仗其掌握了制空权，首先派出飞机对虎门、潭洲等雷区实施轰炸，接着又以汽艇分别载兵登陆及扫除水雷，共扫除了303枚。在日军的轰炸中，水鱼雷队第十一组24名官兵全部殉国。尽管如此，日军还是付出了代价。10月22日，3艘日汽艇在潭洲河被炸沉没。24日，日军在虎门沙角炮台登陆时又有满载日兵的2艘渔船触雷沉没。除此之外，还有10余艘日军小型扫雷艇与登陆艇被炸毁，迫使日舰队延至11月2日才完成扫海工作，进驻黄埔。

在日军飞机轰炸虎门等目标时，协助防守这些要地的中国海军舰艇也遭受了损失。10月23日晨，日机向各鱼雷快艇轰炸、扫射，各快艇奋起抵抗。第二号快艇被击中，油箱燃烧；第一、第四号快艇也被炸沉没，艇员王可国阵亡。只有第三号快艇驶离，但于25日在狮子洋遭到日机追击，且战且行，最终中弹沉没。

广州陷落后，各段警戒舰艇按照原先制订的"至不得已时向西江上游活动警戒"的计划，分别驶赴西江集中待命。"江巩"舰在集中途中驶至番禺县属紫坭河面时，4波次30余架日机对其展开攻击，"江巩"舰对空作战2个多小时，击伤2架日机，最终因日机轮番轰炸而沉没。在"江巩"舰沉没前，临时归广东省江防司令部指挥的"公胜"测量艇在顺德县容奇河面与数十架日机激战时被炸沉（图9-6、图9-7）。

广东省江防司令部退出广州，转进至西江肇庆后，随即于肇庆布防，固守西江咽喉，电令各舰固守江门、九江、三水、肇庆之线。后因日军由广（州）三（水）铁路攻陷三水，江防司令部恐各舰被阻断于三水马口之外，乃复令各舰集中于三水的青岐至肇庆一线。旋据探报，有日军

图 9-6 "公胜"测量艇

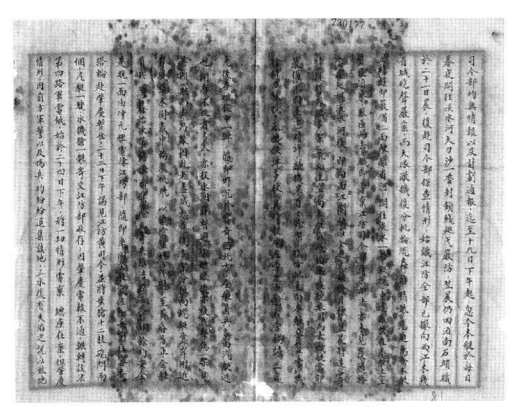

图 9-7 "公胜"测量艇作战报告（图片来源：《海军抗战期间作战经过汇编》）

装甲艇潜伏于三水河口、思贤滘一带，意图西窥。江防司令部命令各舰严密搜索，加以防范。

1938年10月29日，广东省江防司令部接到报告，谓思贤滘东岸等处日军正在构筑炮兵阵地，有封锁西江的意图。江防司令部认为，日军构筑炮兵阵地之处正扼西江要道，如果阵地建成，日军定会继续溯江西上，深入西南腹地，严重影响抗战大局，于是决计乘日军立足未稳，予以驱除。29日15时，江防司令部命令"执信""坚如""仲元""仲恺""飞鹏""湖山"6舰在"执信"舰舰长李锡熙率领下向三水的思贤滘、马口等处搜索进攻。17时许,"执信"等舰驶至思贤滘附近,与岸上日军发生炮战,各舰冒着弹雨猛进,直指滘口。战斗开始之初,日军的山炮和野战炮没有击中目标,军舰舰炮口径虽小,但都是加农炮,射程远,命中率高,在"执信"舰率领下,各舰将4座日军炮垒击毁。日军乃改变战术,集中火力攻击6艘军舰中最大的"执信"舰,驻广州机场的日机也赶来协同作战,13架日机围绕着6艘军舰轮番攻击。"执信"舰被击中数弹,舰长李锡熙右腿被炸断,士兵要把他抬下去治疗,他却命人抬来一把椅子,坐在指挥台上继续指挥官兵战斗。不久,"执信"舰舰身被数弹击中,整个舰身开始倾斜。有人劝李锡熙下令转舵返航,以保住军舰,李锡熙表示拒绝,他下决心要以死报国。战斗中上尉副长林春炘、枪炮员周昭杰、电信员张介眉、司书李桂芬等23人阵亡,中尉轮机长杨信光等15人受伤,舰上官兵能投入作战的剩下不到半数。李锡熙又下令将军舰驶至距敌炮台约457米处,进入敌炮射击死角,用舰炮抵近射击。这时,又有两枚炮弹直接命中"执信"舰的锅炉和轮机舱,发生剧烈爆炸,舰身几乎被炸断,很快沉没于思贤滘口,李锡熙受伤后救治不及,送至德庆河面时在船中牺牲。"执信"舰排水量140吨,最高航速约20节,安装100毫米前主炮,以辛亥革命元老朱执信的名字命名。

"执信"舰沉没后,其余各舰继续作战,日军改向"坚如"舰(图9-8)集中攻击,该舰也被击中两弹,枪炮员招德培等7人受重伤。战至日暮,各舰攻击力减弱,乃回航固守肇庆峡。

图9-8 "坚如"炮舰

此次作战，中国海军舰艇以微弱实力与日军陆空力量作战，造成日军图谋西江的计划受挫，使日军感到中国舰艇的威胁。自10月30日起，日军每日派出飞机搜索轰炸中国舰艇，各舰虽有伪装，但因地形所限，仍不能避免被炸，不得已将一部分武器置于岸上山地，对来袭日机实施夹击。然而，终难抵御日机的轮番轰炸，截至12月底，除"平西"舰外，其余各舰均先后被炸沉没（图9-9）。

不久，中国陆军部队开至肇庆、青岐、贝水一带，与三水之敌对峙，此线保持至1944年9月才弃守。

图9-9 被日军炸沉的"仲恺"炮舰

第五节 粤桂之战

在广州战役中，广东省江防司令部所属舰艇损失殆尽，实力大减，乃奉海军总司令部之命于1938年12月16日改编组成舰务处，隶属于广东绥靖主任行署，黄文田为处长，下辖的水鱼雷队仍保持原来编制，并将各沉舰官兵及武器组编为机炮队。1939年1月底，广东绥靖主任行署撤销，舰务处奉令暂时保留，听候移交桂林行营。4月1日，桂林行营接收舰务处，将其改编为桂林行营江防处，徐祖善为处长，黄文田为副处长。江防处设于行营内，下设梧州、桂平办事处，以及水雷总队、舰艇队、特务连、补充队、雷械修造所、军械库、医务处等。水雷总队分2队，共辖16个分队；舰艇队辖"永福""平西"舰及2艘巡艇、9艘快艇、4艘电船。

日军占领广州后，按大本营要求，第二十一军司令官应与海军司令官协同，占据虎门、石龙、广州、三水一线地区，切断沿粤汉线及珠江之中国军队的补给线。从1938年10月下旬至11月上旬，日军又进行了新的部署：第一〇四师团确保广州北侧地区要地，按可对北面采取攻势进行整顿；第十八师团以一部确保石龙，特别要切断中国守军在东江及广九铁路的联络线，主力集结在广州东侧地区，随时准备向第一〇四师团正面的中国军队左侧背发起攻势；第五师团以一部配置在三水，切断西江及北江的水路，主力集结在广州西南地区，准备对第一〇四师团正面的中国守军的右侧背发起攻势。11月1日，"及川支队"返回广州，然后西进回归第五师团指挥。除此之外，第一〇四师团的余部（步兵第一〇八联队、步兵第一六一联队、骑兵第四大队、野炮兵第一〇四联队第二和第三大队等）于11月上旬赶到广州。第四飞行团的主力于10月28日从吴淞起航，30日到达大亚湾，一部分在大亚湾登陆，其余向广州返航。

日军的兵力部署完全切断了沿粤汉线及珠江的水陆补给线。然而，全面抗战时期中国对外贸易和作战物资的输入主要是通过中国香港、越南海防、缅甸仰光，以及由新疆至苏联中亚地区的4条要道。1938年10月下旬，广州、武汉相继失陷，平汉、粤汉铁路交通线被切断，江南各地对外联络线也被梗阻，经香港进口的物资顿时减少，但令日军始料未及的是在国际反法西斯力量的帮助下，从越南海防港登陆后由铁路运至昆明或经镇南关运至广西的物资却急剧增加。为此，日本大本营曾于1939年上半年提出过进攻南宁的设想，以截断从越南、缅甸到中国的补给线。为实现这一设想，大本营认为必须首先进一步提高空中作战能力，建立巩固的航空基地。可是，航空作战的基地目前只有台湾和三灶岛两处，如能再在广东省所属的海南岛建设新的航空基地，则航空作战可进一步延伸到缅甸。同时，从更大的战略范围来看，海南岛的战略价值更重大。除此之外，在中日战争爆发之前，日本官方及工商界就非常关心海南岛的天然资源，日本海军也渴望得到海南岛的石油，以解决油料短缺问题。随着战争的持续，这些资源显得越来越重要。所以，海南岛便成为日军的下一个攻略目标。

1938年6月4日，日舰曾经活动于海南岛附近，袭击海面的中国渔船，并做登陆试探。20日，日舰曾与防守海口的中国守军炮台进行炮战。21日，日海军陆战队奇袭南澳岛，强行登陆。该岛孤悬海中，为潮汕的前卫、岭东的军事据点、纯渔业区，岛上居民3万余人，十之八九以捕鱼为业。它在台湾对岸，日军攻占后建码头、筑机场，用作海军根据地。后来抗日自卫队第四大队洪之政部突击克复南澳岛，后又被日军攻占。事实上，此时日军已在为进攻海南岛做准备。1939年1月13日，日本御前会议做出了攻略海南岛的决定。19日，大本营分别对陆海军发布攻略海南岛的"大陆命"及总长指示，其中的"大陆命第二六五号"命令："大本营为建立对华南航空作战和封锁作战基地，企图攻略海南岛要冲。"在《北部海南岛作战陆海军中央协定》中指出：时间预定为2月上旬；作战兵力陆军以"饭田支队"（6个步兵大队为基干，饭田祥二郎少将为旅团长）为基干部队，海军以第五舰队为基干部队；指挥关系为陆海军协同作战；运输、护卫及登陆，由第二十一军司令官与第五舰队司令官直接商订计划；在登陆战斗中的航空作战，主要由海军承担；对占据地区内的陆上警备由陆军负责，海上警备由海军负责，海口机场、码头及港务各机关的管理运用，由陆海军协同办理；本作战的代号，陆军方面简称"登号作战"，海军方面简称"Y号作战"；实施本作战后，由海军相机占领榆林港附近。31日，"饭田支队"遵照"大陆命"改称为"台湾混成旅团"，编入第二十一军战斗序列。

攻略海南岛的命令下达后，日本海军又对攻略计划进行了细化，将"Y号作战"分为两部分，协同陆军攻略海口方面的作战称为"甲作战"，海军单独攻略三亚、榆林方面的作战称为"乙作战"。在"甲作战"中，海军的主要任务是护卫陆军"饭田支队"，以第五舰队及本作战中增派的航空部队、驱逐队等编成Y护卫舰队，下辖主队、护卫队、基地部队、第一航空队、第二航空队、附属部队，由第五舰队司令长官近藤信竹中将指挥。"乙作战"因系海军单独作战，所以把由日本各镇守府编成的3个特别陆战队以及由各舰艇派遣人员编成的舰船联合陆战队构成陆战部队，3个特别陆战队包括以加藤荣吉中佐为司令的横须贺镇守府第四特别陆战队（简称"横四特"）、大田实大佐为司令的吴镇守府第六特别陆战队（简称"吴六特"）和井上左马二大佐为司令的佐世保镇守府第八特别陆战队（简称"佐八特"）。"甲作战"和"乙作战"的发动时间分别定于1939年2月10日和15日。

1939年2月3日，日军护卫舰队集结于万山泊地，同日先遣部队进出琼州海峡。7日，"饭田支队"所乘的输送船队自虎门泊地向万山泊地移动。8日18时，船团及护卫舰队从万山泊地出击。9日22时，船团和护卫舰队碇泊于澄迈湾。10日2时30分，陆军部队乘母船进发，于3时在海南岛北部登陆。

驻守海南岛的中国军队原为第四路军（总司令余汉谋）所属第六十二军（军长张达）第一五二师（师长陈章），以及其他部队共一个半师正规军的兵力，然而第一五二师在日军进攻广州时，于1938年10

月5日奉命乘船渡过琼州海峡，驰援广州，广州失陷后移驻清远一线守备。日军进攻海南岛时，岛上守军仅剩下2个团的地方保安部队，即保安第十一团（团长文华胄）和保安第十五团（团长龙驹），共约1600人，以及由原琼崖红军游击队改编的广东省第十四区人民自卫独立大队（大队长冯白驹）约300人，还有7个营的新编守备部队约1750人，统归琼崖守备司令兼第五旅旅长王毅指挥。因此，日军"饭田支队"登陆澄迈湾时并没有遇到大规模的抵抗，于1939年2月10日占领目的地——海口。

由于"甲作战"进展顺利，近藤信竹决定提前三天实施"乙作战"，遂下达了2月12日发动"乙作战"，14日在三亚海岸登陆的命令。13日12时，"乙作战"部队从深尾出发，14日凌晨到达三亚海面，5时开始登陆，没有遇到抵抗，同日占领了三亚、榆林、崖县，海南岛战役遂告结束。

发动海南岛战役并不是日军的最终目的，它的最终目的依然是切断中国沿海主要的补给干线。然而，海南岛战役后，日军获悉中国仍然通过南部沿海的香港、九龙、澳门、汕头等口岸以及越南等地继续进行物资补给，日本大本营决定继续按照原来的封锁计划，对上述港口进行封闭作战，下一个目标则是广东的第二大商港——汕头。

日军占领广州后，中国把汕头作为对外联络的重要地点，有大量的外国船舶出入，从这里上岸经潮韶公路进入内地的军用物资不在少数。另外，汕头地区还是东南亚华侨的主要出生地，这里的侨汇款额很大，被日军称为"滋润中国抗战力量的源泉"。因此，日军把夺占的矛头指向了这里。

占领海南岛3个月以后，日军开始大肆轰炸汕头、潮安、揭阳、潮阳等地，尤以轰炸汕头最猛烈，市区、码头、海面船只均遭轰炸，死伤三四百人。潮汕铁路虽屡炸屡修，始终未中断行车，但所有车厢已悉遭炸毁。1939年6月6日，日本大本营又向第二十一军和第五舰队下达了攻取汕头的命令："攻占汕头一带的目的，是为了加强对华南沿岸的封锁，并使该地成为谋略上，尤其是对华侨进行工作的一个据点。"规定攻占汕头作战的代号，陆军为"华号作战"，海军为"J作战"，时间定在6月下旬。9日，日陆海军签订了作战协定，商订了作战计划。陆军作战兵力是第二十一军司令官安藤利吉中将指挥的"后藤支队"（支队长为第一三二旅团旅团长后藤十郎少将），辖第一〇四师团的步兵第一三二旅团、独立步兵第七十六大队、2个山炮大队、2个工兵中队、1个轻装甲车小队、1个渡河材料中队及其他。海军作战兵力是第五舰队司令长官近藤信竹海军中将指挥的第九战队、第五水雷战队、第十二扫海队、第二十一扫海队、第四十五驱逐队、第三联合航空队（24架陆攻飞机，9架水上侦察机）、"千代田"舰、广州飞机队（1艘飞艇，1架水上侦察机）、佐世保第九特别陆战队及其他特设舰。

6月18日，日"后藤支队"从广州黄埔登船向澎湖马公集结，20日"后藤支队"在海军护卫下从马公出发，于21日1时到达汕头海面，4时开始登陆。潮汕地区的中国守军情况，据日军战前侦察发现：独立第九旅主力在潮州，一部分在汕头；在汕头和潮州周围各驻有保安团1个团；在沿岸的主要村庄有若干个自卫团体；遵照余汉谋的命令，驻在翁源以南地区的混成第二〇旅在13日、14日乘汽车向汕头方面运动。中国守军的实际情况与日军的侦察情况差不多，此时中国守军在潮汕地区的防守力量相当薄弱。海军方面，早在广州陷落以前，广东省江防司令部就派出布雷队赴汕头马屿口布放水雷，然而这些水雷失去陆上的控制与保障后很难发挥作用。所以，当日军于21日没有遇到像样抵抗而完成登陆时，港内的扫雷工作也于当日14时完成。"后藤支队"于15时之前占领了汕头市区。27日，日军又占领了潮安。

日军在海南岛建立了航空基地后，虽然利用该基地对越南河内、缅甸仰光通往中国的陆上运输线展开了航空作战，但效果并不理想。大本营认为，中国虽已丧失华南沿海的主要港口，但仍能自法属安南及缅甸方面获得补给，而广西公路成为中国的主要补给线，其输入量每月达4000~6000吨，约占总输入量的30%。为此，日本海、陆军先后提出了进攻广西南宁的设想，意图截断该地区对外贸易通道，使中国因得不到国际援助而丧失抵抗能力。日海军认为，占领南宁地区后还可利用南宁的机场攻击中国大后方的贵阳等地，以及轰炸河内通往昆明的铁路，航程则较武汉、广州更短，也就是直接切断沿南宁至龙州道路的中国军队补给联络线，并强化切断通过滇越铁路及滇缅公路的中国军队补给联络线。10月16日，日本大本营向陆海军下达命令，由中国派遣军总司令官协同海军发起攻略南宁的作战，预定时间在11月中旬。为保密起见，此次作战代号，陆军为"和号作战"，海军为"N作战"。日军参战兵力：陆军为第二十一军第五师团（师团长今村均中将）的"中村支队"（中村正雄少将指挥的步兵第二十一旅团）、"及川支队"（及川原七少将指挥的步兵第九旅团）、台湾混成旅团（即"盐田支队"，旅团长为盐田定七少将）；海军由第五舰队编成N护卫舰队，包括第二航空战队、第十一驱逐队、第三联合航空队及"神川丸""千代田"水上飞机母舰。

10月27日—11月3日，载运第五师团的运输船陆续从大连、旅顺港起航，前往日本濑户内海，在宇品港装上货物和高射炮后南下，于11月7日前后集结于海南岛三亚港。台湾混成旅团于11月4日离开广州，9日在三亚港集结完毕。13日，70余艘日军运输船组成的船团从海南岛三亚港起航前往钦州湾。15日8时10分，"及川支队"首先登陆，16日已有两支日军部队完成在钦州湾企沙、龙门的登陆行动。24日，日陆军部队在海军飞机的掩护下攻占南宁。12月5日，日军攻略南宁的作战结束。

日军自发动华南战役以来，实行陆海军密切协同作战，连陷中国沿海战略要地，其原因除了计划周密、兵力占绝对优势以外，华南的中国海防力量极端薄弱也是重要原因。然而，广东海军在日军的疯狂进攻面前始终没有放弃抵抗，而是利用水雷顽强作战，给日军造成一定程度的杀伤，体现了抗战到底的决心和勇气，表现了英勇顽强、不屈不挠的精神，是值得肯定的。

广州失陷后西江受到严重威胁，广西告急。广西苍梧扼广东进入广西的总口，不仅是广西的枢纽，也是湘滇黔三省的要地。1939年1月，海军总司令部以日军图谋广西，西江防务紧要，而该江水道未经测量，仓促布雷颇属不易，遂派水鱼雷营营长邓兆祥（图9-10）等前往桂林行营，协同江防处筹划防务，并将所率领的官兵分为布雷队、测量队，担任勘测水道及布放水雷的任务，同时由海军制运水雷。1月17日，邓兆祥一行抵达梧州，视察封川江口一带形势，随即测量港道，配备布雷器材。海军随即调拨一批"海丁"式、"海戌"式系碇触发水雷和"海戌"式漂流触发水雷。3月27日，邓兆祥抽派布雷队官兵押运水雷前往肇庆，于4月26日在羚羊峡下游罗隐涌布放定雷20枚，并派水雷队在肇庆工作。此时尚有较多存雷屯贮肇庆，以供使用。1939年6月，

图9-10 邓兆祥

海军总司令部将海军监造室改组为海军水雷制造所,特在广西桂林设办事处和无线电台,并颁布海军布雷总队编制,下设5个布雷分队,其中邓兆祥率领的布雷队编为第二分队,以阚辅三少校为分队长。12月6日,布雷队第二分队在永安江面布雷30枚。同月,有2艘日舰装运大量军械、士兵航经该处时进入雷区被炸毁,军械全部沉没,日兵生还者不及半数。1940年3月,布雷队第二分队鉴于新会县境内的猪头山江面日间常有日舰艇出没,夜间则有日舰艇碇泊对岸,决定在此处布雷。27日,第二分队布放漂雷对日舰艇实施攻击,但效果不佳。4月8日,布雷队第二分队在贝水及布沙共布设定雷30枚,防止日军袭扰。此后,广东海军派驻在该地的布雷队等奉令调离西江,担任其他区域工作,西江的防务任务改由桂林行营江防司令部担任。

广东内河的布雷封锁始于西江肇庆,先派出布雷队在肇庆峡内及外口敷设视发水雷,待日军在三水立足已稳、粤属舰艇亦损失殆尽之时,乃决定将西江正面肇庆峡至三水一线实施绝对封锁,以防日舰西进。1939年夏天,已先后建成永安、沙浦、桃溪等雷区封锁线,之后继续增布最前线的水雷区,并随时将各雷区加以调整及补充。1939年夏至1940年秋,海军总司令部也派出布雷人员驻肇庆协助西江的布雷工作,西江正面除上述的布雷区外,分别测定高要县属的大鼎峡、孔湾、禄步,德庆县属的悦城、九宫、马圩,郁南县属的江口、罗旁,封川县属的蟠龙等地的主要河道,预布雷区,在必要时加以封锁。所以,在此后长达5年时间里,日军虽数次自三水窜扰高要,但日舰艇始终未敢直接进入水雷封锁区域。新昌河为珠江三角洲主要支流,流经恩平、开平、台山、新会等县,可通汽船等,其下游为日军所占据,广东海军布雷队为防日军西犯,曾先后设立七堡、陈冲、石阻、牛湾、单水口雷区等,敷布大量水雷。1944年春,日军为夺取物资,向三埠(即台山与开平交界处的新昌、荻海、长沙三市的总称，为战时粤中区商业枢纽）进攻，先自新会沿新开公路西犯，抵达开平县属的单水口时，意图打通新昌河以便水运三埠物资，乃派大批舰艇驶至陈冲雷区，一面炮击沿岸中国守军，一面进行扫雷。在扫雷过程中，1艘日舰触雷被炸沉，后检获该舰遗物，得知是役指挥进攻的1名日军大佐及日官兵40余人被水雷炸毙。当日军用两天时间完成扫雷工作，进抵三埠时，三埠商民的物资已从容疏散，使日军扑了空，日军不得不退回原防区，广东海军布雷队遂抓住时机，重新进行布雷封锁。1944年9月底，日军再犯三埠，乃先自陆地采取钳形攻势，北岸沿新开公路攻取单水口，南面自广海潜行登陆，突击台山城，夹攻三埠，迨正面取水道西进时，其舰艇在马山被监护雷区的布雷队截击，无法突破进行扫雷，直至三埠陷落后，日军自后方包围，广东海军布雷队才放弃据点，突围而出。

北江流经曲江、英德、清远、四会、三水等县，沿江据点有属于英德的观音岩、盲仔峡、弹子矶、大庙峡，属于清远的横石、飞来峡、石角，属于三水的黄塘等，广东海军除先后在接近沦陷区的黄塘、石角及绥江的黄岗、长湾塘敷设雷区外，也在石角以上各沿江据点测定预布雷区，在横口、连江口、黄岗等处经常派驻布雷队，准备工作。上述黄塘、石角雷区陆地曾经数度沦陷，各雷区也被清扫数次，旋经广东海军布雷队数度重新敷布。1940年9月，广州日军北犯清远、英德，自三水县、花县两面进抵清远县城后，扫除石角雷区，利用水道运输，9月28日有载日兵北上的1艘汽艇触雷沉没，炸毙日兵三四十名，其后续之船不敢再进。

东江下游的惠阳、博罗、东莞等县接近前线日军，广东海军漂雷队常驻该地区工作，先后构设大田坝、龙河、企石、铁岗等雷区，敷布水雷。1941年12月，日军进犯惠阳时，日船盲目驶进大田坝雷区，当时即有

1艘日装甲电船触雷炸毁。在粤东方面，除在抗战初期曾在汕头马屿口布放视发水雷，并于1939年6月在揭阳县属的钱江口敷设触发水雷外，到汕头沦陷，广东海军又于1940年秋遣派水雷队至韩江、鉈江担任封锁工作，勘定布雷地点，俟机敷布，以防汕头日军自该两江河道深入内地。后实施布雷的有鉈江下游石井、青任间各封锁线，并于1942年10月在鉈江下游中田洋河面布放机械式漂雷，当时即有汕头河面数艘日警备艇被炸沉。1944年秋，日军大举进犯揭阳，碍于水雷封锁而不能沿江进攻，乃向陆地迂回，攻陷揭阳。

与内河相比，港湾布雷封锁受制于各种条件，未能取得理想效果。1939—1944年，除已经沦陷的地区及其附近港口以外，日军在广东省可能登陆的港湾及地段有龙门港、大观港、北海、安铺、梅箓、水东、电白、阳江及台山的广海、斗山等地。广东海军对这些港湾及地段先后派人加以勘测，因限于财力及物力，未能全部予以封锁，仅在阳江的北津港、台山的广海烽火角及斗山等处敷设水雷。

在建立固定雷区敷布定雷的同时，广东海军的游击布雷也在积极展开。海军当局认为，封锁布雷属于防御性作战，而游击布雷则属于进攻性作战。因此，海军便在敌后展开无定时、无定地的以飘忽灵活的方式袭击日军的布雷游击战，其主要目的在于损耗日军的兵力和物资，并破坏其水上交通线，从而削弱日军的作战实力及打击日军的战斗精神。

广东海军的游击布雷主要集中于珠江三角洲地带，因为这里河道纵横，在1938年底落入日军之手后，1939年日军在该地区的重要市镇及据点分驻部队或贮存军用物资，其军队调动和物资运输多依赖水上交通，故该地带河道运输频繁，为广东海军实施布雷游击战提供了绝好战场。1939年秋，广东海军鉴于抗战形势需要，开展布雷游击战。然而，开展布雷作战需要一定经费，而此时海军还未专门拨付，受经费所限，广东海军仅能选派一个布雷分队试行布雷游击战，于当年冬天开展派出工作。经开展一段时间的布雷作战后，效果显著，乃继续进行，至1940年2月，桂林行营江防处奉军事委员会电饬，拟具实施布雷游击战计划，遂有较具体的计划呈奉军事委员会核定实施，此后这项工作更加迅速地开展起来，经常有3个布雷分队担任游击布雷工作。

实施布雷游击战之前，首先派人潜入沦陷区进行侦察，择定日舰船经常出现而又适宜布雷的河段，返回布雷队报告情况，或探悉日重要舰船将航经某地，即以全队或派一部分官兵赴该地实施布雷。对于实施布雷处的游击队以及当地人士，则在侦察前设法联络，或择定地点后再进行联络。布雷队所用水雷先加以伪装运至接近沦陷区的驻地秘密贮存起来备用，待决定布雷地点并与该处游击队及当地抗日人士秘密取得联络之后，寻找机会将雷件潜运至该处，实施布雷时再移至预定地点，借用民船装配完水雷后，一面测定水深，一面敷布水雷。每次完成游击布雷工作后均要绘制图表，将工作情形按级呈转最高军事当局核备，与封锁布雷的工作手续相同。

布雷队此时所用的水雷与整个全面抗战时期海军所用水雷一样，分触发水雷和视发水雷两种。触发水雷敷布后布雷人员离开布雷地点；视发水雷敷布后仍须留下一部分布雷人员看守，伺机击发。由于布雷队的自卫能力较弱，留守击发的人员容易遭到日军的围攻，常常会牺牲，不到万不得已时布雷队一般不采用视发水雷。1943年1月，布雷队第八分队队长戴伟率队深入中山县横河布雷，敷布的即视发水雷，他与部分队员留在该处守候击发。14日，有日军乘"荣安丸"轮船航经该处，戴伟等人乃击发水雷，但水雷爆炸后并未击中"荣安丸"要害，"荣安丸"受伤后驶向岸边，日军登陆后向布雷队人员潜伏处搜索攻击，戴伟率官兵奋勇迎击，终因众寡悬殊，至弹尽时与日军展开肉搏，最后全部壮烈牺牲。

从1939年冬至1944年夏，在4年多的时间里，广东海军在珠江三角洲沦陷区曾经展开布雷游击战的地点包括新会县属的周郡、横江、三娘庙、天河、汾水江，顺德县属的东马宁、西马宁、莺哥咀、客奇、李家沙、板尾沙，中山县属的横河，南海县属的九江附近，番禺县属的莲花山，三水县属的西南，以及东莞县属的狮子洋东岸等处河面，其中多地经数次布袭，尤以天河及西马宁布袭次数最多。开展布雷游击战的海军布雷队的根据地主要设于新（会）鹤（山），除狮子洋东岸外，其他布雷任务均由驻根据地的布雷队担任，前往狮子洋东岸实施布雷的布雷队的根据地设在东江惠阳。

在敌后开展布雷游击战，水雷发生效力的时间视日军舰船往来及水位涨退情形而定，有时布雷当日即取得战果，有时多日以后才产生效力。有些水雷在产生效力之前，由于汉奸的告密或被日军察觉而被扫除。这些被日军扫除的水雷虽然没有发挥消灭敌人的作用，但迟滞了日军的行动，消耗了日军的人力和物力。

在历次游击布雷行动中战果是丰硕的，炸毁日伪军舰船、炸毙日伪军人员的事件时常发生，只是因为每次布雷不能都派人留驻布雷地点附近等待布雷战果，而事后调查又不尽详细，所以无法进行准确而全面的统计。根据中方史料记载，较为显著的布袭战果有以下数次：1939年12月24日，在新会县属周郡河面炸沉日军运输军械的"若恭丸"千吨运输船；1940年3月22日，在新会县属天河河面炸沉2艘日运输汽轮；1941年4月5日，在新会县属三娘庙河面炸伤日"海刚丸"运输船；1942年1月11日，在顺德县马宁河面炸伤日"海运"运输船；1942年11月20日，在天河河面炸伤日"南海丸"运输船；1943年1月24日，在马宁河面炸毁日"六〇九"炮舰；1943年3月17日，在马宁河面炸毁伪"协力"舰，并俘获伪广州要港部中将司令萨福畴及要港部的重要成员7人，交军事委员会惩办；1943年3月19日，在马宁河面炸毁伪"江权"舰；1944年3月19日，在顺德县属李家沙河面炸毁日"南海丸"运输船；1944年4月18日，在中山县属横河炸毁1艘日大型汽艇。

布雷游击队除在河面布雷袭击日舰船外，还曾数次以地雷或由小型水雷改装的地雷在陆地袭击日军。1943年7月25日，布雷游击队在江佛公路龙江至龙山路段炸毁1辆日军车，又于1943年底将日军在江佛公路沙滘站所建的一座新兵房炸毁。

广西内河的布雷作战始于日军攻占南宁之后。1939年11月15日，日军第五师团与台湾旅团在海空兵力的配合下，由钦州湾的龙门港登陆，中国守军新编第十九师在竭力抵抗之后退守板城、上思，日军占领钦县。日军第五师团取道邕钦公路，台湾旅团取道小董、百济往北推进，进逼邕江南岸。中国守军第十六集团军一部与日军隔江对峙，第一三五师、第一七〇师、第二〇〇师先后赶至南宁附近的老渡口与四塘附近增援。日军强渡邕江，攻占四塘。24日，日军占领南宁。中国守军主力沿邕宾路向八塘、昆仑关撤退，一部沿邕武路退守高峰隘，与日军继续战斗。12月1日，高峰隘失陷。4日，昆仑关失守，日军改取守势。

南宁陷落后，桂林行营江防处奉令派出布雷队驰赴邕江，对该江上下游予以封锁，阻止日军向纵深推进，分别在下游的千里沙、横州石、米步、燕子沙、石州、陆屋等据点布设雷区，并以防材阻塞横县的伏波滩。另在右江的龙床、陆安及郁江的樟木塘、石门、桂平等处控置水雷，勘定预备水雷区。1940年8月，桂林行营江防处迁至广西梧州，奉令改编为粤桂江防司令部，隶属于军事委员会，仍以徐祖善（图9-11）为司令，司令部设于梧州，所属单位除保持原有组织外，增设掩护总队及通信队，掩护总队下辖3个机枪中队、2个步兵中队。1940年10月

图 9-11 徐祖善（前排中）与官兵合影

30 日，由桂林行营发动与指挥的桂南会战收复了南宁。当桂南会战进行时，粤桂江防司令部经常派人在战区长官部担任联络工作。10 月底，日军撤出南宁后，海军水雷队奉命限期扫雷开航，以恢复邕江交通，水雷队在捞雷器材缺乏的情况下加紧工作，如期完成任务。11 月中旬，邕江完全通航，桂林各水雷队乃奉令调赴广东各江加强工作。1941 年，粤桂江防司令部将西江第一、第二守备总队改编为水雷总队，下辖 6 个水雷中队 18 个水雷分队。5 月，粤桂江防司令部司令改由黄文田担任。1943 年又增设水雷输送队。（李达荣：《抗日时期的广东海军》）1944 年 4 月，为便于指挥在广东的作战部队，粤桂江防司令部移驻肇庆。

1940 年 8 月，国民政府最高统帅部新设第七战区，辖广东和江西一部，司令长官为余汉谋，广西仍属第四战区管辖。1944 年 8 月，日军通过发动长（沙）衡（阳）会战先后攻占了长沙和衡阳，随后又发动了桂（林）柳（州）作战。9月，日军为策应湘桂战事，先后集结兵力万余人于3路沿线，并有数十艘舰艇驶抵三水河口，准备西犯肇庆，迂回西江上游，攻略桂柳。日军沿湘桂铁路攻入广西，与此同时，另一路日军自广东清远经广宁进入广西，随后突入怀集、信都，旋向南扑向梧州。此时西江正面的日军也从南岸进抵肇庆，经罗定进入广西容县，与梧州日军分别自浔江南北两岸会攻平南丹竹的中国空军基地。当西江南岸日军进攻之际，西江正面中国守军认为日军有可能迂回进入广西，肇庆、梧州可能被包围，遂撤离肇庆，自广东南部进入广西。此时，粤桂江防司令部控制西江的兵力计有水雷大队部所属4个水雷中队，共辖12个分队，掩护大队由2个步兵中队、3个机枪中队、1个特务队、3艘舰艇组成。当中国守军撤完之后，粤桂江防司令部也从肇庆转移至高要的禄步，当时的战斗部署除加强羚羊峡外的布雷封锁外，还指挥水雷队在无陆军掩护的情况下于西江的孔湾、禄步布雷封锁。该部所属的掩护大队扼守肇庆峡东西两端南岸据点，掩护殿后的水雷队撤退，直至日军自南面攻抵该处，仍坚守原防。特务队则担任后方警戒。"平西""南康""陈特"3艘舰艇担任肇梧间河道梭巡警戒及布雷时的运输协助任务。9月12日晚，日军在羚羊峡外雷区前的横石、欠水等处登陆，水雷队施放漂雷，阻敌前进。驻峡外的掩护大队与日军接战，固守阵地，双方相持3天，互有伤亡。驻峡内的掩护大队于14日晨与攻至沙头、金渡一带的日军接战，日军便衣队从中响应，战事惨烈，掩护大队伤亡惨重。步兵第一中队队长叶碧机、第二中队队长刘人凤、分队长陈朝海均阵亡，另有官兵30余人英勇牺牲。因战况剧变，粤桂江防司令部奉令沿江西移，对孔湾以西至封川各勘定的雷区实施封锁。21日，梧州被日军迂回攻陷，水雷大队率8个水雷分队、2个机枪中队绕道突围至桂平，遏止日军自梧州沿江西犯，又对梧州至桂平间河道实施布雷封锁。

10月11日，日军攻陷桂平，粤桂江防司令部继续沿邕江西移，将在广西的水雷队分为两部分，一部分担任柳江布雷封锁任务，一部分担任邕江布雷封锁任务。邕江水雷队遂在桂平至贵县间敷布下湾、东津、萝卜湾等雷区。邕宁陷落后，水雷队又完成邕宁至隆安间水道的封锁。

在一系列布雷作战中，江防各部队阵亡官兵34人、伤5人、失踪90人。掩护人队在高要、羚羊峡一带为掩护雷区而与日军作战，毙伤日军60余人，并击沉、击伤日军雷船各1艘及武装木船2艘。日军在沙头、金渡一带作战中伤亡亦众。

1944年10月31日，粤桂江防司令部奉令派水雷队队长李北洲、陈安华率部由横县绕道潜入罗定，担任西江至肇梧间游击布雷任务，先后数次敷布定雷和漂雷，但因被日伪军发现而未能奏效。10月下旬，中国军队反攻桂平不利，向桂西转移，柳江水雷队在桂平至武宣间的壁滩、平冲、大神庙、武宣雷区布雷。11月10日、11日，日军相继攻占柳州、桂林，随后再陷南宁。当中国守军撤退时，邕江水雷队在南宁附近的凌铁村、下窑两雷区布雷。11月下旬，粤桂江防司令部及所属部队向西转移，南宁以西的右江原有海军在果化、果德、田东、田阳等处设有预备雷区，因此时河水低浅，汽船不能航行，已无布雷的必要，故未继续敷布水雷。粤桂江防司令部自西移以来，经郁南、都城、苍梧、长洲、藤县、桂平、贵县、南宁于12月3日进抵百色。粤桂江防司令部在西移过程中，日军自北面沿抚河进入梧州，江防司令部所属水雷队乃沿浔江继续对苍梧的榕潭，藤县的思礼、白马及桂平的塔脚等雷区布雷，日军则占领平南丹竹的中国空军基地。

由广东撤往肇庆的9艘鱼雷艇于1940年1月被重新命名为"成功""天祥""壮缪""武穆""继光""廷弼""可法""世昌""杲卿"，新编为两个分队，直属于桂林行营江防处，第一分队驻梧州，第二分队驻肇庆。由于江中作战主要是对付溯江的日军舰艇和飞机，鱼雷一般难以发挥作用，故各艇奉命卸下鱼雷，加装了18挺机枪，改做巡防艇使用。当1944年12月粤桂江防司令部抵达百色时，第一分队的快艇及"天祥"等5艘快艇转移至桂平，后到石龙，原拟去柳州，但得到情报说柳州已被包围。此时各艇油料也将用尽，配件缺乏，5艘快艇只得奉令在石龙自沉。第二分队的4艘快艇当时已经转移到了柳州，日军大兵压境，柳州以上各河段水浅，快艇难以上行，加上各艇均有破损，只得自沉于柳州。至此，原电雷学校快艇大队南下的10艘鱼雷快艇全部损失殆尽。此后，战时警戒桂平河面的"平西"舰在驶入官江附近执行任务时于夜间与桂平南岸日军发生战斗，被击伤触礁倾覆，舰长黄涝芬率官兵携部分武器登岸，2名士兵失踪。

1944年12月，战场形势稍趋好转，粤桂江防司令部再次东下，12月26日驻田阳。1945年3月6日，司令部驻田东，6月5日到达南宁。湘桂会战后，江防司令部舰艇损失殆尽，仅布雷作战仍具实力，故于6月底奉令将粤桂江防司令部编为粤桂江防布雷总队，下设2个水雷大队（图9-12），分为4个中队12个分队，以及特务队、通讯队、输送队。另将掩护大队的驻桂部分拨归陆军第六十四军，驻粤部分拨归陆军第一五八师，其余官佐分别送训或退役遣散。粤桂江防布雷总队于7月1日在南宁成立，隶属军政部，仍由原江防司令黄文田暂行负责队务。

图9-12 粤桂江防布雷总队水雷第二大队官佐合影

1945年8月，日本投降。8月20日，粤桂江防布雷总队奉令移驻广西贵县。9月1日，原粤桂江防司令部参谋长陈锡乾奉军政部之令出任总队长，随即率部东移，于23日抵达广州。随后，陈锡乾兼任水道交通警备指挥官，所辖水雷队全部集中于珠江三角洲河道加紧扫雷，以开通航道，并以接收的汪伪海军广州要港司令部的6艘炮艇梭巡河道。

扫除水雷是抗战胜利后恢复水上交通的急切工作，刻不容缓，扫雷工作对象不仅包括中国海军所布水雷，还包括日军撤退时可能布下的水雷，所以需对沦陷区所有航道加以扫清。需要扫雷开航及清江的河道在广西有邕江贵县至桂平段及其支流左江龙津至南宁段、柳江武宣至桂平段、浔江桂平至梧州全段。在广东有西江封川至三水段、珠江三角洲各主要支流、北江英德至三水段及其支流绥江四会至三水段、东江河源至番禺段、鮀江揭阳至汕头段、韩江潮安至澄海段。以上各水道总长1700余千米。水道绵长，时间紧促，而所备扫雷器材又极其简陋，各水雷队奉命后均能克服物资欠缺的困难，如期扫清完毕。

1946年2月底，在完成了扫雷任务后，粤桂江防布雷总队奉令裁撤，所属官兵除拨归粤越区海军专员办公处服务及送青岛中央海军训练团受训外，其余分别退役或遣散。

纵观抗日战争中的粤桂海军，虽然因力量所限而没有成为华南抗战的主角，但始终活跃在抗战前线，给陆军以大力配合。粤桂海军以低劣的装备，与日军展开舰艇战和布雷游击战，付出了很大牺牲，也取得了不俗战果。对此，抗战胜利后不久，部分海军官兵云集广州，以抗日英烈功勋应被缅怀为由，倡议为牺牲的海军烈士立碑，公推已退役的原广东省江防司令黄文田为代表向政府请求，获得批准后在黄花岗附近竖立纪念碑。该碑用黑色碑石雕成，上刻有一篇碑铭，由原江防司令部秘书长余任城以黄文田名义而作，请书法家胡毅生执笔楷写，并漆以红色。

碑铭曰：

　　倭降之明年，文田解粤桂江防司令之任。海军同学会诸君，以抗战八年两粤海军之殁于战阵、死于积劳者凡一百六十有四人，因请于文田曰，夫崇德报功，人数之同情，表忠旌烈，国家之重典。军兴以来，我海军军备之远不如敌，尽人皆知，而以两粤海军为尤绌。广州既陷，粤舰多自毁，其仅存者徙江之西，更不足以言战。我粤桂袍泽，曾不以此自馁，时伺机出击，计大小百数十役，虽卵石势殊，而蹈死不顾，敌之被创夷，俘戮者恒倍徒于我。盖其间义赴难之心，有非强弱众寡之势所能测其勇怯、决其胜负者，可谓忠且烈矣。今寇患既平，国府笃念勋功，许各地勒石建祠以彰幽壤，爰择广州黄花岗之原为纪念碑，凡粤桂同袍之因战殉职者咸书名焉，诚盛事也！田前后两主粤桂江防司令事，适于大战相始终，诸先烈之慷慨赴死，田实亲见，群欲乞数言，以张诸石，追亡励存，岂能无情哉！文田曰若。因授意于前舰队司令部秘书长余君任城，使述其事如此而为之铭，铭曰：祀有七典，而以死难事为弥馨。死有万端，唯殉职沙场为难能。其死系国家民族之重，而所敌者又为强邻，百练之兵。倘非挟至大至刚之气，其何能以顷刻而争百世之名。诸君诚得其死矣！更使同袍同学叨余光之荫藉，然为世所乐称，古以来无此荣。

　　　　　　　　　　一九四六年仲夏吉日　黄文田敬之
　　　　　　　　　　胡毅生书丹

第十章
中国海军受降与收复海疆

　　经过 14 年的浴血奋战，中国人民终于迎来了抗日战争胜利的曙光。当各个战场的日军已呈现败亡之态时，中国和盟国一道开始制订在日本突然投降时的进军计划。1945 年 8 月 15 日，日本天皇发布《终战诏书》，宣布日本无条件投降。9 月 2 日，盟军在泊于东京湾的美国"密苏里"战列舰上举行了日本投降仪式，日本政府及大本营代表签署了投降文件。至此，中国人民抗日战争暨世界反法西斯战争正式结束。与此同时，中国军队按照盟军最高统帅部的命令，在划定的受降区域展开受降，而海军受降是重要组成部分。受降结束后，由于中国海军实力逐渐恢复，中国政府收复海疆的行动被提上议事日程，1946—1947 年先后派出舰艇编队收复了东沙群岛、西沙群岛、中沙群岛和南沙群岛，维护了国家主权。

第一节　中国海军的受降与接收

早在1942年1月,经中美两国协商,决定设立中国战区,战区范围包括中国、泰国、越南等地,中国的受降与战区范围密切相关。日本投降后,美国政府任命麦克阿瑟为盟军最高司令官,接受日本的总投降。同盟国的受降区域,则依据日军占领地区划分。1945年9月1日,日本遵照麦克阿瑟的训令,通令日军停止作战,放下武器,留居原处,向盟军司令无条件投降。中国方面(东三省除外)及中国台湾、越南(北纬16°以北)的日军向中国战区最高统帅投降;中国东北三省、朝鲜(北纬38°以北)及南库页岛方面的日军向苏军司令投降;安达曼、尼科巴、缅甸、越南(北纬16°以南)、马来半岛、婆罗洲、荷属东印度、新几内亚、俾斯麦,以及所罗门群岛方面的日军向英军蒙巴顿元帅或澳军司令投降;太平洋诸岛的日军向美国太平洋舰队投降;日本本土、朝鲜(北纬38°以南)及菲律宾的日军向美国太平洋方面海军总司令投降。早在受降区划分之前,美军、英军、苏军已分别在菲律宾、槟榔屿、中国东北及朝鲜对日军展开受降,拉开了同盟国受降的序幕。

1945年8月15日,蒋介石令中国陆军总司令何应钦处理中国战区内的全部日军投降事宜。21日,何应钦率领30余人前往湖南芷江接洽日军投降。26日,何应钦根据蒋介石的指令,将中国战区划分为16个受降区:北越地区,受降地点在河内;汕头地区,受降地点在汕头;长衡地区,受降地点在长沙;南昌九江地区,受降地点在南昌;杭州厦门地区,受降地点在杭州;上海南京地区,受降地点在沪宁两地;武汉宜昌沙市地区,受降地点在汉口;徐州安庆蚌埠海州地区,受降地点在蚌埠;平津地区,受降地点在北平;山东地区,受降地点在济南;洛阳地区，受降地点在洛阳；山西地区，受降地点在太原；热河察哈尔绥远三省地区，受降地点在归绥；郾城许昌商丘地区，受降地点先定在许昌，后改为郾城；台湾澎湖地区，受降地点在台北；广州海南地区，受降地点在广州。随后，国民政府组建全国统一接收委员会，何应钦任主任委员，调派海陆空军代表为分别接收中国战区日军的委员，其中海军总司令部参谋长曾以鼎海军中将负责接收日伪海军。

1945年9月9日，中国战区受降典礼在南京隆重举行（图10-1），中国陆军总司令、一级上将何应钦，海军上将陈绍宽，空军上校张廷孟，陆军二级上将顾祝同，陆军中将萧毅肃为受降官，日本投降代表是侵华日军最高指挥官、陆军大将冈村宁次，中国派遣军总参谋长、陆军中将小林浅三郎，中国方面舰队司令长官、海军中将福田良三，中国派遣军

图 10-1 南京受降仪式

总参谋副长、陆军少将今井武夫,台湾军参谋长、陆军中将谏山春树,中国派遣军参谋、陆军中佐小笠原清,第三十八军参谋长、陆军大佐三泽昌雄。当日,中国陆军总司令部向冈村宁次发出"军字"第1号命令,将日本"中国派遣军总司令部"及"总司令长官"的名义取消,改称"中国战区日本官兵善后总联络部"及"总联络部长官",各地区的日军司令部亦同此办理。日本"中国方面舰队司令部"改称"中国战区日本海军总联络部",各地的日本海军部队司令部改为海军联络部。次日,陆军总司令部又向冈村宁次下达了"军字"第2号命令,要求"日本驻华舰队及越南北纬十六度以北地区(香港除外)暨台湾澎湖列岛日本舰队之舰船、兵器、器材、一切基地设备,及基地守备队、陆战队暨一切其他附属设备等,兹派中国海军总司令部参谋长海军中将曾以鼎负责统一接收","各海岸及岛屿之基地,仍由中国各受降主官派兵接替守备",责成冈村宁次转饬日本原中国方面舰队司令长官福田良三遵照执行。

中国海军总司令部对参与对日受降及接收日伪海军高度重视,于1945年9月2日拟订了《接收敌军舰计划》,初步规定海军划分为华北、华中、华南3区集中受降和接收,海军受降与接收事宜由海军总司令部统筹办理。实际上这是一个粗略的计划,曾以鼎在接受任务后即由重庆赴上海办公,将上述计划进行了细化:海军总司令部舰械处处长陈宏泰少将赴南京接收芜湖、南京、镇江、江阴的日本海军,海军总司令部军衡处恤赏科科长薛家声上校赴汉口接收汉口、九江、安庆的日本海军,海军闽江江防司令刘德浦少将赴厦门接收日本海军,海军少将吴振南负责接收淞沪地区的日本海军,海军少将刘永诰赴广州接收广东、越南的日本海军,海军少将唐静海赴北平接收华北的日本海军。另加派海军少将佘振兴接收青岛的日本海军,海军中校杨道钊接收定海的日本海军,海军第二舰队司令李世甲少将接收台澎地区的日本海军。

从日本宣布无条件投降到中国海军筹划受降与接收，不过短短数日，仓促中工作显得粗糙也在所难免。9月13日，海军总司令部由重庆迁至上海，海军在各地区的受降与接收工作随即全面展开。海军参与的受降和接收地区有上海、青岛、汉口、厦门、广州、台湾等。

海军在上海的受降和接收于1945年9月中旬开始。上海是日本侵华的重要基地，这里曾驻有日本海军第三、第二舰队及上海海军特别陆战队、上海方面特别根据地队，并设有第一海军施设部。9月7日，中国战区第三方面军司令官汤恩伯中将率军进入上海，令日本上海海军特别陆战队在浦东、陆军部队在吴淞、侨民在虹口和杨树浦等指定地区集中，其余的日海军部队暂留原地待命。为顺利完成上海的对日海军受降和接收工作，中国海军在上海设立了接收处，以吴振南海军少将为处长、金轶伦海军上校为副处长，辖总务、人事、军需、文牍、会计、交通部等。接收处的主要任务是接收日伪海军舰船及武器、日伪海军机关及日伪海军仓库。13日，海军总司令陈绍宽奉命赶赴上海，向日本海军投降代表、原驻沪海军特别陆战队司令官森德治少将发布指令，要求日方将这一地区所有的日伪海军舰船、物资及人员等交由中国海军接收，并于当日在江南造船所亲自接收了日本海军"宇治"炮舰（图10-2）。17日，陈绍宽参加了上海地区的对日本海军的受降与接收典礼，并主持接收了日本海军"安宅"内河炮舰。除各种物资外，共接收上海日伪海军的454艘舰船，排水量28348吨。

华北地区的受降与接

图10-2 日本海军"宇治"炮舰

收主要集中于山东青岛。青岛是日伪海军的重要基地,驻有日本海军青岛方面特别根据地队,司令官是金子繁治海军中将。1945年9月上旬,美国海军到达青岛,扣留了6艘日本海军的驱逐舰,并于9月25日带往朝鲜仁川。中国海军总司令陈绍宽在上海受降时就已考虑到青岛的受降工作,他任命在上海参与高昌庙日伪军舰接收的中国海军少将佘振兴(图10-3)为海军驻青岛办事处主任,负责接收青岛日伪海军基地及其设施。16日,佘振兴带领4名接收委员赶赴青岛。抵达青岛的

图10-3 佘振兴

当天,佘振兴要求日方报告青岛基地状况,并呈交厂库、营舍、设施及舰船清册。青岛的受降和接收工作十分复杂,不仅由中国陆海军主导,还有美国军方参与。20日,美国第七舰队第七两栖特遣队司令赛特尔少将率重巡洋舰和驱逐舰开赴青岛,准备运送美国海军陆战队第六师"协助"中国军队受降及"协防"青岛。由于人手不足,佘振兴只好吸收已向国民政府致电效忠的汪伪海军中将、威海卫要港司令鲍一民及其所属参加。10月25日,青岛日军投降仪式在汇泉路跑马场举行,中国受降主官为国民政府军政部胶济区特派员陈宝仓中将,海军代表为佘振兴。日本投降主官为陆军第四十三军驻青岛独立混成第五旅团旅团长野荣二少将,海军代表为金子繁治。美方代表为海军陆战队第六师师长谢伯尔。仪式举行后数日,中国军队完成了青岛日伪军的受降与接收工作,佘振兴率员回上海复命。此次接收除厂库物资、设施外,共有169艘舰船,排水量15466吨。

平津地区的受降和接收由中国第十一战区司令长官孙连仲上将负责，1945年10月10日在北平故宫太和殿前广场举行了受降仪式，日方投降代表是华北方面军司令官根本博，参加仪式的除了中方各界代表外，还有美军司令骆基中将、英国代表兰赖那、法国代表马至里、荷兰代表高克等。对平津地区的日伪海军物资的接收由华北区海军专员办公处平津分处主任、海军上校刘乃沂负责，于11月中旬完成。

武汉、宜昌等地的受降和接收由中国第六战区司令长官孙蔚如中将负责，他受命后于1945年9月18日在汉口中山公园新礼堂主持举行了受降仪式，日本投降代表是第六方面军司令官冈部直三郎大将。中国海军接收汉口的日伪海军工作由湖南辰溪海军第二工厂（水雷制造所）人事股股长郑天杰海军中校负责，他率领数人于9月中旬赶到汉口，在原汪伪海军汉口基地司令部设立了接收办公处，并利用原汪伪海军人员帮助完成接收工作。他首先要求日海军投降负责人泽田虎夫中将呈报汉口的日伪海军人员、军品清单造册，然后按照造册逐一进行接收。此次工作除接收汽油、粮食、房屋、汽车等物资外，还接收了数十艘舰艇。随后，中国海军又完成了对九江、安庆等地日伪海军的接收。在武汉地区，中国军队共接收65艘日伪舰船，排水量2539吨。

广州地区的受降与接收由中国战区第二方面军司令官张发奎上将负责，接收区域包括广州、海南岛、雷州半岛等。张发奎受命后，在广州组设前进指挥所，并于1945年9月16日在广州市中山纪念堂举行受降仪式，中方受降代表除张发奎外，还有第二方面军参谋长甘丽初中将、广州市市长陈策海军中将等，日本投降代表是第二十三军司令官田中久一等人。仪式结束后，张发奎发出"国字第1号命令"，其中规定日军控制下的航行于内河的船舶集中于高要，航行于海洋的船舶分别集中于黄埔和广州湾。参与接收的中国海军代表为特派员刘永诰，他在沙面设立了广州区海军专员办公处,负责接收日伪海军舰船和物资。接收工作开展后,刘永诰接收了日本海军的部分装备和物资,汪伪海军广东要港司令部由广州市市长陈策接收,而由原驻澳门的日本海军武官府直接指挥的伪华南海军则由国民政府军政部广东特派员公署接收。在广州地区,中国军队共接收56艘日伪舰船,排水量2047吨。

浙江地区的受降与接收归中国第三战区司令长官顾祝同负责,受降地区包括嘉兴、金华、杭州、宁波、厦门等地。1945年9月中旬,顾祝同率部在杭州举行了受降仪式,日本投降代表是第六军司令官松井太久郎。仪式结束后,接收工作全面展开。海军参与受降与接收的地方有舟山、厦门等。10月5日,美军驱逐舰首先进入定海。8日,在美军列席下,驻舟山日军向定海县县长缴械。中国海军中校杨道钊于13日赶到定海,参与接收定海的日本海军,第二天完成接收。舟山等地共接收40艘日本舰船,排水量2063吨。中国海军对厦门的日本海军的接收在日本投降后不久即开始实施,但遇到了意想不到的麻烦。厦门既是日本海军厦门方面特别根据地队的驻地,也是中国海军的根据地,抗战期间双方争夺激烈。日本投降后,海军总司令陈绍宽对厦门的受降和接收工作高度重视,电令驻福州的第二舰队司令李世甲少将(图10-4)兼任接收厦门海军专员,赴厦门完成接收工作。1945年8月20日,李世甲率领海军陆战队一个营自福州出发,于26日抵达集美,准备在此渡海前往厦门。不料,设在福建华安的中美合作所第六特种技术训练班也调派所属4个营3000余人等待接收厦门,于是两方产生

图10-4 李世甲

龃龉，相持不下。全国统一接收委员会成立后，主任委员何应钦电令第三战区司令长官部明确表示，厦门的受降由海军主持，海军总司令部参谋长曾以鼎遂手令新任的海军厦门要港司令刘德浦少将负责办理厦门接收事宜。9月24日，刘德浦带领上校参谋长郑沅、上校副官刘景篁等由上海乘日本专机飞抵厦门转赴龙溪，他致电向第三战区副司令长官兼第二十五集团军总司令刘建绪报告来厦经过及李世甲率陆战队渡海来厦的决定，表示接收范围仅限于原海军厦门要港司令部、海军厦门要塞、海军飞机场、海军厦门造船所、海军厦门医院和海军无线电台等机构，其余的地方行政单位、金融机构及海关、税务、司法、邮电部门等海军均不过问。他命令日本海军厦门方面特别根据地队司令官原田清一编造投降官兵花名册和舰艇、军械、弹药等的清册。10月3日，中国海军在厦门鼓浪屿海滨饭店举行受降仪式，李世甲、刘德浦、郑沅等为中方代表，原田清一及其参谋长等5人为日方代表。仪式结束后，李世甲接到海军总司令部电令，让其出任接收台澎日本海军专员，克日前往，厦门具体接收事宜由刘德浦负责，刘德浦将日本海军人员和物资按名单、清册逐一点验接收，将日本海军投降官兵集中于厦门大学内，等待遣返日本。厦门地区共接收80艘日伪舰船，排水量4396吨。

台澎地区的受降和接收与其他地区不同，具有特殊的象征意义，因为台湾被日本殖民统治50年，台湾光复标志着主权的回归。1945年8月29日，国民政府主席蒋介石下令设立"台湾省行政长官公署"，任命陈仪为台湾省行政长官。9月1日，国民政府军事委员会颁令设立台湾省警备总司令部，陈仪兼任总司令。3日，何应钦在发给冈村宁次的备忘录中指出"派陈仪将军为台湾及澎湖列岛受降主官"，"关于受降日期及详细规定另行电知，希贵官查照，并转台湾及澎湖列岛日军最高指挥官知照"。

日军投降时在台湾的兵力有第十方面军的5个陆军师团、6个独立混成旅团、1个飞行师团及海军等，共计18万余人。日本在台湾的海军最高指挥机构是高雄警备府司令部，司令长官是海军中将志摩清英，参谋长是海军少将中泽佑，下辖高雄方面根据地以及所属的高雄海军警备司令部、高雄海军通信队、高雄海军港务部、高雄海军设施部、高雄海军兵团、海军工厂及分驻各地的派遣队等，还有马公特别根据地。另有驻新竹的第二十九海军航空战队及北台湾航空队、南台湾航空队，受降任务十分繁重。中国海军第二舰队司令李世甲在厦门受降时接到曾以鼎的命令，出任接收台澎日本海军专员，在完成厦门接收工作后赶往福州。由于人员缺乏，李世甲在福州大量招募因各种原因离队的海军人员。他在《中央日报》上发布海军总司令部命令，通知离队海军人员归队，得到踊跃响应，几天录用200余人。10月19日，李世甲率第二舰队人员乘"海平"炮艇抵达基隆，次日入台北，在台北教育公会堂设海军第二舰队司令部，随即命令台湾日本海军指挥官编造投降官兵、舰艇、炮械、财产、档案、图表、机密文件等的清册，禁止对外通信，限期清除台湾附近水域、各港口所布水雷。22日，所招募的海军人员及团长戴锡余带领的海军陆战队独立第二旅第四团的第二和第三两营、队长林斯昌带领的一个海军布雷中队共约1500人，以及台湾警备总司令部特务团分乘雇用的20艘大帆船，在淡水、基隆两港登陆，向台北、高雄进军。25日，中国战区台湾省受降典礼在台北中山堂隆重举行，参加典礼的中方受降人员有陈仪、葛敬恩、柯远芬、陈孔达、李世甲、张廷孟等及台湾人民代表，日方投降代表为台湾总督兼第十方面军司令官安藤利吉、参谋长谏山春树及高雄警备府司令部参谋长中泽佑等人，盟军代表19人列席。11月1日，台湾警备总司令部为统一领导台湾地区的军事接收工作，成立台湾地区军事接收委员会。接收委员会设主任委员1人，由警备总司令兼任；副主任委员1人，由警备总司令部参谋长兼任；委员若干人，由陆军第六十二军和第七十二军军长、海军第二舰队司令、空军第二十二和第二十三地区司令、警备总司令部副参谋长及各处处长、宪兵第四团团长等兼任。接收委员会设陆军一、二、三及海军、空军、军政、宪兵接收组，李世甲为军事接收委员会委员兼海军接收组组长，接收范围包括日本海军高雄警备府司令部所属在台的海军部队的武装舰艇、军港、营建厂库、器材物资、军警公用船舶、文卷图书等。日本海军航空队归空军组接收，澎湖日本陆军泼剌部队的武装人员及器材等划归海军组接收。海军组的接收范围划为3个地区：台北地区由海军第二舰队参谋长彭瀛上校负责，下设武器舰艇、物资器材、通信器材小组，另设海军基隆办事处，以海军参谋严寿华上校为主任；高雄地区由海军参谋陈秉清中校负责，下设武器、机械、军需、舰艇、车辆小组；澎湖地区由李世甲负责，下设武器、器材、物资小组。台北地区的接收工作自11月1日开始，先后接收台北高雄警备府、高雄海军经理部台北支部、高雄海军军需部台北支部、高雄警备府军法会议处、第三三四海军设营队、淡水震洋队、高雄海军病院草山分院、台北在勤海军武官府、高雄海军人事部、基隆在勤海军武官府、高雄海军军需部基隆支部、基隆海军运输部等，12月8日全部点收完毕。高雄地区的接收工作于11月6日开始，先后接收了日海军高雄方面根据地司令部、海军通信队、高雄港务部、高雄海军警备队、海兵团、高雄海军军需部、经理部、军法会议处、高雄商港、船舶救难修理部、基隆运输部高雄出张所、高雄工作部、高雄新庄通信队、海军病院、左营冈山地区炮台、高雄海军施设部、凤山海军通信队、海军第六燃料厂、深水施设部、高雄海军病院及左营分院、台南海军防卫所、南投高雄海军派遣队等，该地区接收工作于1946年1月30日全部结束。澎湖地区的接收工作自1945年

11月15日开始，先后接收了日海军马公特别根据地司令部及工作部、军需部、施设部、大案山火药库、电探台、菜园送信所、贮水池、凸角防卫所、渔翁岛、虎牛屿、测天岛、马公等海岸防海、防空炮台，以及驻澎湖列岛的日陆军泼剌部队，全部接收工作于11月21日结束。

台澎地区的接收工作从1945年11月1日开始，至1946年1月30日结束，历时3个月，共接收296艘日军舰船，排水量约1万吨，另有391艘震洋艇。

第二节 南海诸岛的沦陷与收复

中国的南海诸岛是指东沙群岛（又称东沙岛、大东沙）、西沙群岛（又称西沙岛）、中沙群岛（1947年以前称南沙群岛）和南沙群岛（1947年以前称团沙群岛），这些群岛拥有200多个岛、礁、沙洲、暗滩，自古以来就是中国领土，华夏先民首先发现这些岛屿，并在岛上及其周边海域留下了大量活动痕迹。然而进入近代，西方列强趁中国国力衰弱、内部动荡之际，不断对南海诸岛进行骚扰、侵占、掠夺，试图据为己有。晚清至民国时期，中国历届政府尽管在国力和军力上力不从心，但始终没有放弃对南海诸岛主权的维护。全面抗战爆发后，日军侵占了南海诸岛，直至抗日战争胜利后，中国海军将南海诸岛正式收回。这一过程不仅显示了弱势海权条件下中国南海主权的丧失，而且证明了作为海权核心的海军是维护海洋主权的主要力量。

一、东沙群岛的沦陷与收复

东沙群岛位于广东省东南,是我国南海诸岛中位置最北的一组岛屿,主要由一个岛、一个环礁和两个暗礁组成,分布于北纬20°33′至21°10′、东经115°54′至116°57′之间的海域中,其中唯一的岛屿是东沙岛,它北距汕头168海里、西北距香港169海里、西距海口420海里、东南距菲律宾马尼拉430海里、东北距台湾高雄220海里,面积1.8平方千米。东沙群岛最迟自明代开始就由中国政府管辖,《琼台外记》载:"州东,长沙、石塘。"清代《广东通志》载:"长沙海、石塘海,俱在城东海外洋。古志云:万州有千里长沙、万里石塘。"这里的"古志"至少是指明代地方志,"千里长沙"指的是南沙群岛,"万里石塘"指的是东沙群岛。这说明,在明代,东沙群岛属万州管辖。清代后期,东沙群岛属广东省惠州管辖,渔商梁应元曾向清政府禀称,"东沙"为"惠州属岛",在版图上有"南澳气""气""沙头"等称谓,在《广东省水道图》中,东沙岛被称为"拨达司岛",东沙礁被称为"石塘礁"。1866年,曾有叫蒲拉他士的英国人避风于东沙岛,此后西方人将东沙岛标于地图时称之为蒲拉他士岛,并标明为中国广东省属地。在英国出版的书籍中也有记载,中国人在该岛捕鱼"已不知若干年"。

1907年以后,日本曾多次试图侵占东沙群岛,都因清政府动用海军力量强力干预而未得逞。1923年,英国政府向北洋政府外交部提议,请准在东沙岛建设观象台,以为航船预防飓风之备。北洋政府以英国人建台则有碍主权为由,决定将建台事宜交给海军部办理。海军部于1924年6月成立全国海岸巡防处,通揽办理领海保安,提供海上情报和通报气象事务。两年后,在东沙岛建成1座观象台(图10-5)、1座无线电台、1座灯塔,海军派数十人的守备部队驻守。

1937年7月，全面抗战爆发，东沙群岛的战略地位迅速凸显。由于它处于香港至台湾和香港至菲律宾两条航线的关键位置，对航线的影响巨大，同时扼守着台湾海峡南口和巴士海峡西口，所以日军于1937年8月24日决定对华南沿海进行"遮断"，夺取包括东沙岛在内的重要战略目标。当时，东沙岛上的中国海军守备官兵只有37人，由海军少校台长李景杭指挥，防御力量极其微弱。9月3日，日本大本营发布"大海指第三十二号令"，命令第二舰队执行东南沿海的夺岛行动。当日凌晨，日本舰队"夕张"二等巡洋舰及"朝颜"二等驱逐舰驶近东沙岛，向岛上开炮轰击，掩护3艘登陆艇上的百余名海军陆战队队员登陆。中国海军守备部队寡不敌众，被日军俘虏。被俘官兵被押往"朝颜"舰转送高雄港，遣至花莲港服劳役。另有东沙管理处平民10余人被遣送至澳门，下落不明。押往台湾的被俘海军官兵后又转押到广东，途中多人受到酷刑折磨而身亡。

图10-5　东沙岛观象台

日军占领东沙岛的意图无非是想截断欧美与中国南方的水上商业交通，以及广九路与粤汉路、越腾路与云南的联络，以断绝各国的对华接济。东沙岛沦陷后，气象报告即告停顿，在南海上来往的各国船只，除了有气象信息不灵带来的困扰之外，还受到日军的武力威胁，因为不久日舰便开始在粤港海面截查英国商轮。

在太平洋战争中，日美在南海诸岛海域展开激烈的海空战，美军在东沙岛实施了唯一一次两栖登陆作战。1945年5月29日，美军"蓝鳃"潜艇潜航于东沙环礁外，发现岛上有日军活动，遂浮起逼近东沙岛，先以艇上的 3 英寸炮及两挺机枪进行对岸轰击和扫射，随后艇长巴尔中校派遣一个 12 人的小组，由两名澳大利亚皇家特勤队军官率领，在东沙岛涉水登岸。美军登陆后与驻守日军发生激战，最终将日军全部消灭，占领东沙岛。在岛上，美军除了捣毁气象观测站、烧毁储油槽外，还升旗立碑。事后，巴尔中校致电美军太平洋潜艇司令部，正式要求将东沙岛更名为"蓝鳃礁"，以纪念美军收复东沙岛。当然，这项建议在战争结束后遭中国政府的严词拒绝而没有得逞。

1946 年 7 月，国民政府将南海诸岛改归广东省政府管辖。不久，行政院训令外交部饬广东省政府暂行接收南海诸岛，并要求外交部与内政部、国防部会商对策。9 月 12 日，海军派"中程"坦克登陆舰运送观象台及陆军整编第六十四师第一五九旅的一个步兵排首先进驻东沙群岛，重新竖立了主权碑。1947 年 3 月，海军又派遣"太平"舰前往东沙群岛，在东沙岛上竖立了"东沙阵亡官兵纪念碑"，任命周凯荣为东沙群岛管理处主任。

二、西沙群岛的沦陷与收复

西沙群岛位于北纬 15°46′ 至 17°08′、东经 111°11′ 至 112°54′ 之间，由宣德群岛和永乐群岛组成，包括 41 个岛、沙洲、暗礁和暗滩，其中岛屿包括甘泉岛、珊瑚岛、金银岛、琛航岛、广金岛、晋卿岛、赵述岛、北岛、中岛、南岛、永兴岛、石岛、中建岛、和五岛等。西沙群岛北距海口 240 海里、东北距香港 390 海里、西北距榆林 150 海里。中国人于西汉时期发现西沙群岛，从此不间断地对其进行辛勤开发，古时赋予其"长沙""九乳螺洲"等名称，清代地方志称之为"千里石塘"，《海国图志》称之为"万里石塘"，《海国闻见录》称之为"七洋洲"等。19 世纪以后，西方列强加紧了对西沙群岛的侵犯，英国先后于 1800 年、

1808年、1815年、1817年、1840年、1844年、1860年、1862年、1865年、1867年、1880年、1881年到西沙群岛非法勘测。德国也分别于1881年、1882年、1883年、1884年、1895年到西沙群岛非法勘测。法国和日本更是迫不及待，对西沙群岛垂涎三尺，图谋长期侵占。

在发动全面侵华战争之前，日本就清楚地意识到西沙海域在新加坡—香港海空航线之西、西贡—海防—香港海运线之东，战略地位非常重要。当时，中国媒体有精辟的分析："西沙群岛是我国南海上的一簇岛屿，握着欧亚出入口道——香港安南南洋群岛的冲途，各岛环湾深入，可泊巨舰，据军事家的观察，能泊航空母舰及战斗舰二三十艘，沿岸周围的浅海，更是潜水艇寄碇最优良的场所，环内水面广阔，可容水上航空机百架升降，且各岛均位于英美法诸国属地的中点，距离海南岛更不过二百三十三公里，军需的供给至为便利，足以控制各方，确是我国南海上一个重要的军事支撑点。因此，敌人无日不想占据此地，扩展南海封锁线，断绝海外我军需的接济。"从1935年起，日本海军经常派军舰前往西沙群岛驻泊，在这期间经常开炮驱逐中国渔船，并在西沙群岛的东岛立碑，刻有"昭和十一年大日本海军停息"字样。然而意想不到的是，1938年7月3日，法国派出二三十名武装的安南警察登陆西沙群岛，试图趁战乱据为己有。中国政府以备忘录的形式向法方重申中国对西沙群岛的主权，并称保留一切权利。对于法国的野心，日本不能容忍。就在法国派安南警察登陆西沙群岛的次日，日本外务省发言人就明确表示，"我们正关注形势的发展"。一些日本公民是住在"我们承认是属于中国领土的西沙"。然而，日本国内却是另一种声音。据东京7月8日路透社电：《东京日日新闻》称，"西沙群岛应为日本领土，今为法国所占，法国援助中国而牺牲对日友谊，不啻使法属安南陷于危境"。《报知新闻》称，"法占领西沙群岛，使日本反法情绪高涨，在此种情势下，无人敢担保法日间不致发生冲突。法国此种占领系海盗行为，其背后或有英人为之支持。日本政府必须采取坚强政策以应付此种非法行动"。随后，法日双方在军事上展开对峙。7月14日，30艘法国军舰在1艘航空母舰和数艘潜艇的配合下，在广州湾至西沙群岛之间布成阵势。与此同时，25艘日本军舰、30余艘渔船也在海南岛与西沙群岛之间拉开架势，但始终未敢在西沙群岛登陆。

1939年3月2日，日军强行登陆，占领西沙群岛的9个岛礁，将法军全部驱逐出岛，其意图正如1939年4月25日出版的《东亚情报》第236号所表明的那样："尤其我国海军当局，对已在西贡、广州湾保有舰队根据地的法国，若再领有此飞行根据地及潜艇寄泊所，其结果将使南中国海上列强的海军势力，展开新形势，由于国防上的见地，自然十分重视这一件事。"紧接着，马公要港部派出陆战队、气象情报队以及通信派遣队进驻西沙群岛的林岛，修建军事设施，并竖立石碑，详刻侵犯西沙群岛经过。日军还将西沙群岛改名为"平田群岛"，在珊瑚岛上修建了5座碉堡，即南北各1座，东北角2座，东南角1座（图10-6）。战争期间，特别是太平洋战争爆发以后，日军一面保护开洋磷矿公司等掠夺西沙群岛的鸟粪等资源，一面利用西沙群岛实施远程水上侦察机的转场，秘密进入菲律宾群岛、中南半岛及荷属印尼空域，执行侦察任务。1944年，日军在西沙群岛建立了大规模的测候所以观察气象。

早在1943年12月，中、美、英3国在埃及开罗召开了开罗会议，发表了著名的《开罗宣言》，该宣言指出："剥夺日本自一九一四年第一次世界大战开始后，在太平洋上所夺得或占领之一切岛屿，其他日本以武力或贪欲所攫取之土地，亦务将日本驱逐出境。"1945年7月，中、美、英3国又发表了《波茨坦公告》，强调"开罗宣言之条件必将实施"。

日本投降后，中国政府遵照《开罗宣言》和《波茨坦公告》的规

图10-6 日军在西沙群岛修建的碉堡

定,决定收复曾被日军占领的南海诸岛。1945年12月8日,台湾气象局派人乘"成田"机帆船前往西沙群岛进行调查,他们从高雄出发,于11日到林康岛,停船修理机器,12日在林岛登陆,竖立旗帜。13日,调查岛上情形,拍摄照片,在测候所风力塔南5米处竖立木牌,正面写"台湾省行政长官公署气象局接收完了",背面写"民国三十四年十二月十二日"。后又到其他岛屿调查。1946年1月3日,台湾气象局派人再登林岛,20日返抵高雄,发表了巡视报告。1946年7月,国民政府将南海诸岛划归广东省管辖,并令海军总司令部协助广东省政府进行接收,同时派兵驻守。8月1日,行政院发出"节京陆字第7391号"训令,着广东省政府"遵办具报"。31日,行政院再次下达电令称:据报,某国外长声称拟将新南群岛(团沙群岛)合并于其国范围以内,饬外交部会商内政部、国防部妥为应付,并协助粤省进行接收。9月2日,行政院发出"节京陆字第 10858 号"训令，着内政部、外交部、国防部会商，妥为应付，并协助广东省政府接收团沙群岛。根据这一训令，内政部代表傅角今，外交部代表程希孟、陈世材、王恩曾、沈默、凌乃锐、张廷铮、李文显，国防部代表马定波，并有海军总司令部代表姚汝钰参加，由外交部顾问程希孟主持，于 13 日在外交部召开会议，就接收西沙群岛和团沙群岛的方案进行详细研究。会议决定按照行政院的命令，由海军总司令部协助广东省政府接收西沙群岛和团沙群岛，并由海军派兵进驻各岛。

10 月 9 日，国防部主持召开由内政部、外交部、军务局、广州行辕、海军总部、空军总部、联勤总部参加的进驻南海诸岛会议，决定于 13 日前后对南沙、西沙、中沙群岛等的进驻与侦察同时实施。会后，海军总司令部决定由第二署海事处负责进驻西沙、南沙群岛的筹备工作，并决定西沙主岛——林岛和南沙主岛——长岛各设 1 座海军电台，各驻 1 个海军陆战队独立排，各有 59 名在编人员，各配备 3 套 250 瓦发报机组、9 门 25 毫米机炮、4 挺机枪和 22 支长短枪，以及各种必要的生活物资。执行进驻任务的海军舰队由"太平"护航驱逐舰、"永兴"驱潜舰（图 10-7）和"中业""中建"坦克登陆舰（图 10-8）组成，任命海军总司令部上校附员林遵为舰队指挥官，第二署海事处上校科长姚汝钰为副指挥官，海军上尉张君然、林焕章为舰队参谋。为使进驻西沙和南沙的任务同时展开，舰队一分为二：林遵偕林焕章率"太平""中业"两舰为一队，携电台、物资及海军陆战队独立第二排进驻南沙群岛；姚汝钰偕张君然率"永兴""中建"两舰为一队，携电台、物资及海军陆战队独立第一排进驻西沙群岛。

海军进驻西沙、南沙群岛舰队的指挥人员于 1946 年 10 月 25 日到达上海，随同工作的尚有国民政府各部会代表及内政部方域司地理科科

图10-7 准备收复西沙群岛的"永兴"舰

长郑资约等13人。29日晚,"太平""中业""永兴""中建"4舰分别出港,22时舰队从长江口南下,除了载运海军官兵外,国防部、内政部、空军总部、联勤总部等也派代表参与进驻任务。舰队航线经台湾外海并绕过香港,于11月1日晚抵外伶仃,连夜进入珠江口。午夜,舰队在虎门炮台抛锚,海军广州炮艇队派艇迎接。舰队指挥官林遵、姚汝钰及参谋林焕章、张君然,以及"太平"舰舰长麦士尧、"永兴"舰舰长刘宜敏、"中建"舰舰长张连瑞、"中业"舰舰长李敦谦等一行8人去广州。2日8时,舰队人员先到广东省政府拜会省政府主席罗卓英,并会见广东省接收各岛的负责人,互相汇报了工作情况。10时,又拜会了军事委员会广州行营主任张发奎,向他报告了舰队情况和工作计划。此时,广东省政府已指派省府委员萧次尹为接收西沙群岛专员、

图10-8 参加收复西沙群岛的"中建"舰

技术顾问麦蕴瑜为接收南沙群岛专员,海军总司令部则指派第二署海事处承办,由海军上校姚汝钰主持,海事处参谋程达龙、李秉成和张君然具体负责。其他部门也派出了相关人员以及熟悉南海诸岛情况的人员参与工作。

正当中国海军准备进驻西沙、南沙群岛时,中国方面在西沙群岛海域发现了法国军舰,说明法国有抢占西沙群岛的意图,这一情况坚定了中国海军收复西沙、南沙群岛的决心,加速了收复进程。据时任海军总司令部办公厅副主任的徐时辅回忆:"1946年11月,我作为海军总司令部办公厅机要科长,随海军代总司令桂永清去粤琼台澎视察,乘'峨嵋号'军舰由上海抵广州。……恰在此时,海军总司令部参谋长周宪章从南京给桂永清发电报,说西沙群岛海域发现一艘法国巡洋舰。……桂永清乃根据行政院的决策、广东省的要求等情况,进一步坚定了派舰从速接收西沙、南沙群岛的决心。"

接收西沙、南沙群岛人员分成两个接收工作组,每个组都有广东省各机关代表,以及民政厅、实业厅、中山大学等单位的专业考察人员、测量人员及各行技工。在广州期间,准备工作还在继续进行,舰队参谋人员会同广东省接收专员,对各群岛的历史情况和自然条件做了研究,补充修正了行动方案,还预制了收复各岛的标志和纪念碑。参与接收的广东省人员和物资分别登上"中建"舰和"中业"舰。11月6日,舰队驶离虎门,8日抵达海南岛榆林港,补充了部分物资,添置了一批适航珊瑚礁区的渔业木船,又雇用约40名熟悉各岛情况的渔民,作为礁环区运输物资的民工。为保持两组同时收复西沙和南沙群岛,林遵率"太平""中业"两舰于12日率先起航赴南沙群岛,但因受天气影响而中途折回。18日,再次出航,依然因天气恶劣而未能成行。鉴于此,林遵不得不改变计划,决定先进驻西沙群岛。

11月23日,"永兴""中建"两舰在姚汝钰率领下,抢在风浪稍减的间隙先行出航,24日凌晨到达西沙群岛的林岛,在礁环外一海里处抛锚。张君然先率战斗小组乘艇登陆搜索,岛上未见有人,但原有建筑都已破坏殆尽。随即按原定部署组织人员登陆,抢运物资,各行技工首先搭建活动营房,抢修炮位。此时,海上仍有7级大风,各项工作及物资运输都遇到很大困难,经过5昼夜苦斗,进驻工作大体完成,官兵生活设施安排就绪,电台已经架好,各专业考察工作次第完成。29日上午,舰队派出仪仗队,会同广东省政府接收专员和驻岛人员,为收复西沙群岛竖立纪念碑揭幕,并鸣炮升旗。纪念碑系水泥制作,正面刻"卫我海疆",背面刻"海军收复西沙群岛纪念碑 中华民国三十五年十一月二十四日 张君然立"(图10-9)。至此,海军进驻西沙群岛的任务初步完成。广东省还留下一名省政府官员驻岛作为行政负责人。29日中午,舰队离开了林岛,按计划驶往永乐群岛考察。下午,"永兴"舰越过琛航岛和广金岛,察看了珊瑚岛,见岛上仍有法国和日本侵占时期残留的房屋,随即将此情况电告海军总司令部,舰队于30日下午返抵榆林港。完成任务后,所有经过情形及开发意见呈报中央,并受到传令嘉奖。

图10-9 永兴岛上的海军收复西沙群岛纪念碑

在这次接收任务中,海军"永兴"和"中建"两舰功不可没,在1947年国民政府内政部公布的南海诸岛名称中,正式将西沙群岛的主岛——林岛命名为"永兴岛",中途崎岛命名为"中建岛",以示纪念。

1947年1月8日,国民政府外交部发言人就中国收复西沙群岛回答了记者的提问,明确指出:"中国政府已由日本占领中收回西沙群岛,该群岛主权本属中国,故无须经过向任何方面请求收回之手续。"9日,法国外交部发言人声明,"法国一向认为该列岛屿系属于越南者"。13日,法国大使馆正式以节略形式致国民政府外交部,对中国行使占领西沙群岛的后果,声明保留。过了几天,一艘法国军舰在事前毫无通知的情况下竟至永兴岛威胁要武装登陆,经中国政府严正抗议,法舰随即离去。18日上午,法国"东京人"舰驶抵永兴岛,派官兵登陆,要求中国驻守人员撤退,遭中国守军严词拒绝,并令法军立即退走,全岛遂进入紧急备战状态。法军离岛后,其军舰仍停留在永兴岛海面,24小时后才撤离。当日,中国驻法大使馆重申中国对西沙群岛的主权,海军总司令部也发出指示,坚守国土,妥为应付,不首先开火。外交部长王世杰于19日16时约见法国驻华大使梅理霭,郑重表示西沙群岛主权属于中国。21日,国防部长白崇禧发表公开谈话,强调:"西沙群岛主权属于我国,不仅历史地理上有所根据,且教科书上亦早载明。去年敌人投降,退出该群岛后我政府即派兵收复。本月十六日有法国侦察机一架飞至该岛侦察,十八日法海军复有军舰一艘行至该群岛中之最主要一岛。我守军当即表示守土有责,不许登陆,并令其撤走。至巴黎电传法海军已在群岛中之拔陶儿岛(珊瑚岛)登陆,据余之记忆,此岛距国军主要驻防之岛约为五十海里。"法军在该岛留驻20人,国民政府外交部于25日提出抗议,要求法方立即撤走该岛上的法军。

为应对法国对西沙群岛的野心,中国政府加快了对西沙群岛考察和经营的步伐。1947年4月,按照海军总司令部的命令,海军驻广州西沙、南沙群岛前进指挥部的指挥官姚汝钰再次率领"永兴""中建"两舰组成的舰队于4月14日从广州出发前往榆林港。经过几天准备之后,舰队于21日下午出发前往西沙群岛的永兴岛,次日11时抵达。此行的任务是:一是给永兴岛官兵补给半年的供应品;二是根据国际气象组织的建议,在岛上开展气象观测工作,派一个气象组驻岛,并在石岛建立一个航标灯桩;三是派官兵和电台进驻珊瑚岛;四是组织各专业单位对西沙群岛的自然条件及资源进行调查。所以,此行的随舰工作人员中有中央研究院植物研究所、地磁研究所、青岛海洋研究所、经济部地质调查所、资源委员会矿测处等单位的专家,以及中山大学地理系和生物系的师生。另外,海军总司令部还派电工处处长曹仲渊陪同印尼归侨周苗福,以及由广州行营介绍的卸任的湖南省政府主席胡奇伟等一行,也随舰去西沙群岛考察,他们的目的是考虑开发和建设西沙群岛。舰队指挥部还邀请铁道部琼崖铁路工程处处长吴廷玮派土建工程人员去永兴岛,帮助规划修建码头和栈桥工程。此行任务繁多,但因准备充分、组织得当,都顺利完成了任务。

5月16日,海军总司令部又一次给舰队指挥部下达命令:行政院据广东省政府意见,命令海军暂行代管各群岛的行政工作,并相应设置海军各群岛管理处;在广州设置海军黄埔巡防处,派姚汝钰担任处长。因此,进驻西沙、南沙群岛的舰队于6月初回到广州后任务结束,共工作了8个月。"永兴"舰则奉命在广州驻防,配合巡防处和西沙、南沙群岛的工作。

三、南沙群岛的沦陷与收复

南沙群岛包括230多个岛屿、沙洲以及礁、滩,是我国南海诸岛中岛礁最多、散布范围最广的珊瑚礁群。目前，已定名的有189个岛礁（根据中国地名委员会1983年1月公布），其中岛屿14个、沙洲6个、暗礁113个、暗沙35个、暗滩21个。早在汉代，中国人就在南海航行中发现了这些岛屿，留下了若干记载。宋代以后开始命名，把南海诸岛称为石塘和长沙等，以后用长沙或千里长沙专指南沙群岛。明朝时期又把南沙群岛称为万里长沙。清代中叶以后，有的著述沿用了这些名称，也有的著述将南沙群岛称为千里石塘，又称北海。在这一时期，中国人已经对南沙群岛内的几十个主要岛屿进行了命名。

在元代，中国的疆域就包括了南沙群岛，明确将千里长沙和万里石塘列入海南岛管辖范围。《元史》和《岛夷志略》等典籍中都有元朝水军巡视西沙、南沙群岛的记载。明代的郑和下西洋更是多次巡经南沙群岛，并将航线绘制于《郑和航海图》上，明朝的水军也时常巡视南沙群岛。清代康熙年间和雍正年间的《广东通志》、乾隆年间和道光年间的《琼州府志》等均把千里长沙和万里石塘列入琼州府疆域之中，并实施管辖。

中国对南沙群岛的开发和经营在明代或之前就已开始，来自海南的渔民到南沙群岛海域从事渔业生产。清代前期，到南沙群岛捕鱼的海南渔民更多，他们在太平岛、西月岛、中业岛、双子礁、南钥岛、南威岛等岛礁上建屋居住，挖水井及种椰树、香蕉和蔬菜等，还建地窖，存放海味、干货和粮食等。清末，海南岛和雷州半岛的渔民都有到南沙群岛去捕鱼的，其中以文昌、琼海两县最多，他们把在南沙捕捞的海产品运到新加坡出售。民国以后，中国渔民赴南沙群岛从事渔业生产和开发的人络绎不绝，有些还长期住在岛上。日本人小仓卯之助在《暴风之岛》中记载，当1918年12月他组织所谓探查队到北子岛时就惊讶地发现3名自称"文昌县海口人"的中国渔民居住在该岛上，并备有南沙群岛的地图。

上述事实充分说明，南沙群岛自古以来就是中国的领土。然而，晚清时期西方列强在侵占和掠夺东沙、西沙群岛的同时，也频繁出没于南沙群岛。从辛亥革命到1933年法国宣布侵占南沙群岛"九小岛"，仅日本涉及损害中国南沙群岛主权的行为有案可查的就有：1917年6月，日商平田末治窜入太平岛进行非法活动；8月，日人池田舍造、小松重利等先后窜入太平岛活动。1918年7月，日本议员桥本竟向日外相呈请，将南沙群岛划入日本版图；12月，日本拉沙磷股份有限公司派海军中佐小仓卯之助等组成探查队第一次窜入南子岛、北子岛、中业岛、红草峙和太平岛调查磷矿。1920年12月，小仓卯之助组织探查队第二次非法调查鸿庥岛、景宏岛和安波沙洲，与小仓同行的恒藤规隆竟把南沙群岛定名为"新南群岛"。1921年10月，日本拉沙磷公司招募的百余人在太平岛窃取磷矿。1923年，日本拉沙磷公司在南子岛窃取磷矿。1933年，日"胜力"舰窜入南沙群岛活动；8月，平田末治创办开洋兴业公司，派三好、松尾乘"第三爱媛丸"船到南沙群岛擅自调查；8月21日，日本竟发表南沙群岛"应属日本"的声明。

1933年，法国悍然宣布占领中国南海9座岛屿，即当时属于团沙群岛，后来命名的南威岛、太平岛、安波沙洲、北子岛、南子岛、南钥岛、中业岛、鸿庥岛和西月岛。中国政府做出强烈反应，一面派出广东海军的两艘军舰赴南沙群岛进行调查，一面向法国政府提出严重交涉。与此同时，日本乘机想攫取在南沙群岛的利益。日本外务省以日本曾占据南沙群岛为由，对法国占领"九小岛"不予承认。日本政府的介入使事件变得更复杂，当时的《外交评论》称："粤南九岛问题，本为中法两国间主权之争，终将成为法日及法日英美海上势力之争。"在此后的几年中，此问题被搁置下来，直到全面抗战爆发后日军占领南沙群岛。

1939年3月30日，日军侵占南沙群岛。4月9日，日军将多年来盘踞在部分岛屿上的法国殖民军及安南渔民悉数驱离。28日，台湾总督府将南沙群岛更名为"新南群岛"，归高雄州高雄市管理。1940年，日军在长岛整建军港，在岛南兴筑突堤620米，以开辟1300平方米的港池，水深达2米，内有长175米的码头，可停泊90艘50吨级渔船。港池外锚地可容纳千吨级军舰和潜艇碇泊。

日军除了在南沙群岛上兴建军事设施之外，还大肆掠夺南沙群岛资源。1940年11月18日，日商成立了"新南群岛电灯事业株式会社"，在南海诸岛遍设柴油发电机组，以供军民使用，使日本在南海能有效积极经营，加速掠夺海洋资源并强化备战。

太平洋战争爆发后，日军与美军在南海展开海空战，南沙群岛成为日军重要的支撑点。1944年初，日军派出驻防东港的吕宋海峡反潜部队执行南海海上护航及海空联合反潜作战任务。该部队下辖第901航空队（驻东港）和第936航空队（驻新加坡），共有飞机190架，其作战范围以南沙群岛的长岛为界，涵盖整个南海海域。各航空队均以东沙、西沙及南沙群岛为转场基地，进行加油、挂弹整备。日机在空中侦巡过程中，一旦发现海面游弋的盟军潜艇，立即用深水炸弹实施攻击，同时进行持续尾随监控，通知反潜舰艇猎杀。

在侦巡过程中，日军的反潜部队尽管多次与盟军潜艇交战，但战果不明显，击沉美潜艇的记录也只有两次。第一次是1944年10月24日，在东沙岛以东100海里处击沉了美国"鲨鱼"潜艇；第二次是在同一天，在南沙群岛的半月暗沙外将美军"海鲫"潜艇逼至触礁搁浅，艇员弃艇。然而，随着美军潜艇越来越多，如此战果微不足道。相反，美军击沉的日军舰船数量惊人，到1945年5月，仅日军在南海损失的海军作战舰艇就达100余艘，总排水量38.8万吨。到战争结束前夕，南海海域已无日军舰艇的踪影，日军已放弃反潜作战行动。

1944年，美军从太平洋以越岛作战方式逼近菲律宾。10月20日，美军登陆菲律宾南部的雷伊泰岛。1945年1月9日，美军又登陆吕宋岛。为保证登陆成功，美军第38特遣舰队在轰炸完台湾后首度进入南海海域。当时，美军冒着巨大风险，因为从台湾、吕宋、巴拉望、婆罗洲、中南半岛到华南沿海都在日军的掌控之下，散布于南海的东沙、西沙和南沙群岛都有日军驻防，美军稍有不慎将陷入日军重围之中。因而，第38特遣舰队进入南海海域后，首先将南海诸岛日军的水上侦察机及各岛上的通信电台、气象设施作为袭击目标。

1945年1月10日夜，第38特遣舰队高速穿越巴士海峡进入南海。天明之前，舰队开始海上整备，各航母甲板忙着为将要出击的飞机加油、挂弹。11时，完成大编队海上整备，舰队以高速逼近中南半岛。次日3时30分，舰队派出舰载机沿着安南沿岸轰炸、扫射，在4个小时内共出动1465架次。同时，美军一个中队的舰载攻击机分头奔向西沙林岛及南沙长岛实施奇袭，将岛上的无线电台、气象观测站、营房、仓库、厂房及码头等悉数炸毁。

1月13日、14日，第38特遣舰队利用回避南海低压的机会实施海上整备。15日拂晓，"企业"航空母舰派出8架轻型轰炸机低飞突袭东沙岛，将岛上的无线电台、气象观测站及罐头厂全部炸毁，日军死伤过半，大批台湾民工伤亡。次日，第38特遣舰队全力出击，扫荡中国大陆闽粤沿海及海南岛的日军，顺道再次轰炸西沙林岛。至此，日军在南海诸岛经营多年的设施和军事装备在美军舰载机三番五次的饱和轰炸下荡然无存。残余的日军在缺粮缺弹的情况下，困守南海诸岛，胆战心惊地期待着援军的到来。

第38特遣舰队完成轰炸南海诸岛的任务之后，其任务由驻菲律宾的美军陆海军远程侦轰部队接手，通过截堵并击沉航行于南海海域的日本舰船，确保南海的其他作战任务顺利完成。侦察机一旦发现海面上有日本舰船，便会立即招来待命的轰炸机或在附近警戒的潜艇轮番攻击，直到将日本舰船击沉为止。1945年4月6日，在东沙岛北方，日本海军海字"一三四号"巡防艇在美陆军第5航空军的责任区域内遭到B-25轰炸机轰炸，当即沉没。

1945年6月，美军攻克冲绳，战火进一步逼近日本本土，此时南海海域已经没有日本舰船的踪影。由于海上补给已被美军完全切断，南海诸岛上的残余日军及台湾民工在缺乏医药、粮水等补给的情况下大多饿毙或病殁。这表明日军在南海诸岛已遭到彻底失败。

1946年初，中国政府开始筹划收复西沙、南沙群岛（图10-10）。对于南沙群岛的收复，9月13日，由内政部、外交部、国防部代表参加的会议专门决定：第一，由国防部协助广东省政府从速接收团沙群岛，接收之地理范围由内政部拟定；第二，关于该群岛之地理位置及所属各

图10-10 远眺南沙群岛的太平岛

岛之名称，由内政部绘制详图重行拟订，呈院核定；第三，目前不必向外国提出该群岛之主权问题，唯为应付将来可能发生争执起见，应由内政、国防两部暨海军总司令部，将有关资料即送外交部，以备交涉之用。会后，由内政部长张厉生、外交部长王世杰、国防部长白崇禧向行政院呈报会议记录。

1946年12月9日，天气晴朗，东北风3级。6时，林遵下令起航，"太平"和"中业"两舰（图10-11、图10-12）第三次驶向南海。经过几天的航行，12日11时，两舰抵达南沙群岛长岛西南海面，呈一远一近抛锚。"太平"舰副长何炳材率水兵和海军陆战队各一班乘汽艇和救生艇向长岛搜索前进，在离长岛100米左右时，向空中发射数十发机枪子弹以试探岛上虚实，但未见任何反应。再前进至距岸边约50米处，水太浅，官兵们离艇涉水登陆。上岸后，他们先进入两座混凝土房子搜索，只见日军留下的一些钢盔和破烂军服、皮鞋等。再搜索全岛，未发现任何人。于是，他们沿西、南岸边勘察，发现在南岸有一座小码头及轻便铁路。该铁路是日本鸟粪公司用以掠夺鸟粪的。码头南方的浅滩中有

图10-11 收复南沙群岛的"太平"舰

图10-12 收复南沙群岛的"中业"舰

一条人工开辟的小航道，长约 300 米，宽约 5 米，深 3~5 米。为了方便以后人员登陆，何炳材等在码头上挂起一面黑方格的号旗，并在航道外端抛下一个浮筒作为标志。

"中业"舰获知岛上无异常信号后，由舰长李敦谦派小艇运送进驻人员和物资登陆，林遵、"太平"舰舰长麦士尧和李敦谦则同中央各部和广东省代表随后登岛，内政部方域司地理科科长郑资约和广东省接收南沙群岛专员麦蕴瑜对全岛进行了测量和绘图（图 10-13、图 10-14）。

在踏勘全岛时人们发现，长岛上灌木丛生，生长有椰子树、木瓜树、蕉树等树木。岛上的遗迹除了何炳材发现的小码头和轻便铁路外，岛南侧还有钢筋混凝土筑成的长四五十米的防浪堤，东侧有仓库、发电厂、修理厂等设施，均被盟军飞机炸毁。岛上还有 7 口水井，其中 4 口有淡水，可供进驻人员使用。

图 10-13 收复南沙群岛人员在"太平"舰上合影。前排为林遵，后排右为麦士尧，后排左为郑资约

进驻人员登岛后最重要的一项任务就是重立石碑。岛的西南方，在防浪堤的末端，即通往电台大

图 10-14 收复南沙群岛人员在太平岛测量地形

路的旁边，日本人建有一座纪念碑，上绘日本国徽，其下方书有"大日本帝国"5个字。登岛人员将日本帝国主义侵略遗迹全部毁灭，在原址上重竖随舰运来的中国主权水泥碑，该碑为长方形，高1.5米，宽0.9米，厚0.3米。碑座分两层：上层长1.4米，宽0.8米，厚0.4米；下层长2米，宽1.4米，厚0.3米。碑文前面上为青天白日国徽，下为"太平岛"3字；后面刻"中华民国三十五年十二月十二日重立"16字，排为双行；左旁刻"中业舰到此"，右旁刻"太平舰到此"。除此之外，在岛东端沙滩稍上方处竖一水泥小碑，为细长的方条形，高2.4米，宽和厚均0.2米，正面刻有"南沙群岛太平岛"7个大字，背面刻有"中华民国三十五年十二月十二日重立"，旁侧分别刻有"太平舰到此"和"中业舰到此"字样（图10-15、图10-16）。主权碑重立完成后，广东省接收南沙群岛专员麦蕴瑜在碑旁主持举行了接收和升旗典礼，并集中接收人员及进驻的海军官兵数十人拍照留念（图10-17）。至此，中国完成了对南沙群岛主权的收复。

12月15日，"太平"和"中业"两舰告别太平岛返航，沿途巡视了南沙群岛北半部分的其他岛礁，在西月岛、南威岛、帝都岛等岛屿上竖立了主权碑。20日，

图10-15 "太平"舰在南沙岛屿上立碑

图10-16 "中业"舰在南沙岛屿上立碑

两舰返回榆林港。26日，两舰驶入广州白鹅潭，完成了具有历史意义的接收南沙群岛任务。

1947年1月16日，国民政府内政部、国防部召开会议，讨论西沙、南沙群岛的行政隶属问题，决议两群岛仍属广东省政府管辖，俟海南行政特别区成立后再交由该区统辖，目前暂由海军管理。遵照国民政府决议，海军总司令部于3月15日设立"西沙群岛管理处"和"南沙群岛管理处"，分别由张君然、彭运生任主任。4月14日，内政部、国防部、外交部、海军总司令部举行西沙、南沙群岛范围及主权的确定与公布案会议，做出3项决议：（1）南海领土范围最南应至曾母滩，此项范围抗战前我国政府机关、学校及书局出版物均以此为准，并曾经内政部呈奉有案，仍照原案不变。（2）西沙、南沙群岛主权之公布，由内政部命名后，附具图说，呈请国民政府备案，仍由内政部通告全国周知。在

图10-17 收复南沙群岛人员在太平岛举行升旗典礼后合影

公布前，并由海军总司令部将该群岛所属各岛，尽可能予以进驻。（3）西沙、南沙群岛鱼汛瞬届，前往各群岛渔民，由海军总司令部及广东省政府予以保护及运输通讯等便利。关于南海诸岛的位置及命名，内政部通过编制《南海诸岛位置图》《西沙群岛图》《中沙群岛图》《南沙群岛图》《太平岛图》《永兴岛及石岛图》《南海诸岛新旧名称对照表》进行备案和查照。12月1日，国民政府内政部正式公布了南海属于中国领土的东沙、西沙、中沙、南沙群岛及其附属各岛屿、礁滩、暗沙的名称，共计172个。在新公布的南海诸岛图表中，除保留东沙、西沙群岛的原有名称外，正式将原南沙群岛改称中沙群岛，原团沙群岛改称南沙群岛。在新命名的岛、礁、滩、沙中，西沙群岛的林岛以"永兴"舰之名命名为"永兴岛"，南极岛以"中建"舰之名命名为"中建岛"，南沙群岛的长岛以"太平"舰之名命名为"太平岛"，帝都群礁、帝都岛以"中业"舰之名命名为"中业群礁""中业岛"。除此之外，南沙群岛的北小岛以"中业"舰舰长李敦谦之名命名为"敦谦沙洲"，南小岛以"中业"舰副长杨鸿庥之名命名为"鸿庥岛"，彰显了中国海军在收复南海诸岛中的突出贡献。

第三节　接收日本赔偿舰艇

中国战区所接收的日伪海军舰船虽有千余艘，但军舰仅占1/3左右，其余全为民用船舶。之所以如此，原因之一是日本无条件投降后，盟军对残存的日本舰艇进行了处理，将其主力舰只销毁或凿沉，一般中小型舰船在拆除武装后统一分配给中、美、英、苏4国，作为战争赔偿的一部分。

日本宣布无条件投降后，为了防止日本军人发生过激行为，盟军下令将日本海军残存舰艇集中管理，凡有动力者均集中于横须贺、吴港、舞鹤及佐世保军港待命受降。日本投降后，大部分日海军官兵不愿意见到投降场面，在受降前擅离职守，自行返乡。1945年9月2日，盟军受降清点日军残存舰艇时，发现大型主战舰艇，如航空母舰及战列舰，均已瘫痪，形同报废，其他大型舰艇大多不是在战争中被毁损，就是被日军官兵破坏。能够航行者仅有3艘巡洋舰、30艘驱逐舰、54艘潜艇。其他中小型舰艇大多可以出航。在这种情况下，盟军总部做出决定：将大部分日本海军官兵遣散，留少部分航海、轮机、海勤人员等待差遣；将日本海军所有残存的特攻潜艇等特攻兵器一律切割、凿沉或肢解；在盟军监督下将留存的日本水面舰艇解除武装，使其变成无武装的俘虏船。随后，盟军征调9000名原日本海军官兵及328艘各型舰艇，配合盟军扫雷部队将二战期间双方在日本港湾、泊地及航道上布放的近10万枚水雷逐一清除。这项工作一直持续到1949年底。除此之外，盟军总部还在战后征用了188艘无武装的日本海军舰艇，用于将散布在中国大陆、朝鲜半岛、中国台湾、中南半岛及南洋各地的日本侨民遣送回国。

在完成了除扫雷以外的大部分工作后，盟军挑选了135艘驱逐舰以下的无武装舰艇，作为赔偿盟国之用，其他舰艇做了如下处理：21艘驱逐舰以上的大型舰艇，部分被拖至深海炸沉，部分作为美国原子弹爆炸的试验品；幸存的比较先进的潜艇被美军遣送至珍珠港，交给美国海军装备技术部进行研究，其余的50艘潜艇拖至外海炸沉；近50艘驱逐舰以下的作战舰艇，由18家日本原有的造船所负责拆解；所有辅助舰艇，如登陆舰、输送舰、拖救舰，在拆除武装后被变卖给民间航运企业。上述工作于1949年底完成。至此，曾盛极一时的"大日本帝国海军"烟消云散。留下的135艘舰艇则作为战争赔偿的一部分通过抽签分给中、英、美、苏4国。

1947年6月18日上午，在盟军总部6楼大礼堂隆重举行了中、英、美、苏4国均分日本舰艇会议。主席台上由右至左依次坐着中、英、美、苏4国代表，他们背后竖立着本国国旗。美国远东海军司令葛立芬中将主持会议。中国代表团派出海军上校马德建为国家代表，海军上校姚玙、少校钟汉波、上尉刘光平为随员出席会议。获准旁听的各国来宾凭票进入会场，坐于观礼席上，其中华侨代表有60余人。

9时，葛立芬宣布会议开始，他首先做了简单的致辞。他说，日本投降后，其现存舰艇包括已卸除武装的26艘驱逐舰、109艘海防舰和辅助舰，共计135艘，盟军总部已将它们按吨位大致平均分为4份，中、英、美、苏4国各得1份，作为日本对盟国四强先行赔偿的一部分。每份舰艇已经编号并列表，放于各国代表桌上，如无异议，准备抽签分配。

日舰的分配实际是由美国直接操作的，没有给他国留下商量的余地，葛立芬在会上征求各国意见只是走过场。因此，各国代表都未提出异议，只待抽签。抽签分为两轮，第一轮确定第二轮抽签的先后顺序，第二轮抽出各份舰艇的归属。在第一轮抽签中，中国代表马德建抽得第二的顺序（图10-18），在第二轮抽签中，他抽得编号为"2"的那一份，该份舰艇共34艘，包括现存日舰中排水量最大的两艘驱逐舰"宵月"（标准排水量2701吨）和"雪风"（标准排水量2050吨），是最理想的一个签（图10-19、图10-20）。

会议结束后，按照盟军总部的安排，各国代表前往位于日本九州的佐世保港登舰查验，如未发现异常情况，可将舰艇运回国内。中国驻日代表团海军代表钟汉波奉团长商震之命，负责舰艇的查验。1947年6月20日上午，他与其他国家代表一道，乘火车从东京出发，次日抵达佐世保。中国分得的34艘舰艇在港口中排列有序，钟汉波乘小艇登舰查验，查验的主要内容包括驾驶台海图、试车钟、传声筒及航海仪器是否齐备，机舱轮机保养是否良好等。

图10-18 1947年6月18日，马德建抽签

图10-19 日偿军舰"宵月"

图10-20 日偿军舰"雪风"

日方专门派出两名略通英语的船员，随舰回答询问。经过两天的认真工作，钟汉波未发现舰艇存在严重问题，便于6月25日返回东京，向商震报告情况。

由于分得日本偿舰的4国的国力不同，其处置这些舰艇的方法也不同。美国将偿舰就地拆解，英国将偿舰拖出外海炸沉，苏联将偿舰部署在海参崴的远东舰队，中国则将偿舰当成海军主战舰艇使用。尽管这些舰艇大多已相当陈旧，但对国民政府来说，在已经开始的内战中仍是不可小视的重型武器。所以，国民政府决定将34艘舰艇分4批驶回国内。查验刚刚结束，商震就下达命令，任命钟汉波为遣送日舰回国联络官，先率第一批8艘舰艇回国。1947年6月29日，钟汉波搭乘盟军水上飞机前往佐世保，办理一切相关手续。两天后，他在美国海军上尉盖苏陪同下，乘"若鹰"护送舰带领悬挂日本俘虏旗（红蓝两色E字缺角旗）和日本国旗的8艘日偿舰艇直驶上海。这是第一批回国的日偿舰艇。7月3日下午，舰艇进入上海吴淞口，经过外滩驶向高昌庙，沿途成千上万的市民驻足观看。舰艇最后停泊于江南造船厂前的黄浦江中（图10-21）。6日上午，中国海军在高昌庙广场举行了隆重的接舰典礼（图10-22）。海军上海第一基地搭建了临时观礼台，参加典礼的海军官兵以及军乐队、仪仗队整齐地排列在观礼台前，两侧有数千名民众观看。典礼开始后，海军上海第一基地司令方

图10-21 1947年7月3日，日偿军舰"雪风"驶入黄浦江

莹少将首先在 8 艘军舰交接证明书上签字，随后下令将 8 艘军舰上的日本俘虏旗和日本国旗降下，升起中国国旗，军乐队奏响了中国国歌。方莹在致辞时激动地说："公理不是强权所能变更的，凡是违犯时代潮流、违背人民的

图 10-22　1947 年 7 月 6 日，方莹（前）参加接舰典礼，后中立者为钟汉波

愿望，醉心以强力是恃，抱着侵略野心，阴谋诡计，疑忌他人，以邻为壑，而不肯遵守世界秩序的国家……就是要失败的。"

第二批回国的日偿军舰也是 8 艘，1947 年 7 月 26 日驶离佐世保港，28 日下午抵达长江口，在中国海军"楚观"江防舰和"联荣"步兵登陆艇的引导下驶入上海龙华江面。29 日开始造册点收，31 日正式举行接收典礼。

上述两批日偿军舰在海军上海第一基地完成接收后，方莹和接舰处长杨道钊上校都认为，基地内泊港舰艇本来已经拥塞，添加了 16 艘军舰后更是拥堵不堪，给江南造船厂的保修工作造成很大压力，建议后续日偿军舰改驶他处接收。海军总部于是决定将余下的日偿军舰驶往海军青岛第二基地接收，并命令基地司令董沐曾少将做好接收准备。

第三批日偿军舰同样是 8 艘，于 1947 年 8 月 25 日驶离佐世保港，27 日与"永泰"引导舰会合，随后驶入青岛大港，停泊于三号码头。30 日举行接收典礼及升旗仪式。第四批日偿军舰共有 10 艘，由于这批舰艇吨位大小不一、航速各异，故分两批先后驶离佐世保港，于年 9 月 30 日在青岛港外大公岛海面与负责引导的"美朋"中型登陆舰会合，

随后驶入青岛港泊五号码头。10月3日，签字移交，次日举行接舰典礼。至此，34艘日偿军舰全部接收完毕，共计30500吨。按照接收顺序，海军将全部日偿军舰临时编号为"接1"至"接34"。

第十一章
中国海权之路及其启示

　　海权作为沿海国家的实力范畴，不仅关乎国家在世界格局中的地位，更关乎国家的生存与发展，故自海权理论创建以来就备受关注。中国是一个海权思想与实践兼备的国家，自古以来就有关于海权思想和实践的总结，在漫长的海洋文明发展过程中，海权建设始终是其中的重要内容，而且曾一度引导国家走上海洋强国之路。虽然当时并无"海权"的概念，但并不影响海权的存在与发展。美国海军战略家阿尔弗雷德·塞耶·马汉（Alfred Thayer Mahan）是"海权"（sea power）概念和海权理论的创立者，而非"海权"的创立者。海权是一个客观存在，马汉通过对他称为"海权"的国家能力加以系统化和理论化的分析与总结，并与沿海国家的兴衰联系起来，构建了比较完整的海权理论，在国家的多维能力中突出了开发、利用和控制海洋的能力。马汉的海权理论在19世纪后期引发了海权革命，加速了世界各国的海权建设与发展，催生了海上贸易强国和海军强国体系的新格局，推动了更大规模的海洋瓜分和海上争霸，使海军成为世界秩序重构的重要参与力量。然而，晚清时期中国的海权建设并未借助于古代海权发展的趋势而实现有力的延续，甚至放弃了曾经思考海权的主动精神，而陷入海权趋弱的循环中，致使当马汉的海权理论出现时，中国既无强烈的学习渴望，也无深刻的理解能力，更无有力的建设规划，只能沦为列强反复运用海权的试验场，这与西方海权的演变形成鲜明对照。民国时期是中国人认识海权的重要阶段，马汉的海权理论逐渐成为中国海军发展的指向标,海军参与抗战的实践更是反证了海权影响沿海国家兴衰的历史规律,虽然此时人们对海权的定位尚不十分清晰,但依然可以把这一时期看作是中国人的海权意识的觉醒时期。而海权意识的觉醒对未来中国的发展至关重要,民族复兴的实力基础之一即来源于此,建设海洋强国不能不从这一历史阶段中寻找必要的经验和教训。

第一节　海权内涵的演变及海权理论的影响

"海权"概念自传入中国以来，在阐释其内涵的过程中出现了不同的汉语表达，包括"海上权力""海上力量""海上能力""海上威力""海上权利"等说法都曾出现于论述海权的文字中。这些说法都有不同程度的差别。也有人认为，上述词语所表达之意均应包括在海权的含义之中。事实上，海权是一个历史的范畴，在运用过程中其含义是随着历史的演进而不断变化和发展的，只有弄清其最初含义及其演变过程，才能正确理解国家海上力量的变化逻辑。马汉在初创海权理论时赋予海权"国家对海洋的利用和控制"的内涵，认为"海权在于强大的海军和海上贸易两者的结合"，有人将它们概括为"军事海权"和"经济海权"。马汉在解释海权产生的条件时说，海权依赖于一个国家的商业和军事资源，依赖于国家特别的地理位置，它的海岸、港口的特征，适合的国民性格，对世界各地军事港口的占领，以及所属殖民地及其资源的广度和深度。显然，马汉所认为的海权是国家按照自我意志行使的强制力量，它所依赖的条件中，殖民侵略的因素是显而易见的。换言之，马汉意识中的海权是与殖民侵略相伴而生的，它既不同于按照法律意志或国家意志强制实行的"海上权力"（sea power），也不同于带有自卫性质的"海上力量"（sea power），更不同于作为依法享有和行使的"海上权利"（sea right），用"海上能力"（sea power）或"海上实力"（sea power）表达更准确。由此海权的定义可表述为：海权是一个国家对海洋的利用和控制的能力，包括物质的、精神的和制度的方面。从马汉的论证过程中所依赖的历史看，海权内涵的确定主要源于英、法、荷、西等国争夺霸权的实践，包括古罗马帝国时期的布匿战争、汉尼拔远征，以及16世纪西班牙与英国的战争、17世纪英国与荷兰的战争、18世纪英国与法国的战争、19世纪英法西之间的战争，等等。于是，人们理解了马汉所说的对海洋的"利用"和"控制"，包括利用强制力量在无国际法约束下对他国海洋的"利用"和"控制"，从这个意义上说，"海权"与"海上霸权"是同义的，这正是在很长一个历史时期内富有海上冒险和扩张精神的海洋国家津津乐道于海权，而具有陆居传统和保守性格的沿海国家忌惮、回避海权的重要原因。

阿尔弗雷德·塞耶·马汉

阿尔弗雷德·塞耶·马汉（图11-1），1840年9月27日生于美国纽约一个军人家庭，其父是西点军校军事工程学教授。少年时的马汉先入纽约哥伦比亚学院学习，1856年9月考入安纳波利斯海军学院就读。1859年毕业，进入海军服役，在"国会"护卫舰上任初级军官，随舰在巴西、乌拉圭海岸值勤。1861年，美国南北战争爆发，马汉作为北方联邦海军的一员参加了战争。不久，马汉晋升海军中尉，奉调"波卡洪特斯"炮舰任代理舰长，参加了罗亚尔港战役。1862年

图11-1 马汉

9月，马汉被召回安纳波利斯海军学院任教，8个月后带领学员乘"马其顿"舰赴欧洲巡航训练，归国后晋升上尉军衔。1863年10月，奉派"塞米诺尔"炮舰任职。1864年2月，又奉调"埃杰"舰任副舰长。1865年战争结束，马汉晋升海军少校军衔。这年年底，调任"穆斯库塔"舰副舰长，不久又被调到华盛顿海军造船厂工作。1867年，出任"易洛魁"舰副舰长，随舰从纽约出发，途经西印度群岛、巴西、南非，绕过非洲好望角，穿过马达

加斯加海峡，沿非洲东海岸抵达亚丁港。后又航经印度孟买、新加坡、菲律宾、中国香港、日本，还游历了上海和台湾。这段航程历时两年。随后又赴欧洲游历，而后返回纽约。1872年9月，马汉晋升中校军衔，随后出任"黄蜂"舰舰长，巡航大西洋基地两年多。1875年9月，马汉被派往波士顿海军造船厂任职。1877年9月，调任安纳波利斯海军学院军械系主任。1880年6月，被派遣到纽约海军造船厂航海部工作。1883年8月，被任命为"沃楚西特"舰舰长，赴南太平洋基地执行巡航任务。1885年9月，美国在罗得岛州纽波特的柯斯特斯哈堡岛上成立海军战争学院（Naval War College），斯蒂芬·卢斯（Stephen Luce）为首任院长。同年，马汉晋升为海军上校，受邀担任海军战争学院教授，主讲海军史及海军战术。1886年6月，担任代理院长。1888年11月，离开海军战争学院，就任西北海军船坞基地委员会主席。1889年9月，再次负责海军战争学院院长工作，1892年被正式任命。1893年，调任"芝加哥"巡洋舰舰长，率舰巡航欧洲，先后前往英国、法国、德国、比利时、西班牙、意大利、土耳其、黎巴嫩、埃及、阿尔及利亚、葡萄牙等国。1896年11月，马汉退役，但仍致力海权论研究。1898年，美西战争期间，担任海军战争委员会委员。1899年，代表美国出席第一次海牙和平会议。1902年，因对海军史研究的卓越成就被选为美国历史学会主席。1906年，美国国会通过"将军条例"，把所有参加过内战并且服役期超过40年的退休海军上校军官晋升为海军少将，马汉得到晋升。1909年，马汉受总统罗斯福邀请成为研究海军机构改革的"三人委员会"成员，筹划改组美国海军领导体制，建立海军作战部。1914年12月，因心脏病发作，逝世于华盛顿海军医院，终年74岁。马汉通过对17世纪以来海战史的研究，系统地提出了著名的"海权论"，1890—1905年出版了"海权论"三部曲：《海权对历史的影响（1660—1783）》《海权对法国革命和帝国的影响（1793—1812）》《海权与1812年战争的联系》，他的全部著作多达20本。

那么，早期的"海权"概念中"利用"和"控制"之间是一种什么关系呢？马汉做了如下论述：

海上贸易对各国的财富和实力的深远影响，早在指导海上贸易的发展和兴旺的正确原理被发现之前，就已经被人们清楚地认识到了。一个国家为了确保本国人民能够获得不均衡的海上贸易利益，或是采用平时立法实施垄断，或是制定一些禁令来限制外国的贸易，或是当这些都失败时，便直接采取暴力行动来尽力排除外国人的贸易。这种各不相让的夺取欲望，即便不能占有全部，至少也要占有大部贸易利益，和占领那些尚未明确势力范围的远方贸易区域，这些利益冲突，所激起的愤怒情绪往往导致了战争。另一方面，由其他原因引起的战争，其实施方法和结局也在很大程度上受到是否控制海洋所制约。因此，海权的历史，从其广义来说，涉及了有益于使一个民族依靠海洋或利用海洋强大起来的所有事情。

马汉认为，国家对海洋的控制是由海上贸易的发展和兴旺引起的，海上贸易发生于前，海上控制产生于后。然而，当法律不能确保本国人民从海上贸易中获得利益时，海上控制就变成了前提。因此，"控制"是海权的核心，而"利用"反哺于"控制"的力量。毫无疑问，"控制"的力量主要是海军。

马汉指出，"海权是一个重要的历史因素"，这种历史的属性导致了海权的含义不断变化和发展的必然性。苏联海军元帅谢尔盖·格奥尔基耶维奇·戈尔什科夫（Sergei Georgievich Gorshkov）在20世纪70年代把海权表述为"海上威力"，其含义当然与马汉的"海权"概念有所不同。他认为，"国家的海上威力"是开发世界海洋的手段与保护国家利益的手段，这两者在合理结合下的总和，其实质就是为了整个国家利益而最有效地利用世界海洋能力的程度。戈尔什科夫虽然没有特别强调利用海外基地和港口控制海洋，但也没有明确界定"世界海洋"的范围，因而在强调"开发"世界海洋和"保卫"国家利益的同时，并不排斥海上霸权。最重要的是戈尔什科夫把"海上威力"定性为"能力"，而非别的。他说："我们把一个国家考察海洋和开发海洋财富的能力、运输船队和捕鱼船队的状况、这些船队保障国家需求的能力，以及符合该国利益的海军的状况都列为国家海上威力概念的基本组成部分。"所不同的是戈尔什科夫的"海上威力"不再单纯地把海洋作为通道来利用，而是突出了对海洋资源的"开发"，扩大了利用的范围。当然，这对海权的原有概念并无本质影响。他在阐述经济与"海上威力"的关系时指出："海上威力可以看成是经济实力的一个组成部分。如同经济实力决定着军事实力一样，海上威力既由国家经济间接体现出来，又对经济产生影响，因而本身也包含着经济因素和军事因素。"这里所说的经济实力当然包括开发海洋方面所获得的利益。

美国海权战略专家萨姆·探戈里蒂（Sam J. Tangredi）认为："海权可以被界定为一国国际海上贸易和利用海洋资源的能力、将军事力量

谢尔盖·格奥尔基耶维奇·戈尔什科夫

　　谢尔盖·格奥尔基耶维奇·戈尔什科夫（图11-2），1910年2月出生于乌克兰，1926年进入列宁格勒大学读书，一年后转入伏龙芝海军学校，1931年毕业，随后在黑海舰队"伏龙芝"驱逐舰任领航员。1932—1939年，在太平洋舰队历任驱逐舰领航员、护卫舰舰长、驱逐舰舰长、驱逐舰支队长等职。1940年，调黑海舰队任巡洋舰支队长。1941年9月，进入海军学院高级指挥员班学习并晋升海军少将，10月出任亚速海舰队司令。1942年

8月，任诺沃罗西斯克防御地区副司令，11月代理第47集团军司令。1943年2月，再次担任亚速海舰队司令。1944年4月，任多瑙河舰队司令，9月晋升海军中将。1945年1月，任黑海舰队分舰队司令。在卫国战争中，戈尔什科夫先后参加过敖德萨保卫战、刻赤-费奥多西亚登陆战、诺沃罗西斯克保卫战、高加索会战、克里木战役、雅西-基什尼奥夫战役等，曾率领多瑙河区舰队支援一些东欧国家进行反击德国侵略的解放战争。1948年11月，任黑海舰队参谋长。1951年任黑海舰队司令。1953年8月，晋升海军上将。1955年7月，任苏联海军副总司令。1956年1月，任苏联海军总司令兼国防部副部长。1965年，被授予"苏联英雄"称号。1967年，晋升海军元帅。1985—1988年，在苏联国防部监察总局工作。1988年5月去世，享年78岁。戈尔什科夫著有《国家的海上威力》《战争年代与和平时期的海军》等军事著作。

图11-2 戈尔什科夫

投送到海上以对海洋和局部地区的商业和冲突进行控制的能力，以及使用海军从海上对陆上事务施加影响的能力的总和。"这一定义在定性海权的"利用"和"控制"特性的同时，把"利用"拓展为海上贸易通道和海洋资源，把"控制"确定为对海上商业和冲突的控制。除此之外，增加了海军从海上对陆上事务施加影响的内容，显然是强调了海权与陆权之间的关系。

现代海权研究者根据世界政治、经济、文化发展的新状况，对海权的含义进行了再阐释，可谓观点纷呈：海权是国家海洋权利与海上力量的统一，是国家主权概念的自然延伸；海权是海洋军事力量、海上实力、海洋开发和海洋法制等四要素的统一；海权是国家综合运用军事与非军事力量，控制与利用海洋，维护国家海洋权益的权力；海权是一个国家在海上拓展其军事实力的手段，用以衡量一个国家运用海洋对抗其对手的能力，包括战斗舰艇和武器、辅助船只、商业运输、基地和训练有素的人员，还包括航母舰载机或用于护航的岸基飞机；海权是为了维护国家利益而建立的开发、利用、管理、保卫海洋的海上综合力量及其运作过程；海权是一个战略范畴，是国家海洋战略与海军战略的核心与基础，其实质是国家通过运用优势的海上力量与正确的斗争艺术，实现在全局上对海洋控制的权力；海权从本质上说是一个中性的事物，它就是表明一个国家利用海洋及从海洋获得好处以服务于本国利益的能力的大小；海权是一个国家诸项海洋权益的总和；海权的物化就是国家海上力量；等等。在上述定义中，虽然有些已经完全偏离了马汉的"海权"的本意，但多数的基本点依然放在了国家对海洋的利用和控制上，而且把海洋控制作为海军战略的核心加以强调。不同的是，如今已不是马汉所说的"各国纷纷进行殖民的那些年代，海洋基本上处于一种无法无天的状况"，人们在阐释现代海权时追求把海上能力的运用规范于国际法框架之下，要求实现海上力量的有序运用。美国学者威廉·赖策尔（William Reitzel）说："一个国家海权发展本身不应被视为是一种威胁，因为海权不是侵略性的。事实上，这种国家的利益一般来说是和平的，因为它要求获得其海岸线以外的利益太大，而不可能期望用武力去实现。"在中国进入新的历史时期后，人们已经把海权和霸权做了明确划分，不再把占领世界各地军事港口和所属殖民地因素作为海权建设的条件。同时，把海权的能力属性和权利属性也做了明确界定，不再以权利代替能力。因此，维护海权就成为建设海洋强国的必然选择。

谈论海权不能避开的另一个概念是"制海权",因为在历史上使用这两个概念时容易混淆,或将"海权"误读为"制海权",或将"制海权"误读为"海权"。例如,有人认为,"自古以来,获得海权的方法有很多,战争胁迫是最基本的手段。……海上力量是海权的基础,海军是海上力量的中坚"。这段表述就是把"制海权"误当成了"海权"。最典型的一个例子是在翻译马汉的著作时,不同译者的译文也不相同。安常容、成忠勤译《海权对历史的影响(1660—1783)》(解放军出版社1998年版)将马汉有关"海军战略"的一段文字翻译为:"海军战略就是为了自身的目的,无论是平时还是战时,都要建立、维护和不断发展本国的海权。"而欧阳瑾译《海权论》(中国言实出版社2015年版)则将相同的论述翻译为:"海军战略之目标,旨在和平时期与战争时期建立、支撑并扩大一国之制海权。"对马汉本意的理解差异可见一斑。事实上,"制海权"是一个一般意义上的军事概念,它的英文是Command of the Sea。马汉认为,"制海权"是一种压倒性的力量,能够迫使敌方海军离开某处海域。他还说:"一切海军行动都是为了造就一个特定结果,即摧毁敌人有组织的力量,并且确立自己对海洋的控制。"英国海军战略理论家朱利安·斯特福德·科贝特(Julian Stafford Corbett)进一步解释说:"不管是出于商业上还是军事上的目的,制海权指的就是对海上交通的控制权。"德国人卢格在论述第二次世界大战中海战场和陆战场的关系时指出,濒海国家只要拥有制海权就有强大的再生力。现代意义上的制海权是指交战双方在一定时间内对一定海洋区域所取得的控制权,根据控制海洋区域的目的、范围和持续时间,可分为战略制海权、战役制海权和战术制海权。显然,与海权相比,制海权有其鲜明的特征:一是制海权一般产生于战争时期国际法失去效力时,特殊情况下的和平时期才涉及制海权,如海上重大军事演习;二是制海权不是有了海上力量后的自然存在，而是要用海上力量夺取；三是掌握制海权的目的是确保己方兵力的海上行动自由，保障己方海上交通运输和沿海安全，同时剥夺敌方的海上行动自由，破坏敌方的海上交通运输和沿海安全；四是制海权具有时限性，一旦战争或重大军事行动结束便会销声匿迹。这些特征把制海权和海权区分得很清楚，稍加研究就不会将两者混淆。

马汉的海权理论形成的 19 世纪 80 年代末 90 年代初正是欧洲各国海军建设处于大竞赛的阶段，各国都在谋求建造大炮巨舰。例如，英国哈密尔顿勋爵在 1889 年提出一个大英帝国的海军建设计划，他认为英国海军必须至少同其他任何两个国家的海军力量之和相平衡。他强调，英国必须在增加海军经费和减少国家安全之间做出选择。他提出的计划是建造 8 艘第一流的战列舰、2 艘第二流的战列舰、9 艘第一流的巡洋舰、33 艘小型巡洋舰、18 艘鱼雷艇，共计 70 艘舰艇，总排水量 31.8 万吨。实际上，此时的欧洲各国拥有已建成和正在建的战列舰数量分别是英国 45 艘、法国 24 艘、意大利 13 艘、俄国 11 艘、德国 11 艘、奥地利 5 艘。然而，各国国内对于发展海军的意见并不一致，有些国家的上层间甚至产生了尖锐矛盾。例如，德皇威廉二世认为，德国需要一支海军保护其日益兴旺的商船队和迅速增长的海运贸易，而"铁血宰相"俾斯麦却持"大陆政策"，主张建立德国在欧洲大陆的霸权，他们在建设大海军的问题上产生了严重分歧，威廉二世因此将俾斯麦解职。马汉的海权理论的出现，为各国争论不休的海军政策提供了强大的理论依据。从理论和实践两方面看，虽然海权已实际存在了数千年，但人们的思想和实践始终处于散乱状态，并未形成理论化的思想体系和系统化的实践机制。然而，自从马汉对 17 世纪后的世界海洋强国的海权状态及其影响进行了深入探究并提出海权理论之后，情况发生了根本性变化，这一极具侵略和霸权意味的理论体系使以西方列强为代表的海洋国家突然意识到海权的存在及其重大价值，便趋之若鹜，不仅从自身的历史中寻找有力依据，而且将海权置于国家战略的核心地位。

马汉的第一部关于海权的著作《海权对历史的影响（1660—1783）》（也称《海权论》）于1890年5月问世，随着这部书在世界范围内的传播，马汉的海权理论也逐渐风靡世界。第一个受到影响的自然是美国。早在19世纪初，美国就已经出现了海权萌芽。当时，美国国内十分依赖对英国和欧洲其他国家的商品出口，为了保护海外贸易航线，美国开始发展远洋海军，第三任总统托马斯·杰斐逊亲自指挥海军远征地中海，打击威胁航路的海盗。然而，杰斐逊虽对海权有一定程度的实践，但海权思想缺乏军事理论和历史论证的支持。马汉提出海权理论后情况则完全不同了。《海权论》出版后，首先做出积极回应的是后来出任美国第26任总统的西奥多·罗斯福。他在给马汉的信中说："它的确是一本值得羡慕的好书。如果它不成为一部海军圣典，那将是我的极大错误。"他还在《大西洋月刊》发表评论称："马汉上校清晰地写出了一部有关海军历史最好的、最重要的，尤其是最有趣的著作。"罗斯福原是纽约州议会议员，他的两位舅舅均在南北战争时期服役于南军海军，受他们的影响，罗斯福具有丰富的海军知识和独到的见解。1882年，罗斯福完成了他的第一部著作《1812年战争中的海战》，后来他成为马汉的海权理论的信奉者。1897年4月，罗斯福被任命为海军部长助理，马汉提醒他要注意日本的海军扩张计划，并催促美国兼并夏威夷群岛，罗斯福完全赞同马汉的意见，并竭力敦促加快海军建设步伐。1900年，罗斯福当选美国副总统，次年出任第26任总统。刚刚上任，罗斯福就在马汉的建议下采取了一系列措施，使美国获得了巴拿马运河的控制权。1902—1904年，在罗斯福推动下，美国建造了20余艘战列舰和大型装甲巡洋舰。罗斯福担任总统的最后几个月里，所处理的事务中引人关注的重大项目都涉及海军，如海军部改革、视察环球航行归来的舰队、反对统一的舰队分割成两部分等。总之，罗斯福从任海军部长助理起，一直到卸任总统职务止，始终邀请马汉参与其海军政策的制定。由此，马汉的海权思想进入美国国家政策，获得了共和、民主两党的共同认可，成为美国海军建设和发展的重要理论基础。美国海军逐步改变了过去分散驻屯、依靠小型分舰队作战的方式，采取集中编成两洋海军、以战列舰为主力实施海上决战的办法，确保拥有恒久性海上控制力量，参与海上霸权的争夺，从而使美国跻身世界海军强国之列。

马汉的海权理论也在英国国内引起讨论，有许多人赞同和支持马汉的观点。英国是老牌的海洋强国，由于地理和历史的原因，9世纪即建成舰队。此后的数百年中，由于欧洲各国海上争霸激烈，英国从未放松海上力量的建设，在14世纪发生的英法百年战争中数次击败法国海军。16世纪，英国出现了比较完整的海权思想，政治家沃尔特·雷利（Walter Raleigh）说："谁控制了海洋，即控制了贸易；谁控制了世界贸易，即控制了世界财富，因而控制了世界。"按照这一逻辑，英国用了200多年的时间登上了世界海上霸主地位，在海外大规模建立殖民地。18世纪后期至19世纪前期，英国完成了工业革命，工业产品成倍增加，在国际上的竞争力迅速增强，海外殖民地贸易成为其国家经济命脉，与此同时英国人对海洋的认识也愈加深刻。在打造一支拥有200余艘先进蒸汽动力舰船、总吨位高达60余万吨、官兵人数约20万、海军基地遍布全球的海军的同时，英国迫切希望建立一套理论体系以支撑其海权实践。英国学者加布里埃拉·弗雷（Gabriela Frei）指出："19世纪中叶是人们把海洋作为法律和战略空间加以理解的分水岭。英国是19世纪70年代世界领先的经济体，它的财富和繁荣是建立在控制海洋的基础上。"因此，当马汉提出海权理论时，英国人迅速意识到找到了称雄海洋的依据和方法。皇家海军少将科洛姆（Colomb）在《海战》一书的序言中写道："我非常高兴地看到，马汉上校的《海权论》在大西洋彼岸出版，这位才华出众、思想深邃的作家，其著作的某些思想与我的观点不谋而合。"海军上校贝雷斯福德（Beresford）在写给马汉的信中说："如果我有至高无上的权力，我将命令大英帝国及其殖民地的各家各户的书房里都摆上你的著作，教育我们的人民，我们是如何为控制海权进行不屈不挠的战斗，又如何通过对海权的控制而首先为伟大帝国奠定了基础。"随后，"海军热"在英国兴起。鉴于德国建设海军对英国构成的威胁，以及日俄战争的影响，英国加快了海军建设步伐，开始追求建造大型军舰。1906年，英国建成第一艘火炮数量多、射程远、射速快，装甲厚，航速快的"无畏"战列舰。到第一次世界大战前，英国已拥有21艘"无畏"级战列舰、40艘准"无畏"级战列舰、9艘战斗巡洋舰、97艘轻型巡洋舰，海军实力位居世界第一。

马汉的海权理论对德国的影响也是显而易见的。历史上德国是一个崇尚陆权的国家，但随着19世纪后半叶经济发展的突飞猛进，特别是英国长期称雄海上形成的压力，德国开始将目光投向海洋。德皇威廉二世改变原先的军事战略，谋求用武力夺取海外原料产地和商品市场，明确表示："德国的殖民目的，只有在德国已经成为海上霸主的时候，方能达到。"当马汉的《海权论》传到德国时，威廉二世在一次演讲中评价说："我现在不是在阅读，而是在吞噬马汉的著作，努力把它消化、吸收，牢记心中。它是经典性的著作，所有的观点都非常精辟。这本书应作为德国海军每艘舰船所必备的座右铭。"1900年1月，威廉二世宣布对海军进行重组，海军部国务秘书、威廉二世政策的坚定执行者阿尔弗雷德·冯·提尔皮茨（Alfred von Tirpitz）首先在德国大造舆论，把马汉的《海权对历史的影响（1660—1783）》一书翻译成德文，付印

8000多册免费发放,让海权理论在德国"生根开花"。他还争取了270多名学术界的知名人士直接为宣传海军提供支持。1898年,德国海军部通过了第一个海军法案,制订了为期6年的军舰建造计划,计划建设两支各拥有8艘战列舰的分舰队。提尔皮茨在呈交给威廉二世的备忘录中,把英国海军当作最危险的敌人,以此作为建设海军的理由。1900年,德国海军部通过了附加法案,坚持建立4个分舰队,每个分舰队拥有8艘战列舰、2艘旗舰、8艘大型巡洋舰和24艘小型巡洋舰,还要建立一支由3艘大型巡洋舰和10艘小型巡洋舰组成的驻扎海外的巡洋舰队。1912年,德国准备出台第4个海军附加法案,批准再建设3艘"无畏"级战列舰和2艘小型巡洋舰,向着建设"大海军"的目标坚定迈进。到第一次世界大战前,德国拥有了15艘"无畏"级战列舰、22艘准"无畏"级战列舰、5艘战斗巡洋舰、44艘轻型巡洋舰,海军实力仅次于英国,位居世界第二,对英国的海上霸主地位构成了严重挑战。当然,德国并没有美国兼并夏威夷那样的地缘和契机,不可能成为欧洲独树一帜的海军强国,但海权理论已使德国摆脱了单纯依靠陆权称霸世界的窘局。

马汉的海权理论在法国产生了同样的影响力。法国是一个陆海兼备的国家,其布列塔尼地区的渔民早在1500年以前便开始赴北美从事渔业生产,15世纪的地理大发现更使法国人的海洋视野大大拓宽。随着欧洲商品经济的发展,法国沿海地区的海上贸易日趋活跃。到了16世纪中叶,法国生产的粗呢绒、亚麻布、葡萄酒、谷物、食盐等商品已远销世界各地。然而,由于法国至17世纪初也未能建立起常备海军,故无法投入海上力量对日益增长的海外贸易提供有效保护。与之形成鲜明对比的是,葡萄牙、西班牙、荷兰、英国等国不仅依靠海上事业实现了国家的崛起,而且对法国的海上利益构成了严重威胁。在这种情况下，法国国内的有识之士发出了急切的呼吁。航海家拉兹利（Razilly）说："谁控制了海洋，谁就会在陆地上拥有巨大的权力。"法国首相阿尔芒-让·迪·普莱西·德·黎塞留（Armand-Jean du Plessis de Richelieu）也认为，应"将海上的强大视为打开国家政治强大和经济繁荣之门的钥匙"。他们的思想已经包含了海权的完整内容。于是在黎塞留主持下，1624年正式创建了法国海军，黎塞留也因此被称为"法国海军之父"和"法国现代海洋政策的奠基人"。在新的海洋政策指导下，法国于17世纪30年代先后占领了小安的列斯群岛中的马提尼克岛、玛丽-加朗特岛、瓜德罗普岛、圣马丁岛之一屿。1683年，法国海军已拥有267艘军舰，其中有117艘战列舰。18世纪中叶，法国海军逐渐建成了拥有地中海舰队和大西洋舰队的独立的战略力量，而且在与西班牙、意大利、英国等海洋强国的海上较量中取得了一定战绩。同时，法国在北美密西西比河流域的中部平原建立了庞大的"新法兰西"殖民地。然而，在与英国——普鲁士联盟的"七年战争"中，法国海军却被消耗殆尽，海权严重衰落。在此后的半个世纪中，法国海军逐渐复苏，到19世纪初拿破仑取得法国政权时，法国海军又拥有了一定实力，拿破仑决定冲破英国海军的封锁，夺取英吉利海峡的制海权，于是爆发了著名的英法特拉法尔加海战，结果法国海军战败，海权严重受挫。19世纪中后期，法国与英国开始争夺对大西洋与印度洋之间的海上通道的控制权。1859年，法国取得开凿苏伊士运河的特许权，此后的近一个世纪中又与英国争夺东地中海、红海及苏伊士运河的主导权。与此同时，法国和其他列强一样，把注意力也转向远东。1884年，法国挑起中法战争，法国舰队在马江打败了孱弱的中国福建船政水师。中法战争后，法国加快海军发展步伐，1890年，舰艇总吨位上升到53.5万吨，其中有61艘铁甲舰（35.53万吨）、102艘非铁甲舰（16.9万吨），另外还有194

艘各式快艇（1.07万吨）。马汉的海权理论传到法国后，大大刺激了法国政府，此时正值列强掀起新一轮瓜分势力范围的争斗，为了应对军备竞赛，1890—1899年，法国海军开始了一个新的造舰高潮，累计新造7艘装甲巡洋舰、2艘海防舰、23艘轻巡洋舰、14艘炮舰（艇）、2艘驱逐舰、111艘鱼雷艇，还有3艘潜艇。1896年，法国利用强大的海军力量占领马达加斯加，并对其实行殖民统治。之后，印度洋南部的阿姆斯特丹岛、圣保罗岛、凯尔盖朗岛、赫德岛、克罗泽群岛等岛屿均被法国控制。1900年，法国海军共有480艘各类舰艇，总吨位达到65.25万吨，约为英国的一半，但远远超过了德、美、俄等国。到第一次世界大战爆发时，法国舰艇总吨位增至94万吨，使法国再次成为海权强国。

马汉的海权理论让俄国重新燃起成为海洋强国的欲望。历史上俄国是一个大陆国家，水上贸易一般都是沿着河流进行。8—10世纪，俄罗斯人的海上活动仅限于波罗的海、黑海、里海、白海、巴伦支海等区域，主要从事渔业生产和海上贸易，他们建造的船舶适合在结冰的海洋中航行。在这期间，俄国为了保护海上贸易和争夺出海口，建立了海军舰队，并多次发动对外战争，如10世纪进攻拜占庭的战争和进攻君士坦丁堡的战争。13世纪中叶以后，蒙古人征服了俄罗斯，控制了俄国通向波罗的海和黑海的道路，俄国的海上事业明显衰退。17世纪后期，俄罗斯进入彼得一世时代，彼得一世进行了包括海洋政策在内的一系列改革，特别重视海军发展，他说："任何统治者如果只有一支陆军，他就只有一只手；如果他又有一支海军，他就有了一双手。"为此，他亲自出访荷兰和英国，学习造船和航海技术。18世纪初，彼得一世发动了针对瑞典的"北方战争"，曾试图打通波罗的海出海口，让俄国海军驶进大洋。他亲率俄国舰队在汉科角海战中击败瑞典艾伦希尔德舰队，取得海军建立以来的首次胜利，又在克琅加姆岛取得了重大胜利。至战争结束时，俄罗斯夺得了芬兰湾、里加湾沿岸的土地，并取得了波罗的海出海口。19世纪中期，俄国又谋求黑海出海口，向地中海扩张，遭到土耳其以及英法等国的强烈抵制，爆发了克里米亚战争。1853年11月，俄土海军在锡诺普湾展开了木帆船时代的最后一场大海战，土耳其海军战败。1854年4月，英法两国舰队在地中海大败俄国海军，使俄国控制黑海、夺取博斯普鲁斯海峡和达达尼尔海峡、进入地中海的梦想破灭。半个世纪后，马汉的海权理论诞生了。此时，俄国在海上面临着严重危机：在波罗的海它需要对抗德国舰队，在黑海它需要应付英国地中海舰队，在远东它需要防备日本联合舰队。在这种情况下，海权理论必然在沉寂了近半个世纪的俄国掀起波澜。俄国国内的一些学者认为，海军的功能首先是取得制海权，即有能力发动进攻，消灭敌方舰队，之后转向歼灭敌方商船，并实施对敌方海岸线的封锁。要想获得马汉所说的制海权，必须使舰队拥有大量火炮射程远、射速快及装甲厚、航行性能优良的战列舰。这一观点被亚历山大三世所接受，他开始着手打造强大而昂贵的战列舰舰队。然而，俄国在经济上落后于其他列强，不可能在短期内实现拥有战列舰舰队的梦想。尼古拉二世继位后，依然秉持海军至上主义，而且赋予海军在远东扩张利益的重任，相信俄国剥夺了日本的制海权后将在远东打败日本。怎奈俄国经济实力不足，加上建设波罗的海舰队花费了大量资金，使远东舰队始终没有赶上日本联合舰队的发展速度，成为在日俄战争中失败的重要原因。在日俄战争中，日俄海军舰队在旅顺海域和对马海峡进行了两场海战，俄国舰队均遭到惨败。日俄战争后，俄国国内针对海权问题展开了持续研究，取得了一系列理论成果。具有代表性的是苏联海洋军事专家彼得罗夫出版于1926年的《俄国对海上世界大战的准备》，该书描述了19世纪80年代至第一次世界大战爆发前俄国海权的演变，总结了经验和教训，其中的战略评析影响深远。

此后又有贝科夫的《日俄战争1904—1905年——海上作战》和戈尔什科夫的《国家的海上威力》的出版，说明在沙皇俄国后期和苏联时代，海权依然是俄罗斯人的追求和梦想。与此同时，俄国和苏联的海外贸易及海军建设都随着时代的前进而发展，一直影响至今。

马汉的海权理论也对日本产生了重大影响。日本早有扩张野心，在丰臣秀吉时代曾两次从海上侵略朝鲜半岛，图谋中国，因朝鲜水军和中朝联合水军牢牢掌握了制海权而遭到惨败，丰臣秀吉郁郁而终。在此后的近300年中，日本深知没有足够的海上力量则无法挑战中朝，故闭关锁国，与世隔绝。然而，日本国内的一些有识之士看到了日本闭关锁国下的暗淡前途，发出经略海洋的呼吁。日本"海防论"先驱林子平在《海国兵谈》一书中写道："什么是海国？海国是无邻国接壤、四面环海的国家。因此海国须拥有相称的武备，不同于中国的兵法和日本自古以来流传下来的各种军事学说的军事思想。不懂得这一点，就难以建立日本的国防。"他认为，日本"为防御外敌入侵"，要依靠水战，而水战的关键是军舰和大炮。这一思想已经包含了海权的因素，但并没有得到日本幕府的认同。直到19世纪50年代美国舰队打开日本国门，才重新唤起日本的"海国"梦想。1868年，日本发生明治维新运动，废除了幕府体制，建立了以天皇为核心的君主立宪制度。明治天皇在提出"殖产兴业"的经济改革政策，大力扶植民族资本成长，引进西方先进科学技术和管理制度的同时，迅速确立了建立和发展海上力量的基本国策，提出了"建立超过英国海军"的目标。他认为"海军建设为当今第一急务，应该从速奠定基础"。日本拥有海军始于1868年，创建之初实力微弱，其军舰都是幕府时期各藩留下的旧式战船，总吨位只有几千吨。明治初年，虽然天皇急于建设海军，但因经济条件所限，海军建设计划屡屡受挫。1870年5月，日本兵部省制订了一个庞大的海军发展计划，要建造200艘军舰,因财政拮据而未被政府采纳。1873年,胜海舟提出18年建造104艘各式军舰的计划,亦被内阁摒弃。直到1878年,日本政府开始从欧洲购买军舰,但数量很少,对岛国的海防来说微不足道。1882年和1884年,在朝鲜"壬午兵变"和"甲申政变"的刺激下日本加快海军建设速度,于1886年提出第一期海军军备扩充计划,1888年又提出第二期海军军备扩充案。到发动甲午战争前夕,日本编成了联合舰队,拥有60余艘各类舰艇。然而,在上述建设海军的过程中,日本并没有建立起完整的利用和控制海洋的理论体系,其海权实践仅仅是在传统海洋观和西方列强海上争霸的推动下展开的。日本最早了解马汉的海权理论的是日本农商大臣金子坚太郎,当马汉的《海权对历史的影响(1660—1783)》一书出版时,金子正在美国考察,他仔细阅读了该书,意识到马汉的海权理论的普遍价值。回国后,他将该书的引言和第一章翻译成日文,交给了海军大臣西乡从道。西乡将书稿转交给水交社,在杂志上发表。1894年,日本发动了侵略中国的甲午战争,虽然在这场战争中日本制定的军事战略是"陆主海从",如英国远东舰队司令斐利曼特所指出的,日本海军的行动是极其保守的,没有积极进行舰队决战的意图,原因是它没有理解制海权的真正意义,但日本海军在3场海战中打败了北洋海军,还是夺取了黄海制海权,保障了陆上战略的实施,初步证明了马汉的海权理论特别是制海权观点在控制海洋中的意义。战后,日本将《马关条约》规定的中国赔款大量投入海军建设,使日本联合舰队的实力进一步增强。1896年,东京的东邦协会完整地将马汉的《海权对历史的影响(1660—1783)》翻译出来并出版,枢密院顾问副岛种臣在序言中说:"日本即海权。"他认为,日本的领导人必须仔细研究马汉的学说以确保对海洋的掌控。日本若能掌握海权将能够控制太平洋地区的贸易和航运,并有足够的力量击败任何敌人。该书在一两天里就卖出了几千本。这本书被进呈给天皇和皇太子,得到了"御批"的"荣誉",而且成为海军大学和陆军大学的教科书。

在日本,另一位被马汉的海权理论深深折服的海军军官是秋山真之(图11-3),他毕业于日本江田岛海军兵学校,1897年6月被派往美国进行为期两年的学习。在美国,他投身到对西方海军战略的研究中,深入研读马汉的著作。日本海军史学家麻田贞雄在

图11-3 秋山真之

《从马汉到珍珠港:日本海军与美国》一书中称他对马汉的著作"倒背如流"。秋山敏锐地意识到,仅仅参与理论研究是远远不够的,海权建设是一个实践的过程。他说:"马汉上校认为海军的策略仅仅靠学术研究是无法掌握的,我同意他所说的最重要的是参加海军实践。"于是,他利用1898年美西战争爆发的机会,跟随美国舰队前往古巴观战。在圣地亚哥,他目睹了美国舰队把西班牙舰队封锁在港口内并加以摧毁的过程。次年,他又登上美国北大西洋舰队旗舰——"纽约"装甲巡洋舰实习,前往西印度群岛和南美洲海岸航行。回国后,秋山担任日本联合舰队的高级参谋,同时在海军学校中讲授海军战略、战术课程。在日俄战争期间,他把理论和实践结合起来,吸收了美国舰队在圣地亚哥的经验,制订了日本联合舰队把俄国太平洋舰队军舰堵在旅顺口内并将其击沉的作战计划。后来,秋山致力发展日本的海权理论,麻田贞雄评价秋山:"他是第一个观察西方世界海权运转方式的日本海军军官。基于他的原则编写的《海战要务令》,在20世纪30年代中期成为日本海军战略思想的核心。"

1898年,日本海军军官小笠原为阐述对海权理论的认识,写成《帝

国海军史论》一书，书中指出："从古代起，海权的兴衰就和国家的荣辱息息相关。"他认为，在历史上一段时期内，日本由于地理位置、岛国特性以及民族特征，自然而然地发展了它的海上力量。小笠原还认为，日本海军虽然在甲午战争中取得了海战的胜利，但在战后俄、法、德3国干涉下，日本不得不将辽东半岛"归还"给中国，原因是日本海上力量的薄弱。于是，他致力研究如何利用马汉的海权理论大力推动日本海军的发展。

除了金子坚太郎、秋山真之、小笠原外，佐藤铁太郎、加藤宽治等人也都是马汉的海权理论的追捧者和实践者，他们都对日本海权的发展产生了重要影响。

1904年，日俄战争爆发，此时的日本海军已在马汉的海权理论指导下有了长足发展，其联合舰队共拥有78艘各类舰艇，总吨位26万余吨。战争中日本海军采取"海主陆从"战略及炮战等战术，将俄国第二太平洋舰队一举歼灭，赢得了战争的决定性胜利。日俄战争后，日本获得了濒临日本海、鄂霍次克海及白令海的俄国治海渔业权，从而获得了巨大的海洋利益，这些利益又成为日本发展海军的重要资金来源。日俄战争加快了日本走向"大海军"的步伐，很快使日本成为世界海军"五强国"之一，日本不仅参加了第一次世界大战，而且成为第二次世界大战的亚洲策源地。1932年，马汉的《海军战略：与陆战原则的对比》一书的日译本出版，1942年再版时，供职于日本军令部报道课的富永隈少佐在序言中说："如果没有马汉，大东亚战争就根本不会发生，至少不会有珍珠港的作战。"所以，美国海军历史学家罗纳德·斯佩克特（Ronald Spector）说："日本海军在战略上是它的美国对手的忠实影子。日本海军军官深深吸了一口马汉用帝国主义和咸咸的海水共同炮制的劲道十足的、也许还带点霉味的烟雾。"

总之，传统海洋强国和后起海洋强国都先后成为马汉的海权理论的积极接受者和实践者，正如美国海军上校普勒斯顿（Preston）在《马汉传》中所言："马汉'海权论'的观点成了人们论述海军问题的基本出发点。"在此起彼伏的利用和控制海洋的竞争中，这些受到海权理论影响的国家将世界海洋史推入了一个新的阶段。

第二节　中国古代海权的兴盛及思想总结

在研究马汉的海权理论渊源及其对世界的影响时，人们往往会追溯西方历史上对控制海洋的认识，如引用古罗马哲学家西塞罗的"谁控制了海洋，谁就控制了世界"的名言，介绍公元前4世纪古希腊学者色诺芬（Xenophon）"控制海洋会对决定陆战结局起重要作用"的观点，剖析"古希腊历史学之父"修昔底德（Thucydides）在《伯罗奔尼撒战争史》首章标题中强调的"海上势力的重要性"的含义，等等。的确，在古罗马和古希腊时期，马汉所阐述的海权的思想和实践均已呈现，海外贸易和海上力量的相互结合逐渐成为此后海洋国家发展的一种模式，一直影响着欧洲中世纪和近现代的历史进程。可是，在研究古代国家对海洋的利用和控制时，人们往往忽略了东方中国海权思想和实践的客观存在。事实上，与古罗马和古希腊同时期的中国也同样创造并发展了控制和利用海洋的思想和实践，即海权。这里需要说明的是，有学者把中国古代海权与近代海权加以区分，如近代史学家缪凤林在《三代海权考》一文中指出，"近今国际法之言海权，系指炮力能及之处而言。古既无炮，亦无国际法"，故所谓海权，"决不同于现今之海权"。他认为，古代海权有3点含义：一是权力及于海外者；二是权力及于海疆者；三是能通行海上者。意思是说，海权是在一定海域能行使权力，或能航行于海上的状态。这种观点是值得商榷的，因为它否定了军事力量在海权中的核心地位，显然与史实不符。

舟船是利用和控制海洋所必需的物质手段，离开舟船，利用和控制海洋就是一句空话。反言之，对海洋的利用和控制的渴望催生了舟船的诞生。因此，舟船是海权的最基础要素。中国古代发明与创造舟船的思想和实践便是使中国海权萌生的因素。

独木舟在中国的出现，据出土文物证实至少可追溯到新石器时代。浙江省杭州市萧山区跨湖桥遗址出土的独木舟距今已有7500~8000年的历史；山东省荣成市郭家村毛子沟出土的商代独木舟距今已有3000多年的历史；江苏省常州市武进区淹城遗址出土的独木舟已有2800年的历史。有了这些独木舟，人们可以远涉重洋实施对海洋的开发和利用。2010年7月，几位波利尼西亚人驾驶一艘仿古独木舟，利用古代航海技术，经过116天航行完成了仿古漂流就是有力的证明。大约公元前4000年，人类进入青铜器时代，青铜冶炼技术的不断提高使人们制造出了能够剖制木板的铜斧、铜凿等工具，中国的舟船建造便由独木舟阶段发展到木板船阶段。在西方，由独木舟完成向木板船的过渡是在公元前3000年左右，西方学者认为，这个时期美索不达米亚人就开始使用木板制作的船只了，大约与此同时或者稍晚，埃及也制造了木板船只。公元前2000年左右，木板船在地中海、西欧、近东和印度洋地区被广泛使用。木板船的出现为中国古代造船事业打开了无比广阔的空间，人们可以充分发挥聪明才智，运用无穷的想象力，制作出种类繁多、具有各种用途的木板船。在此后的数千年中，华夏先民创造出无数的船式船型，为利用和控制海洋提供了坚实的物质基础。

舟船诞生之初，只用于海上的渔业和盐业生产，直到人们意识到要保证获得海洋渔业和盐业资源就必须以武力控制海洋时才在舟船的基础上创建了海军。这时的海军在中国被称为舟师，最早出现于春秋时期。元代历史学家马端临在《文献通考》中说："楚用舟师自康王始。考之经传，吴自成七年始入州来，暨共王卒，继侵楚。明年，败楚于皋舟之隘。是吴利在舟师，楚惧无以敌吴。后十年，康王始为舟师，以略吴疆，而吴乃灭巢。昭王时，救潜之役，令尹子常以舟师及河内而还，竟无成功。其后，囊瓦伐吴，师于豫章，吴人见舟豫章，而潜师于巢，遂败楚师。入郢之后，吴太子终累又败楚舟师，获其帅，盖楚虽以备吴，置舟师，而实莫能胜，亦地形便有不同耳。"楚康王的起始时间，亦即楚康王元年，为公元前559年。马端临认为，楚国舟师产生的时间是公元前559年以后，也就是春秋中期，而在这10年以前，吴国已经有了舟师。这说明在距今2500多年以前，中国海军就已经诞生了。当然，这仅仅是吴国和楚国舟师的产生时间，吴国舟师的出现是否最早已无从考证。

对海洋的利用和控制造就了"海王之国"。"海王之国"是指那些拥有获取海洋资源和管控海洋能力的濒海诸侯国。齐国位于山东半岛，其先君被周王分封时，其国并不濒临海洋。到齐桓公时，由于有名相管仲的辅佐，国力逐渐强盛，其中心由临淄逐渐东移，在打败了莱国之后，区域便扩大到了沿海。到齐景公时，齐国的疆域已经包含了现在山东的大部分地区，并控制了广阔海域。吕尚东封齐国之前，山东半岛的渔业和盐业就已经有了一定规模，特别是盐业，因需要向王朝进贡而繁盛。吕尚封齐后，因地制宜，提出大力发展渔业和盐业的方针，逐渐使这些产业成为齐国经济的支柱产业。管仲相齐后，深感齐国的濒海之利："渔人之入海，海深万仞，就波逆流，乘危百里，宿夜不出者，利在水也。

故利之所在，虽千仞之山，无所不上，深源之下，无所不入焉。"他认为，渔人们之所以冒着巨大风险进入深海大洋，昼夜不出，是因为被大海之内蕴藏着的巨大利益所吸引，有这些利益存在，就是再深的大洋也"无所不入"。在这种情况下，管仲对前期政策进行了大刀阔斧的改革，进一步推动了渔业和盐业的发展。正如清人邱浚评价的那样："太公以齐地负海潟卤，少五谷而人民寡，乃通鱼盐之利。管子对桓公曰：齐有渠展之盐，请君伐菹薪，煮沸水为盐，征而积之。于是自十月至于正月，成盐三万六千钟，粜之得金万壹千余斤，山海之利，甲于诸国。"盐业的繁荣直接推动了关乎国家安全的造船业和航海业的发展，齐桓公打造了一支庞大的舟师部队。据《管子》记载，齐国舟师"有扶身之士五万人"，据学者考证，这里的"身"是"舟"之误，应为"扶舟之士五万人"，而"扶舟之士"是指善于水战和游泳的兵士。到了齐景公时期，齐国综合利用和控制海洋的能力有了大幅度提高。有两个案例可以说明。有一年，齐景公意图视察山东半岛沿海各地，便对大夫晏子说："吾欲观于转附、朝舞，遵海而南，放于琅邪。""转附"即今烟台芝罘岛，"朝舞"即今威海成山，"琅邪"也写成"琅琊"，今属青岛市黄岛区琅琊台西北。这说明山东半岛北部沿转附、朝舞、琅邪形成的航路已在齐国牢牢控制之下。然而，这并非齐景公发动的最大规模的海上行动，他的游海活动规模更大。据刘向《说苑》记载：

> 齐景公游于海上而乐之，六月不归，令左右曰："敢有先言归者，致死不赦。"颜烛趋进谏曰："君乐治海上，不乐治国，而六月不归，彼傥有治国者，君且安得乐此海也？"景公援戟将斫之，颜烛趋进，抚衣待之曰："君奚不斫也？昔者桀杀关龙逢，纣杀王子比干，君之贤，非此二主也。臣之材，亦非此

二子也，君奚不斩？以臣参此二人者，不亦可乎？"景公说，遂归，中道闻国人谋不内矣。

齐景公贪图享乐，在海上游历达半年之久，依然乐不思归，后在颜烛力谏之下才回到朝中。一位君主能在海上连续生活6个月，他必然拥有一支庞大而奢华的船队，这支船队既包括君主乘坐的艅艎大船、王公大臣乘坐的豪华船只，又包括拥有服务、采办、通信联络等功能的公务用船，以及一批保护齐景公安全的各式战船，这显然是一支超级混合"舰队"。能拥有这样规模的"舰队"，离不开齐国发达的海洋经济的支撑。反过来说，如果没有这支"舰队"对沿海海域的绝对控制，大规模的海洋经济也不可能实现。故齐国"海王之国"的地位是靠利用和控制海洋获得的。正如司马迁所言："齐桓公用管仲之谋，通轻重之权，徼山海之业，以朝诸侯，用区区之齐显成霸名。"

吴国走出了一条与齐国类似的道路。吴国建国于长江下游地区，环抱太湖，东望大海，是江南的沿海强国，最强盛的时候是在吴王阖闾和夫差这两代君王时期。《吴志》概括了吴国人的生活："吴人以舟楫为舆马，以巨海为夷庚也。"清代学者顾栋高亦称，吴国"不能一日而废舟楫之用"，必然建立起与国家地理位置相适应的海洋经济。在古代文献中，虽然很少记载吴国的海洋经济发展状况，但是从吴王阖闾在伍子胥、孙武等文臣武将辅佐之下屡次征战获胜的情况来看，吴国的综合国力是相当强大的，在推动国力增强的因素中，海洋经济必占有相当比重。慎子说："燕鼎之重乎千钧，乘于吴舟则可以济，所托者浮道也。"这表明对海洋的充分利用。

为了保障对海洋的利用，吴国建立了强大的舟师。《越绝书》载，当阖闾询问如何筹备舟师时，伍子胥答道："船名大翼、小翼、突冒、楼船、桥船，令船军之教，比陵军之法，乃可用之。""船军"即舟师，"陵军"即陆军，大翼、小翼、突冒、楼船、桥船都是形制和用途各不相同的战船。大翼、小翼是用于冲锋的快速战船，突冒是船头装有坚硬的冲角而专门用于撞击敌船的战船，楼船是建有几层楼房的重型战船，桥船是小而灵活的轻捷战船。伍子胥告诉阖闾说：我们的舟师在训练时，可参照陆军的训练方法，陆军的训练方法在海战中是可用的。伍子胥接着说："大翼者当陵军之重车，小翼者当陵军之轻车，突冒者当陵军之冲车，楼船者当陵军之行楼车，桥船者当陵军之轻足剽骑也。"意思是说，大翼可用于海上冲锋，相当于陆军的重型冲锋车；小翼相当于陆军的轻型冲锋车；楼船可作为稳住阵脚的指挥船，相当于陆军的楼车；桥船可用于海上的快速机动，相当于陆军的快马。这样就可以通过性能不同战船的相互配合，最大限度地发挥战船的战斗力。

越国是存在时间最长的诸侯国，也是强盛时间最长的国家，都城设在会稽，即今浙江绍兴。春秋末期消灭吴国之后，越国地盘进一步扩大。从地理上看，越国是一个濒临东海的沿海大国，所以越国人的生活也离不开船。《广州新语》记载："山海经云：番禺始为舟。番禺者，黄帝之曾孙也。其名番禺，而处于南海，故今广州有番禺之山，其始为舟，故越人习舟。古时吴楚之舟，皆使越人操之。"越王勾践曾经概括越国人的生活方式是"以船为车，以楫为马"。《太平御览》载："行海者坐而至越，有舟也。行陆者立而至秦，有车也。秦、越，远途也，安坐而至者，械也。"这就是把越国和秦国作为海陆两个典型强国来说明舟车等械具在国家立国中的作用。《淮南子》也载："胡人便于马，越人便于舟。"

另据《史记》记载，越国人有"断发文身"的习俗，据学者考证，这种"断发文身"的习俗与海上活动大有关系。"断发"就是剪短头发，在海上活动方便；"文身"就是在身上刺上龙、鸟等花纹。越国人相信，身上有了这些花纹就能够震住海上蛟龙，保佑海上平安。正如应劭解释的那样："越人常在水中，故断其发，文其身，以象龙子，故不见伤害。"这一习俗是活动于海上的民族的典型特征。越国在海上活动的痕迹除了遍布江、浙、闽、粤沿海海域以外，还涉足今天越南北方沿海水域。为此，越国建立了庞大的舟师部队。《越绝书》载，越国舟师有"死士八千人，戈船三百艘"。"死士"即可以死战的兵士，"戈船"是越国的主力战船。伍子胥说："有戈船以载干戈，因谓之戈船也。"除了戈船、兵士以外，越国的舟师中从事其他工作的人也不在少数。据《吴越春秋》记载，越国有"楼船之卒三千余人""习流二千"。"楼船之卒"即在楼船上从事作战的士兵，"习流"即熟习水战的士兵。可见，越国水军兵士作战分工明确，人数至少在万人以上。越国舟师的强大折射出这个沿海诸侯强国对海洋的依赖性，也折射出它在利用和控制海洋过程中所取得的辉煌成绩。

海上力量的发展，必然引发对制海权的争夺，海上战争不可避免。清代学者顾栋高在《春秋大事表》中指出："海道出师已作俑于春秋时，……春秋之季，惟三国边于海，而其用兵相战伐，率用舟师蹈不测之险，攻人不备，入人要害，前此二代未尝有也。"首先是越齐之间的海上战争。齐桓公时期，越国派出舟师沿海岸北上，以强大的远洋航行和投送能力发动攻齐之战。管子为齐桓公献上多条计策，并进行充分准备，使越国没有得逞。其次是吴齐之间的海上战争。鲁哀公十年（公元前485年），吴王夫差趁齐国国内发生变故，亲率舟师主力北上攻齐，大夫徐承率舟师顺淮河而下，进入黄海，与齐国舟师展开黄海大战，最终战败而归。最后是吴越之间的海上战争。鲁哀公十三年（公元前482年），吴王夫差率领吴国精锐部队北上黄池会盟，越王勾践乘吴国后方空虚之际发兵攻打吴国。越军水陆协同,大败吴军,吴国从此一蹶不振。鲁哀公二十二年(公元前473年),越灭吴。

春秋时期生产力的发展推动了海洋文明的进步,也推动了海权的强盛,进而造就了沿海强国的崛起。齐国、吴国和越国以其独特的地理优势,长期通过利用和控制海洋而称雄于沿海。它们在相互争霸中建立起强大的海上武装力量,谋求夺取制海权。然而,海权的发展和运用与政治、经济、文化等诸方面的因素密切相关,它们的相互作用决定着国家的命运。吴国就是在这一作用过程中由盛而衰,最终灭亡的。齐国和越国也是依靠这一作用跻身诸侯强国之列。这个事实再次表明,一个沿海国家既可以因重视海权而成就霸业,也可以因忽视海权而导致衰亡。

秦始皇统一中国后,高度重视海洋边界、海洋经济和海洋控制,在5次东巡中4次到达海滨。《史记》记载,秦始皇曾"立石东海上朐界中,以为秦东门",其上有石刻,有人将此石刻称为"中国最早的海权石刻"。东巡期间,秦始皇3次派方士徐福出海寻找长生不老药,徐福最终开辟了通往日本的航路。徐福率领的船队不仅编有代表秦朝最高造船水平的楼船,而且配有武装人员,俨然是一支舰队。秦始皇还发兵进军岭南,控制南方出海口,为海上贸易提供条件。汉武帝时期,刘彻进一步扩大东巡规模,数次率领庞大船队抵达沿海。在这一时期,汉武帝极力推动海外贸易,开辟了海上丝绸之路,通达印度。据《汉书》载,他派出的贸易商船队从徐闻、合浦等地出发,前往都元国、邑卢没国、谌离国、夫甘都卢国、黄支国、皮宗国、已程不国等地,这是典籍中有明确记载的最早的海外贸易。除此之外,盐业和渔业生产也是汉代经济的重要来源。为巩固海疆和保障海上贸易安全,汉武帝建立了庞大的楼船军,拥有楼船、戈船、下濑、横海等多种战船千余艘,用其征朝鲜、救东瓯、平南越、灭闽越。为建造楼船,汉武帝下令在长安城西南挖建了方圆 20 千米的昆明池，建成的楼船军达 10 万余人。公元前 112 年，汉武帝令楼船将军杨仆和伏波将军路博德等率 5 路大军进攻南越，楼船军浩浩荡荡分别从江西南昌、广东连江等地出发，沿浈水和湟水进入北江，攻破番禺，南越吕嘉和赵建德仓皇逃至福建漳浦太武山，杨仆和路博德率楼船军又出珠江口，沿海岸抵漳浦登陆，一举攻破"越王城"，将吕嘉和赵建德捕杀，南越国覆亡，此战显示了楼船军强大的海上机动能力。

三国时期，吴国依靠濒海的地理条件，发挥传统造船工业的优势，创建了强大的水军部队。虽然与魏、蜀两国水军鲜有海上交战，一般战于江河，水军的海上活动受到一定限制，但中国东南沿海与南海诸国之间的商贸活动依然活跃。据《梁书·诸夷》记载，吴国与"交州南及西南大海洲上"的南海诸国的贸易往来规模很大，开辟了多条航线，而这些航线的安全需要一定的军事力量来保障，故水军和海上武装人员的作用依然不可或缺。魏国水军逊于吴国，但魏国船队曾沿朝鲜半岛南下，渡朝鲜海峡前往倭国，说明魏国与外国亦有海外贸易往来。

两晋时期持续了 150 多年，这期间中原战端迭起，北方"五胡十六国"长期处于割据状态。西晋时期北方的海上活动局限于渤海湾和环山东半岛一带，部分航线一度中断，东晋时期有所恢复；南方的航线依然通达印度半岛和西亚地区。但两晋的水军力量均十分有限，尤其是东晋末年，孙恩、卢循的海上起义持续了 12 年之久，严重冲击了国家海权，朝廷不仅不能保障海外贸易，而且连政权统治也难以维持。不过，晋代造船和航海技术有一定程度的发展，出现了拥有初期水密隔舱的八槽舰和轮船雏形——车轮舟这样的船型。南北朝时期历经 169 年，北朝的海上活动受各种因素的制约而基本无法进行。南朝则由于沿海经济发展，刘宋、南齐、萧梁、陈朝等政权都有比较活跃的海上贸易，中国至朝鲜半岛和日本列岛的航线不仅复通了，而且海上丝绸之路南线也已通往东南亚、中亚、南亚、西亚的部分地区，可知各朝与海外的经济、文化、贸易往来之繁荣。两晋和南北朝时期虽然经历了300多年，但因长期处于分裂状态，海外贸易没有出现持续繁荣的景象，滨海政权的注意力主要集中于内陆，水军力量均不够强大，也没有大规模海上战事，故海权总体趋弱。

隋朝结束了延续300多年的分裂局面，实现了全国统一。隋朝历史虽只有38年，但初期进行了一系列改革，稳定了社会秩序，政治、经济发展均有起色，国力也有所增强，建设了一支规模庞大的水军部队。从隋文帝到隋炀帝，一方面，开展内河航运和对内用兵，先后开凿了永济渠、通济渠、邗沟，以及京口至余杭的运河，大力发展国内航运事业和内陆贸易。隋炀帝还3次率庞大的游船队巡游江都，推动国内贸易及航运、造船业的发展。隋文帝利用水军在长江发动大规模灭陈作战。另一方面，隋朝也重视与海外的文化交流、商业贸易和海上用兵。隋炀帝数次遣使与日本互访，加强文化和贸易往来。在海上用兵方面，隋文帝曾派出30万水陆大军进攻辽东，收复被高丽侵占的土地。陆路取临渝关而趋辽河，水路则自东莱郡横渡黄海。隋炀帝也曾统率12路大军，浮海进攻高丽，水军"舳舻数百里"。为加强与流求（今台湾）的联系，隋炀帝还派出万余人及数百艘战船组成的水军，从义安起航，渡过台湾海峡，在流求登陆。这些海上活动和海上用兵都表明隋朝的海权在结束了国内分裂局面后已呈增强趋势，为唐朝海权的大发展奠定了基础。

在经过了三国鼎立、南北朝分裂及隋的统一以后，社会发展进入相对平稳的阶段，建立在这一基础上的唐朝，海权开始稳步走向强大。首先，唐朝的海外贸易日益繁荣，政府专门成立了从事航海贸易的管理机构——市舶司，交州、广州、泉州、福州、明州、扬州、登州等海上贸易港口也迅速发展，海上丝绸之路恢复了往日的繁忙。据《新唐书·地理志》载，贾耽记录了由边州入四夷的7条道路，其中有2条是海上航路，即南方的"广州通海夷道"和北方的"登州海行入高丽渤海道"，连通了东、西亚各地。"广州通海夷道"的主要目的地是西亚各国。例如，古阿拉伯帝国物产丰富、文化发达，而且航海技术发达，渴望与中国开展经济和文化交流，是唐朝最理想的通商对象。"广州通海夷道"从广州出发，进入印度洋后沿印度半岛西海岸进入阿拉伯海，然后驶入阿曼湾和波斯湾，最终抵达乌剌国。"登州海行入高丽渤海道"自登州发船，沿庙岛群岛至辽东半岛老铁山，继续沿海岸航行至鸭绿江口，再分为两路：一路溯鸭绿江往东北行，转陆路至渤海王城；一路沿海岸南下，抵达唐恩浦口，登陆向东南行至新罗王城止。"广州通海夷道"和"登州海行入高丽渤海道"连接了沿途各地的贸易区域，把大量中国商品运送至该地。其次，水军建设和海上用兵均出现前所未有的新局面。唐朝建立之初，拥有一支强大的水军部队，据《唐会要》载，贞观十九年，即645年，张亮率军跨海征讨辽东时指挥水军7万，其中劲卒4万，掌舵、摇橹、导航、修理、运量等的辅助人员3万，拥有楼船、蒙冲、走舸、游艇、海鹘等战船500余艘。一次军事行动即有如此强大的船队，全国水军规模可见一斑。647—648年，唐太宗李世民利用水军3次跨海东征高句丽，证明了唐朝水军的航海与作战能力。663年，唐高宗李治发兵渡海，与新罗军队联合，在白江口与日本和百济联合水军展开大规模海战。当时，唐朝水军约2万人，战船约170艘；日本和百济联合水军约4万人，战船约1000艘。唐朝水军处于劣势。但唐朝水军在老将刘仁轨率领下，利用地形，采取机动灵活的战术，在陆军配合下大败日本和百济联合水军，取得击毁400余艘敌船的战绩。白江口海战不仅证明了建设水军的重要性，进一步推动了唐朝水军的发展，为以后各朝的水军建设创造了条件，而且慑止了日本的侵略企图，维护了东亚的和平局势，为促进唐朝和日本的文化交流奠定了基础。

唐朝之后是五代十国时期，中国再次经历了长达70多年的分裂期。中原地区的"五代"是指后梁、后唐、后晋、后汉、后周，相继更替，导致社会动荡，加上疆域所限，使北方失去了发展海洋经济和建立海上武装力量的条件，故海权微弱。"十国"是指吴、吴越、南汉、楚、闽、荆南、前蜀、后蜀、南唐、北汉，除北汉外，其他小国均位于南方，特别有位于沿海者，虽处纷乱之中，但海上贸易依然开展。例如，南汉曾派10余艘海船载珍宝于海上进行贸易，闽派出船队载玳瑁、琉璃、犀、象、瓷器、珍玩、香药等商品经海路与中原政权交易。"十国"在相互兼并中建立了水军，如南唐水军规模发展至10万余人，频繁进行海上活动，海权的存在是显而易见的。因此，五代十国时期的海权呈南强北弱之势。

960年，北宋建立，中国再次出现大一统局面，为海权的恢复和发展创造了条件。1127年，北宋结束，南宋开始，南宋政权虽偏安一隅，但依然延续北宋的发展势头，建立了强大海权。首先，海外贸易步入鼎盛时期。为维持国家经济，北宋政府注重发展海外贸易。987年，宋太宗遣内侍8人携带敕书、金帛等，前往南海诸番国"勾招进奉，博买香药、犀、牙、珍珠、龙脑"等。宋神宗时，朝廷依然积极推动海外贸易，以"岁获厚利"。南宋时期，泉州成为世界级贸易港口，拥有巨大的货物吞吐量，琳琅满目的商品堆积如山，进口的有香料、珍珠、玳瑁制品、布匹、金属、木材等，出口的有铁器、瓷器、丝绸、中药等。由于经贸繁荣，城内灯火彻夜不灭，被西方人誉为"光明之城"，吸引了世界各地的商人来此淘金，大量的中外商船云集泉州内河和外海。两宋时期先后开通了北方航路和南海航路。北方航路通达中国东北、高句丽、日本等地；

南海航路从广州或泉州出发,至三佛齐、阇婆、兰里、大食、麻离拔等,途中经过几十个国家和地区,贸易的繁荣超过前代。为了打造贸易商船队,两宋都大力发展造船业,仅在沿海就有温州、明州、台州、越州、严州、衢州、杭州、澉浦、苏州、秀州、福州、泉州、漳州等地的造船工场,建造各种船舶,动辄可造数千艘。例如,北宋真宗末年,纲船的年产量就达2916艘。船型除了前代已有的外,还创设了千翼、赤马、雀船、鸭头船、飞仓、凌波舰、橦雷舸等,尤其是车船,进入了大发展时期,由此也推动了两宋造船技术和航海技术的创新与发展。指南针用于导航、用软帆辅助硬帆、首创的平衡舵、减摇龙骨的使用等都为中国古代海洋文明增添了新的色彩。在海上武装力量建设方面,北宋初期,朝廷构建了完整的水军建制,分为屯驻京师的禁军水军和分驻各省的厢军水军,并在山东半岛的登州置建了水军基地,屯驻北宋规模最大的水军部队——澄海水军和平海水军。为攻灭南唐,平定江淮,统一江南,宋太祖赵匡胤还造了数千艘大船及黄黑龙船,以扩充水军。南宋政府出于维护朝廷安全、保护日益扩大的海外贸易的目的,始终保持了规模庞大的水军部队。宋孝宗隆兴元年(1163年)以后,为了防御金军南侵,南宋政府陆续在沿江、沿海建立了20余支水军,沿海水军设置于镇江、江阴、平江、泉州、漳州、福州、潮州、钦州等地,即使在最后一战——崖山海战时,宋军依然拥有千余艘战船。南宋时期除了大规模的崖山海战外,还发生过如唐岛湾海战这样长途奔袭的海战,证明了南宋水军的作战能力。

元朝是一个由蒙古族建立的多民族统一的国家,蒙古族虽然并不擅长经略海洋,但在统一中国的作战中感受到了海洋事业的重要性。孛儿只斤·铁木真并不将统一中国作为终极目标,他成为大蒙古国可汗时就有"成吉思汗"的尊号,这一尊号有"拥有海洋四方"之意,可见在蒙古人的思想中并不缺少海洋意识。于是，在入主中原后，元朝延续宋朝经略海洋的方式，既利用海洋推动政治、经济、文化的对外交流，又注重建立强大的水军实现对外扩张。因此，元朝是一个拥有强大海权的历史时期。元朝的海洋政策是宽松的，既倡导官办船队出海完成政府的政治、经济和文化使命，又鼓励官商联合组成船队完成上述任务，同时也允许私人发展海外贸易，从而将中国推入一个"航海时代"，涌现出一批闻名中外的官方和民间航海家，如亦黑迷失、杨庭璧、杨枢、周达观、汪大渊等。元朝的海外通航区域除了东亚的日本外，还有马六甲海峡以东的占城、真腊、登流眉、吉兰丹、三佛齐、阇婆、彭坑、渤泥等，马六甲海峡以西与孟加拉湾的班卒、龙牙善提、佛罗安、急水湾、花面、八都马、天竺、马八儿屿等，阿拉伯与波斯湾的故临、南毗、古里佛、南尼华罗、大食、大秦、麻那里等。中国向这些国家输出的商品有绫罗匹帛、牙梳、青铜、铁、瓷器、扇、漆器、青布、酒、烧珠、绢伞、盐、糖、斗锡、赤金、朱砂、绿矾、大瓮等，输入的商品有白银、象牙、肉桂、槟榔、胡椒、沉香、乌梨木、黄蜡、苏木、豆蔻、鹤顶、玳瑁、檀香、丁香、乳香、安息香、珍珠等。伴随着海上贸易的繁荣，造船业必然更加发达。据不完全统计，从至元七年（1270年）到至元二十九年（1292年），元朝政府共建造8000艘江船、9800艘海船。海上贸易所获得的红利，必然进一步促使水军的发展。事实上，在元朝建立之初就把建设强大水军放在了突出地位。元世祖忽必烈即位后，为适应海外战争的需要，在福建建立了沿海水军万户府，招募水兵，练习海战，并逐渐建立了比较健全的水军编制体制，规定大船队由规模较小的分船队组成，每30艘船为一纲，即一分船队。至元十一年（1274年）和至元十八年（1281年），忽必烈两次发兵进攻日本。至元十九年（1282年），从海上进攻安南。至元二十九年（1292年），又远涉重洋南征爪哇。这几次海上用兵所出动的水军兵力少则5000人，多则14万人，战船少则500艘，多则3400艘。虽然这些海上战争都以失败告终，但元朝水军强大的远洋作战能力为海外活动提供了强大支撑，成为元朝海权的核心能力。

明朝是中国古代海权发展的鼎盛时期，出现了郑和下西洋这样无与伦比的航海事件，国家对海洋的利用和控制主要体现在郑和下西洋的过程中，此时的海权推动着古代中国真正走上了海洋强国之路。郑和下西洋的28年中，明朝对海洋的开发和利用主要体现在开辟海上贸易通道上。明朝的海外国际贸易分为朝贡贸易、国际贸易和民间互市贸易，这3种贸易形式都与经略海洋有关。朝贡贸易就是政府向海外来朝的国家"回赐"物品，朝贡国家采取将这些物品就地进行"以货易货"的特殊贸易形式，这种贸易并不在于获取经济利益，而是出于政治目的。国际贸易是郑和船队以国家的名义与海外国家所开展的贸易，即国家与国家之间的贸易活动，是明朝主要的海上贸易形式。民间互市贸易是郑和船队成员以个人名义与海外国家的民众之间开展的自由贸易，是国际贸易的重要补充。

自1405年郑和船队第一次出使西洋开始，明朝的国际贸易和民间互市贸易就全面展开，在此后的6次下西洋中贸易规模逐渐扩大，延续了前朝的贸易和新开辟了近百条航线。第7次下西洋回国后，郑和组织人力绘制的《郑和航海图》清晰地标注了7次下西洋的主要航线：从南京宝船厂出发，自龙江关入海，沿海岸南下到达福建泉州，从泉州扬帆出海，经过我国的南海，穿过马六甲海峡进入印度洋，先后经过孟加拉湾到印度半岛，进入阿拉伯海，抵达波斯湾口的忽鲁谟斯，然后沿非洲海岸南下，最远到达马达加斯加。沿着这条航路又派生出若干条航线。每次下西洋，郑和船队满载瓷器、丝绸、铁器、金银器等中国特产分别驶往20多个国家和地区，换回胡椒、檀香、乳香、血竭、芦荟、没药、安息香、苏合油、木鳖子、宝石、珍珠、琥珀、中药材、金刚石、玉器、五金制品等商品，获取了巨大的经济利益。据不完全统计，郑和7次下西洋大约获得了二三十万两黄金、千余万两白银，这个数字是宋元时期市舶收入（即海关收入）的10多倍，这还不包括从海外交换来的商品在国内获取的差价。从这个意义讲，郑和船队就是一个庞大的贸易商船队。然而，郑和初下西洋之时，东南亚一带并不太平，海上海盗横行，国家之间以大欺小的情况比比皆是，明成祖朱棣十分清楚要保证海外贸易的顺利开展，保证他所推行的外交政策的顺利实现，船队还必须拥有强大的作战能力。于是，在郑和出使西洋的前一年，永乐皇帝遣郑和训练"楼船水军十万，招谕海外诸番"，使东南亚国家都感到震慑，如日本面对郑和的庞大水军，"首先纳款，擒献犯边倭贼二十余人。即命治以彼国之法，尽蒸杀之"。郑和船队的人员构成中95%以上是军人，这批军人都是从沿海各卫所挑选出来的优秀军人，一般成建制地划归郑和船队。他们不仅忠诚于国家和下西洋的事业，而且训练有素，作战能力强。他们分工明确，有的从事陆上作战，有的从事海上作战。从事陆上作战的有步兵、骑兵；从事海上作战的有水兵、陆战队。船队的船舶均以战船标准建造而成，有宝船、战船、座船、粮船、水船、马船等，其中宝船最大。据马欢的《瀛涯胜览》和洪保的寿藏铭记载，大型宝船为福船船型，是"五千料巨舶"，它长44丈4尺、宽18丈，按照明代专门量取宝船长度的尺子测量，长约139米，宽约56米；中型船长37丈，宽15丈，即长约116米，宽约47米。宝船是目前可知的中国古代最大的木质战船，也是世界造船史上最大的木质船舶。每次下西洋，宝船数量均在60艘左右。除宝船外，战船和座船在船队中也占有较大比例。战船是用于海上作战的船只，一般是1500料，长18丈，宽6丈8尺，即长约56米，宽约21米。座船是用于海上运兵的船只，一般是2000料，长 24 丈，宽 9 丈 4 尺，即长约 75 米，宽约 29 米，它们都属于主力作战船只，其总数在百艘以上。战船上的兵器包括大发贡、大佛郎机、碗子铳、喷筒、鸟嘴铳、烟罐、灰罐、弩箭、药弩等。

郑和船队的海上作战能力，在第一次下西洋时就得到了验证。洪武年间，广东人陈祖义犯事后举家逃到苏门答腊的旧港，他在旧港打造兵器、制造舰船，网罗了一伙人组成海盗集团，控制了旧港的出海口，抢劫来往船只，劫持旧港和西洋诸国的来华使节，不仅沉重打击了旧港的经济，而且阻挠了这些国家与明朝的经济和文化交流。到永乐初年，陈祖义的海盗势力的控制区域由邦加海峡扩大到马六甲海峡，成为东南亚一带海上的一大祸患。在郑和第一次出使西洋时，明成祖朱棣为他制定了目标，即贯彻大明朝"不可欺寡，不可凌弱，庶几共享太平之福"的外交方针，实现与西洋各国的政治、经济、文化交流。然而，要完成这一使命，必须对出使航路拥有绝对的制海权。因此，消灭陈祖义的海盗势力就成为第一次下西洋的重要任务。郑和船队到达旧港后，施以招抚之法，试图让陈祖义改邪归正。陈祖义表面上表示愿意归顺朝廷，实际上在做突袭郑和船队的准备。郑和看破了陈的诡计，在陈发动突然袭击时展开海上大战。由于郑和船队在作战实力上占据压倒性优势，在经过了数日海上作战后全歼陈祖义的海盗集团，共消灭海盗 5000 多人，烧毁海盗船 10 艘，缴获 7 艘，并缴获了 2 颗铜印，生擒陈祖义等 3 名海盗头目。这场海战虽然没有在典籍中留下详细记载，但一定是一场精彩的海上对决。通过这场海战，郑和船队完全掌握了东南亚一带海域的制海权，不仅消除了海上祸患，为下西洋扫清了障碍，而且给予其他零星海盗以极大的震慑，树立了大明朝的国威。

总之，郑和船队是一支具有兵商双重性质的海上力量，体现了海权"利用"和"控制"海洋的鲜明特征，证明了明朝海权建设的有效性。

它的成功实践得益于航海家、军事家郑和对"利用"和"控制"海洋的深刻认识。在第6次下西洋归国时，他在给皇帝的进言中明确指出："欲国家富强，不可置海洋于不顾。财富取之海，危险亦来自海上……一旦他国之君夺得南洋，华夏危矣。我国船队战无不胜，可用之扩大经商，制服异域，使其不敢觊觎南洋也。""扩大经商"即是对海洋的利用，"制服异域"即是对海洋的控制。由此观之，郑和是早于马汉400多年的海权论述者和实践者，为推动古代中国走向海洋强国做出了突出贡献。

纵观中国古代历史，各个政权更迭不断，不同势力分分合合，导致海权的形成与发展呈波浪式前进之势，先后于春秋时期、唐宋时期、元明时期出现高峰，并推动着这些时期的中国走向海洋强国之路，书写了中国海权史上波澜壮阔的精彩华章。

第三节　中国古代海权的衰落及近代海权意识的觉醒

在马汉所列举的建设海权的重要条件中，国家政策是不可或缺的因素。郑和下西洋经历了永乐、洪熙和宣德3代皇帝，在第7次下西洋郑和去世时宣德皇帝改变了国家政策，重拾"海禁"，使明朝通过郑和下西洋建立起来的控制海洋的局面迅速丧失。事实上，在元末明初，中国沿海就出现了倭患，给海洋经济带来了严重危害。为防止倭患扩大，元朝政府开始采取"海禁"措施，到朱元璋建立明朝时，政府逐渐将禁海措施上升为国家政策，即"海禁"政策。这一政策规定，除政府以外，民间不允许从事海外贸易，同时限制外国商人来华经商。不久，"海禁"内容被写进了《大明律》，其中规定："凡将马牛、军需、铁货、铜钱、段匹、细绢、丝绵私出外境货卖及下海者，杖一百；挑担驮载之人减一等，物货船车并入官，于内以十分为率，三分付告人充赏。若将人口、军器出境及下海者，绞；因而走泄事情者，斩。"还规定："官民人等擅造二桅以上违式大船，将带违禁货物下海，前往番国买卖、潜通海贼、同谋结聚，及为向导劫掠良民者，正犯处以极刑，全家发边卫充军。若止将大船雇与下海之人分取番货，及虽不曾造有大船，但私通下海之人接买番货者俱问，发边卫充军。其探听下海之人番货到来，私下收买贩卖，若苏木、胡椒至一千斤以上者，亦问，发边卫充军，番货入官。若小民撑使单桅小船于海边近处捕取鱼虾，采打柴木者，巡捕官、旗军兵不许扰害。"说明此时对海洋的利用仅限于国家的海上贸易，民间只能从事小规模的"捕取鱼虾"。洪武二十七年（1394年）"海禁"政策的执行更加严格。据《续文献通考》载："洪武二十七年正月，命严禁私下诸番互市者。帝以海外诸国多诈，绝其往来，惟琉球、真腊、暹罗许入贡。而缘海之人，往往私下诸番，贸易香货，因诱蛮夷为盗，命礼部严禁绝之，违者必置之重法。"严厉的"海禁"政策在一定程度上隔断了国民与海洋的联系。朱棣称帝后，由于国家政治、经济、文化发展的需要，放松了"海禁"政策，朱棣以政府的名义强力推行官方的航海活动，让郑和船队开辟了中国历史上又一个新的航海时代，将中国古代海洋文明推向了更高阶段，实现了海洋强国的梦想。然而，郑和去世之后，宣德皇帝迫不及待地令都察院"严私通番国之禁"，并多次下达"海禁"令。由于郑和下西洋引发的海上贸易潮一时难以遏制，民间私人海外贸易反而有兴盛之势，明政府在加强"海禁"的同时，也忽视了水军建设，沿海卫所的水军力量严重不足。据统计，正统时期，山东沿海的安东、灵山、鳌山、大嵩、莱州、靖海、成山、宁海、威海、登州等10卫，人员缺额54.4%。嘉靖时期广东的廉州、雷州、神电、广海、南海、碣石、潮海等7卫，人员缺额达69.8%，战船也大量缺乏。这种日益衰弱的海防力量难以适应兴盛的海外贸易，迫使明政府不得不再次放松"海禁"。正德朝以后，中国沿海的倭患愈演愈烈，进入嘉靖时期已出现不可收拾的局面，嘉靖皇帝遂加强"海禁"，采取了比以往几代皇帝更加严厉的"海禁"措施，甚至规定"一切违禁大船，尽数毁之"，"沿海军民私与贼市，其邻舍不举者连坐"。断断续续80多年的"海禁"不仅没有阻断倭患，反而使沿海贸易和水军建设遭到双重打击。沿海居民为了生计，不得不开展走私贸易，而水军力量的严重不足，难以遏制海上的混乱局面。此时的海权已经微不足道了。美国历史学家勒芬·斯塔夫罗斯·斯塔夫里阿诺斯（Leften Stavros Stavrianos）曾分析说："无论如何，中国人的撤离，在东亚和南亚海域，留下了权力真空区。于是，日本倭寇骚扰抢劫中国沿海，而阿拉伯人又恢复了以往在印度洋上的优势。尽管阿拉伯人善于经商，但他们一盘散沙，缺乏资源，没有发展成中国人短期内就建立起来的强大海军。因此，1498年，葡萄牙人绕过非洲，进入印度洋时，没有遇到任何有力的抵抗，便建立起他们的西方海上霸权。" 斯塔夫里阿诺斯的论述是中肯的，也是符合事实的。假如中国人不是主动从海上"撤离"，西方的海上霸权不可能轻而易举地建立起来。

清朝初年，东南沿海的郑成功反清势力依然活跃，顺治皇帝决定施行"海禁"，严禁沿海居民下海。顺治十二年（1655年），朝廷将"海禁"政策写入《钦定大清会典事例》："海船除给有执照许令出洋外，若官民人等擅造两桅以上大船，将违禁货物出洋贩往番国，并潜通海贼，同谋结聚，及为向导，劫掠良民，或造成大船卖与番国，或将大船赁与出洋之人，分取番人货物者，皆交刑部分别治罪。至单桅小船，准民人领给执照，于沿海近处捕鱼取薪，营汛官兵不许扰累。"这与明朝《大明律》的规定极为相似。到了顺治十三年（1656年），清朝的"海禁"政策已经系统化，开始颁布"迁海令"，对东南沿海渔民的生计影响极大。康熙初年，朝廷继续实行"迁海"政策，并较顺治时期更加系统和严格。康熙十一年（1672年）规定："居住海岛民人，概令迁移内地，以防藏聚、接济奸匪之弊，仍有在此等海岛筑室居住耕种者，照违禁货物出洋例治罪。"康熙二十三年（1684年），朝廷在平定了台湾后，逐渐开了"海禁"，设广东澳门、福建漳州、浙江宁波、江南云台山四榷关与外国通商。在断断续续持续近300年的"海禁"背景下复开"海禁"，无疑推动了海商走向海洋，"自海禁大开，民之趋南洋者如鹜"，也使沿海渔业有所恢复和发展。然而到了雍正和乾隆两朝，清政府的海洋政策又有所收紧，4个通商口岸中只保留广东对外通商，海外贸易的收缩可想而知。进入嘉庆时期，由于荷兰和英国东印度公司的崛起，中国的海外贸易空间进一步受到挤压，其低迷状态一直持续到鸦片战争前。

清朝断断续续的"海禁"必然影响海防政策。注重岸防，辅以洋防，是清朝海防政策的核心。水师的主要任务限定在限制渔民和商船出海以及查缉走私的范围内，这就大大限制了水师规模的发展和建设质量的提高，无论人员还是武器装备都没有超过明朝末期的水平。

清朝水师划分为内河水师和外海水师两大部分，配备适合内河和外海的作战船只和兵器，并根据作战和巡防特点进行训练。在兵力来源上，清朝水师分为八旗水师和绿营水师。八旗水师由满族壮丁组成，兵力不多，在初创时期总共一万余人，分配于从黑龙江到广东的沿江、沿海各地，战斗力很弱，无法担负主要的海防任务。绿营水师主要由汉族壮丁组成，全部兵力在5万人左右，分布于沿江、沿海各地，担负着主要的海防任务。在建制上，清朝水师建立了汛（或哨）、营、协、镇、提署五级单位，设置了从外委把总到提督的各级水师官职，是各种制度较为完备的古代水师。在战船的配备上，清朝外海水师配备赶缯船、哨船、平底哨船、艍船、唬船、巡船、沙船、平底船等，内河水师配备唬船、哨船、桨船、快桨船、橹船、大马船、哨艍船等。总的来看，清朝前期的水师虽然建制比较完备，武器装备种类比较齐全，也有各种训练措施，但由于兵力过少、布防分散、武器装备不够精良，尤其是战船小、数量少，担负的海上主要职责只能是防范居民私自下海、稽查民船建造规模以及所载运货物是否符合政府规定等，难以有效完成缉捕海盗的任务，更没有能力进行大规模海战。嘉庆朝以后，沿海防务持续衰落。以广东为例，广东沿海在明代就建有若干炮台，但到了嘉庆年间，一些炮台已经无人驻守，荒废严重。雷州府东山塘、激沙塘、麻参塘、极角塘地处偏僻，正东为大海无际，处于无水师监管的状态。至于水师，出现了战船废置、武器装备落后、水师兵丁配备不足且不谙水务、官兵纪律松弛、风气败坏等状况。到了鸦片战争前夕，沿海水师已经衰弱不堪。

总体看来，鸦片战争前由于"海禁"政策的长期施行，清朝利用海洋受到极大限制，从而弱化了水师发展的条件，海权建设持续衰弱，连剿灭海盗都力不从心，更无力抵抗西方列强的入侵。

1840年，鸦片战争爆发，这场战争使中国人第一次看到了西方强国对海洋的强大控制力，满载鸦片的贸易船伴随着由各种战舰组成的强大舰队，远涉重洋，蜂拥而至，掌握了中国东南沿海的制海权，轻而易举地击败了由木板船组成的清朝水师，迫使清政府签订了丧权辱国的《南京条约》，以令中国人更加痛苦的方式证明了海权对于沿海国家的重要性。在这样的阵痛中，一批先进的中国人意识到利用和控制海洋的重要性，开始了宝贵的思考和实践。林则徐被称为"近代中国开眼看世界的第一人"，开眼看世界实际上就是对西方海权的审视，此时的林则徐虽然还没有对海权的归纳与总结，但所萌发的海防建设思想，尤其是海军建设思想，却触及海权核心，他的海防实践更是对中国近代海权建设的最初贡献。

林则徐的海防思想是站在禁烟和防止英国侵略的全局高度，以谋划东南沿海防务的结果，包括"以守为战，以逸待劳""依靠山海形胜制以兵威""师敌""制敌"，以及创设近代海军等思想。这些思想开了一代风气，虽然在当时的历史条件下受到朝廷的冷落，但得到了一批有识之士的认同和响应，对后世产生了深远影响，无疑是中国近代海防、海军建设的先声，也是中国近代海权的宣示。在林则徐身后有一批思想家、政治家和军事家，如关天培、魏源、龚自珍、徐继畬、姚莹、梁廷楠、夏燮等，都提出了自己的独到见解。关天培提出"守备为本，以逸待劳，以静制动"的积极防御思想，"湔除积习，振刷精神，体恤兵艰"的治军思想和分层防御、节节控制的战术思想。魏源提出"师夷长技以制夷"的军事战略思想，"以守为战""以守为款"的海防战略、战术思想，建设近代海军思想。龚自珍提出海上武装是维护国家海疆安全的重要力量，使用水师防守海口、发展沿海经济贸易与建设舟师是"相倚"的关系等思想。徐继畬提出夷有长技、英国的威胁来自海上、英国军队善于海战等观点。夏燮提出睁眼看世界、海防与贸易的密切关系、防守内河的战术、建设水师之必要等主张。这些思想无不散发着浓厚的海权气息。以李鸿章为代表的洋务派深受这些思想的影响，他们把建设近代化海军作为洋务运动的核心内容，并进行了广泛而深入的实践，建成了中国第一支近代化海军——北洋海军。然而，从鸦片战争到中日甲午战争，建设足以维护国家海上安全的海权始终不具备足够的条件。可是，在这个时期首次出现了"海权"这个词语。1885年，国内刊印了驻德公使李凤苞节译的《海战新义》一书，其中在谈及近代海军的分类时说：

"从前分各国之海权强弱为一、二、三等,今则不便分等第。因不但论船数,又须论管船之人,又须视其补造之船有何长进。"在论及海军任务时又说"尤要者为我以兵船进攻敌国兵船","凡海权最强者,能逼令弱国之兵船出战。而弱国须守候机会以伺击强国一分股之船"。李凤苞在译文中并未解释海权,从文中所要表达的意思来看,海权是指海上的军事能力,亦即海军实力,这说明李凤苞不一定理解了海权的含义,但中文表达是准确的。

甲午战争是中日两国进行的一场具有转折意义的战争,也是一场海权的对决。中国在这场战争中的失败,引发了国人在诸多方面的思考。恰在此时,马汉的海权理论传入中国,国人必然会把海权与北洋海军的失败相联系。甲午战争后首次提及海权的是《申报》。1895年8月16日,《申报》发表《纪筑路定议事系之以论》一文,在谈论甲午海战时说:"海军所置兵舰多向西国名厂购置,西人之旁观者咸啧啧叹赏,以为有此利器大足以掌海权而张国势。……我所练之海军已越十余年,船非不坚,械非不利,乃始败于鸭绿江口之大东沟,而精华尽丧,继败于威海之刘公岛,卒至垒毁舟沉,全军尽覆。"这里的"海权"有海洋的主导权或控制权之意,也可理解为制海权。1899年3月23日,《申报》在《日人论俄租旅顺事》一文中再次提到海权,谓俄人"其意欲以旅顺为东方舰队之总镇,独揽由此至珲春一带之海权","海权"之意与上同。从1902年开始,"海权"在《申报》和《大公报》等媒体出现的频次越来越高,据统计,1902—1911年这10年间"海权"在《申报》出现了184次、在《大公报》出现了113次,基本含义都是"海上权力""制海权""海洋主权"。(王昌:《清末"海权"概念考释》)以1905年的《申报》为例,提到"海权"的文章有《论旅顺降日事》《日报论俄军战败之原因》《沈京兆请联合整顿各省海军折》《日报预算俄第二舰队东来之举动》《论日本战胜之关系》《西报论日俄胜败之原因》《汇译法报论日本之战胜》《美报论日本海军》等。媒体报道的"海权"是根据报道内容的变化而表达不同意思的，真正介绍马汉的海权理论原意的是日人在华创办的《亚东时报》。该报的《军事》栏目从1900年3月30日开始，以《海上权力要素论》为题连载介绍马汉的海权理论，有学者认为该文使中国读者第一次了解到"海权论"这一全新思想，因而具有一定的开创意义。（史春林：《1900年以来马汉海权论在中国的译介述评》）此后，《新民丛报》《华北杂志》《海军》《时报》《清议报》《经济丛编》《游学译编》《申报》等报刊相继刊登了许多相关文章，宣扬海权理论，关注海权发展情形，在国内引起了对海权问题的讨论。此时的讨论既有对西方海权的介绍，也有对中国海权的呼吁。

较早介入讨论的是近代思想家严复。1900年，严复为其翻译的《法意》一书写按语时指出："往读马翰（汉）所著《海权论》诸书，其言海权关于国之盛衰强弱者至重。"说明严复在此前已经广泛了解了马汉的海权理论的基本内容。有学者认为，严复虽然从未真正进入中国海军的权力决策中心，也没有加入作战部队经历实战，但他以敏锐的思想和深刻的理解力成为近代中国最早真正领悟海权和制海权理论真谛的先行者。（方堃：《严复：基于近代新文化的海权与海军思想》）不过，严复也未对"海权"概念做出明确的阐释。1902年，华北译书局发行的《经济丛编》刊发了题为《竞争海权》的消息，简要介绍了日本政府拟发行国债、在欧洲各国订购多艘军舰、扩张海军、竞争海权的情况。1903年，梁启勋发表了《论太平洋海权及中国前途》的论文，沿着马汉的思路，从海上贸易与海军的关系的角度理解海权，比较准确地阐释了海权的原本含义。他提出，"20世纪为太平洋时代""水之发达即世界之发达""太平洋海权问题为世界上最大之问题""北太平洋之问题实中国之问题""太平洋海权竞争即世界生计竞争"。他强调:"所谓帝国主义者,语其实则商国主义也,而商业势力之消长,实与海上权力之兴败为缘。故欲伸国力于世界,必以争海权为第一义。"海军需要"保护旅外之国民,保护殖民地,保护商业,保护商船也","海军者以保持商业上利益为目的者也,而其势力遂及于政治上"。笛帆在《海上主管权之争夺》一文中指出,海军与海上贸易相互影响,共同推动国家富强。"海军强大,能主管海上权者,必能主管海上贸易;能主管海上之贸易者,即能主管世界之富源。""主管海上权之要素有二:一曰'巨大海洋贸易',一曰'有能制海洋之军舰'。"这些观点与马汉所论的海权的含义已十分接近了。1904年,《四川官报》发表文章《海权发达》,该文对各国现有航海轮船、帆船的情况进行了简要介绍,把海军作为海权的重要内容加以评估,肯定英国海军处于各国榜首地位。1909年,清政府海军处三等参谋兼军制司驾驶科科长吴振南完整翻译了马汉的另一部著作《海军政艺通论》,也贯穿着海权论的基本思想。此后,随着人们思考的深入,近代重商主义思潮、传统海洋观念以及甲午战争后国际形势的巨变都影响了海权话语的构建,形成了以守土防御、海洋维权为中心的本土化海权思想。

  甲午战争后真正把海权理论与晚清海军建设直接联系起来的当数李鸿章的幕僚姚锡光。姚锡光曾于1878年随首任驻日公使何如璋出使日本,充当驻日领事,他留意日本明治维新以来的变化,更注意日本海军的发展。1886年,经李鸿章奏请,姚锡光担任了北洋武备学堂教习。在甲午战争爆发前夕,姚锡光以李鸿章幕僚身份多次向李建言献策,其中最可贵的是他根据日本的战略意图提出"我军宜以陆路为正兵,海军为奇兵,陆路为战兵,海道为游兵"的陆海协同战略,正确解释了甲午战争中陆海军的地位及其相互关系。可惜的是李鸿章并没有接受姚锡光的正确建议,在战略和战术筹划中犯了诸多错误。甲午战争后期,姚锡光离开天津赴山东,又为李秉衡出谋划策,可未几战争即结束。战后,姚锡光先入张之洞幕,筹划长江炮台建设,1907年被清政府提调到陆

严复

严复(图11-4),原名宗光,字又陵,后改名复,字几道,福建侯官人,生于1854年。1867年考入福州船政学堂学习驾驶,1871年毕业,先后登"建威""扬武"舰实习,游历新加坡、槟榔屿、日本等地。1874年,日本侵台,随福建船政大臣沈葆桢赴台,测量海口,筹备海防。1877年,清政府委派海军学生赴英国留学,严复考入格林威治皇家海军学院。在英期间,他注意观察英国的社会

图11-4 严复

制度,研究资产阶级政治学说,辨析"西学"与"中学"的异同。1879年,学成回国,任福州船政学堂教习,次年转任天津北洋水师学堂总教习,后升任总办。中日甲午战争后,严复主张向西方学习,反对顽固保守,倡导培养民力、民智、民德。1896年,创办俄文馆,任总办,并协助张元济创办北京通艺学堂。次年,在天津创办《国闻报》和《国闻汇编》,宣传变法维新,并译述赫胥黎的《天演论》。戊戌变法期间,严复受到光绪帝召见,询问办海军及办学堂事。1900年,迁居上海,参加汪康年、唐才常倡组的"中国议会",被推举为副会长。1901年,赴天津主持开平矿务局事,后任该局总办。1902年,赴北京任京师大学堂附设的译书局总办。1905年,协助马相伯创办复旦公学,一度出任校长。1908年,在北京任学部审定名词馆总纂。1912年,署理北京大学校校长。1913年,任总统府外交法律顾问。1915年,参加筹安会,但始终未莅会。1921年,逝世于福州,终年67岁。

军部练兵处草拟海军复兴计划，也就是在此时他获悉了海权理论。他说："方今天下，一海权争兢剧烈之场耳。古称有海防而无海战，今寰球既达，不能长驱远海，既无能控扼近洋。我之威海卫，西班牙之菲猎宾，俄之旅顺其明证也。"带着这样的认识，他先后编制了《拟就现有兵轮暂编江海经制舰队说帖》《拟兴办海军经费五千万两作十年计划说帖》《拟兴办海军经费一万二千万两作十二年计划说帖》。在以上说帖中，姚锡光以"我国海疆袤延七省，苟无海军控制，则海权坐失"为前提，拟订了一系列海军发展计划。然而，清政府否定了这些计划，原因是耗时过长、耗费过多。从姚锡光对海权的议论来看，他虽然意识到海权对于推动海军复兴的重要性，但依然把海权视为一种权力而非能力，不过认识到此，已经十分难得了。

进入民国，中国的文化环境发生了重大变化，民主共和思想深入人心，各种思潮相继涌入，人们的思想日趋活跃。马汉的海权理论以更加准确、更加易懂的中文表达再度在中国传播，国人对海权的认识随之更进一步。民国前期，国际法在中国的传播和研究进一步深入，国人对西方列强侵占中国沿海部分领土和岛屿的行径谋求诉诸法律，催动了中国近代领土主权意识的觉醒。此时，海权作为领海主权和海洋权益的代名词，被普遍用于抗议列强侵犯中国渔业权、航行权和引水权，声援国民政府建立领海制度，争取恢复领海主权。甚至将"海权"一词写进了中小学生课本。1914年3月出版的高等小学校用课本《新编中华国文教授书》第四课"海权及海产"中写道："十九世纪以来，竞争之烈，孰有过于海权哉？俄人叠与土耳其发难，寒列国同盟而不恤，为海权也；英人经营亚丁、新加坡、香港各埠，耗亿万巨资而不顾，为海权也；美国县檀香山，并斐列宾，开巴拿马运河，变们罗主义而不计，亦为海权也。其他如德之注意南洋，据我胶州湾，法之保护安南，据我广州湾，无一不与海权有关系。盖商货往来，兵轮行驶，实有赖于海权，其扩张与否，足以代表其国家势力故也。""虽然海权之足重，又不仅若是已也。内陆居民，其生计在于田，滨海居民，其生计在于海。当夫海潮初落，或驾扁舟，或联巨艇，捕水族以求生活者，其数何啻万千。举其所得，货诸市场，与耕获实无多让，甚且以盐，置以罐，行销远地，获利宏多。若是，则海权之必争，亦一大原因也。"这些内容使孩子们了解海权对于国家的重要性。新闻媒体也开始使用"海权"一词来报道涉及中国海洋权益的消息。1915年，山东蓬莱渔民在鸭绿江一带遭外人禁渔，"该处渔民以吾国自有之海权被人阻止，兹春节已届生计攸关，特联络渔户百余人，群赴蓬莱县署，恳请转详交涉，以挽利权"。此后，针对渔权被侵害的情况，国人以"渔业经营，主权属我"为前提，呼吁"我国岂可将大好渔业权，拱手断送于外人。用敢电请我中央国府，提出严重抗议，力争主权。更望全国同胞奋起力争，不达收回海权之目的不止"。1922年，中华扬子江领江公会在讨论修改引水旧章时，代表们呼吁"用外人为引水，为环球各国所绝无仅有，且事关海权，我不急谋对付，外人则直认我内河领海为万国公海，事关国际航权，亟宜急起以图"。同年，国民政府成立海道测量局，在成立宣言中称："我国海岸线，向未有测量，以致海权多为外人所夺。"1927年12月出版的《海军期刊》从第1卷第6期开始连载唐宝镐翻译的《海上权力之要素》，首次把马汉的《海权对历史的影响（1660—1783）》一书的核心部分完整地介绍给中国。1928年，林子贞出版了专著《海上权力论》，该书被誉为"近代中国第一部海权论专著"，它阐释与宣扬了马汉的海权理论，对西方的海权成败与内外政策进行了详细介绍。1929年，广东省政府向沿海各县发文，要"严防日人侵入领海捕鱼，以维海权"。1930年，因日本在东沙侵渔，海军部认为"外人侵入我国领海捕鱼，自应严加制止"，要求广东省政府"注意防止,以保渔利而重海权"。1931年,国民政府加快了修订引水章程的步伐,"海军特别党部以引水权关涉海权及海政,极为重大,亟应收回",强调"窃为国家之领水主权,与领土主权,同其重要,而领水权诸要业中,尤以引水权最为重要"。同年,广东民政厅在制止日本海南侵渔的呈文中提出:"榆林、牙龙等海面,均属我国领海,该日船竟敢擅驶电船九艘,肆行侵入捞鱼,殊属有意妨碍我渔权,侵略我海权。若不亟行制止,则不仅职属渔民失业而已也,我国海权亦恐缘此而尽失。"应该看到,这一时期国人把"海权"作为领水主权和渔业主权的代名词,从而削弱了政府对海权的建设,直到全面抗战爆发,这一状况才有所改观。

第一次世界大战结束后,列强展开了新一轮的海洋争夺,争夺中心从大西洋转向太平洋,世界海权问题进入国人的视线。1919年9月,孙中山呼吁:"何谓太平洋问题?即世界之海权问题也。……昔日之地中海问题、大西洋问题,我可付诸不知不问也;惟今后之太平洋问题,则实关于我中华民族之生存,中华国家之命运者也。盖太平洋之重心,即中国也;争太平洋之海权,即争中国之门户权耳。……人方以我为争,我岂能付之不知不问乎!"在知识界引起反响。1925年2月,谢彬出版了著作《中国丧地史》,他在《领海及海峡之丧失》一章中指出:"盖统制海洋者,即足以左右世界者也,顾惟掌握内海之霸权,乃能统制海洋。英吉利之得称为海王,即系握有世界三大内海中之地中海及中国南海两大内海海权故也。"谢彬把海权等同于霸权,与马汉所倡导的海权相近。

1931年九一八事变爆发,日本侵占东北,触及了英美等国的在华利益,列强展开了利益争夺。与此同时,海上的军备竞赛也进入了白热化。在中国国内,随着海洋局势的变化,人们对海权问题的思考开始转向列强海上军事实力的博弈。张泽善在《海军杂志》上发表《法国海军政策与英国海权之关系》一文指出："英国今日所处之地位，较之昔日，危险万分。英国经济命脉，在历史上，易为法国海权所危害者，未有如今日之甚也。"此后一直到全面抗战爆发，学术界、海军界讨论海权大多与海防、海军等问题相联系，有的把太平洋问题的实质看作海权的争夺问题，提醒国人"太平洋是世界海权的中心，假使世界上有一野心家能控制太平洋，即可以控制世界"（胡秋原：《中国的太平洋》）。有的把海军建设作为维护海权的重要基础，认为"吾国海防之振备，似非有强大之舰队，无以固邦基而张海权"（胡宏基：《如何巩固中国之海防》）；"欲发展一国之海权，其唯一之要计，在拥有足以发挥此种权力之工具，换言之，即必须恃有海军的实力以为之后盾也"（陈绍宽：《对于国防上之感想》）。有的从海权得失中总结历史经验和教训，认为："古今民族之兴衰，大都基于海权之消长"（吕德元：《海军之与民族复兴》）；"一部世界史，大部分是海权争夺的历史，只有海权确定之后，一个斗争才算确定"（胡秋原：《中国的太平洋》）；"世界各国在三千年之历史中，凡属滨海国家其臻强盛者，无不系于海权，而海权之能发展与否，亦无不系于海军实力之强弱。中国系三面濒海之国，海权之得失，关乎国力，国防之趋势，尤重海疆"（陈绍宽：《我国海军之建设及演进》）。有的甚至提出"海权、海产、海运、海军""四海主义"救国的主张（沈鸿烈：《四海主义救国刍议》）。

全面抗战爆发后，人们在丧失海疆的剧痛中讨论海权问题，更加深了对海权理论的认识和感受。1940 年，淳于质彬以《海权因素之研究》为题，翻译了马汉的《海权对历史的影响（1660—1783）》的一部分，刊载于《海军整建月刊》第 1 卷第 6 期至第 8 期。同时，该刊还刊载了王师复翻译的马汉的另一部重要著作《海军战略》。此外，介绍马汉及其著作的文章也不断见诸报端。《海军建设》1941年第2卷第1期设《关于马罕》栏目，发表了王师复译《马罕海权观在现在》、季震译《马罕海权论与第二次欧战》、罗洛士译《马罕与今日之海军》等文章，介绍马汉的海权理论对第二次世界大战的影响。《海军建设》1943年第2卷第12期专设《海权建设特辑》栏目，发表了5篇文章，程潞、邓静中的《我国海权建设之地理基础》在列举了中国在地理上"纬度适中""地势佳良""气候优越""形势便利""物产饶富""人口稠密"等六大特点后指出："我国过去海疆形势，北起鞑靼海峡，南逾麻六甲海峡，原可控大洋以图远略，无如百年以来，列强纷纷择肥据要，藩篱尽撤，港九、琉球、越南、缅甸、澳门失之于先，台湾、澎湖、旅大、广州湾、威海卫受制于后，沿海形势，零落不完，海权受制于人，以致暴敌来侵，无法防御，沿海精华地区，丧失殆尽，吾人鉴往知来，他日之海防建设，当为建国工作之核心部门也。"谭骋时的《战后中国海权建立之商榷》指出：甲午战争后，中国门户洞开，"不能制海制江，反为海江所制，外侮日深，即自此始。迄至此次对倭寇抗战，亦因缺乏海军，致忍痛将全国精华萃集之沿海各省，沦落敌手，故确信今后欲保我国国土之完整，非从速建立海军，保障海权处着力，不为功也"。另有潘阳初、桓基的《中国海防之外线何在？内线何在？》，潘永年、刘晓东的《台湾是我国海权的生命线》，温飞、温其铿、梁栻勋的《现在我们所能干的是什么？！——把握现在克服困难要在战争中建立起新中国的海军》，都谈到了海权问题。很显然，抗战时期中国海军与日本海军的差距使国人深刻感受到战后建设海权的必要性和紧迫性。

马汉的海权理论使中国社会各界，特别是海军界，仿佛找到了一把打开思想闸门的钥匙，人们不断用海权理论来阐释中国的海防、海军问题。他们高度认同马汉的思想，认为海权"包括三个要素：一是海口，二是海上运输力,即船只,三是海上战斗力,即是保护或进攻前两者的",进而认为"海军的基本原则是取得海权并行使之"。他们深感"我国之所以一再受到列强的侵略蹂躏,丧权辱国,主要的原因也在海权旁落'海禁大开'以后",高呼:"我们立国于太平洋西岸,海岸线绵延一万三千余里,要保持国家领土主权之完整与促进世界之和平,必须要能保卫这辽阔的领海,维护关系国家命运的海权,而这一任务,必须要海军来达成它!"最终得出的结论是:"中国抗战,必须恢复我国所有的海权与海上的自由,而后才可以说到最后的胜利。"对于未来,"建立海权,保障海运,必成为建国最重要工作之一,而建立海军以控制海权则更为天经地义的必需条件"。可见,抗战时期对海权的讨论,以马汉的海权理论为依据,以战争实际为例证,更加深入,更有说服力,绝非现在有些论者所说:"随着日本全面侵华战争的开始,中国海军主要在沿长江一线打击敌人。由于现实的制约,中国关于海权问题的探索再度销声匿迹。"(鞠海龙:《中国海权战略》,时事出版社2010年版)

抗战胜利后,由于国际、国内形势的变化,人们建设强大海军以御侮的渴望受到遏制,社会上对于海权问题的讨论已没有先前那样热烈,只有海军界还在进行着谋取"振兴海权"的努力,如提出建立以华北、华中、闽台、华南海军区为范围的"海权中心区域"的设想。不过,此时的呼吁已难以引起全社会的关注,民国时期的海权讨论就此接近尾声。

从总体上看,民国时期的学术界、海军界、报界对海权的讨论是在介绍马汉的经典著作的基础上进行的范围十分广泛的讨论。首先是从海权角度总结甲午战争失败的教训,从而引起国人对海权的重视;其次是从海权的角度总结西方各国海军竞争及兴衰的经验和教训,主要把海权作为海上主权来认定,少有将海权当作海上能力的论述,这就大大限制了海权在中国的发展。从全面抗战爆发前中国海军的发展状况看，国民政府并未投入很大精力建设海军，虽有诸多客观原因，但与对海权的模糊认识不无关系。

第四节 当代海权与建设海洋强国战略

从马汉提出海权理论到现在已经过去130多年了，人类社会发生了巨大变化，世界格局也经历了几次大的调整，从2次世界大战到5次中东战争，从世界性的动荡到局部的不稳定，仿佛一次又一次地改变着人们眼中的传统世界，从而引发了人们对传统海洋理论、军事理论的重新思考，这是符合历史逻辑和人类思维逻辑的。然而，我们必须看到，世界的发展既有可变的一面，又有不变的一面，就海洋利益和冲突来说，虽然空间范围发生了一定程度的变化，领域也有了很大的拓展，各国也构建了若干种新的法律模式，但对海洋利益的追求和对海洋的控制欲望却有增无减，这就是存在于人类世界的规律。当我们偏离了这种历史规律去试图谋求和塑造我们所期望的一种发展轨迹的时候，现实就会纠正我们的思维，让我们回归到对世界的正确认识上来。2022年爆发的俄乌冲突以及由此引发的世界格局的重塑就是最好的例证。鉴于此，我们有必要重新审视新的历史时期人们对海权的"新认识"和"新定义"，使其回归本质，从而建立起能够支撑海洋强国建设的"海权理论体系"。笔者从剖析以下几种观点入手。

有人认为，中国海权与西方海权是不同的，中国对待海权论的态度是应"借鉴海权论，同时又要超越海权论"。笔者认为，这不可能，也无必要。因为自马汉创立海权理论以来，各方对"海权"概念的阐释虽然多种多样，但无法抛开海权的本质，即"利用和控制海洋的能力"的界定，如果离开了利用和控制海洋的因素，那就不是马汉所倡导的"海权"了，而是另外一个东西。如果是另外一个东西，那就没有必要将其冠以"海权"之名而放入海权范畴中进行讨论。事实上，东西方海权在本质上并没有什么不同，都包含着利用和控制海洋的因素，只是在产生条件、表现形式、内涵范围以及实践道路等方面有所不同。例如，西方海权的基本含义限定为国家对海洋的利用和控制的能力，并不排除海上霸权。而中国海权的内涵稍有扩大，仅仅增加一个限制条件即可与西方海权区别得清清楚楚，那就是在国际法框架下利用和控制海洋，完全排除了海上霸权因素。由此，我们大可不必把中国海权描述为诸如"政治范畴"、带有"强烈主观色彩"的"国家权力运用"等，这样的表述把海权引向了虚无缥缈和不可捉摸，既不是马汉的本意，也无法在实践中加以运用。也有人认为，"中国的海权是经济海权与军事海权相互协调的海权。中国军事海权以海外贸易、海洋航运、海洋开发等经济海权的发展为基础和前提，以经济海权需求作为自身发展的内在动力，并用经济海权发展所带来的经济成果为其发展提供经济支持。同时，经济海权也离不开军事海权的保护和配合作用，国家需要动员包括经济海权在内的一切资源支持军事海权的建设和发展"。（石家铸：《海权与中国》）这些论述除了创造出"军事海权""经济海权"这样的名词之外并无新意，依然是对海权中"利用"和"控制"相互关系的叙述，而这一关系本来就是马汉的"海权"概念的题中应有之义。还有人把"海权"定义为"政治强制力"，这从海权行使的对象看就不可能。无论利用还是控制，海权的行使对象都一定是海洋，任何时候都不可能对海洋行使"政治强制力"。

也有人认为,"海权的重要性不容忽略,但却仅是决定国家兴衰的重要条件之一,因此不宜过分强调海权概念里的军事力量部分。一方面,中国海外力量需要保护,但只依靠强大的海军却是不可能完成的;另一方面,鉴于中国对于海峡通道的担心是伪命题,而在海上航线基本安全的情形下,尚未有国家因海上航线被封锁而消亡。因此,现阶段中国不宜集中全部力量发展海军,毕竟来自陆地的威胁也是不容小觑的。另外,从目前许多国家进出口贸易的主要运输力量是悬挂外国国旗的船只即可见得,全球化对当今世界经济的推动使得海权概念中包含的军事因素比例逐渐下降,海洋资源的开发与国家综合国力的提升紧密相连。而由军事力量角度视之,海权仅是陆海空天军事力量的一部分。另外,诸如《联合国海洋公约法》等对海洋霸权进行限制的国家法律导致的海权分散化,为国家的制海权内在要素的拓展,已经提供了丰富的空间"。"21世纪对于海权的认识和再定义应该与时俱进,海权并非仅指以海军为代表的强大海上力量,海上存在以及海洋权益的获取也应是21世纪海权建设的题中应有之义,但不能过分强调海权的军事力量属性而忽视海洋治理能力的建设。21世纪的海权,既是21世纪强大的海上军事实力,又是21世纪的全球海洋商业竞争能力,更是21世纪世界海洋法制规则的领导力。同时,21世纪的海权,必须是21世纪海洋科技和海洋经济的领头羊。21世纪的海权,仅仅把它定义为是海上军事力量,已经不能符合时代的要求。"(朱锋主编:《21世纪的海权:历史经验与中国课题》"前言",世界知识出版社2015年版)

上述论述存在太多问题,由于它们代表了相当一部分人的认识,故笔者有必要在此对其中的问题加以澄清。首先,笔者要指出的是文中设置了过多虚假前提,不可能得出正确结论。一是"尚未有国家因海上航线被封锁而消亡"。这是一句正确的废话。在古今中外的历史上,的确从来没有一个国家因海上航线被封锁而消亡,也不可能有国家因海上航线被封锁而消亡,因为导致一个国家消亡的因素是严苛的,也是多方面的,因此这是一个真正的伪命题。二是"现阶段中国不宜集中全部力量发展海军"。现阶段能够集中全部力量发展海军的只有中央政府,而中央政府从来没有做出过"集中全部力量发展海军"的决策或表态,故此种说法本身就是无中生有,不具有任何讨论的意义。三是"海权并非仅指以海军为代表的强大海上力量"。无论是马汉提出的海权,还是经过了百余年发展的海权,其概念从来没有"仅指以海军为代表的强大海上力量",从来都包括非军事能力对海洋的利用。故把这一观点作为"海权"概念再定义的前提也是不成立的。其次,笔者要对一些观点进行辨证。一是"全球化对当今世界经济的推动使得海权概念中包含的军事因素比例逐渐下降"。这种认识是没有弄清海权中"利用"和"控制"相互关系造成的。"全球化对当今世界经济的推动"对海洋经济来说,就是对海洋的开发和利用,而对海洋的开发和利用不仅不能导致"海权"概念中军事因素比例的下降,相反,随着海洋经济的发展,控制海洋的军事力量也必然随之增强,这是由"利用"和"控制"相互作用决定的。二是"由军事力量角度视之,海权仅是陆海空天军事力量的一部分"。海权历来包含海上军事力量,而不是相反,把海权归结为"陆海空天军事力量的一部分",显然有悖于海权的本质,这说明作者从未理解马汉的"海权"概念的真正含义。三是"21世纪的海权,既是21世纪强大的海上军事实力,又是21世纪的全球海洋商业竞争能力,更是21世纪世界海洋法制规则的领导力"。海权是利用和控制海洋的能力,说它是"海上军事实力"和"全球海洋商业竞争能力"尚勉强成立,说它是"世界海洋法制规则的领导力"则是风马牛不相及。海权是一个国家专属的实力，如果以海权来领导世界海洋法制规则的建立，那么强大的海权国家将主导世界海洋秩序，所制定的世界海洋法制规则将会失去公正性。四是"诸如《联合国海洋公约法》等对海洋霸权进行限制的国家法律导致的海权分散化，为国家的制海权内在要素的拓展，已经提供了丰富的空间"。且不说世界上从来没有颁布过一部《联合国海洋公约法》，而颁布的是《联合国海洋法公约》，单一部法律"导致的海权分散化"的说法就令人费解。海权是一个国家利用和控制海洋的能力，本来就归各国所有，何来"分散化"之说？"海权的分散化为国家的制海权内在要素的拓展提供了丰富的空间"更是无稽之谈，制海权在一般情况下是一个战时概念，是指交战双方对一定海域的控制权，并不存在"内在要素的拓展"问题。五是"21世纪的海权，必须是21世纪海洋科技和海洋经济的领头羊"。这一观点把海权和海洋科技、海洋经济割裂开来，事实上海洋科技和海洋经济是海权的组成部分，其谬在何处自不需言。

一篇短短的论述海权的文字，竟然存在如此多的谬误，得出的结论自然无评价之必要，当今海权研究的混沌状态由此可见一斑。这种状况既不利于海权理论的发展，更不利于建设海洋强国的实践。事实上，新时代海权的含义并不复杂，仅在传统海权的定义中强化国际法的规范，增加保护海洋的内容，已经足矣。这样既便于国人正确地认识海权，更便于在建设海洋强国的时代背景下谋划海权建设。

中国在改革开放之初就已经开始谋划海洋强国战略。改革开放几十年，中国不仅拥有了世界级的远洋商船队，而且与全球经济建立起了密切的联系。与此同时，中国海军的发展也步入快车道，正稳步向建成世界一流海军的目标迈进。虽然今日之中国尚不是一个海洋强国，但已具备了成为海洋强国的基本条件。党的十八大报告指出："提高海洋资源开发能力，发展海洋经济，保护海洋生态环境，坚决维护国家海洋权益，建设海洋强国。"习近平总书记强调：建设海洋强国是中国特色社会主义事业的重要组成部分。党的十八大作出了建设海洋强国的重大部署。实施这一重大部署，对推动经济持续健康发展，对维护国家主权、安全、发展利益，对实现全面建成小康社会目标，进而实现中华民族伟大复兴都具有重大而深远的意义。这一论断表明，建设海洋强国已上升为国家战略，成为民族复兴的基础。党的十九大报告指出："加快边疆发展，确保边疆巩固、边境安全。坚持陆海统筹，加快建设海洋强国。"党的二十大报告进一步指出："发展海洋经济，保护海洋生态环境，加快建设海洋强国。"建设海洋强国成为党和国家的长期战略目标。何谓海洋强国？一般认为，海洋强国是在开发海洋、利用海洋、保护海洋、管控海洋方面拥有强大综合实力的国家。党的文件和学者的阐释都表明，海洋强国的内涵与现代海权的内涵是完全一致的。习近平总书记指出：历史经验告诉我们，面向海洋则兴，放弃海洋则衰，国强则海权强，国弱则海权弱。这一论断阐明了海权与国家强弱之间的关系，由此我们可以判明海权与海洋强国之间的关系：海权是海洋强国的基本内涵，海洋强国是海权建设的重要目标。10多年来，海权在建设海洋强国的实践中有了长足的发展。2017年5月，国家发展和改革委、国家海洋局联合制定了《全国海洋经济发展"十三五"规划》，全面落实建设海洋强国战略任务。2021年12月，国务院批复同意《"十四五"海洋经济发展规划》。党的二十大和党的二十届三中全会对加快建设海洋强国再次做出战略部署。国家在开发利用海洋方面，2016年，全国海洋生产总值70507亿元人民币，比上年增长6.8%，占国内生产总值的9.5%。2017年，全国海洋生产总值77611亿元人民币，比上年增长6.9%，占国内生产总值的9.4%。2023年，全国海洋生产总值9.9万亿元人民币。2024年上半年，全国海洋生产总值已经达到4.9万亿元人民币，同比增长

5.6%。在海军建设方面，2012年9月，首艘航母"辽宁"舰入列，并于当年完成了歼-15舰载机的起降。2013年，组建了我国第一支舰载航空兵部队。2017年4月，第一艘国产航母"山东"舰下水，2019年12月正式入列。2017年6月，我国首艘055型万吨驱逐舰下水。2022年6月，国产航母"福建"舰下水。人民海军的装备建设取得令人瞩目的成绩。

总之，建设海洋强国是实现中华民族伟大复兴的重大战略任务。海权不仅反映综合国力，而且是综合国力的战略依托和潜力所在。确保国家长治久安和可持续发展，必须高度重视经略海洋、维护海权。

后 记

笔者关注和研究中国海军历史至今已有30余年。在10多年前，笔者完成了《中国海军长江抗战纪实》和《中国海军沿海抗战纪实》两部书的创作。这两部书说是"纪实"，实际上是学术小著，只因当时按出版社的要求要适应市场，才调整为这样的书名。这两部书以今天的视角观之，虽然尚不够深刻和全面，但毕竟是当时为数不多的海军抗战专论，还是有一定价值的。然而，10多年过去了，学术环境发生了一定程度的变化，笔者的视野和研究深度也与当年大不相同，自然对这两部书感到不满意。特别是当笔者的研究范围大大拓展时，海军史和海权史自然而然地融合到了一起，产生了若干新想法和新观点，希望表达出来。今年是中国人民抗日战争胜利暨世界反法西斯战争胜利80周年，恰是我表达想法的机会，于是就有了《不能遗忘的战场——海权视域下的中国海军抗战》的创作。这次写作，笔者以学术研究为基础，将本书写成了更适合大众阅读的"通俗读物"，但其中也不乏需要反复琢磨才能想通的"理论思辨"。

这本书能够顺利出版，仰赖各方的共同努力。在此笔者要真诚感谢威海市刘公岛管理委员会、山东威海干部学院、中国甲午战争博物院、威海文旅发展集团有限公司的领导和同志们，感谢北京出版集团文津出版社的领导和老师,感谢多年来一直关注与支持笔者的广大电视观众和读者朋友,愿笔者的付出能为公众的历史意识、危机意识、海洋意识、海权意识的增强提供一份助力。